アンペイド・ワークとは何か

川崎賢子
中村陽一 編

古田睦美　マリア・ミース
アラン・リピエッツ　河野信子
北沢洋子　矢澤澄子　又木京子
レグランド塚口淑子
井上泰夫　姜尚中　立岩真也
中村尚司　黒田美代子
スチュアート ヘンリ　比嘉道子
伊勢﨑賢治　畑恵子　石川照子
大津定美　住沢博紀

藤原書店

アンペイド・ワークとは何か／目次

第Ｉ部 アンペイド・ワーク論を捉え返す

第Ⅱ部　経済《エコノミー》＝世界《モンド》におけるアンペイド・ワーク

編集意図

中村陽一

近年、国内でも「アンペイド・ワーク」(注)の存在に大きな注目が集まるようになり、それにつれて社会的な関心も急速に高まりつつある。これは、一九七五〜八五年の「国連女性の一〇年」以降、国際的な場面で取り組まれてきた女性のアンペイド・ワークの解明(と両性間におけるペイド・ワークとアンペイド・ワークの再編成)への動きを背景としており、九五年、北京の「第四回世界女性会議」が採択した行動綱領には、アンペイド・ワークの評価手法の開発や関連する統計整備の政策合意が盛り込まれた。そこには、実際に社会を大きく支えているにもかかわらず、その「働き」の多くを見えないものとされているという女性たちの憤りがあり、正当な評価を求める自負がある。と同時に、そうした社会のありようを変えようという、きわめて実践的な志向も明らかである。

ただ、それには、(アンペイド・ワークという切り口を通して見る)現在の社会のありようのどこが歪んでいるのか、そしてそれはいったい何に起因するのか、を徹底的に解明しなければならない。そのためには、たとえば単純に「ジェンダー・バランス」の問題とする(これぞまさに、本書でミースが批判する『ジェンダー』を加えてかき混ぜる」というスタイル!)のではなく、事態の構造的な把握とそのための理論、方法論が必要である。その探究は、あるいはアンペイド・ワークという問題構制自体の限界をも明示することにつながるかもしれない。いずれにしても、女と男の関係のアンバランスとその是正をいうだけでは、ますます迷路の奥深く足を踏み入れる(たとえば経済成長至上主義を補強してしまう）ような「方策」への加担に陥りかねない、そんな時代と社会を私たちは生きているのではないか。

しかしながら、研究会活動（フォーラム〈ジェンダー・ヒストリー〉――その経緯については本書「編集後記」参照）でアンペイド・ワークに取り組み、報告と討論を重ねるなかで、編者たちに見えてきたのは、このテーマが本来投げかけているはずの課題の深さに引き比べ、日本での議論はまだ限られた次元にとどまっているのではないかという問題であった。

そこにおいて、編者たちが共有し、本書の出発点ともなった問題意識は次のようなものである。

第一に、「南」から見た、また「南」におけるアンペイド・ワークをどう捉えるのか。アンペイド・ワークの内実は多様であり、もとより「北」からの視点（たとえば家事領域におけるアンペイド・ワーク）だけで解明できるものではない。特に、「南」では「北」にもまして、各々の〈地域〉固有の自律的・自足的な「経済＝世界《エコノミー・モンド》」*のなかでのありようを、背景にある歴史・文化・伝統との関わりで明らかにしていく必要がある。

第二に、世界システムのなかでのアンペイド・ワークの位置と作用に迫らなければならない。とりわけ「グローバリゼーション」のなかで、現在のアンペイド・ワークは何に、また誰に寄与することになっているのか、そこにどのような（ジェンダー、階級・階層、エスニシティ間などの）関係が介在し、どのようなプロセスが編み上げられているのか、いま進みつつあるアンペイド・ワークの再編は、（その内容に応じて）そこにどのような変化の諸類型をもたらすことになるのか。個々の社会、国家の内側だけでアンペイド・ワークの解明はできない。

第三に、これらの分析をもとに（またこれらの分析の際にも）、既存の労働、市場、公的領域と私的領域、（社会的）価値の生産、自立と自律など、近現代の世界を彩ってきた（そしてそこでは当然とされてきた）諸概念の再検討や再構築を行なう必要をアンペイド・ワークというテーマから見出すことが可能である。既存の理論、学問そして社会の枠組みだけを前提にアンペイド・ワークを云々してみても、そこから希望を見出すことのできるようなビジョンは見えてこないだろう。

第四に、それゆえもう一度、シャドウ・ワーク*という概念を想起し直し、アンペイド・ワークと突き合わせ、両者の交差する地平を探ることが大切であろう。量的にとらえられたアンペイド・ワークを均質に見るのではなく、シャドウ・ワークという問題提起によって提示された、現代の高度産業社会・消費社会を質的・構造的に問い直す議論のレベルで分析することが求められる。経済のインフォーマル・セクターにおけるシャドウ・ワークと、サブシステンス*を志向する人々の文化に見られるヴァナキュラー*な活動とを区別するところからありうべき方向を探ろうとする戦略は、いまもってきわめて有効ではないか。

　最後に、以上の点をふまえ、やはり二十一世紀の新たな〈時空〉の創造につながりうるような議論を提出しておきたい。具体的には、家族・地域・生活・社会のありようをどのように構想していくのか、アンペイド・ワークをめぐって出発するここでの議論から、多様な橋を架けてみたい。（筆者の手前味噌だが）たとえば、ＮＧＯ・ＮＰＯ・市民活動、ワーカーズ・コレクティブ、ボランティア、コミュニティ・ワーク、さらには社会的セクターの再編・構築などをめぐって注目されている新たな動向も、そうした文脈のもとで光をあててみることで、従来とは異なる相が浮かび上がってくるだろう。

　こうして本書は、これらの問題意識をふまえ、あらためて「アンペイド・ワークとは何か」という問いにこたえるべく、大きく二部構成で編まれている。第Ⅰ部では、アンペイド・ワークをめぐって重要な理論と方法論の展開、アンペイド・ワークをめぐる議論や取り組みの現状、そして大きく諸科学の垣根をこえたディスカッションから、アンペイド・ワーク論を捉え返そうとしている。また、本書の特色のひとつをなすものでもある第Ⅱ部においては、世界各地域の「経済＝世界《エコノミー・モンド》」におけるアンペイド・ワークが、それぞれフィールドに即した研究成果から綴られ、分析されている。

　執筆は、海外も含め、できうる限り多様な立場と専門分野の方々にお願いした。簡単に解答の出るような性質のものではない複雑に絡み合った（しかも多くの書き手にとって新しい問題意識にもとづく）テーマに、あえて果敢に切り込んで下さった執筆者の方々には、あらためて感謝を申し上げたいと思う。

もとより本書一冊で、前述の大きな問題意識（と課題）すべてにパーフェクトに応えうるものではない。が、ともすれば、射程と情報が限られがちな傾向も見える日本での議論の現状に一石を投じつつ、アンペイド・ワークをめぐっていま考えておくべき重要な事柄が具体的に浮かび上がる多様な切り口を開いてみせるという本書の編集意図が、何ほどか成功していれば幸いである。

あらためて、まず意識しなければならないのは、現代産業社会や高度大衆消費社会といわれる社会における支配的生活様式のどの部分からどのように「プラグを抜く」のか、ということだと感じた編集作業であったことを最後に付言しておきたいと思う。

（注）本書では、国連関連をはじめとした国際的な場面で、比較的多く使用されている「アンペイド・ワーク」（unpaid work）という用語を採用している。なお、この他に「無償労働」（unremunerated work）、「非賃金労働」（no wage work）などの語が、多様な意図と立場から使われている例が見られ、なかにはunpaid labourという用語も存在する。

しかし、本書は、これらの用語も含めた現代における議論を根底的に捉え返す問題提起を意図しているため、個々の用語の使われ方の「解釈」には立ち入っていない。

なお、ワークとレイバーという二つの語に関しては、座談会「アンペイド・ワークから見えてくるもの」のなかで、編者として若干ふれている（一五八頁）ので、参照されたい。

（＊を付した語については、次頁の「本書を読むためのキーワード」を参照されたい。）

●本書を読むためのキーワード●

本文中の用語については、適宜各執筆者による注が付されているが、本書において頻出したり、編集上重要なことばについて、ここで簡単に説明し、読者の便をはかることとする。

シャドウ・ワーク (shadow work)　産業社会において、賃労働の影にあって理論的な分析を免れてきた、賃金が支払われず、有用性のない、強制された活動に光をあてたイリイチの概念であり、造語である。具体例として、大部分の家事、試験勉強、通勤、押しつけられた消費のストレス、医者への従属、官僚への盲従、強制される仕事の準備などがあげられる。その必要性、規模、形が定まっているにもかかわらず、その存在は産業社会のイデオロギーによって隠されており、商品集中社会の存続にとっては賃労働よりも根源的である。イリイチは、このようなシャドウ・ワークと、サブシステンスを志向する人々の文化に典型的に見られるヴァナキュラーな活動との区別が重要であり、それが自らの課題でもある、とした。

サブシステンス (subsistence)　一般的には、生命の維持や生存のための活動をさし、たとえば「最低生活費保障原則」(subsistence principle) といった用例が見られるが、本書では、K・ポランニー、I・イリイチ、M・ミースらの用法に学んでいる。すなわち、たんなる生命維持や生存にとどまらず、人々の営みの根底にあってその社会の基礎をなす物質的・精神的な基盤のことである。イリイチ『シャドウ・ワーク』邦訳では「人間生活の自立・自存」と訳されている。

ヴァナキュラー (vernacular)　土着、地縁などの訳語もあるが、むしろイリイチの思想の立脚点を明示することばとして知られる。彼自身の説明によれば、それは「生活のあらゆる局面に埋め込まれている互酬性の型に由来する人間の暮らし」で「交換や上からの配分に由来する」暮らしとは区別される。つまり、交換を動機づけとせず、「人々が日常の必要を満足させるような自立的で非市場的な行為」とそこで産み出された自家製自家産のものを意味することばである。

エコノミー・モンド (economie-monde)　L・フェーヴルの後継者として『アナール』を主宰したF・ブローデルが、その著『地中海』において創り出したことばで、「経済=世界《エコノミー・モンド》」と訳される（浜名優美訳）。それはワールド・エコノミー（世界経済）ではない。このことばを重視するI・ウォーラーステインによれば、ひとつの経済=世界とは世界全体ではなく、ひとつの経済であるひとつの世界ということであり、世界経済とは単に国際経済を指している。本書では自律的・自足的な仕組みをもつ固有の空間（ブローデルの「自己充足した世界」）として、この概念を援用している。

（中村陽一）

I　アンペイド・ワーク論を捉え返す

「アンペイド・ワーク」と言挙げすると、なにやら新奇な概念をもてあそんでいるかに聞こえる。が、事態は逆であって、人類史をふりかえるならむしろ特殊でもあり新奇でもある産業社会における賃労働の成立が、金銭によって支払われることのない仕事や経済学的価値に換算することのできない仕事、とりわけ南側と呼ばれる非-西欧型社会では現在もひとびとの生活の過半を支えている種類の仕事のありかたを、周縁に追いやり、見えないものにしてきたのである。

現状の「アンペイド・ワーク」論では、しばしばひとくくりにされてしまうのだが、その種の仕事のなかには、本来、ネガティヴな意味あいではないいとなみ、搾取や貧困の指標ではないはずのいとなみもふくまれている。支払われない仕事の意味は両義的であり、支払われない仕事と支払われる仕事とは、等価のものであるはずだ。しかしながら、これまで労働力の商品化をおしとどめつついとなまれてきた領域が、それでは維持できなくなりつつある。それは「アンペイド・ワーク」が存在すること以上に、深刻な地球規模の貧困化の指標とみなされるべきことがらだ。

本書の第Ⅰ部は理論編である。なぜ「アンペイド・ワーク」が問題なのかを解明し、「アンペイド・ワーク論」の現状と課題を抽出し、さらには「アンペイド・ワーク」をテコに、現代に生きるわたくしたちにとっての仕事の意味と価値の回復を模索する。「アンペイド・ワーク」を論じようとする場合に、北側と南側との問題意識のズレと相克があり、産業化を是とするかオルタナティヴを探ろうとするかによって、ジェンダーの座標をどんな時空に埋めこもうとするかによっても、方向性に違いがあらわれる。いまや「アンペイド・ワーク」は、そもそもはたらくとはどういういとなみであるのか再考をせまり、南北の利害の対立、産業社会におけるジェンダー編制の歪みをあらわにする断層として、わたくしたちの解読を待ち受けている。

（川崎賢子）

1　アンペイド・ワークとは何か

アンペイド・ワーク論の課題と可能性
【世界システム・パースペクティヴから見たアンペイド・ワーク】

古田睦美
Furuta Mutsumi

ふるた・むつみ／一九六一年東京都生。一橋大学大学院社会学研究科博士課程単位取得退学。長野大学産業社会学部助教授（社会学、女性学）。共著『ワードマップ・フェミニズム』（新曜社）、共訳書ミース、ベンホルト＝トムゼン、ヴェールホフ『世界システムと女性』（藤原書店）。

はじめに

日本で、例えば総務庁や経済企画庁がアンペイド・ワークを測ったりしましたが、これがひじょうに先進国的な展開になっていると思うんですね。つまり、アンペイド・ワークの測定と評価イコール「家事の値段はいくらか」ととらえられている観があるんですが、そういう問題意識自体が先進国の状況の中から出ていますので、その辺、世界を関係する中心部と周辺部からなる一つのシステムと考える世界システム・パースペクティヴ*にたって、周辺部と中心部とに分けて整理すると先進国的バイアスから少しは抜け出して事態が明確になるのではないかと思います。それから、両方に影響を与えている国際社会の世論——国連であるとか、国際機関での議論——はどのようなものかということにも触れていきたいと思います。

さて、いよいよ日本でもアンペイド・ワークの測定が始まりました。日本のような、先進国といわれ、しかも福祉が整っていないような国では、少子化、高齢化のすすむ中、介護や家族のケア労働をいったいどうするのかが問題になり、家族内や地域で女性になんとかただでやってもらおうなどという流れになっていますから、アンペイド・ワークというと、即、家事、介護、ボランティア労働の問題、それから育児などの問題が焦眉の課題としてでてくるわけです。

先日新聞で報道されましたが、日本の総務庁の調査結果をもとに経済企画庁が計算したところ、九一年に女性が行なった無償労働の総額は九九兆円、ＧＤＰ（国内総生産）の約二〇％に相当し、専業主婦一人あたりにすると年二七六万円のただ働きをしていることになるなどとマスコミで報道されました。たしかに、こんな膨大なただ働きを女性が長いこと行なってきた、それも、家族や地域での生命と生活の維持のためには欠くことのできない有用労働をやっているのに、これが社会的には経済外とされ、ただであたりまえとされてきた、いわば「見えざる労働」だったわけで、それを見える形にしたと言う意味では、これはたいへん画期的なことだと言えます。が、なんのために計るのか、ただ計ればいいというものではないわけで、その先が重要なんです。たとえばこの試算に計上された労働の項目は、①炊事•洗濯などの家事、②介護・看護、③育児、④買物、⑤ボランティア活動、の五項目だけなんですが、こうした安易な測定と評価は先進国的バイアスの賜だろうと思います。

マスコミの報道の姿勢も問題がありますが、これをうけて、すでに主婦はこんなに重要な仕事をしているのだからもっと賞賛するべきだというような主婦賛美論や、こんなに巨額の領域がまだ市場化されていなかったのだからそこにビジネスチャンスを探そうというような反響がすでにでてきています。経済企画庁がなぜ試算したかというと、先日お話を伺ったところ後者の観点から、つまり、不況の打開策がそこにあるのではないかという意図もほのみえました。

でも、アンペイド・ワークという議論の射程はもっと広がりのあるものであって、言い換えれば、広い幅と長いタイムスパンを持つ視野と政策的ビジョンにもとづいていないアンペイド・ワークの測定と評価というのは、目的を果たせないという意味で失敗に終わるだろうと私は思っています。

つまり測定してどうするのか、その先の戦略が重要であり、そのためには大きな方向性の議論が必要だということなんですね。先進国では特に福祉政策ビジョンとの重なりの方向が重要なわけで、私の考えではアンペイド・ワークの測定は比較的短期的な技術論的なものなので、何とかとハサミは使いようというように、どう使うかを一緒に議論しないとほとんど意味がない。実は逆にも使えるわけです。先ほどもいったように、主婦はこんなにやっているんだから素晴らしいと言って、主婦保護政策を強化したり、あるいはそこにビジネスチャンスがあるなんて分析したり、これでは女性を主婦として家事労働に固定したり、貧困の女性化*や家事労働を単に市場化する結果を招きかねません。新聞にももう出ていましたけど、こういう逆の議論にも使えるわけです。

＊世界システム・パースペクティヴ 世界を中心部—周辺部ないし、中心部—半周辺部—周辺部といった関係性からなる一つの全体として捉える観点。単線的発達史観にたつ近代化論に対して批判的な立場であり、アンドレ・グンター・フランクらの従属理論の影響のもと、イマニュエル・ウォーラースティンによって確立された。

＊貧困の女性化 (feminization of poverty) 貧困層の人口に占める女性の割合が増大する現象をさす。

消費、とりわけ買物や家事やケア労働に特化した先進国の主婦の労働にだけとらわれた議論は、先のような袋小路に入り込み易い。そもそもアンペイド・ワークの議論はどこからでてきたのかというと、国際的な文脈からでてきたんですけれど、どちらかというと先進国よりは貧困な国の問題として、「女性と開発」の議論の中からでてきたんです。先進国的バイアスにとらわれないためにも、周辺部的状況、国際的な議論の流れをみていきたいと思います。

一　国際的動向

ＵＮＤＰ（国連開発計画）の『ジェンダーと人間開発』によれば、世界の女性の貨幣に換算されない経済貢献は年間一一兆ドルにのぼるそうです。このような現在のアンペイド・ワーク論はどこからでてきたかと言うと、国際女性年（一九七五年）以降の国際的な議論の文脈だと思います。どうして国際機関がこの問題に取り組むようになったのかという背景には、ひとつは六〇年代後半以降のフェミニズム運動のインパクトがあったと思います。女性の参政権のような法的な平等が獲得された国においても、なかなか女性の地位は向上してこない、第二波の女性解放運動*を受けて、生活や文化のいたるところで女性差別が顕在化させられて、法や社会体制より身近な次元の社会生活の隅々にまで行き渡っている根深い問題が認識され、どうにかしなくてはならないという気運が高まってきた。

それともう一つ、これは直接的ではなく間接的な影響だと思いますが、実践的にも、学問的にも、それからエコノミスト的観点からも、白人の研究者や国際機関の目が「北」といわれるヨーロッパから「南」の国々へと移ってきたということがあげられます。これはあとで述べますが、「インフォーマル・セクターの発見」などとよばれます。こうした流れの中で、アンペイド・ワークの議論のルーツをたどれば、国際的にはＷＩＤ（開発と女性）という分野の、とりわけ途上国における社会や開発にたいする女性の貢献をどうやって測定・評価するかという問題として登場してきたわけです。

ＩＬＯ（国際労働機関）によれば、「女性は世界の労働の三分の二を行なっているにもかかわらず、収入は五％でしかなく、資産は一％にも及ばない」といわれます。ということは、男性は世界の総労働量の三分の一をしているだけなのに、九五％の収入と九九％の資産を手中に収めているわけです。圧倒的な不平等が存在しているといわざるをえません。その原因は何かというと、社会のいたるところ、生活のあらゆる領域で女性の労働の価値が不当に低く見積られているからだというわけです。そのうち最も低く見積られた場合がアンペイド・ワークつまりただ働きということになります。

七五年以降の国際的議論において、女性差別を解消するために社会生活の中の固定的な性別役割分業そのものを是正していく必要があるということが共通認識になってくるわけですが、第一義的に男性をペイド・ワークに、女性をアンペイド・ワークにというジェンダー分業は、その最たるものだといえるでしょう。グローバルな視点でみれば、周辺部の女性のアンペイド・ワークの状況はいっそう著しい問題でした。

そこで、女性の仕事を社会的に再評価しようということになったんですが、なにしろ女性は長い間家族の生命と生活のために、またコミュニティのために必要な全てのことをやってきた、それも休み時間の規定もなく、家族のどんな急な事態にも対応する二四時間体制の労働者としてやってきた。そして、家族の目の前で忙しく働き回っているにもかかわらず、社会的にも経済学的にも評価されない、それ無しでは生きていけないにもかかわらず、あって当り前で「みえない労働」、まるで酸素のようにあつかわれてきたわけです。女性のこうした有用労働は、その重要性とは裏腹に、測定されたこともなければ、実際にどれほどの労働の項目があるのかさえわからない。そこで、これをなんとか測定し、「目に見える」ようにして、人間らしい社会を維持していくためにはまずどれくらいのアンペイド・ワークが必要なのかを明確にした上で、ペイド・ワークとアンペイド・ワークのジェンダーによる偏りを是正して男女共同社会をつくりだしていこうという方向性が出されたのです。

いつ頃から出てきたかといいますと、七五年の国際女性年の時にはっきりと国際的な文書に示されたんです。七五年のメキシコ会議の時に、ジェンダーに留意した研究資料収集が必要であるということがいわれ、これに基づいて国際機関から研究のための補助金が出て、調査をして世界行動計画に結びつけていこうということになったんです。

八〇年にジェンダー統計を整備しなくてはいけないだろうという方向性がだされ、インフォーマル・セクターの労働をはじめてとった統計が二冊この間出されました。次に八五年のナイロビ会議で、「二〇〇〇年に向けての女性の地位向上のための将来戦略」というのが出され、この中で「女性の発展のための基本戦略」として、ちょっと読みますが、「開

***第二波の女性解放運動**　一九七〇年代に台頭した女性解放運動の総称。女性の参政権などを要求した十九世紀的なフェミニズムと区別するために第二波とよばれる。第二波フェミニズムによって、女性の社会参加、自己決定権、らしさの神話、女性のうつ病、性別役割分業、労働力の再生産、暴力、ポルノグラフィ、セクシャリティ、女性の政治参加といった、人間の個人的、社会的生活のあらゆる領域における両性間の力関係の不平等が問題にされることになった。

発のあらゆる側面および部門における女性の報酬を伴う貢献、および特に報酬を伴わない貢献を認め、これらの貢献を特定し」云々、「そして貢献を計測するための具体的な措置が講じられるべきである」というふうに、明確に文章が出てきたわけです。

　さらに九〇年にはナイロビ将来戦略の見直し会議がありまして、この見直されたところの勧告の5というところに、女性のアンペイド・ワークの経済的価値を測定するための具体策を各国が九五年までに講じるべきというのが出されました。これに基づいて日本も取り組みを始めたという流れになっています。

二　周辺部的状況とアンペイド・ワークの概念

　まず周辺部の状況について、前提を確認したいのですが、周辺部は、もともと主に農業あるいは漁業や林業を基盤にしていました。それは、もちろん、今日的な世界市場での競争力や「比較優位性」の理論*やモノカルチャー化*によって特徴付けられる国際分業の中の農業国という意味ではなくて、ある生産物・食糧が腐らずに移動できる地理的まとまりの中で消費されていたような地域的市場や自家消費用の生産のことです。

　それから、都市部が形成され、色々な形態の労働が出てくる。ちょっとした物売りや行商。自分の家で作ったもので少し余った生産物、稀少価値のあるものなんかを篭でかついで売り歩くような形態も多くみられます。それから自家消費用作物の食料生産。それから都市的な家族的経営。製造業、家内工業とか小商店、町工場や八百屋さんなどの夫婦でやっているような形態がありますよね。製造業や小売業の、そういう家族的経営。雇われているのではなくて、一人だけの自営業であるとか、事実上家内労働的な形態の生産が非常に多い。特にアジアでは農業においても家族経営体、自営業形態で、家族が一緒にやっている場合が多い。これは事実としてあるわけです。

　それから開発とか都市化が進んできますと、都市に土地から切り離されて流入して来る人たち。それがいろいろな形で、たとえば多国籍企業の工場を誘致するために労働者保護法の規制を緩和したりすると保護法の適用外だったり、不法状態におかれたままで就労していたりするわけですよね。なくてはならないのにあってはならないことになっている労働というやつです。

　それから季節や景気によって移動する移民労働や出稼ぎ労働。いわば半プロレタリア。これはイマニュエル・ウォーラーステイン*の定義ですが、世帯の食料生産に片足を突っ込んでいて、例えば農繁期はそこにいて働く、ほかの時は出稼ぎに出る。ですから、主食や食べ物はあるから、最低賃金よりも低い賃金しかもらえない労働であっても喜んで引き受けてしまう。わずかでもいいから、税金の支払いや子どもを学校に行かせるための現金収入のために働くというような形態。

ウォーラーステインがなぜこれを半プロレタリアと呼ぶかというと、つまり、プロレタリアの賃金というのはマルクス経済学の中では労働力の再生産費にあたるわけですから、再生産費を割り込んだ賃金しかもらっていないのに、喜んで働いているということがなんであり得るんだろうということになるわけで、白人の、西洋の経済学者は驚いてしまって、半プロレタリアなどという名前をつけたというわけです。周辺部の実態としてはそのような労働の形態は無数にあるということを押さえていただきたいと思います。なんでこんなことをくどくど言っているのかといいますと、国際世論においてもアカデミズムにおいても以前は「インフォーマル・セクター」の労働という言い方でそういう労働は扱われてきたわけで、「アンペイド・ワーク」という呼び方はむしろ最近のものなんです。

「インフォーマル・セクター」って何かといいますと、「フォーマル・セクター」の対概念です。「フォーマル・セクター」というのは工場での労使関係にあるようないわゆる西洋での「普通の」雇用労働の領域というイメージなんです。月給であるとか決まった賃金をもらっていて、団結権があって労働組合に入れてというような正規雇いの労働領域です。西洋の工業化された社会では雇用統計というのはこのフォーマル・セクターの雇用労働の人数はいくらかということとイコールだったんですね。それ以外のところはとっていなくて、それがフェミニズムの流れであるとか、（ウォーラーステインたちもそうですが）従属理論、周辺国革命の理論、そういうものが出てくる中で、ヨーロッパ中心主義や男性を典型とする労働者像が反省されて、今度は白人の研究者の目がアジア、アフリカ、ラテンアメリカといった周辺部や女性へと向かっていったわけです。すると、周辺部では西洋的な雇用関係にないような色々な就労形態の方がウエイトが大

＊**「比較優位性」の理論**　国際市場で競争力を持つためには、各国がそれぞれ有利な商品を特定し、生産を特化させることが有効であるとする説。デヴィッド・リカードの「比較生産費説」が起源。

＊**モノカルチャー**　単一作物栽培。農業の分野で世界市場において競争力を持ちうる単一の作物に特化した耕作を行なうこと。または、ある国の経済がそうした単一の作物生産に依存している構造のこと。

＊**イマニュエル・ウォーラーステイン**（一九三〇〜　）ニューヨーク州立大学社会学講座主任教授。フェルナン・ブローデル・センター所長。近著に『ユートピスティクス』『転移する時代』がある。

きいのですが、それらをみんな、フォーマルに対して統計のない部分、インフォーマルという風に、全部一括りに扱うことになったわけです。

具体的にはどのようなものがインフォーマル・セクターに含まれるかというと、統計から漏れていたもの、法律的な保護からはずれていたもの。資本、営業場所不定、雇用者がほとんどいない、つまり家族でやっている、自分で行商に行っている。それから雇用者がほとんどいないかまたはゼロ、自分が労働しているわけですよね。それから先ほど言ったように法律または登録がしていない、政府が把握していない。それから帳簿がないから調べてもわからない。そういったような労働ですね。報酬が現物支給なんていうのもよくあるんです。そういうのが全部入ってしまうわけです。西洋人から見るとすごく珍しいことのように見えたらしいのですが、たとえば日本でも、些細な金額すぎて帳簿につけていないとか、帳簿があいまいで家計とごっちゃになっているとかといったことはよくありますよね。

ようするに、現実には貧困の中で生きていくためにいろんな働き方をしているわけですが、それが西洋人の研究者の目から見て、見えてなかったんですね。ずっと見えてなくて、よく考えると西洋の中心部の諸国の中にも実際には存在しているのですが、どうも目が資本主義化とプロレタリア化の方にいってしまっていたわけで、あるのに見えていなかった部分がたくさんあって、特に女性労働でいいますと、七五年の女性会議以降に、目がやっとそちらに向いたんですね。ということで、アカデミズムの世界では、八〇年代に入って一番重要だったのは「インフォーマル・セクターの発見」だったというふうに言われるわけです。ずっとそこにあったのに、学問的に発見されていなかった。で、ようやくインフォーマル・セクターとして問題にされ、研究が始まったというところを押さえていただければと思います。

こうした流れを踏まえて、周辺部の女性のアンペイド・ワークの現状をみてみると、単に消費ではない、おびただしい数の労働の項目があるわけです。八五年の「ナイロビ将来戦略」とその後の見直しの過程で、こうした途上国の女性の労働の実態を時間利用調査によって把握しようという方向が明示され、研究が進みました。それによると、朝は家族の誰よりもさきに起きて、水くみ、薪や燃料の調達、食料の調達と食事の用意、育児、市場での物売りや不定期な就労、家内労働や内職、ちょっとした行商、自家用食料の栽培、家畜の世話、食品の加工、夜なべ仕事と、眠る間もなく労働しています。

統計的にみてみると、世界中で女性の農業、漁業、林業への貢献は非常に大きいのですが、とりわけ周辺部では地域や家族の食料を女性が生産している割合が高く、一九九五年のＦＡＯのデータでは、サハラ以南のアフリカ、カリブ海諸国、アジア、ラテンアメリカで、女性が家族のために行なう食料生産の大半を担っていることがわかります。たとえばジンバブエでは農業労働の七〇％が女性によって担われ、コンゴでは国内消費用作物の八〇％、カメルーンでは九〇％が女性によって生産されています。アジアでは女性の農業労働力率は高く、たとえばフィリピンで四七％、インドネシアで五四％、タイで六〇％などとなっています。このうち女性は小規模自営農業の無給の家族従業員として従事している場合がたいへん多い。それから土地がちょっとでも利用できる場合には、世界中のどこでも自家消費用菜園の世話、食料の加工を行なっているのはほとんど女性だし、その他にも家畜の世話や搾乳、種の管理、薪や燃料や水の確保、素潜りやちょっとした漁撈、加工、食料の保存、管理、販売などの大半は女性によって担われています。そしてそのほとんどがアンペイド・ワークかインフォーマル・セクターの労働なんです。

図　労働領域の区分（既存の概念の整理）

　なんだか混乱してきたかと思うので、ここで、若干概念の整理をしておきますと、まず、国際的な議論の中では、途上国の女性労働を把握する目的からインフォーマル・セクターの労働という概念がでてきた。国連の統計『世界の女性　一九七〇―一九九〇』の暫定的な定義ではインフォーマル・セクターとは「雇用者のいない単独業主」や「家族従業者」で、その特徴は、「単純な技術、極くわずかな資本、営業場所不定、雇用者がほとんどいないか又はゼロ、準適法性又は登録の欠如、帳簿付けがほとんどない」とされています。これとアンペイド・ワークとの関係はというと、一部は重なっていますが、重なっていないところもあります。つまり、インフォーマル・セクターの女性労働というのは、既存の「経済

的活動」や「生産」という範疇には入っているんだけれど、いままで統計的に把握されていなかった労働のことで、そのうち、たとえば自営業世帯の世帯主以外の家族従業者として無給で妻が働けばそれはおおむねアンペイド・ワークです。ただ、世帯の家計が共有されている場合や、現物支給と見なされる場合など、実際にはアンペイド・ワークと言い切れない場合も含まれているかも知れません。他方、自家用の食料の生産や加工、水くみといった自家消費用の労働は、自家用に焼いたパンを街角で立売するなどのインフォーマル生産になるかも知れない労働と実際には渾然一体となっている場合が多いのですが、従来市場を媒介としていないため「生産」とか「経済」の範疇の外に区分され、インフォーマル・セクターの定義からももれるわけです。アンペイド・ワークという概念は、目の前にあるにもかかわらず生産概念や経済学から体系的に無視されてきたような、たいへん多様な労働をそのまま把握するためにあみだされた実践的な概念だといえると思います。このような文脈にたてば、日本の総務庁のような家事、買物、育児、介護、ボランィアの五項目だけを計るというのは本末転倒で、むしろ、まずどのような労働の項目が存在しているのか、女性はどのような働き方をしているのか、について時間利用調査などを行なって十分に洗い出す必要があると思います。

ともかく、整理すると、アンペイド・ワークには二つの領域があるといわれます。北京で開催された第四回世界女性会議の「行動綱領」によると、アンペイド・ワークは、一つは、経済活動とみなされながら過小評価されるか全く把握されない労働(おもに自家消費用の食料やサーヴィスの生産と自営業内部の家族従業者の労働)であり、もう一つは、世帯内や地域社会の無償労働(子供や高齢者のケア、環境保護、ボランティア活動など)だということになります。

三　中心部的状況

先進国では特に家事労働を測るということが行なわれてきて、たとえばはやい時期に明確に数字が出されたカナダでは、GDPの三二〜三九%、八六年のデータですが、四割弱ぐらいに相当する分がアンペイドで支えられているということがわかってきたわけですが、このあとどうするのかが問題です。

カナダのような国では、女性の地位向上をめざす政府省庁の意思がアンペイド・ワークの測定と政策化に反映されているうまくいっている事例だと思うんですが、日本では総務庁と経済企画庁と総理府と労働省の連携もあまりないように見えるわけで、市民の側から、あるいは女性の運動や研究団体がどんどん具体的な要望を政策に反映させていく必要があります。その際、例えば、福祉国家路線でいくのか、政府や自治体に補償を求めるのか、労働時間を短縮させてペイド・ワークだけでなくアンペイド・ワークを含めたワーク・シェアリングを考えるのか、ゴミ製造者責任のような形で企業にいくらかでも補填させていくのか、地域を単位とするのか、第三セクターをつくるのか、NPOを媒介とするのか、等々とりうる政策的政治的な議論を同時に進める必要があるでしょう。

また、先進国やEUのような福祉国家や国家の政策に、相対的に期待を持てるような状況の中では、アンペイド・ワークの測定と価値換算、サテライト勘定、政策化といった運動の方向も一定のリアリティがあるのだろうと思います。ただ、後でのべるように、マリア・ミースたちは、経済のグローバル化が進行し、国家の主権が相対的に低下していく今日の状況のもと、先進国的バイアスにのっかったままのアンペイド・ワークの議論や政策化の方向性には諸手を挙げて賛同していないわけで、グローバルな観点からみた場合、アンペイド・ワークの運動の勝利は既存の価値観やパラダイムの変更をも伴わなければありえないと考えているのだと思います。つまり言いたいことは、周辺諸国や先進国内の周辺部の犠牲の上に成立する、先進国的文脈で、たとえば家事労働をペイド・ワークにしようとか、第三セクターでケア労働部門の雇用を創出して女性を動員しよう等々といった政策が進んでも、現在進行中のグローバリゼーションの中では、真のオルタナティヴにはならないのであって、家事をどう計り、政策化するかという技術論的議論と同時に、世界規模で問題を分析するパースペクティヴが必要だということだと思います。そのためにも、グローバルな視点で状況を分析し展望していく必要があると思います。

ここでこれまでの状況をふりかえってみると、いわゆる先進国では、今日、高齢者介護、少子化などが問題になる中で、地域でも家庭でも女性に、それも無償で、介護や家族のケア労働をやらせようという圧力が働いている状況があり、日本でもそうですが、女性のアンペイド・ワーク問題の中心は、「家事」、「育児」、「介護」、「ボランティア・ワーク」ということになるわけです。

でも実際には、先進国の内部にも、インフォーマル・セクターは存在し、その大きな部分を女性のアンペイド・ワークが占めています。たとえば、東京でも都市の製造業や小売業の、家族経営体内部の家族従業員の労働は、単に消滅していく前資本主義的な領域というわけではありません。世界の経済動向に直接的に影響を受けながら増減する、多国籍企業の外部工場だったり、不況の際の調整弁として機能したりしていますが、よくみると、零細になればなるほど女性のアンペイド・ワークの占める割合が増加していたり、家内労働や内職労働者は二〇代から三〇代の女性層によって支え続けられていたりと、特定のジェンダーや世代によって再生産されているんです。

その他にもアンペイドかインフォーマルか判別がつきにくいような労働はたくさんあり、たとえば不法とされているために何の保護もない外国人や移民の労働、あってはならないとされているにもかかわらずなくてはならない労働の典型としてのセックス・ワーカー、その他インナー・シティの貧困層がなんとか生きようとするときにあみだされるさまざまな形の小売り業、先進国の周辺部に存在する自家消費用の農業など、家族や子どもを生き続けさせるために、さまざまな労働が存在するわけです。

でも、運動の方でもこの辺には目が向けられてこなかった。フォーマル・セクターの労働における男女賃金格差の是正や保育所づくりなどを要求する労働運動はもちろんあったわけですが、アンペイド・ワークに関係するものとしては、アメリカで六〇年代から七〇年代に女性解放運動、第二波フェミニズムがでてきました。この中で、現在の先進国の女性の現状が問題になったわけです。そこでは郊外のマイホームという牢獄に押し込められた主婦的状況の女性の抑圧がまず問題になった。ベティ・フリーダン*ですとか、その流れで女性の労働に目をやるものですから、運動の方も家事労働に主に目が行ってしまったわけです。

世帯内の自家消費用の生産は、アメリカやフランスなど、先進国の中でもかなりみられると思うのですが、中産階級のマイホームから始まったフェミニズムですから、そこに目が行かなかったんですね。

それから家事労働論争*が起こってくるわけですが、この時にマルクス主義フェミニズムと日本では言われているような女性の労働を問題にする人たちが出てきて、家事労働というのは何なのだろうということが議論されたわけです。

ここで注目しておきたい点が三つありまして、それがアンペイド・ワークをどのように考えたらいいかについて示唆に富んでいる点かなと思います。彼女らが何で家事労働を問題にしたのかというと、一つはマルクス主義の理論においては、例えば差別、階級分裂があって、そこで支配されているのは労働者ですが、それを経済学的に説明すると、「剰余価値を搾取されている」という理論になるわけです。だから、女性が差別されている、それも何か資本主義と関係あるに違いないということになると、それなら女性はどんな価値をつくっていて、誰に、何を取られているのかということが明らかにできれば、たぶん女性抑圧の問題が解けるのではないかと考えられたわけです。その時に、労資関係に対応するのは世帯内での生産関係をめぐる支配関係ですね、ここを暴きたかったということが一つ。

それともう一つ、その生産関係における支配関係がはっきりしないと、つまり誰に何を取られているのかがはっきりしないと、資本主義との関係がわからないんですね。というのは、私的世界が生産世界と分離した現在のモダンの社会では、資本主義と家族は関係ないと思われていた。家庭内で剰余価値が搾取されているのならば、その剰余価値が資本蓄積に結びついているということを説明しようとした。つまり二つ目は世帯内での女性労働の資本主義における位置関係ですね、それを暴きたかったということです。

最後にもう一つ重要なことなのですが、「家事労働は労働だ」ということを言ったわけです。マルクスが言うとおり、人間が人間になるには、サルから人間になるには労働というものが大きく関わっているという考え方がありますが、これは労働のプラスの側面に着目した考え方なんですね。従来家事は消費だと思われていたのですが、人間の生活に必要な、社会的に有用な生産的な労働であるということを言いたかったわけですね。この三つ、生産関係と資本との関係と労働概念であるということ、それが家事労働論争をやった理由だと思うわけです。

この論争はこれまで正面から取り上げられたこともなかった女性の家事を社会的有用労働だと捉え直した点で認識論的にたいへん画期的だったし、なによりも男性と女性の間、夫婦間での力関係を問題にする視点を経済学に持ち込んだ点でもたいへん功績があったと思います。でも、反面、既存のオーソドックスな経済学を根本的に革新できなかったことと、議論の対象を狭く、先進国的個別家族のあり方、その内部での労働過程の編成、生産関係、富の移転などにかぎってしまったために、たとえば育児の場合では、こどもに搾取されているのかなどというつまらない議論に陥ってしまって、資本との関係や国家との関係を明確に論じ、政策的

＊**ベティ・フリーダン**（一九二一〜　）ＮＯＷ（全米女性機構）の設立者、会長。アメリカ女性解放運動の先駆者であり、「穏健派」フェミニズムの代表的存在。一九五〇年代のアメリカの中産階級の主婦が「女らしさの神話」によって公的な職業につかず家庭内に閉じ込められたことにより精神的な苦悩を経験しているという問題に取り組み、『女らしさの神話』（一九六三年。邦訳『新しい女性の創造』一九七〇年）を著した。

＊**家事労働論争**　一九六〇年代後半から七〇年代の初頭にかけて、欧米のとくに英語圏のフェミニストや経済学者によって行なわれた論争。家庭内で行なわれる専業主婦の家事労働が男性による女性抑圧の物質的基盤ないし根本的原因になっているのではないかという見地から、家事労働の①作り出す価値は何か②それを搾取しているのは誰か③家事労働と資本主義の関係はどのようなものか、といった問題を明らかにし、家事労働をめぐる搾取―被搾取関係ないしは支配―抑圧関係を暴き出そうとした。

な成果をあげるまでにはいたらなかったわけです。一言で言えば、この段階で、アカデミズムも実践も男性中心主義を克服したにもかかわらず、まだ、男性が作ってきた学問的実践的体系がのっかっていたところの、ヨーロッパ中心主義的・先進国的バイアスから解放されていなかったといえるでしょう。

ここを乗り越えて、フェミニズムの遺産を継承するとともに、世界システム・パースペクティヴとエコロジーの視点からさらに理論と実践をすすめてきたのが、ミースやヴェールホフ、ベンホルト=トムゼン、ヴァンダナ・シヴァ*などのグローバルな視野に立つフェミニストだと思います。

四　グローバルな視点から見たアンペイド・ワーク

ミースやヴェールホフ、ベンホルト=トムゼンは、生産と消費をわけるような、既存の「経済」「労働」「生産」概念の限界を指摘し、目の前で行なわれている労働を労働でないものとみなし、経済の外部と考えるのは男性中心主義的で、同時に資本主義的なバイアスだという立場から、女性の労働を世界システムの内部に包摂されているものとみます。こうした立場から見ると、特定の労働だけを家内労働から空間的地理的に切り離して、それを男性に担わせて経済とみなしたのは資本主義の偶然的必然的な過程だといえますが、他方、女性の労働の価値を切り下げ、女性の労働を包摂していく過程、これは継続的に今でも続いている本源的蓄積過程に他ならない。そしてそれと連続して、世界中の可能なところではどこでも女性を植民地の労働力のように安価で尽きることのない資源として再生産費用以下で収奪しつづける、このうち、最大限搾り取られている場合がアンペイド・ワークということです。ここで、女性の労働力の価値を切り下げていく近代的イデオロギーとして、主婦が用いられているので、ミースたちは女性に向けられた継続的本源的蓄積過程を「主婦化」とよんでいます。だから主婦化というのは、結婚して専業主婦になるという事実や家事をしているということではないんです。

ベンホルト=トムゼンは、現実には専業主婦が存在しえないような情況、たとえばカルカッタのスラムにおいてさえ、なぜ「主婦」が作りつづけられるのかを分析していますが、その中で、主婦は何を行なうかではなく、どんな条件のもとでどんな諸関係においてそれを行なっているかによって特徴付けられるという主婦の定義をしています。つまり、世界中で主婦は、子どもの世話をし必要なものを与えるけれども、それは小さな子どもを畑仕事の間背中にくくりつけて運ぶことから託児所やピアノの練習へ自動車で運ぶことにいたるまでの多様性を持っている。それから主婦は洗濯し掃除し料理し、薪や水を運び、木の実を集めてジャムや油を作り、世界中のインフォーマル・セクターに従事し、家の中では籠編みから居間でのパソコンの端末操作までの幅を持つ家内労働にいそしむ。主婦としての責任を負ったまま、あるいはその予備軍として労働市場に出れば女性賃金レイトの女性職、パート、多国籍企業の女工として働く。女性が主婦という烙印を押されているということは、彼女たちが現実に家事労働専従者だということを第一義的に意味するわけではなくて、彼女たちが低い社会的地位にあるということを意味する。彼女たちはこの世に誕生して以来、まったく支払われないかまたはわずかしか支払われない労働力であり、そのことによって劣っているとされる労働力とみなされている、というわけです。

ここでの主婦概念は状況の中で可能な限り低い報酬、劣悪な労働条件、無権利の労働者を意味するわけです。こうした観点から見ると、搾り取れるところではどこまでも搾り取ろうとする、世界規模での資本主義の利潤追求作用のもとで、たいへん多様性を持ち、さまざまな形態をとる女性の働きは、先進国のキャリアウーマンの擬似プロレタリア的状況から、フォーマル、インフォーマル的状況を経て中心部と周辺部のアンペイド・ワークにいたるまでの一続きの労働条件の連続体になっているといえます。

またミースたちは、家事は階級や国際関係やジェンダーの線に沿って現実化していく国際分業の一部だと考えています。このような観点に立てば、個別家族という私的空間にばらばらに存在するように見える先進国の専業主婦も、歴史的な過程の中である種の必然性をもってでてきた存在で、世界システムの内部に存在していることが理解できます。たとえば、先進国の郊外の一戸建て住宅に住む主婦がスーパーマーケットで買い物をして家族のために料理をするとき、現在では、巨大なアグリビジネスの商品化された食糧を運び、実際にお金を払って利潤追求に寄与し、家では多国籍企業の電気製品を使いこなしているわけで、現実にはこのような労働が存在しなければ、多国籍企業の利潤追求は完結しない、そういう意味で世界規模での分業の末端に位置する労働者であるわけです。

さらに、ミースやシヴァが最近のＦＡＯ（国連食糧農業機関）の食糧サミットの時に言ったことには、今日では、この先進国の家事労働者は多国籍企業に捕われた強制労働者となっている。つまり、グローバリゼーションの現段階におい

＊**ヴァンダナ・シヴァ**　インドの科学者、哲学者。科学技術・自然資源政策研究財団所長。エコロジーとフェミニズムの視点とともに、グローバルな視野を持ち世界的に活躍するフェミニスト。著書は『緑の革命とその暴力』（邦訳一九九七年）。

ては、巨大なアグリビジネスが農民の自立性を奪い世界の食糧生産を左右するまでに至っていますが、バイオテクノロジーを駆使して、遺伝子操作作物やポストハーベスト穀物、ターミネーター作物などをつくりだし、農薬や添加物汚染がさらに深刻化してきた。そのなかで、消費者には選択の余地――これをシヴァはスーパーマーケット民主主義と揶揄しているんですが――、それさえあやうい。生命の維持と再生産に重大な影響を与えるような食品をせっせと毎日買って運び、原発のようなリスクの高い電気を使って調理をする、自分や家族の生命それ自体を多国籍企業の利潤追求のためにさし出すような役割を負わされているというわけです。ミースたちは世界規模での本源的蓄積と連続する資本主義的蓄積過程をサブシステンスからの人間の切り離しともとらえるわけですが、グローバリゼーションというのはその最新の局面で、とうとう生命そのものの搾取まで到達した段階ととらえるわけで、その局面での主婦という存在性を国際分業の一環としてみごとにとらえているとおもいます。

他方、こうした世界システムの展開の新たな局面は、国際的な金融支配による周辺部でのさらなる開発によって、周辺部の女性の主婦化、サブシステンスからの引き離し、低賃金労働者化、新たな労働条件の差別化と分断、一国内部の女性のさらなる階層分化、結果としての貧困化などをもたらしつつ、同時に先進国では、産業の空洞化、賃労働の風化、無権利労働者化、雇用の不安定化、地域や家庭内のケアをアンペイドで行なうボランティアという名の強制労働の未曾有の組織化、福祉予算や保護措置の減少による貧困の女性化といった、新たな現象をともなっていきます。このようなフェミニズムとエコロジーとグローバルな視角に立脚した状況の分析がなければ、家事労働の世界システム上の位置や、アンペイド・ワークという労働の性質を解明し、この状況を是正する展望は開けないでしょう。

先日シアトルでは、先進国の労働者と、エコロジストやフェミニスト、周辺部の開発に異議を申し立てる人々という、これまで結びついてこなかった勢力があつまって、WTO締結に異議をはさむという事態になりました。世界資本主義の現段階においては、より多くの人の目に、周辺部と中心部でのさまざまな条件のもとにある人々が、世界システムの内部でつながっているということが明らかに見えるようになってきたのだろうと思います。

最後に、断片的ですが、こうしたフェミニストの世界システム論からのアンペイド・ワーク論への示唆を整理したいとおもいます。

（1）まず、アンペイド・ワークを捉える際に、単に消費とか家事ととらえるのではなく、女性の働き方全般の中の一部として捉えること。

（2）そのとき、生産／消費とか、経済活動／非経済活動、生産的／非生産的活動などという既存の区分を一度取り払ってみる必要があるということ。なぜかというと、女性労働を尽きせぬ天然資源のように無償で使おうとすること、目の前で行なわれている有用労働を経済外とか、非生産的と考え、逆に生命を枯渇させ搾り取ることや開発の名のもとで自然を破壊することが「生産的」だとするような考え方は、男性中心主義的で資本主義的なバイアスであるかもしれないから。

（3）それからこれはフェミニズムの遺産でもありますが、女性のアンペイド・ワークを分析する際に重要なのは、労働内容自体だけでなく、それがどのような社会関係、力関係のもとで行なわれているか、男女間の力関係にも目を向けること。したがって、家内労働や自営農業内部での女性労働を分析する際、分析単位は、女性個人の労働とその報酬であるべきだということ。あたりまえのようでいて、これは結構難しく、つまり、世帯単位の生産の場合、たいてい所得は男性のものとみなされてしまうので、女性の貢献はないものとされてしまうんです。今後年金や保険や税制において、現在世帯単位であるものも、個人がかけた分だけ戻ってくるという個人化・個別化の方向が進められていますが、今後の農業者年金や税制にとっても女性がこれ以上不利にならないように、ジェンダー視点できちんと政策化していく必要があります。

（4）つぎにアンペイド・ワークとペイド・ワークのバランスを是正するときに、先進国的な経済「成長」や景気の「回復」といった、これまでの中心—周辺の支配・従属関係を前提とした概念や哲学の上に、計画を立てても無駄だということ、たとえば経済の成長概念の再構築や、世界的な規模で考えた場合の福祉国家的政策のあり方についての議論とか、これ以上自然破壊的な開発援助への投資をしない場合の財政のあり方を考え、その上で政策を展望する必要があるということ。

（5）世界システム上の各国の位置の分析とともに、現在起こっている現象の解釈とそれへの対策がとられなければならないこと。つまり、ヴェールホフが「未曾有の強制労働の組織化」とよぶような、女性のアンペイド・ワークの組織化や、産業の空洞化がドイツや日本で起こってくる必然性を分析し、対処していくことが必要だということ。

（6）主婦化、無権利労働者化、それの最たるものがアンペイド・ワーク労働者化なわけですが、これがサブシステンスからの切り離し過程の延長線上にあるということを認識すること。そうすると、破壊と利潤追求ではなく生命と生活の維持のための「生産」を基盤とする社会への転換——これはなにも難しいことではなく、人間が生きつづけられる社会ということなのですが――、こうした転換とともに現在のジェンダー分業を内包した国際分業の変更、つまりアンペイド・ワークとペイド・ワークのジェンダー分業でもって、主婦が多国籍企業に奉仕しているような現実の分業の是正を考えていく必要があるということです。私としては、たとえば最近の話題で言えば遺伝子組み替え食品の表示とか不買をすすめて、地場の国内産のそれも農薬を最小限に控えた大豆の普及を選択していくこと、それによって農業や地域の産業構造や市場のあり方や、生活の時間の使い方が変化していくこと、そして結果的に先進国の家事の内容と質が変化していくこと、こうした変化はひとつづきになっているんだろうと、そのなかでアンペイド・ワーク問題の解決の端緒が開かれるんだろうと展望しているわけです。つまり、ジェンダー分業が国際分業の一環であるという観点からみれば、アンペイド・ワーク問題は、たんに家事に支払え、とか、アンペイド・ワークを市場化して支払われる労働にするとかいう問題ではなく、地球規模で、男性も女性も生活と労働を担い生存しつづけていける社会を政策的に作り出していけるかどうか、サブシステンスか滅亡かという岐路に立つ社会を左右するような問題なんだろうと考えているわけです。

（本稿は一九九七年五月二十四日のフォーラム〈ジェンダー・ヒストリー〉における報告を基に、大幅に加筆修正したものである。）

グローバリゼーションと〈ジェンダー〉
【オルタナティヴ・パースペクティヴへ向けて】

マリア・ミース
Maria Mies
編訳・解題＝古田睦美

Maria Mies／一九三八年生。社会学博士。ドイツを中心に国際的に活躍するフェミニストの代表的存在。邦訳書に『世界システムと女性』(ヴェールホフ、ベンホルト＝トムゼンと共著、藤原書店)、『国際分業と女性』(日本経済評論社)ほか。

一　はじめに

環境と開発にかんする世界委員会、いわゆるブルントラント委員会の「我々の共通の未来」(一九八七年)は、環境破壊とその原因がまさに永続的な経済成長であると正しく分析しているにもかかわらず、成長モデルの根底にある哲学をほんとうに批判し、廃棄するつもりなど毛頭なかった、と私には思われる。彼らは経済的、社会的、生態系的持続可能性という概念のための新しいフレームワークをなんら示していない。

グローバルな問題の解決策として、ブルントラント委員会は、次のようなよりグローバルな経済成長を提示している。すなわち、発展途上の世界の大部分が経済的社会的環境的なカタストロフィーを防がなければならないとすれば、本質的なことはグローバルな経済成長を回復することである……。これが意味するのは、工業国と発展途上国におけるいっそう急速な経済成長、発展途上国の生産物に対する自由な市場アクセス、より低い利潤率、より大きな技術移転、そして供与面と商業面における資本流通のいっそう大規模な拡大である(World Commission on Enviroment and Development 1987: p. 89)。

工業国と貧困国の双方におけるいっそう急速な更なる経済成長という主張は、委員会の著者たちが、一方での成長と他方での貧困化、進歩と後退、過剰な開発と低開発との結びつきを見ようとしていないことを明白に物語っている。彼らは、無限の資源、無限の進歩、無限の地球という単線的な進化論哲学に、そして「追いつけ追い越せ式の発展」という経済パラダイムに依然として固執しているのである。このことは、北(北米、ヨーロッパ、日本)の豊かな工業国が、南の貧しい国々の未来のイメージでありつづけるということを意味している。「グローバルな経済成長」は、彼らに北で主流となっているのと同じ生活水準、同じ消費パターンをもたらす原動力とみなされているのである。

ローマ・クラブの最新の出版物（『第一次グローバル革命』一九九一年）は、私たちの惑星と私たちの時代のグローバルな病いについてより明確に記述している。この著者たちは、工業化された北の豊かな社会が世界の資源、とりわけエネルギーの大部分を消費していると、はっきりと認めている。産業革命以前には、一人あたりの消費量は、北と南ではほぼ同程度だったのにもかかわらず、今や北でのエネルギーと資源の一人あたりの消費量は南の四〇倍に達している（Club of Rome, 1991: 32-33）。また、これらの北の社会が、二酸化炭素の八〇%を排出しており、有害物質を含めますます増大する廃棄物を生み出しているのである。ここでもまた、成長至上主義者は、その影響力を発揮している。

ローマ・クラブは、「持続可能な開発」という概念が、ブルントラント委員会によって示唆された工業国の成長率とは両立し難いものであると指摘している。言い換えれば、著者たちは、永続的な経済成長への刺激は、乏しい資源の保護や、持続可能な生態系および社会への関心と調和し得ないということにはっきりと気がついているように見える。彼らはまた、北の裕福な国々において支配的な現在の消費水準は一般化することができないことにも気がついている。彼らは、次のように問いを立てている。すなわち、「現在の富裕な工業諸国の物質的な富の水準は、持続可能なグローバルな開発と両立可能であろうか、それとも、換言すれば、消費者の欲求を刺激することによって自らのダイナミズムを引き出している世界経済には、まだ未来があるのだろうか？」

2 「ジェンダー」を加えてかき混ぜる？

「ジェンダー」は、なんであれ議論されている問題や懸案の政策にたいてい単純に付け加えられる。あるフェミニストは、この、「ジェンダーの側面」や「女性という部品」を単に付け加えるだけという方法のことを「ジェンダーを加えてかき混ぜる」と言い表してきた。こうしたやり方は、機械論的な、原子主義的な、単線的な、還元主義的な社会理論に典型的である。また、科学の支配的なパラダイムにおいても典型的である。

だが、私たちフェミニスト――少なくとも私がこの一五年間に一緒にやってきたフェミニスト――たちは、正しくも、当初から以下のように強調してきた。どのような社会理論にも――リベラルであれ、実証主義的であれ、マルクス主義的であれ――「女性問題」を単純に付け加えることはできないのであり、理論的帰結として、それ（ジェンダー概念の導入）は、既存のあらゆるパラダイム、諸関係――とりわけ資本主義的あるいは社会主義的な産業的家父長制の諸関係――の革新をともなうのである。私がこの立場にこだわるのは、私が労働と持続可能性の関係について分析するときに「ジェンダーを加えてかき混ぜる」ことはしないということをはっきりさせておきたいからだ。もしも二つの概念――すなわち、エコロジカルな、社会的経済的持続可能性と、女性と男性の間の非搾取的で非抑圧的な関係という概念を真摯に採用するならば、それらの概念を、搾取的で不公正で破壊的なグローバル・システム全体に関する分析に単に付け加えることなど到底できない。それら（の概念）はむしろ、分析と政治の中心に置かれるべきなのである。しかし、それを可能にさせるためには、別の理論的枠組み、私たちの経済や社会に関する別の見方が必要である。以下に、まずこの理論的枠組みの簡単な要約を述べよう。

3　女性、自然、外国人の植民地化
――「終りなき成長」ないし「蓄積」の秘密――

「進歩」というのはたいてい、「野蛮な」「遅れた」段階から始まって、科学や技術の発展によって、あるいはマルクス主義の用語では「生産力」の発展によって導かれ、どんどん上昇する限りない前進の単線的な進化の過程だと仮定されている。しかし、このプロメテウス的プロジェクトにおいては、地球や時間や空間や我々人間存在の限界にたいして関心が払われていない。だから、限界のある世界において「限りない成長」というような目的は他者の犠牲の上にしか実現できないのである。言い換えれば、一部の進歩は他の部分の後退なしにはありえず、開発は他の低開発なしにはありえない。だれかの富は他者の貧困なしにはありえないのである。

ローザ・ルクセンブルク*は、資本蓄積がより「非資本主義的」ミリュー（環境ないし外部）や、労働や資源や市場をもっと収奪するための領域を前提としているということを示した（Rosa Luxemburg 1923）。私たちはこれらのミリューや領域を植民地と呼ぶ。植民地は、資本主義の始まりにおける「原始的蓄積」と呼ばれる時代における資本蓄積過程を示すのに必要なだけではない。それは今日もなお、成長メカニズムを維持するために必要でありつづけている。だから、私たちは「継続的本源的蓄積および植民地化」が必要とされていることについて述べているのである（Mies,v.Werlhof, Bennholdt-Thomsen 1988 : p. 15-17）。

＊ローザ・ルクセンブルク（一八七〇～一九一九）　ポーランド生まれの革命家。マルクス主義の系譜に位置しながらも、非資本主義的領域や世界市場に着目した独自の帝国主義分析を行ったことで知られる。

暴力を伴わない植民地化はありえない。資本家と賃金労働者の関係が法的には等価交換の契約を結ぶところの所有者(資本の所有者と労働力の所有者)間のものであるのに対して、植民地の開拓者と植民地との関係は契約や等価交換に基づくものでは決してない。それは直接的ないし構造的な暴力による強要や押し付けなのである。このように暴力はいまだに支配的な資本蓄積志向のシステムを下支えしている。

この暴力はジェンダー・ニュートラルではない。つまりそれは基本的に女性に向けられる。近代化、工業化、都市化にともなって、家父長制は消滅し、両性の平等への道が開かれると、たいてい考えられている。だが、反対に、この過程で家父長制は消滅しないどころか、拡大するというのが私の仮説だ。というのも、成長ないしは蓄積の過程というのは、家父長的ないし性差別主義的な男女関係、家庭の内と外での非対称的な性別分業、すべての女性を依存的な「主婦」とし、すべての男性を「稼ぎ手」とするような定義を基盤として維持されているあるいは再創造されているからである。この性別分業は国際分業に統合されている。その中で女性は「生産的主婦」および「消費的主婦」として扱われている。第三世界のみならず、「市民社会」が実現したと思われている第一世界においても地球規模の世界システムがますます危機に陥るのに伴って、とりわけ女性に対する暴力の増大が顕著になってきた。この暴力が、植民地化と限界なき成長にもとづいた政治・経済システムの一部であり一部分である以上、「ジェンダー的平等」だけを目的とした戦略では勝利することはできないだろう。植民地的文脈における「平等」は、植民地主義と決別することではなく、植民地の支配者に追いつくことを意味するのである。こういう理由で、フェミニストたちは「機会の平等」政策に満足できず、地球規模の資本主義的家父長制を維持するのに必要な搾取関係や抑圧関係や植民地化の諸関係のすべてに打ち勝とうと努力しなければならないのである(Plumwood 1993)。

七〇年代の後半に、私たちが女性に対する継続的な抑圧と搾取——金持ちで民主主義的で工業化された北の社会においてすらみられる女性への継続的な暴力——の根本的な原因について問い始めたとき、私たちは、家父長制が社会システムとして生き続けていることだけではなく、それがモノやサーヴィスや資本の継続的な成長、マルクス主義の用語でいう累進的蓄積をめざすような資本主義システムと不可分に結びついているということを再発見した。私たちは、こうした継続的な経済成長の秘密は、通常想定されているように、いっそう省力的な機械を発明し、それゆえ労働をいっそう「生産的なもの」にし、したがって同じメカニズムによって労働をいっそう余計なものにする科学者や技術者の知性にあるのではないのだということを悟った。永続的な成長ないし蓄積もまた、資本家が労働者に彼らの労働によって作り出した価値の一部しか、つまり、彼らの労働力の再生産に必要な分しか支払っていないというマルクスが指摘したような事実によっては完全に説明することはできなかった。

私たちは、女性による労働力の再生産労働が、資本家の理論や国家の理論においてのみならずマルクスの理論においても勘定に入れられていないということを発見した。それらの理論においては、成人——たいてい男性労働者——が「彼の」労働力を売るために工場やオフィスの前に立ち現れる。しかし、男性の労働力は、彼自身ではなくたいてい彼の母親か妻によって再生産されている。

反対に、あらゆる経済理論や経済モデルにおいて、女性によるこの生命の生産と生命の維持の労働は「ただのモノ」、あるいは空気や水や太陽の光のような無償の天然資源としてあつかわれている。それは女性の身体からあたかも「自然に」湧き出すかのように見える。女性の「主婦化」は、したがって、男性のプロレタリア化にとって欠かせない補完物なのである。私たちはこの資本主義的家父長制的経済をひとつの氷山の形にあらわした。(図)

マルクス主義を含めて、私たちの経済の機能に関する支配的な理論はすべて、この氷山の、水面の上に浮かんでいるほんの一角、つまり、資本と賃労働に関心を払っているだけに過ぎないということがわかってきた。この氷山の基盤全体は水面下にある見えざるもの、つまり、女性のアンペイドの、家事、ケア・ワーク、育児、ないし私たちの言い方で言うところの、生命の生産あるいはサブシステンス生産である。

しかし、私の友人や私は「第三世界」に長らく住んでいる

図　持続不可能な経済の氷山モデル

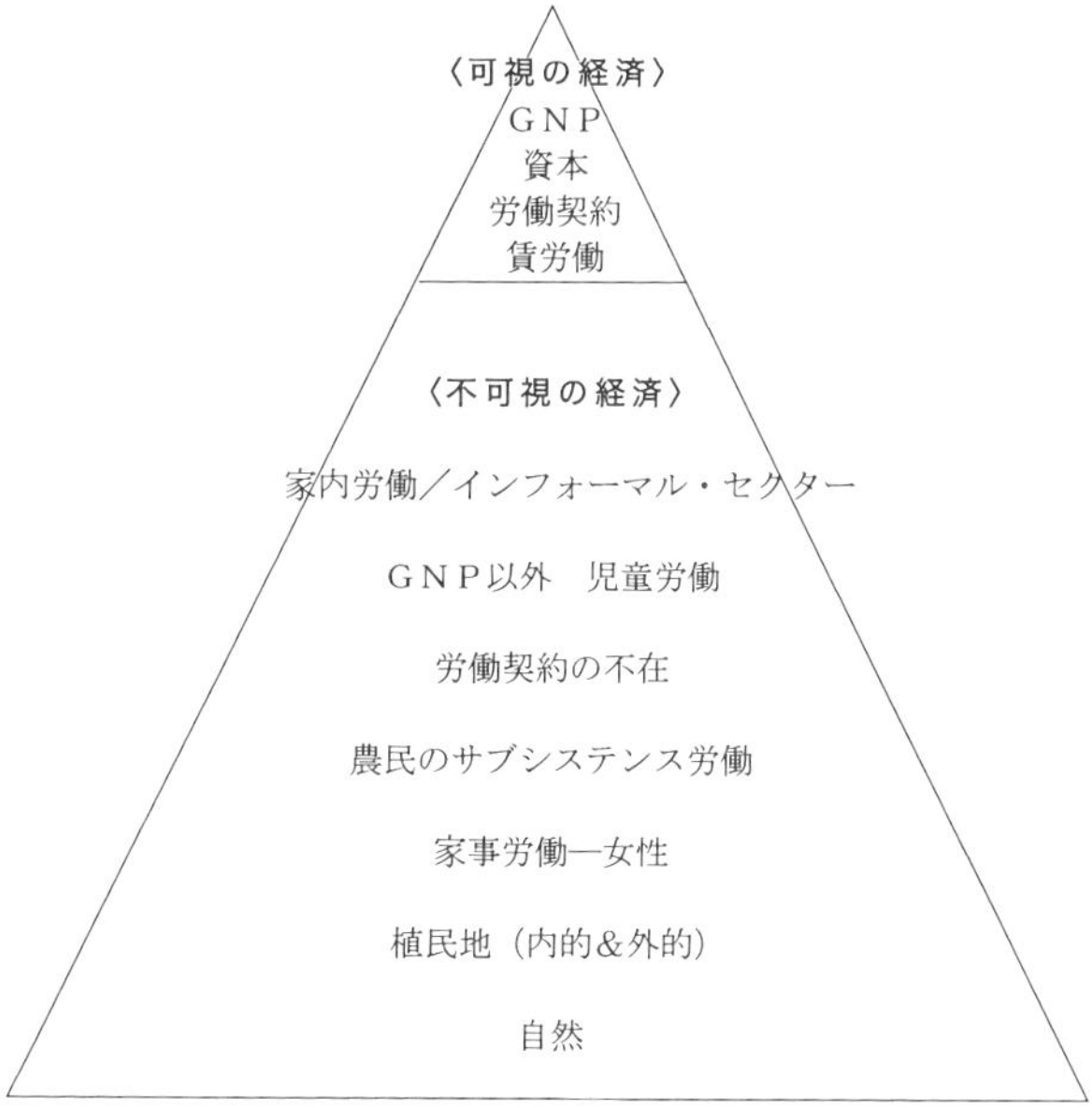

ので、こうした女性のアンペイド・ワークやケア・ワークだけでなく、「南」のまだ存在しているサブシステンス経済における小農や職人の労働、地域の需要のために生産する多くの小生産者の労働が、われわれの経済の目に見えない基底部の一部であるということを直接的に見ることができる。

そして、私たちには、ついに次のようなことがわかった。自然自身が、蓄積のためにただ、あるいはほんのわずかなコストで収奪ないし搾取することができる、無償のモノと考えられているということである。自然、女性、「白人男性の植民地」として植民地化された人々や領土、これらが氷山の比喩で言うところの、水面下に位置している。ここで、白人男性は西側の工業的システムを象徴している（Mies 1986/1999, Mies, Bennholdt-Thomsen, v. Werlhof 1988）。

成長パラダイムに関していえば、私たちのテーゼは、永続的な経済成長ないし資本蓄積は、ただないしわずかなコストで搾取することのできるこのような植民地がある限りにおいて継続可能なのである、というものだ。これらは「コストの外部化」のための領域である。

他方、より多くのフェミニストがこの水面下の経済、とくに女性労働を表面に持ちあげようとしている（Waring 1988; Henderson 1993: Steinem 1994）。とりわけマリリン・ウォーリング*は、もしも女性労働が勘定されるとしたら、もしも彼女たちの労働がGNP／GDPに含まれるとしたらどうなるのかを示そうと試みている。私の見るところ、彼女の分析のもっとも興味深い部分は、経済指標としてのGDPを「幸福」と同等のものと見て、その歴史をたどっていることである。

この指標は第二次大戦の間に、ケインズ、ストーン、ギルバートといった英国の経済学者によって、戦争が経済的に儲かるものかどうかを見るために開発された（Waring 1988 : p. 49-58）。戦後、この指標はＵＮＳＮＡ（国連国民経済計算）――世界中の国民経済成長の達成度を図るためのもの――に普遍化された。この指標の特徴は、世帯内の女性労働を除外しているのはもちろんのこと、サブシステンスのための他のすべての無償労働――とりわけ、「南」の小農民によっておこなわれている労働を除外していることである。自然の「働き」もカウントされていない。自然の再生サイクルは、あたりまえでとくに注意を払う必要のないものとみなされている。自然破壊は計上されてはいない。もしも、この破壊（された自然）の修復によってさらに賃労働や工業や利益が生まれるかもしれないとしてもである。直接的に利益を生む労働だけが生産的労働と呼ばれる。そして商品を生産する労働だけがＧＤＰに計上されている。だからＧＤＰは人々の幸福というよりはむしろ破壊的生産を測る指標なのだ。これはいまだに「開発／発展」と呼ばれているものの環境的コストや社会的コストをみれば明白である。

（インドのナルマダの）巨大ダム計画にたいする反対運動の献身的リーダーの女性、メダ・パトカーが計算するには、この「開発」が環境や部族にもたらすダメージは、この「開発」から得られる利益よりもよほど大きい（Shrivastava 1994）。経済的に言っても、この計画は、そこから引き出される利益よりも多くの金を使い果たす結果を招くだろう。

しかし、成長モデルの破壊的な側面が明らかになってきたのは、「南」においてだけではない。「北」の富める国においても工業化と成長の社会的環境的コストは、もはや外部化すること、つまり植民地へ輸出することはできないだろう。しだいに、ＧＤＰの成長と生活の質の向上は相反するものだとさえ言われるようになってくるだろう。さらなるＧＤＰの成長はさらなる生活の質の悪化をもたらす。経済のグローバル化——それは中心部において可能であった古い戦略であり、世界を二元的ないし対立的な、中心部と植民地へと分割し、自然や女性や外国の土地を植民地化してきたが——、それはもはや限界に達した。生態系の破壊はもはや蓄積が起こっている場所である、中心部の外部に留めておくことはできない。氷山経済は「北」における失業問題もまた解決することはできない。

「追いつけ追い越せ」式の開発を通して、見えざる経済の中にいるすべての人々が最終的には水面よりも上に浮び上がり、賃金労働の専従者になり、アメリカやヨーロッパの労働者の平均的な生活水準を共有することができるというのは神話にすぎないことが最近になって暴露されたが、経済のグローバリゼーションはその神話とまったく反対の過程を導いている。つまり、氷山の見える部分にいた賃金労働者がますます「水面下」の見えざる経済へと押し込まれている。そしてこのことは、「子どもと台所（Kinder und Küche）」へと送り返された女性たちだけでなくますます男性に対しても起こっている。クラウディア・フォン・ヴェールホーフが「プロレタリアは死んだ、主婦万歳」という論文ですでに書いていたように、男性までもがいまや主婦化させられている（v. Werlhof 1988 : p. 158-179）。こんにち、氷山経済のより大きな部分が水面の下に沈みつつある。「北」の富める国々においても、完全雇用が過去のものとなったことがすでに受け入れられている。自由化や柔軟化、サーヴィス・セクターの振興というネオリベラリズムの政策は、労働の主婦化の別の表

＊**マリリン・ウォーリング**（一九五二〜　）ニュージーランド生。マッセー大学、ワイカト大学で上級講師として教鞭をとるほか、ニュージーランド国会議員（一九七五〜八四年）、国連統計委員会コンサルタント、ユニセフコンサルタント。主著として『新フェミニスト経済学』（一九八八年、邦訳九四年）。

現にすぎない。

4　グローバル経済における女性労働

七〇年代の初頭、とりわけオイルショック（一九七二年）以降に、「低開発」諸国の自力発展が起こってこなかったということが明らかになった。同時に、世界の主導的経済、多国籍企業は労働者からの賃上げ要求や自国でうまい投資先が見つけられないオイルダラーの洪水に直面した。解決策は、国際分業の再編成だった。以前の国際分業においては、植民地諸国は大都市の商品生産のための原材料の提供者であった。いまやアメリカ、ヨーロッパ、日本の多国籍企業はいわゆる安価な労働力の国、とりわけ東南アジア、メキシコ、チュニジア、スリランカ、バングラデッシュ、その他の貧困な国へと工場ごと移動した。移転先の工場ではおしなべて女性労働力の占める割合がたいへん高い。最初に移転した産業は電子工学、織物、縫製、玩具、プラスティックだった。この移転は、受入国の特別な譲歩によって可能になる。それらは労働法の緩和、輸出入関税の免除、免税期間の設置、環境規制の緩和、ストライキの禁止を伴っていた。それらの工場生産はＦＰＺ（自由加工区）、ＷＭＦ（世界工場）、ＥＰＺ（輸出加工区）とよばれる特別な地域として確立された。なぜなら、そこでの生産物は自国の市場ではなく北の国の消費者にむけて作られるからだ。多国籍企業は労働コストの格段の安さゆえにそれらの国を選んだ。生産的労働者の一九九四年の一時間あたりの稼ぎは、ドイツでは一時間に二五ドル、アメリカでは一六ドル、ポーランドでは一・四〇ドル、メキシコでは二・四〇ドル、インドと中国では〇・五〇ドルといわれる（Woodall 1994 : p. 42）。

第三世界ではなぜそんなに労働コストが安いのかというと、それらの国々が一般的に貧しく失業者が大勢たまっているということよりも、はるかに、世界工場の労働者の大多数が若年の未婚の女性だからという理由の方が大きい。若年女性を雇う主な理由は、主婦イデオロギー*であり、裁縫や編物といった家事労働のための技術を彼女たちがすでに習得しているからである。彼女たちは「器用な指先」をもち、「馴らしやすい」と思われている。さらに結婚して子供を持ったら、職場を辞めるか解雇されるものと思われている。女性の賃金は男性の賃金の補完物としかみなされないというのは主婦イデオロギーである。こうした女性のほとんどが貧困化させられた地方ないし都市の世帯から来ているので、ぞっとするようなひどい労働条件、――一二時間以上の労働時間、非人間的な労働速度、セクシャル・ハラスメント、強制された労働原理、北の国では許されないであろう、安全性や健康に対するリスク――を受け入れるのだ（Mies 1986/91）。

資本主義経済の地球規模での再編はＥＰＺの工場に限られたものではない。それは、農業にまでも浸透し、地方および都市においておびただしい数のいわゆる「インフォーマル・セクター」を創り出した。とりわけ、このインフォーマル・セクターにおける女性労働の搾取ないし超過搾取のおかげで、富める国や裕福な階層の人々がアジア、アフリカ、ラテン・アメリカから衣料品や手工芸品、花、果物、野菜を一年中たいへん安い価格で買うことができるのだ。農業における近代的発展過程――とりわけ緑の革命*や最近のバイオテクノロジーのせいで、多くの農民が土地を失ったり、あるいは貧困化させられた。多くの人々は町へと移住した。町では、彼の妻が家庭内のサーヴィスを担うか、搾取工場での労働に従事するか、下請けシステムのラインにそって組織化された家内労働者として自宅で働かなくてはならない。買春ツアーを含む性産業もまたこの過程の結果である。女性は労働者ではなく主婦と定義され、ゆえに労働統計には表れてこないし、労働法によっても保護されず、ばらばらにされており、そのため組織化もされない、というのが「インフォーマル・セクター」の特徴である。

世界規模での再編の最新の局面は、一九九〇年前後の不況から始まった。その特徴は、地球規模での自由貿易を典型とする資本蓄積の理論や実践が、地球上のあらゆる地域、生活のあらゆる領域へとかつてないほどに浸透したことである。

この局面においては、かつての再編局面にもたらされた変化は引き続き継続しているが、そこには質的量的な相違が存在する。つまり、製造業の低賃金諸国への再配置システムは著しく拡大し、今日ではすべての貧困国に及んだだけでなく、経済的に破綻した東欧諸国や中国にまで広がった。労働集約性の破綻、環境上汚染された植物、安価な労働力の国への移転は、いまや富める国の、鉄鋼業や炭鉱業、造船や自動

＊主婦イデオロギー　女性は、主婦（第一義的に家庭責任を負っている者）と定義されることによって、家庭内での無給の家事労働者であることを期待されると同時に、地域や社会や会社においても、「補助的労働」や「他人の世話」を無償でする労働者として期待されたり、劣悪な労働条件や不安定雇用であることが当然の「二次的な労働者」として雇用されることがしばしばある。こうした主婦としてのレッテルと、実際に家事を担っているかどうかという事実とは必ずしも一致しない。しかも、専業主婦という社会的存在は一つの女性の理想像として近代化とともに普遍化されてきた。したがって「主婦」とは実際の存在というよりもイデオロギーであるということ。

＊緑の革命　ＩＲＲＩ（国際稲作研究所）などが開発した改良品種や、農薬、化学肥料、農業機械などを投入して、途上国の農業を近代化し、収量を増大させようとする計画。結果として、短期的に収量が上がったとしても、途上国の農業における伝統的な生産様式の破壊と多国籍アグリビジネスの介入によって、債務問題を悪化させたと批判される。

車製造といった他の工業部門にまで伝染した。これは、アメリカやヨーロッパでの主に男性からなる、熟練労働者の大規模な解雇を導いた。さらに、安価な労働力の国で、労働者の抵抗により賃金が上昇すれば、会社は別のもっと労働力の安い国、たとえば、韓国からバングラデッシュへと移っていってしまう（Elson 1994）。

南の国々でも東側の国々でも起こっている、輸出志向の工業への世界経済のさらなる再編過程は、巨大な多国籍企業によって主導されている。彼らの手中には、資本と権力がますます集まってくる。

世界経済の新植民地主義的構造は、世銀、ＩＭＦ、ＧＡＴＴ——今日のＷＴＯ——のような少数の国際機関によって、政治上もイデオロギー上も支えられている。

ＧＡＴＴは国々の経済や社会を強固に守っていた障壁を取り払い、市場を開放しようとする協定だが、それはすべての貿易相手が平等で、「比較優位」原理を用い、みんなが利益をあげることができるという仮説にもとづいている。だが実際にはより弱い国——とりわけ第三世界の国々は、一国の主権を脅かされるような規制を受け入れなければならない。食糧自給政策をあきらめ、自国の農業セクターを多国籍企業に依存させなければならない。北の「汚い」工場の建設を許さなければならない。北の銀行や保険に門戸を開き、とりわけＧＡＴＴの知的所有権*に関する条項を通じて、外国の企業や学者が、彼らの生物学的あるいは文化的遺産や共同の財産を個人的所有物とし、独占するような特許保有者となることに甘んじなければならない。

知的所有権は、バイオテクノロジーの発達や遺伝子工学や再生産工学とむすびついており、第三世界にとってとりわけ危険だ。この技術は以前のどんな技術よりもまして世界を変えてしまうと思われる。バイオテクノロジー多国籍企業は、生活様式、植物、動物、人間の遺伝子にまでおよぶ独占的支配を獲得しようとしている——とくに南の国において。このことはとりわけ、多くの国で種子の保存の責任を負っている女性に影響を与える。

だが、北の国においても、バイオテクノロジー——動植物の、最終的には人類にも及ぶ遺伝子操作——は、重大な結果をもたらすだろう。北の大多数の消費者がいまや多国籍企業に食料を依存しているのだから、操作されていない食料を選択する自由は失われるだろう。バイオテクノロジーが成長産業だとみなされるにつれて、倫理的配慮はどんどん脇に追いやられる。女性および彼女たちの新しい生命を生み出す能力が戦略上重要な意味を持つ。再生産技術は世界中に拡大しつつある。それは優生学的で人種差別的、性差別的な操作に道を開くものであり、ますます女性の身体が化学的実験やバイオ産業のための原材料の貯水池として扱われる事態を招く。

グローバリゼーションのもうひとつの結果は、南の国における富裕層と貧困層の二極化の拡大である。そのひとつの理由は構造調整プログラムである。それは、負債を負った第三世界の国々を「自由市場」原理のもとへと組み入れるものだ。こうした構造調整プログラム*はとりわけ貧困な女性にとって悲惨な結果をもたらす。グローバリゼーションの第二局面において、貧困層はそれでもまだ最後には国家による援助を期待することができたが、この幻想をもはや見ることができなくなった。貧困層および、とくに貧困な女性は、ついに自分の力だけで生き延びようとするか、さもなければ死ぬしかなくなった。彼女たちは事実上、生産者としても消費者としても使い捨てだ。こういうわけで、貧困女性が人口コントロールの主要なターゲットだというのである。

他方、新たな地球規模の再編成は、第三世界のエリートの生活スタイルを北の中産階級のそれと多かれ少なかれ同程度までは改善した(Mies/Shiva 1993, Sklair 1991)。OECDの推定によれば、インド、中国、インドネシアの消費者は二〇一〇年までに七億人に達するだろう、だが、こうしたエリートの消費者と貧困層の格差はよりいっそう拡大するだろうと書かれている。

同じような事態は北においてもまた見られる。第三世界への工業の移転は、アメリカやヨーロッパにおいて、失業の増大、賃下げ、貧困をもたらしただけでなく、第三世界と同様の「解決」の戦略をももたらした。つまり、労働の非規則化とフレキシブル化である。これまでフォーマルだった労働関係の「主婦化」や「インフォーマル化」、家庭での労働の増加は常套手段である。国内における、安価な労働セクター——とくに女性にとって——、福祉国家のなし崩し的撤退——とくに農民にとって——は、第三世界における構造調整プログラムと同じパターンを踏襲している。これらのすべて

***知的所有権**　一般的には、新しい製品を製造ないし発見し、使用ないしは販売する権利のことで、特許、植物育種家の権利、著作権、商標、企業秘密などからなる。国際的には八六年に始まったGATTのウルグアイ・ラウンドにおいて「貿易関連知的所有権に関する協定（TRIPs）」として合意され、その後、WTOに受け継がれた。これによって、貧困国で伝統的に用いられてきたいわば共同の知的遺産の、先進工業国の会社や個人による独占化競争や、バイオテクノロジーによる新たな植物の種子を作り出す競争の激化、つまり生命そのものの商品化が本格的に行なわれる時代が到来することになった。

***構造調整プログラム（SAP）**　IMFや世界銀行から融資を受ける際、条件として課される経済政策プログラムのことで、通貨切り下げ、規制緩和、教育・福祉予算の削減、民営化などが含まれている。融資を受ける国の立場からみれば、一国内部の政策への介入であり、その社会的影響は甚大で、貧困層の生活状態の悪化を招く場合も多いとして批判されている。

の観点からみて、貧困は北の富める国々へと、そのなかでも貧困な女性へと戻ってきている。北における貧富の差の拡大も生じている。地球規模での再編成は、吹聴されていたように、すべての人に富や幸福や発展をもたらさないどころではなく、逆に、地球規模の資本主義経済は、世界中の国々の間における、あるいは各国内部における不平等を維持ないし再生産する限りにおいて成長することができるのである。

5　雇用それとも仕事？

資本蓄積の経済モデルに固有の二極化や矛盾は、経済とエコロジー、資本と労働、男性と女性のあいだだけでなく、生活のあらゆる面、とりわけ労働領域それ自体に影響を及ぼす。

新しい価値の問題に入る前に、既存の労働と雇用との間の矛盾について再考してみるのは有益だろう。一般的に、資本主義的条件のもとでの労働、つまり、有償の雇用や月給や賃金のための労働が雇用と考えられている。さらに、このような雇用がなければ人々は生き続けられないと考えられている。なぜなら、雇用が生活必需品を買うためのお金をもたらすから。先に述べたように、儲けのある雇用に費やされる労働のGNPへの貢献だけが計られている。アダム・スミスやカール・マルクスにしたがえば、そのような労働だけが「生産的」だと考えられる。

しかし、七〇年代の後半からフェミニストたちは、そのような「生産的」労働は、世帯内で女性によって行なわれ、「非生産的」といわれるアンペイド・ワークがなければ、存在することさえできないということを示してきた。

この労働はみんな、どんな労働法の規制もなく好きなように搾取でき、GNPから排除されているのだが、それだけでなく、労働市場についての議論の中でもまったく考慮されていない。なぜなら、雇用――賃労働――だけが、労働市場――ポランニー*が示したように、十九世紀には国家の介入によってそれが作られなければならなかった――に入れられてきたからである。

労働と雇用の間の関係のダイナミクスはなにか？　フェミニスト理論によって確認された第一の性質は、「労働」――支払われないサブシステンスと思われている労働――と、雇用との間の明確な性別分業である。雇用は典型的に男性の支配的領域であり、とくに家事労働は第一義的に女性によって担われている。女性は雇用されている場合でさえも、無報酬の家事労働の責任を負っている。

労働と雇用との間の関係の二番目の特徴は、次のような事実である。資本主義的生産の固有の機能のために、高くつく雇用は、どんどん機械に置き換えられ、結果として失業を招くだろう。しかし、同時に、アンペイド・ワークは減少しないだろう。むしろ増加するだろう。労働力の安価な地域への資本の移転について以前言われていたことがこれに関係している。労働力の安い国で、労働力が安いのは、いまだに、ないし、ふたたび、いくつかの種類のサブシステンス労働や家事労働がおもに女性によって行なわれているからなのだ。

　結論として、グローバルな視野およびフェミニズムの視野から見れば、労働と雇用の間のダイナミクスは次のようなものだ。つまり、雇用が縮小する一方で、労働（支払われないかまたは低賃金であるような労働）は増大する。ここにはふたたび構造的二極分解がみられる。だが、同時に、雇用は人々の生活の唯一の源泉だとみなされている。新たな雇用創出が主な目的と考えられている。すべての人にとっての完全雇用は、いまや、貧困な国々のみならず、豊かな国々においても不可能だということはたいへん明白であるにもかかわらず、政策決定者は、社会的危機の唯一の解決策としていまだに雇用創出について語りつづけているのである。

　近頃、工業社会のエコロジカルな再編成が、より多くの雇用を作り出し、環境の危機と社会の危機の両方を解決するだろうというようなことをたびたび耳にする。私の見解では、こうした議論は、必然的に匿名的市場に向けた商品を生産しなければならないような資本主義的工業システムのダイナミクスを無視している。もしも、真の社会的環境的持続可能性について、そして、非搾取的で非抑圧的なジェンダー関係について主張するならば、生命の生産や環境の回復のために必要なすべての労働が賃労働や雇用になるということは起こりえないだろう。このような労働の多くが男性と女性によって自由な労働として行なわれるべきであろう。

　三番目は、支払われない労働あるいは低賃金の労働――主に女性のそれ――は、雇用の組織化を可能にするための土台でありつづけているということだ。とりわけ、エコロジー的危機や経済危機の時代には、この労働はますます重要なものになってくる。こうした理由で、ＵＮＣＥＤ*の文脈において、しばしば女性は環境の救済者といわれるのである。

　先に見たような、環境や社会の持続可能性と失業や貧困の

＊カール・ポランニー（一八八六～一九六四）　ハンガリー生まれの歴史学者、経済人類学者。ブダペスト大学のほか、オックスフォード大学、ロンドン大学、コロンビア大学などでも教鞭をとった。経済人類学という学問的体系の祖といわれる。主著に『大転換』（一九四四年、邦訳七五年）などがある。

＊UNCED（United Nations Conference on Environment and Development）　国連環境開発会議。「地球サミット」とも呼ばれる。一九九二年にブラジルのリオデジャネイロで開催され、「環境と開発に関するリオ宣言」、持続可能な開発にむけた世界的行動のための青写真「アジェンダ21」、森林保全のための原則声名などの文書を採択したほか、「持続的開発委員会」の設置を勧告した。

間の矛盾は、私の見解では、労働と雇用の間の矛盾の解決なしには解決できない。それは、もしも一番目の矛盾だけを解決しようとしても、労働貴族の有給の雇用やドイツの熟練男性労働者のような賃金を下支えするために、これまで以上に多くの（女性の）アンペイド・ワークが動員されることになるからである。しかし、このような賃金は地球規模で、そして、性別を超えては一般化しえないだろう。

6　メガテクノロジー――生命の商品化と倫理の終焉

現存システムに対するオルタナティヴを探求しようとするとき、生産と消費――市場倫理――の倫理と、基本的な公正、平等、労働に固有の価値との矛盾がしばしば問題となる。私はこのリストに自然やあらゆる創造物に対する畏敬の念や、団結、憐憫、世話、養育、相互性、愛、協働といった非市場的価値を付け加えたい。これらの価値は私が人間的な経済や社会として理解しているものを象徴している。しかし、十八世紀以来、これらすべての価値は、男性の「自由」を前提にした合理性によって自然を支配しようとするヨーロッパ啓蒙思想の哲学や倫理学と鋭く対立してきた。フェミニストの学者たちはこの合理性という概念や倫理学を批判してきたが、それはその男性中心主義的バイアス（Merchant 1983）のゆえだけではない。それが世話や養育や毎日の生活を維持する責任（たとえば家事労働）を単なる私的な価値と考え、合理性や競争や攻撃性や利己心を公的な価値と考えるからである。だが、こうした矛盾に満ち二極化された道徳的秩序は、環境を救うことも、女性や他のどんな被抑圧者集団にも公正をもたらすことができない。

さらに新たな人間的諸価値がこの破壊的なシステムに挑戦するのをたいへん困難にしているもう一つの理由がある。それは、近代のメガテクノロジーにともなう物質的現実的な暴力である。資本と新たな技術――とくにコミュニケーションとバイオテクノロジー――のグローバリゼーションは倫理学を時代遅れのものにした。このことをバイオテクノロジーと構造調整プログラムに関して説明しよう。

ＧＡＴＴ（ＷＴＯ）、構造調整プログラム、世界銀行、ＩＭＦをつうじた自由貿易哲学のグローバリゼーションと一体となっているバイオテクノロジーは、ごく少数の多国籍企業が、地球上のすべての生活形態を商品化し、市場化し、構造調整プログラムを通じて独占するために用いられている。資本や科学の新たな発明は、詮索好きな人間（男性）精神の産物ではなく、売買され、消費されるための商品である。遺伝子的に、バイオテクノロジー的に操作された食物、たとえば香りつきトマトを例に挙げよう。このトマトはインドのパンジャブ地方で作られているかもしれないが、モーリシャス島やフィリピンで作られているいくつかの遺伝子操作された酵素と混ぜられてオランダのユニリバーの「姉妹たち」によってケチャップにされ、ピザハットのピザやマクドナルドのビッグマックとして世界中で売られたり、将来私たちが日常的に使う食糧を買わなくてはならないスーパーマーケットで売られるかもしれない。これは、私が思うに、経済のマクドナルド化などとよばれるものである。いまや、このように、あらゆる消費者が、強制された消費者や多国籍企業の共犯者にされている状況にあって、どうやって倫理について語ることができるのだろうか。「エシカル・コンシューマー」のような運動が生態系に責任をもった方法で消費を利用することができるのだろうか。どうやったら私たち消費者が、私たちのピザの上に乗っかっているケチャップに帰着する世界規模での生産の連鎖において様々な位置に現存する労働条件を評価することができるのだろうか。彼/彼女らは何を食べ、どこの国で誰がどの程度搾取され、この世界規模での生産や貿易から誰が巨万の富を得ているのか知らないのである。あらゆる倫理学はなんらかの選択やなんらかの自由を前提としている。だが、この、資本の新たなグローバリゼーションと一体となった新たなメガテクノロジーは、あらゆる生命と生活を単なるあるいは純粋な、独占された商品にしてしまう。そしてこの商品はぜいたく品ではない。必需品なのだ。したがって、私たちは支配された消費者になるよう強制されている。私にいわせれば、これは倫理学の終焉と考えられるものである。女性というよりは人類がこのような世界システムを作り出してしまったのである。

7 オルタナティヴ・パースペクティヴの必要性

私が現存する資本主義的家父長制的な世界システムについて、理論的結論をもとめて分析を進めてきたのは、悲観的な覚書をもたらしたり、人々を憂鬱にさせるためではなく、私たちがケーキを食べ続けられる、あるいは、その状態を維持することができるというような幻想を覆すためである。私たちは、破壊的な巨大機構の全体を拒否し、オルタナティヴを追求するしかない。

これはいまや次の二つの理由で可能になってきている。(1) 世界中のますます多くの人々がこの生命の商品化と独占化に反対している。(2) このシステムによってこれまで利益を得てきた者たちまでもが、私たちが住んでいるグローバルなスーパーマーケットが飽くなき欲望、危険、カタストロフィー、戦争の真っ只中にあるということを次第に認識しつつある。

■構造調整プログラムやGATT、IMF、世銀をこえて

この論文のはじめの部分で私は、持続可能性と成長志向の経済システムは相容れないということを示そうとした。だが、これらの国際機関がこれまでに提出した解決策はさらなる経済成長であった。そしてそれは、公的支出、社会福祉、健康、教育、育児等への支出の削減を通して達成されるべきだとされる。同時にそれは自由化、バイオテクノロジーのようなさらなる「未来の技術」、さらなるプライバタイゼーション、さらなる競争、さらなる市場解放と投資領域の拡大である。GATTは、各国とくに南の国が国内の貧困層や農民を保護し、主権を維持し、食料の安全と伝統的知識にかんする自立を維持するために設置してきた貿易の障壁のすべてを取り除くよう要求している。こうした政策はフェミニストからたびたび批判されてきた。なぜならそれによって最もひどい影響を被るのは女性——とくに貧しい女性だからだ(Patnaik 1993)。

しかし、構造調整プログラムやIMFや世界銀行や多国籍企業の批判は、このシステムがもたらす結果としての袋小路から私たちを脱出させてくれるわけではない。東欧諸国が資本主義の代替案としての社会主義を放棄して、市場経済を選択してからはとくにそうである。だから、国家の復権や、ケインズ主義的政策を通じた、以前のような福祉国家の再強化や公的支出の増額は実行されないのである。もしも、女性や子供がその中心に位置付けられ、短期的な儲けのために自然が破壊されるようなことのない、ほんとうに持続可能な経済や社会を建設しようとするのなら、私たちに必要なのは、もっと根本的な変革なのだ。

■打開への新たな道

現在そのような社会や経済の既存の青写真は存在していない。

だが、周りを見回せば、そこには私たちと同じ問題を提起している、たいへん多くの個人、グループ、組織、ネットワーク、草の根運動を見出すことができる。

女性は必ずしも経済学を学んでいるとは限らないが、つねに女性や子供やこの星の幸せに関心を持っている。彼女たちは世界中に、北にも南にも散らばっている。ある者は事実上、生き延びるための闘争の中に、女性運動やエコロジー運動の中に、平和運動の中に、またある者は理論的な仕事の中に。それらを結びつけるものは、支配的な経済の世界的混乱に対する根本的批判と、打開へ向けての新たな道を探ろうとする努力である。そして彼らのほとんどは、オルタナティヴ経済へ向かう同様の探求をはじめている。

■オルタナティヴ経済の原理

オルタナティヴ・パラダイムにおいては、現在植民地化され、周辺化されている行為者や諸活動や価値が中核におかれるだろう、なぜなら、それらはまさに生命の再生産とその充実の継続を保障するために、中心的なものだからである。資本が頂点にあり、大部分の世界の人々や自然そのものを水面下におくような現行の氷山型の社会では、生命の生産も再生産も不可能である。もし生命の保持が中心に置かれたならば(生命ないしサブシステンス・パースペクティヴに立つならば)、すべての他の次元、メカニズムなどは、この目的に奉仕せねばならない。私たちの地球が無限ではないのと同様に、この生命の中核も無限ではない。言いかえれば生命の中核を拡大し開発する営みは、幸福、正義、万人の平等がこの限界の枠組みの中で実現されるべきだということがわかるはずである。

持続可能な社会における人々の暮らしは、賃労働ないし雇用による収入と他の労働形態(アンペイド・ワークを含む)および共有財産の支配権やコミュニティの結束の回復の両方に依存するだろう。この文脈において賃金雇用の喪失は必ずしも破滅的なことではないだろう。しかも価値があり、無報酬で、必要な社会的な労働は、それが男性と女性に平等に分担されたとき、高い評価を得られるだろう。このように支払われる労働の支払われない労働への移行は、社会的排除や不況や孤立や貧困を導くような破滅ではないだろう。逆に、社会的環境的に破壊的な労働は、雇用や現金収入や人々の生計を必ずしも保証するとは限らない。

資産や資源への地域コミュニティの支配権の回復は、健康な環境や人々の労働の保全や雇用や生計に関する矛盾した関心についてのよりよい意思決定を増大させることができる。労働と自然はもはや敵対的ではなくなるだろう。

このような経済的パースペクティヴは、グローバリゼーションや自由貿易原理の代わりに、必然的に地域主義に依拠せざるを得ないだろう。地域経済においてのみ人々は共同の資源をコントロールをすることができ、自然を保護し、真の食糧安全保障を備えることができる。地域経済は、匿名の世界市場に向けた浪費的な生産をなくすことを約束するだろう。生産と消費が再び結び付けられるだろう。生産者は、資本蓄積のためではなく、人々の必要に応じて生産するだろう。消費者は、生産者と生産関係に責任を感じるだろう。生産者―消費者の協働(例えば日本で「生活クラブ」)は、その方向への最初の第一歩である。

■切り裂かれ、ばらばらにされてきたものの再統合

経済のオルタナティヴな概念は、もはや生活の他の諸活動や領域から切り離された個別の経済活動ではない。人はそれをもはや経済学とすら呼ばないかもしれない。学問的、実践的な分野として、政治学、心理学、教育学、社会学、倫理学のような分野からの経済学の区別は、十八世紀の重商主義的資本主義の時代に起こった。そのとき、家政という世帯の理論から導かれた経済概念は、より多くの貨幣、資本蓄積、利潤を創り出すためのたんなる手段となった（Binswanger 1991)。

新しい経済学の定義は、それを再び生活および知識のあらゆる領域の一部分にするだろう。女性・子ども・自然・生命を中心にすえた経済は、ふたたび人々の間の相互の、および自然との、文化的、生態系的、社会的相互作用からなる社会全体の一部分として理解されることになるだろう。

これらの相互作用の目的は、費用利益計算や経済学的微積分を通じた貨幣収入の最大化ではなく、持続可能な様式での生命——人間の生命だけではなく、あらゆる種の生命——の生産と維持である。とりわけ倫理学は規範という強制的規則ではなくて、むしろ永続性を意図し、自然や他人に配慮するような生き方、変更されたライフ・スタイルとして、ふたたび経済活動の一部となるだろう（Schumacher 1973)。これこそ私が「新しいモラル・エコノミー」と呼ぶものである（Mies 1992 : p. 147-171)。

次に、自然が経済的諸活動や経済理論に統合されるだろう。

アダム・スミス、リカード、マルクスも労働と資本が唯一の富の源泉だと考えていた。自然は意のままに搾取することのできる希有な資源、「ただの商品」となった。このようにして女性や植民地は「自然」と定義されることになった。

自然をそれ自体で固有の価値をもつ主題として経済学へ再統合するということは、経済学的計算では除外されてきた「社会的生態系的コストの内部化」という戦略を超えるものである。この「コストの内部化」戦略は、「自然」のさらなる資本主義化や貨幣化や、グリーン・キャピタリズムの一種を意味するに過ぎない。

タダの資源ないしタダのものとして扱われてきた以上、自然とともに、アンペイド・ワークもまたふたたび目に見える経済の一部分とならなくてはならない。アンペイド・ワーク——とくに主婦として定義された女性の——は、自然と同様に、あいまいにされてきたか、あるいは、経済の本流の外にあると定義されてきた。けれども（ではなくむしろなぜならば)、この労働は賃労働と市場にとって不可欠の基礎を構成しているからである。ここではふたたび、既存のシステムを超えるための戦略はたんに「家事労働に賃金を」ではありえ

ない。マリリン・ウォーリングが提案しているように、女性の無償の家事労働を貨幣価値に帰し、GDPの測定にならってそれをUNSNAに加算することは、こうした労働を目に見えるようにする一助にはなるけれども（Waring 1988）。だが、それは実際にこうした労働に何らかの賃金をもたらしはしないだろう。さらにまた、現存する性別分業を家庭の内部でも外部でも変更しないだろう。

例として、私たちは戦時生産のコストをUNSNAに含めたものを見ることができる（UNSNAはそうした目的のために考案されたものだ）。こうすることによって、これらのコストは目に見えるものとなるが、逆に兵器生産や戦争は終結してはこなかった。戦争や兵器生産は生産性や成長を強化

変革のためのテスト・エリア：予備的チェックリスト

1　労働はどのように変わるのか？

□　性別分業の変革：男性は女性と同量のアンペイド・ワークをするようになるだろう。

□　サブシステンス生産が商品生産より優先されるだろう。

□　今日，サブシステンス生産は市場（貨幣）経済に従属するものとされている。これは，逆転されなければならない。サブシステンス経済を解放（脱植民地化）することにより賃労働や市場（貨幣）経済をより大きな社会的経済的生産活動に従属するものにしなければならない。

2　持続可能な技術の特徴は何か？

□　持続可能な技術は，自然を支配し，関係性を破壊するのではなく，生命や自然を育み，慈しみ，分かちもつための道具として取り戻されるはずである。この技術は，人々の間で用いることのできる知識を高く評価すべきである。

□　この技術は，その効果が「熱く＝加工できるもの」また修理できるようなものであるべきである。

3　持続可能な経済の「倫理的」特徴は何か？

□　自然の限界を考慮に入れた経済であること。

□　経済は，持続可能な社会のひとつのサブシステムに過ぎないのであり，逆ではない。これは，費用・利便計算や競争に基づかない経済関係への変化を要求する。

□　経済は，生命を中核とするシステムに奉仕するものでなければならない。

□　それは，脱中央化した地域的経済である。

□　持続可能な経済の目標は，一つの全体としての地球上の生命の生産と再生産の基盤の上に持続可能な社会を維持することである。

4　貿易や市場は，どのように異なるのか？

□　地域市場は，地域の需要に奉仕するものであるだろう。

□　地域市場の第一義的機能は，すべての人のサブシステンスの需要に応えることであるだろう。

□　地域市場は，製品の多様性を維持するものであり，文化的画一化に対抗するものだろう。

□　長距離貿易は，サブシステンスな需要に応えるものではない。

□　貿易は，生物多様性を破壊しないだろう。

5　欲求と充足の概念の変更

□　欲求の充足の新しい概念は，すべての人間的欲求の直接的な充足に基づくものであるべきであり，資本や，ますます少ない人々による物質的余剰の蓄積ではない。

□　持続可能な経済は地方と都市部，生産者と消費者，異なる文化間，国家間，地域間の新しくて公平な関係を要求する。

□　食糧安全保障にかんする自給の原理は持続可能な経済の基本である。

□　コモンズ（共同）の概念やその実践の重要性が，プライバタイゼーション（私有化）や自然の商品化に対抗するために復活されるべきである。

□　貨幣は循環の手段となり，蓄積の手段ではなくなるだろう。

するものだと考えられた。H・ヘンダーソンは戦争と経済成長の関連を明らかにした（Henderson 1993: p. 15）。ドイツではこんにち、社会民主主義者の中にさえ失業を克服するための手段として兵器生産を示唆する者がある。

世帯の内外におけるアンペイド・ワークを再び経済的・社会的・文化的諸活動全体に統合するということは、とりわけ、性別分業の変更を要求する。これは、男性が女性と同じだけアンペイド・ワークを担わなければならないということである。男性は育児、世帯、病気、高齢者にたいする責任を分け持たねばならないし、不可欠の無報酬のエコロジカルな労働をコミュニティーにおいても個人的にも分担しなければならないだろう。政治的労働もまた女性と男性の両者によって担われなければならないだろう。ケア、養育、保育、親族の世話はもはや「女性的な」性質ではなく、だれにも期待される人間的な性質と見なされるだろう。

■新しい労働概念

アンペイド・ワークを、もはや主流経済の見えない植民地化されたアンダーグラウンドとしてではなく、むしろ男性にも共有され、価値あるものとして経済理論と経済実践の中に含み入れることは、有給の労働と同義とされている現行の労働概念を超えることになるだろう。主流経済は、アンペイド・ワークを認めはするが、それは、一種の二重経済としてであって、生計の主要な収入源としての賃金労働と貨幣収入の第一義性を断念することはないだろう。しかしながら、オルタナティヴなビジョンにおいては、貨幣収入を目的とする労働は、二義的な役割しか果たさないだろう。人々が必要とする多くのモノやサービスは、ローカルないし地域的に生産されるだろうし、直接ないしほとんど貨幣を伴わずに交換されうるだろう。

より重要なのは、仕事、労働が別の目的のためになされるということである。本質的に賃金労働と結びついている疎外と不幸は、人々がふたたび仕事を喜びでありかつ責務であるとみなす時に、まさに除去することができるのである。そしてこのことは、人々がふたたび彼らが何を生産し、誰のために生産しているのかを理解し、そして彼らが生産することがまったく意味あることであると理解するときに、まさに可能になるのである（Mies 1986/99, King 1993）。そのような新しい労働概念には別のいくつかの側面もあるが、それについて私は以前に指摘したので、ここでは繰り返さない。しかし、一つの面だけ強調する必要がある。すなわち、そのような労働は、ふたたび自然や他の人々との直接的な相互作用とみなされるようになるだろう。労働がもたらす創造性とは別に、この相互作用に気づくことによってのみ、労働をふたたび喜びの源とすることが可能になり、あるいは十九世紀初頭のドイツの放浪職人の言葉を借りれば、英気を養い（リクリエイト＝再生し）、仕事と楽しみの統一を保つことが可能になると、私には思われる。楽しみとは、仕事の後に来るものではなく、まさに仕事の営みの一部であるべきなのである。

■生産的労働の新しい定義

貨幣ないし資本を生産する労働のために用いられ、資本家および賃金労働者の労働を意味している生産的労働および生産性という概念は、マルクスによってもまた批判されることのなかった古典経済学理論の最も言語同断な嘘のひとつであると、私は常々考えてきた。ところが、子どもを産み、養い、世話をし、慈しむ等々の女性の仕事は、直接に貨幣をもたらさないがゆえに、非生産的であるとみなされている。また、多くの部族や農民のような自らのサブシステンスのためにだけ生産している人々の仕事も同じやり方で評価され、非生産的であると呼ばれている。そのようなサブシステンス生産を破壊し、自給自足的な諸部族や女性や小農たちのいわゆる「非生産的な」生活維持的サブシステンス労働を変えることが、世界銀行のような資本家の国際機関の明確な目的になっている。このことは、彼らを仕事と生計の面で貨幣収入と資本に従属させることを意味している。資本は、膨大な数の人々が自給自足的である時には成長することができないのである。

だが、われわれは生産性の別の意味づけを主張しなければならない。私は、この概念を、女性や諸部族や小農や、生命が、貨幣からではなく、私たちと自然や他の人たちとの相互作用からもたらされることをまだ知っているすべての人々の、生命を産み出し生活を支える労働のために用いることにしたい。貨幣を産み出し、貨幣を増殖させる労働だけを「生産的」であると呼び、生の創造者として貨幣に奉仕するような見せかけの生活をわれわれは拒否しなければならない。

■経済の目的の新しい定義

このような労働および生産的労働の新しい概念とともに、経済活動の目的もおのずと変わるだろう。

何よりもまず、このことは、永続的経済成長という目的の廃棄をもたらすだろう。これは、ほんとうに持続可能な経済と社会のための主要な要求のひとつである。新しいパースペクティヴの目的は、人間の欲求の直接的充足でなければならず、貨幣ないし利潤の永続的蓄積およびそれらの少数者の手中への集中ではない。しかし、この人間の欲求は、エントロピーの法則および地球上のすべての人々が同一の生活の質を保障されなければならないという点を考慮すれば、所与の限界ある地球の枠内で、制限された人間生活の枠内で充足されなければならない。成長への執着を断念した真に持続可能な経済と社会は、ある種の恒久的状態（Schumacher 1973）、またはある種の安定的状態（Daly 1989）を目的とする必要があるだろう。このことは、生活不在、変化の不在、相互作用の不在、取引の不在をけっして意味するものではない。そうではなくて、この変化等々の背後にある原動力は、破壊的な蓄積へと駆り立てるような利己的な狭い力ではなく、人間相互、人間たちと自然、男たちと女たちのよりよい関係、よりよい幸福を求める力であろう。

■「良い生活」の新しい定義

われわれが真に持続可能な、あるいはサブシステンスなパースペクティヴと呼ぶような方向へと人々を本当に移行させるのには、よりエコロジカルに見える生産と消費のパターン――もっともそれは必要最低限のものを満たすけれども――への単なる呼びかけだけでは不十分であろう。必要なのは、良い生活を構成するあらゆるものについての認識と定義を根源的に変えることである。

主流経済において、「良い生活」「幸福」とは、地球規模のスーパーマーケットで売られる商品とサービスの量の絶え間ない増大であると定義されている。しかしながら、再三言われてきたように、この膨大な商品、サービス、アメニティ（快適さ）でさえも、裕福な社会においてすらこの「良い生活」の状態を生み出しはしなかった。人々の本当の欲求は満たされることなく、ますます多くの商品の消費にもかかわらず人々は空虚のまま取り残され、それどころか同時にこれらの商品の中毒に冒され、儲けのために生産された商品は、事実上、もはや人間の正当な欲求を満たすものではなく、新たな欲望、新たな中毒、新たな嗜好と選択を刺激するものとなっている。選択という概念は、そのうちに、自由という概念に置き換わってしまう。コンシューマリズム（消費拡大主義）を通して人々に仕掛けられた戦争の最大の堕落のひとつは、ビデオ、ゲームボーイ、戦争玩具の形で子どもたちに暴力・恐怖（ホラー）・野蛮が売りつけられていることである。

われわれは、幸福と良い生活について、商品の購入に依存しないでそれらを得られるような、しかも自分たちと他者と自然とに対する別の関係の仕方を意味するような、別の定義を必要としている。私は、これをわれわれの欲求の商品によらない充足（Mies/Shiva 1993 : p. 256）と呼ぶのである。

■欲求充足の新しい概念

「良い生活」の異なる定義と生活の質の改善は、人間の基本的欲求の充足の別の形態を含意している。この人間の欲求の概念を展開したマックス＝ニーフ（Max-Neef）と彼の仲間たちは、次の点を強調している。すなわち、人間の基本的欲求は普遍的であるが、それらを満足させる要因、それらの欲求を満たす手段と方法は、文化、地域、歴史的状態によって異なるものである、と。資本主義的産業社会においては、商品が決定的な欲求充足のファクターになってしまっている。つまり、「産業資本主義においては、経済的商品の生産は、それらを割り当てるシステムとともに、支配的な欲求充足因の型を規定してきた」（Max-Neef et al. 1989：p. 27）。欲求と欲求充足因とを区別することは、われわれの議論にとって有益なひとつの消費者の解放であると思う。なぜなら、それは人間の同じ基本的欲求を充足するのに様々な方法があるのだということを、われわれに教えてくれるものであるからである。マックス＝ニーフと彼の仲間たちは、これら人間の基本的欲求を九つに分けて定義した。すなわち、生存＝サブシステンス（健康、食べ物、住居、衣服など）、保護（世話、連帯、労働など）、愛情（自尊心、愛、世話、連帯など）、理解（学習、習得、分析など）、参加（責任、権利と義務の共有）、怠惰（好奇心、想像力、遊戯、くつろぎ、熱中）、創造（直観力、想像力、労働、好奇心など）、自己同一性（帰属意識、差異化、自尊心）、自由（自治、自尊心、自己決定、平等）である。

これらの人間の基本的欲求は普遍的である以上、それらは富者においても貧者においても同一である。「過剰発展」諸国においても「低開発」諸国においても同一である。発展しすぎた産業社会では、これらの欲求はほとんど排他的に次のような充足因によって満たされている。すなわち、それらは、市場で購入されなければならず、産業的に生産されるもので、しかもそれらは、――ステータス・シンボルとして購入される自動車や愛情への欲求を満たすために購入される鉱石を用いた化粧品のように――最終的に欲求を満たすことがないためにしばしば虚偽の充足因であるばかりでなく、それらは時として単に破壊的ですらある。例えば、軍拡競争は、保護への欲求、生存への欲求、自由への欲求によって正当化されている。

産業社会が築きあげ、産業社会があらゆる貧しい国々へと輸出してきた心性の枠組みをわれわれが打開するならば、われわれは基本的欲求を満たすために多くの異なった方法があり、多くの市場に依らない方法があることを発見するだろう。例えば、愛情への欲求を取り上げてみよう。裕福な社会の多くの女性たちは、彼女らの愛情と認知への欲求を満たそうとして、狂乱的なショッピングを続けている。多くの者は、この欲求を満たそうとして衣服を買うのである。彼女らは、最新のファッションを追い求めることによって彼女らのパートナーの愛情や彼女たちの周囲の人々一般の関心を惹くことができると期待しているのである。女性たちの自尊心は、われわれの社会では彼女たちの外見と密接に結び付けられている。これらの代償的な消費への努力にもかかわらず、この愛情や自尊心への欲求は、決して新しい衣服を購入することによっては満たされないのである。それらは、虚偽の充足因なのである。女性たちは、深遠な人間的欲求を商品を買うことによって代償しているのである。消費者解放運動のなかで、人はこの愛情と尊厳への欲求を満たすための新しいやり方、とりわけ商品に依存しないやり方を見出したり、あるいは発明したりするはずである。このことは、子どもたちに当てはめれば、例えば、ますます多くの玩具を買う代わりに、子どもはより多くの時間を新しいやり方ですごしたり、新しいやり方で遊んだりするようになるだろう。

商品に依存しない欲求充足因の多くは、協業的であるという利点をもっている。このことは、それらの充足因がひとつの欲求だけでなく同時にいくつかの複数の欲求を満たすということを意味している。もし、ある人が子どもたちと遊ぶために時間を割くとすれば、無数の欲求が満たされることになる。すなわち、愛情への欲求、保護の欲求、理解欲、怠惰欲、自由への欲求、自己同一性への欲求である。そしてこのことは、子どもたちと成人の双方に当てはまるのである。人間の基本的な欲求が非市場的な方法——私はそれをサブシステンスな方法と呼ぶが——で満たされるならば、そのときにはこれらの欲求充足の過程はしばしば互恵的なものだろう。何かを与える者は、また何かを受け取りもするのだ。

そのようなライフスタイルの変化が裕福な国々で大規模に生ずるならば、エコロジーの破壊を停止させ、第三世界の搾取を止めさせるだけでなく、北の中産階級が自国の下層階級と南の人々の双方に提供している偽物の代償的な消費のモデルも変わるだろう。なぜなら、北の消費パターンが南の国々に輸入され、そこでの政治的・経済的エリートによって模倣され、いっそうの従属、負債、国内不均衡と文化的自己同一性の喪失をもたらしているからである（Max-Neef et al. 1989 : p. 47）。

マックス＝ニーフと彼の仲間たちは、第三世界の国々が経済的・文化的従属から解放され、彼ら自身の資源を彼ら自身の福祉のためにより効果的に利用することができるようになるためには、これらの模倣的消費パターンから脱却することが必要だと力説している。それは第三世界の国々にとって自立への不可欠なステップであろう。しかも、私の見地からすれば、押し付けられた消費パターンからの脱却は、またこれまで発展しすぎた裕福な社会の自立にとっても不可欠なステップなのである。これらの社会のほとんどは、われわれが検討してきたように、非常に広範囲にわたって第三世界諸国とそれらの資源の搾取に依存している。もし、持続可能性と自立が南の国々にとって正しい道だとみなされるのであれば、それらは必然的に北の国々にとってもまた正しい道であるはずである。

〈参考文献〉

Binswanger, Hans-Christof(1991), *Geld und Natur: Das Wirtschaftliche Wachstum im Spannungsfeld zwischen Ökonomie und Ökologie*. Edition Weltbrecht, Thienemanns Verlag, Stuttgart, Wien.

Club of Rome (1991), "The First Global Revolution" (transl. into German:"Die Globale Revolution"). *Spiegel Speziel* Nr. 2 1991, Hamburg.

Daly, Herman and J. Cobb (1989), *For the Common Good: Redirecting the Economy Toward Community, the Environment and a sustainable Future*. Beacon Press.

Elson, Diana (1994), "Uneven Development and the Textiles and Clothing Industry", in Sklair, L. (ed.), *Capitalism and Development*. Routledge, London.

Henderson, Hazel (1993), *Paradigms in Progress : Life Beyond Economics*. Adamantine Press, London.

Luxemburg, Rosa (1923), *Die Akkumulation des Kapitals*.

Max-Neef, Manfred et al. (1989), *Human Scale Development : An Option for the Future, Development Dialogue*. Reprint from 1989, CEPAUR, Dag Hamarskjöld Foundation, Santiago de Chile.

Mies, Maria, Bennholdt-Thomsen, Veronika, v. Werlhof, Claudia (1988), *Women, the Last Colony*. Zed Books, London.

Mies, Maria (1992), "Do we need a new Moral Economy?". Paper (unpublished).

Mies, Maria (1986/99), *Patriarchy and Accumulation : Women in the International Division of Labour*. Zed Books, London(4th Edition).

Mies, Maria, Shiva, Vandana(1993), *Ecofeminism*. Zed Books, London.

Patnalk, Utsa (1993), "Impact of Economic Liberalization and Adjustment on the Food Security In India". Paper presented at the ILO/National Commission for Women National Workshops on Employment, Equality and Impact of Economic Reform for Women, New Delhi 27-29, January 1993 (unpublished paper).

Plumwood, Val(1993), *Feminism and the Mastery of Nature*. Routledge, London.

Schumacher, E. F. (1973), *Small is Beautiful. A Study of Economics. As if People Mattered*. Blond and Briggs Ltd., London.

Shrivastava, Rashmi(1994),"Women Leadership in Saving Environment: A Case Study of Medha Patkar". Paper presented at 6. IPSA World Congress, August 21-25, 1994 Berlin.

Stelnem, Gloria (1994), *Moving Beyond Words*. Simon and Schuster, New Yor.

v. Werlhof, Claudia (1988), "The proletarian is dead : Long live the housewife!", in Mies, M., bennholdt-Thomsen, V., v. Werlhof, C., *Women, the Last Colony*. Zed Books, London.

Waring, Marilyn (1988), *If Women Counted : A New Feminist Economics*. Macmillan, London.

Woodall, Pam (1994), "The Global Economy", in *The Economist*, 1 October, 1994.

The World Commission on Environment and Development (1987), *Our Common Future*. Oxford University Press, Oxford.

解題

古田睦美

本論文は、マリア・ミースによって、一九九六年の四月にオーストラリアのアデレードで開催された国際会議に提出された論文「経済のグローバル化と持続可能な社会における女性労働」の抄訳である。原典は以下のとおり。Maria Mies "Globalisation of the Economy and Women's Work in a Sustainable Society", paper presented at the 6th International Interdisciplinary Congress on Women, Adelaide, Australia, 22-26. April 1996.

マリア・ミースは、ドイツのアイフェル生まれ、インドを実証研究のフィールドとする社会学者であり、ケルン単科大学で教鞭をとったほか、ハーグの社会学研究所で「女性と開発」プログラムを主催した経験をもつ、国際的なフェミニスト社会学者である。

ミースは、一九六三年以降インドに数年住んでインドの女性や家父長制について研究すると同時に、七〇年代以降はドイツでも、暴力を受けた女性のための「女性の家」の創立、『フェミニストの理論と実践』誌の刊行などのために尽力し、ドイツ現代フェミニズムの一翼を担ってきた。ミースは、インド女性のたいへん抑圧的な状態を見て、研究に着手したのだが、研究をすすめるうちに、インドとドイツの女性の抑圧にある種の連続性をみいだしたという。アカデミックな研究だけでなく、常にフェミニズムの実践の中に在り、そこに研究の根をもつことがミース理論に力強さを与えている。

著書としては、『世界システムと女性』(ヴェールホフ、ベンホルト=トムゼンとの共著、藤原書店、一九九六年)、『国際分業と女性』(日本経済評論社、一九九七年)、『エコ・フェミニズム』(ヴァンダナ・シヴァとの共著)などがあるが、とくに八五年のチェルノブイリ原発事故以来、彼女の研究においてエコロジー的観点がより強固なものとなったように見える。八〇年代以降、ミースはサブシステンスや食糧問題の観点からグローバルなフェミニズム運動を展開しており、九六年には、WTOの食糧サミットにあわせて、シヴァとともに「女性による食の安全のためのライプツィヒ・アピール」を発表し、食糧安全保障に関するパンフレットなどを執筆している(S・ジョージ、M・ミース、V・シヴァ、M・カール『女性と食糧——フェミニズムの視点から』PARCブックレット、一九九八年)。

ヴェールホフらとともに、一貫して、「女性」、「南」の視点から、経済学をはじめとする既存の社会科学のパラダイムを根底から革新するような独創的な理論を構築してきたミースは、有償・無償にかかわらず女性労働を正面にすえた理論的実証的研究の先駆者でもある。といっても、現在のようなアンペイド・ワークの測定と評価という潮流とまったく軌を一にしているわけではない。

世界中のいたるところで女性は、家族の生命と生活を維持するための責任を負い、あらゆる必要な労働を二十四時間体制で行なっているが、それらはあたりまえのように無償かあるいは評価が低く、湯水のごとく用いられているにもかかわらず、経済学や統計から系統的に排除されてきた。ミースらにいわせれば、目の前で行なわれている労働を、「生産ではないもの」とか「労働ではない」と考えるような観念や学問体系は、男性的なバイアスや自然を破壊することを「生産的」と考えるような既存の資本主義的バイアスの賜物である。女性のこうした労働は、既存の経済学の常識とは逆に、たいへん実り多く、生命の維持と生産に不可欠であり、ジェンダーの線にそって構造化している国際分業の一環であり、有償無償に拘わらず地球規模での労働条件の連続体の内の一部分を形成する。

こうしたミースたちの理論的立場は、既存の経済学や統計学の体系に真っ向から挑戦するものであり、既存の諸概念の変更を迫るものである。したがって、アンペイド・ワーク問題に関しても、それをペイドにすればよいというような単純な解決の方向にとどまらず、ペイドーアンペイドというような区別やそれによる問題が生じる土俵自体、つまり地球規模での資本主義的家父長制システムを問い直す理論的射程を持っている。アンペイド・ワーク問題をほんとうに解決するためには、測定と評価に関する技術的な議論と同時に、その結果を社会政策や計画にどのように取り入れていくのか、また、そのような政策や計画が立案・実施するためには、それらがどのような新しい質の価値観、諸概念のうえに構築されるべきかというような、政策的であると同時に哲学的抽象的な方向性の模索の議論が、同時に行なわれる必要がある。日本においてアンペイド・ワーク問題を総合的に扱おうとする本書に、ミースの最新の論文を掲載したのは、そのような方向性ないしはビジョンの議論のために、壮大な射程をもつミース理論の、女性労働に関する捉え方、および現在進行中の市場のグローバリゼーションの分析が、何らかの助けになると考えたからである。

とはいえ本論文は、アンペイド・ワークを議論するために書かれたものではなく、「持続可能性」を一つのキーワードとして、世界規模での資本主義の現在の局面を分析したものである。また、未出版のドラフトでもあり文章的にラフな部分もあった。したがって、ミース理論の射程全体にかかわる部分、オルタナティヴな諸概念や哲学にかかわる部分、女性労働について直接言及されている部分を中心に抄訳することにした。近く、本論文を修正した論文を収録した本がドイツ語と英語で出版される予定である（邦訳、藤原書店近刊）。より完全なものを望まれる読者は、この出版を待たれたい。

ワークシェアリングとジェンダー

アラン・リピエッツ
Alain Lipietz
訳・解説＝新井美佐子／補遺＝井上泰夫

Alain Lipietz／一九四七年生。一九六八年理工科大学校、七一年国立土木学校卒。数理経済計画予測研究所のエコノミストとして都市空間や経済空間の問題に取り組む。緑の党選出ヨーロッパ議会議員。主著に『奇跡と幻影』（邦訳新評論）、『勇気ある選択』（邦訳藤原書店）ほか多数。

ワークシェアリングに関しては、これまで、労働力人口と非労働力人口との関係の視点から考察されることがほとんどであった。なるほど、ワークシェアリングは失業を減少させるための主要な手段に到底なり得ないとはいえ、明らかにそれは、市場化された――あるいは賃金の支払われた――付加労働の成果たる国内純生産物の分配に対して大変に強い影響を及ぼす。ワークシェアリングの実施方法、とりわけ（あらゆる場合の）ワークシェアリングと必然的に結びついている「所得シェアリング」の側面は、したがって、生々しい階級間の矛盾を再燃させる。だからこそワークシェアリングは、人びととの期待しうるような全員一致の支持を得ることができないのだ。

これらの経済的階級関係はそれら自身、相互に重層決定されるし、性的社会関係とも交錯している。性的（ないしジェンダー的）関係には、多様な次元が存在する。最もラディカルな分析（クリスティン・デルフィ*〔1978〕の主張する家庭内生産様式、コレット・ギョーマン〔1979〕の主張する「生物学的差異」）によれば、性的関係は全男性による全女性の際限なき領有関係として示されている。これらの厳密な定義は必ずしも受け入れられているわけではないが、明らかに性的社会関係は、賃金を支払われる、つまり市場的な経済関係を大きく差別化するのであり、その逆も妥当する。賃労働や小規模の生産事業において、女性は男性と同じポストを占めているわけではない。逆に、家庭内における女性の従属の度合いは、有償の社会的労働への直接のアクセスを通じて「経済的自立」を確保できるか否かの可能性に左右される。それゆえ、労働力人口と非労働力人口の関係の見直しは、性的関係に重要な影響を及ぼす。

本稿でわれわれはもっぱら客観的側面、さらに言えば経済的側面に関心を寄せることになる。しかしながら、ワークシェアリングを支持する男女にとっての利害の主観的認識は、ワークシェアリングの様々な形態がもたらす客観的結果と明らかに異なっている。というのも、あらゆる政策提案は、過去の経験やその結果に対する警戒というフィルターを通じてだけでなく、習慣や今日の価値体系というフィルターを通じても認識されるからである。

一　ワークシェアリングに関する前提的考察

ワークシェアリングをめぐる第一の理念によれば、完全雇用の状態であっても、生産性上昇による利益の大部分を労働時間の短縮に充当することは正当である。自由時間の獲得という視点に立てば、この最初の理念は勤労者にとって最も深い願望の一つであると同時に、最も古い願望の一つであり続けている。イル・ド・フランス県内の七〇〇〇人の金属労働者を対象に行なわれた最近の調査[1]によれば、労働時間の短縮は、まず自由時間の獲得（八一％）、生活の質の向上（七二％）をもたらすとみなされており、それらの次に失業対策の手段（六五％）としてみなされているにすぎない。

ワークシェアリングをめぐる第二の理念によれば、ワークシェアリング以外のいかなる政策も、現在の失業水準（公式の失業者数三四〇万人に加えて、職業訓練中およびＲＭＩ*受給者数一五〇万人、そして求職をあきらめた失業者数を合計して、総計五〇〇万人）に見合うだけの雇用を創出することはできない。またワークシェアリングの発想が、分配すべきパイの大きさの不変性という問題を引き起こすわけでもない。国際情勢や生産性の水準は一定であるし、またマーストリヒト条約によって財政上・金融上の許容範囲は大きく削減されているので、「労働可能な」時間数は現実には所与であったからだ。「労働可能な」時間数が一層多くの人びとによって「再分配」しうるのは、実質平均労働時間がＧＤＰ（国内総生産）の増大と生産性の上昇との差を上回って減少する場合に限定される。この差を上回らないような労働時間の減少はことごとく失業の拡大を遅延させるだけであり、失業が減少するのはこの差を上回る場合（すなわちワークシェアリングが問われる場合）のみである。一九九三年三月に発表された

*クリスティン・デルフィ（一九四一〜　）　フランス国立科学研究センター研究員。主な著書に『なにが女性の主要な敵なのか？　ラディカル・唯物論的分析』（一九八四年、邦訳九六年）など。

*ＲＭＩ（Revenu Minimum d'Insertion）　社会復帰最低所得。一九八八年創設。二五歳以上、もしくは扶養義務のある子どもを持つ、失業者および低所得（単身者で月収二一三八フラン〔四万二七六〇円〕、夫婦で三〇六一フラン〔六万一二二〇円〕を下回る）者に家族手当金庫から支給される生活補助手当。

フランス経済情勢観測所の研究によれば、ただちに週三五時間労働に移行することによって約二〇〇万の雇用が創出されうるはずである（OFCE 1993）。

ワークシェアリングの第三の理念によると、数字の比較（創出される雇用は二〇〇万人、公式の失業者数は三四〇万人、さらに実質失業者数は五〇〇万人）をすればわかるように、週三五時間労働は万能薬に非ず、である。しかも週三五時間労働が解決策たりうるのは、すぐに「雇用可能な」失業者にのみ限定されている。したがって、それ以外の数多くの政策が補完的に実施されねばならない。

第四の理念によれば、あらゆるワークシェアリングは所得の再分配である。この点を理解するためには、時給という角度から議論すればよい。月給を全面的に維持することは、一見したところ、労働時間の減少に等しいだけの時給の上昇に相当するようである。この時給の上昇は、（外国との競争のために）消費者に転嫁しえないのであれば、利益の減少に結びつく。だが新規の作業ポストを創設するためには、その都度、より費用のかかる投資が必要となる。さらに、現在の開放経済下では、生産された商品単位当たりの賃金費用（要するに、時給／生産性の商）が競争力を大きく規定する。つまり、残念なことに、制約は消滅していないのだ。

以下では競争力の問題への批判には言及しないで、投資の資金調達の問題だけを考察することにしよう（競争力の問題は自由貿易に対して、エコロジー条項、社会福祉条項の問題を突きつけるからである）。一方で企業家の投資能力を減退させつつ、他方で大量の雇用増を期待するのは無理である。とはいえ、労働時間の減少に見合って賃金を低下させなければならないのだろうか。決してそうではなく、五〇～七〇％程度の賃金補償は企業家の投資能力を損ねることなく可能であると、この問題を専門的に分析しているマクロ経済学者たちがほぼ全員一致で述べている。

なぜそれが可能なのかと言えば、時短のうち大半の部分は当事者たちが「やりくりし合う」ことによって実現されるからである。労働時間が減れば、労働の質は良くなるので、生産性が上昇する（その結果、雇用創出効果は減退する）。また、失業者が一〇万人単位で減少すれば、それだけ地域商工業雇用協会*や国家雇用基金*〔から支給される失業手当〕の受給者を減らすし、他方ではそれだけ社会保障金庫全体への保険金拠出者を増やすことになる。したがって、社会保障負担の拠出率を低下させて、実質時給を上昇させることができる。しかも、賃金コストは上昇しない。金利生活者の所得への追加的な課税によって、企業家の資金調達力を損ねることなしに、さらに賃金補償を拡充することができる。しかし、税引き後の平均月収の若干の減少を回避することは期待できない（Lipietz 1995）。

二　ワークシェアリングが「労働以外」における性的関係に及ぼす効果

私の両親の世代において一般的に認められていたのは、「家長」の賃金が充分であれば妻が「家庭の外で」働く必要はない、ということであった。妻には、「専業主婦」という社会的に認知された地位が与えられていたのだった。

専業主婦という、女性にとって危険な罠は、確かに一九六〇―七〇年代のフェミニズムによって打破された。とはいえ、一昔前のことを引き合いに出すことでわれわれが思い出しうるのは、「賃労働の分配」が家父長的関係にどのような効果を及ぼすかという問題は決して時間の問題（特に家事労働時間の問題）に解消されないということである。女性は（外で）「働く権利」を獲得することによって、まず経済的自立と社会的な自立の承認を追求するのであり、その結果「男性に依存」せずに実際に生活できるようになる。言い換えれば、性的な関係とは別に、自立を社会的に定義できる可能性こそが決定的に重要なのだ。

とはいうものの、労働組合の善意ある活動家たちは次のように主張している。「労働時間――正確には賃労働時間であるが、冗長を避けるために以下では省略する――が短いほど、女性にとり子どもの面倒をみるための自由時間が増大する」、さらに（まことに善意に満ちた労働組合員であるが）「時短が実現すれば、男性は家事労働に少しは従事できるだろう」。

これらの議論のうち、最初の発言に対してフェミニストたちは怒りを覚えるのであり、第二の発言に対しては苦笑するだろう。賃労働から解放される時間が増えても、その分家父長制に帰すべき時間が強化されるにすぎないのであれば、女性にとって時短には一体何のメリットがあるのだろうか。時短が家事労働の配分に直接的な効果を生むか否かについては疑問の余地がある（Comte 1990）。

女性たちの時間配分が一般的に示しているのは、「専業主婦」たちの活動は週末になると低下するのに対して、「働く女性」たちの家庭での労働時間は平日よりも週末になると増えるということである。これに対して男性の家事労働への参加は、年々、週に一分間分ずつ増加しているだけである。

家事労働の配分の仕方は、こうした場における女性たちの地道な闘いの結果によってしか変わることができない。しかしながら、一般的に言えることであるが、階級闘争の結果が国際関係によって（その他の要因とともに）重層決定される

＊地域商工業雇用協会　ＡＳＳＥＤＩＣ（ASSociation pour l'Emploi Dans l'Industrie et le Commerce）。
＊国家雇用基金　ＦＮＥ（Fonds National de l'Emploi）。

のと同様、家事労働の配分の仕方の見直しを男性に受け入れさせることができるか否かは、どれだけの時間を賃労働から解放できるかにかかっている。

　要するに、女性の解放にとって決定的に重要なのは、依然として財政的自立の可能性である。つまり、ほとんどの場合、賃労働者でありうる可能性である。したがってわれわれは、ワークシェアリングが女性たちの賃労働にどのような影響を及ぼすのかという点に立ち戻る必要がある。

三　今日の賃金生活者層のなかでの女性の状況

　女性が賃労働に大量に参加したことは、女性が自分たちの身体に対する権利を獲得したことと並んで、黄金の三〇年間（一九四五―七五年）における女性解放の進展を決定的にした条件であった。回顧的に述べれば、この時期に受け入れられた資本制的発展モデル（フォーディズム）が戦後フェミニズムの父であり、女性自身の主体性がその母であったといっても差し支えない。かつてフェミニズムを支えた「旧い世代」の女性たちは、今日自分たちの娘の世代が後退するのを見て残念に思っている。確かに娘たちが既得権を当てにできるという幻想を抱いていることは認めねばならないが、このことは賃労働の質の社会的な低下と無関係ではない。クロード・メイヤスー*が「資本主義への賃労働者の終身的統合」と命名したような状態は、もう存在していない。こうした統合を保証したのが社会保障制度であり、福祉国家であった。フランスでは、フェミニズムよりも出産奨励主義〔ナタリズム〕上の理由によるものであったとはいえ、福祉国家は女性にとって解放的な側面を有していた（Jenson 1987）。

　現在のフランスで支配的なのは、フォーディズムの危機に対する「柔軟な自由主義的」解決法である（Lipietz 1989）。賃労働者は次のように四分割されている。

（1）高度な資格を持ち高賃金を受け取り、剰余価値の移転に伴う利益を得られる賃労働者
（2）常勤であり、相対的に高い資格を持つ賃労働者
（3）（必ずしも低資格ではないが）不安定な雇用で低賃金を受け取る賃労働者
（4）労働活動から長期的に排除されている賃労働者

性的社会関係のせいで、あるいはまたフェミニズムの文献の中で充分に分析されている因果連関に従って、第一、第二の部門《セグメント》に登場する女性の数は徐々に増えているが、やはりその数は第三、第四の部門に圧倒的に多い（第四の部門は女性にとって二つの異なるケース、すなわち、雇用から完全に排除されている男女から成る世帯と、専業主婦とに、さらに分割することができる）。

　女性の「職業的進出」が実現したのは、とりわけ第二の部

門と公共部門（教育や医療、社会保障関連の「媒介的雇用」）においてであった。しかし、この現象は（銀行や保険会社を除く）競争部門〔民間部門〕ではわずかしか起こらなかったし、公共部門においてさえ女性は第一の部門に辛うじて登場する程度である。それに引き換え、第三の部門は文字どおり女性によって侵略されたのであり、この「急増」を賃金生活への女性の参入と正確に対比できる。確かに危機の開始以来、労働市場への男性の供給が量的に一定であったのに対して、女性の労働市場への参入（三五〇万人）は失業の増大と数の上でほぼ一致していた。しかも女性の参入は不安定雇用に集中していたのであり、そういった雇用はもはや例外的な雇用とは呼べなくなっている（一九九四年の景気回復以後創出された雇用の三分の二を占めている）。

　労働市場の分断化が男女別に異なる性格をもっていることは、賃金についてみれば一目瞭然である。一九九三年に民間部門と準公共部門では、女性の一〇％は月収手取り四九二五フラン〔九万八五〇〇円〕以下、同じく八〇％は一万六〇〇フラン〔二一万二〇〇〇円〕以下しか得ておらず、一〇％の女性のみが一万二八〇〇フラン〔二五万六〇〇〇円〕以上を手にしている。これに対して同部門の男性は、その三〇％が月当たり一万一一五〇フラン〔二二万三〇〇〇円〕以上を、その一〇％が一万八四〇〇フラン〔三六万八〇〇〇円〕以上を得ている。言い換えれば、女性は第一の部門にほとんど登場していない。

　労働市場からの女性の排除は、男性のそれよりも話が複雑である。排除されていない男性に依存して「家庭」で生計を立てる手段が、女性たちにはまだ残されている。彼女たちは「社会的に排除」されてはいないが、賃労働者からは排除されている。だが、不安定雇用に就いた男性に依存する専業主婦は、実際には賃労働者としても社会的にも排除されており、とりわけ専業主婦には、その家庭が崩壊すれば、経済的自立を手に入れられる保証が一切ない。（往々にして手入れの行き届いた）家庭の女主人である以外に何の資格も持たない離婚妻たちが出会う悲劇を思い起こすまでもない。同様に専業主婦にとっても、不安定雇用と社会的排除が彼女たちの感情と家庭の選択にとって重くのしかかる脅威である以上、彼女たちを潜在的に排除されている者とみなすことは正当である。

　したがって、明らかに排除されている女性にとっても、また上述のような潜在的に排除されている女性にとっても、さらに不安定雇用に就いている女性にとっても、また定職に就

＊クロード・メイヤスー　フランスのマルクス主義人類学者。主著に『家族制共同体の理論』（一九七五年、邦訳七七年）他。

いているが娘や姉妹と同じく失業の増大によって将来を脅かされている女性にとっても、現在の雇用の総量は、女性としての解放の決定的条件の一つである。

四　「自発的なワークシェアリング」政策

時短を一挙に導入する勇気がなかったので、（緑の党は注目すべき例外であるが）大半の政党は、いわゆる自発的なワークシェアリング、すなわちパートタイムへの「移行」の可能性、とりわけパートタイム（すなわち法定労働時間をはるかに下回る）雇用の供給を強調したのだった。

パートタイム奨励によるワークシェアリング政策は、上述の第一と特に第二の部門において、なかでも公共部門では、労働の自由への潜在的可能性として受けとめられている。しかもこの政策は、家庭内での女性の状況に適合した戦略にもなりうる。反対に、第三の部門ではこの政策は不安定性を増大させるだけである。

同様に、ベレゴヴォワ内閣〔一九九二〜九三年〕の政策は、企業に対し（社会保障負担分の減額と引き替えに）パートタイム雇用を創出することを奨励した。この政策は、とりわけ大規模流通部門やレストラン部門にとって有利に作用した。これらの部門はフルタイム労働が低収益であることに悩まされていた。その結果、SMIC*で支払われる雇用が二分割されたのであり、低賃金雇用は生活困難な雇用になってしまった。これは、まさに「失業の配分」を意味している。そして、フルタイム労働へ復帰するための無条件の権利を含むような、真の意味での選択された時短とは正反対のものである。

「失業の配分」とは何を意味するかについて、ここで明確にしておかねばならない。失業者とは、自分が望むだけの賃金を得ていない人ではなく、社会の中でつつましい生活レベルに達するのに必要な額で自己の労働力を売ることができない人のことである。子どもを持つシングル・ウーマンにとって、自らの選択によらないパートタイム労働は、失業の配分と事実上同じ状況である。もし月給一万二〇〇〇フラン〔二四万円〕の女性五人が、週に一日休みを「とる」ことによって六番目の雇用が「創出」されることを認めるにしても、SMICの半額（月額二五〇〇フラン〔五万円〕）程度の雇用が二つ増えるだけでは、雇用創出とはいえない。

五　全面的な時短政策

一九九三年は、ワークシェアリングの支持者にとって理念的に重要な進展があった年である。

――失業対策の（他の手段を排除しない）主要な手段としての時短の原理そのものに対して、これを支持する専門家や世論の中で、大きなコンセンサスが得られた。

――もし時短が失業を明らかに減少させる（もしくは個別の企業レベルで、当該企業が解雇を回避する）ことができるのであれば、収入のある程度の減少を受け入れるような人びとが（確かではないにしても）世論の多数派を占めた。

それゆえあらゆる論争の焦点は、賃金補償に関係している。（不労所得を得ている当人たちを除けば）誰もが所有権に基づく不労所得の削減に賛成であるし、資本の競争力や投資能力を保持するという点からすれば生産資本の非分配利益を削減するのは得策でないとマクロ経済分析が強調しているので、賃労働者の購買力がいくらか低下する問題について検討せねばならない。この点に関して、以下の四つの見解を指摘できる（Lipietz 1995）。

第一の見解。個人所得の減少を全く伴わず、全ての人びとを対象にして、週三五時間労働を速やかに実施する。資本側に不利であり、所得の大規模な再分配を意味するこの見解は、実際には労働集約的な中小企業のみを倒産のリスクに曝すだけであるにしても、あらゆる経営者から毛嫌いされる。この見解が実現すれば、脆弱な企業は淘汰され、フランスの雇用は第一の部門（の管理職、とりわけ金融部門の管理職）や第三の部門（とりわけサービス企業や管理職の家庭向けのサービス雇用）に特化されることになる。賃金の減少を伴わないような週三五時間労働であるから、「資本―賃労働者」間での合意を実現することは十分可能だろう。ただしそのためには、低収益な企業を閉鎖したり、社会保障および環境保全規制に必要なコストを切り下げねばならない（要するにこれは、高賃金によって主導されるようなサッチャー的「好況」政策の中味であった）。このような政策は、第一の部門の男性と第二の部門の残りの男性にとって大変有利なモデルである。反対に、主として第三、第四の部門を占めている女性たちにとっては大変不利なモデルであり、彼女たちにとって、低賃金ではあるが安定的な雇用が大量に消滅することになる。いずれにせよ大部分の経営者の反対のために、この政策が実現する可能性はほとんどない。

第二の見解。個人所得の減少を伴わないで、週三七時間、のちに週三五時間労働を実施する。これは、生産性の上昇益を下回るような労働時間の単なる「短縮」であり、したがって真の意味でのワークシェアリングではない。この政策が目指しているのは、一般作業員からエンジニアに至るまでの、

＊SMIC　Salaire Minimum Interprofessionnel de Croissance（全産業一律スライド制最低賃金）。一九五〇年に創設されたＳＭＩＧ（Salaire Minimum Interprofessionnel Garanti、全産業一律最低保障賃金）に代わり、一九七〇年創設。物価上昇、経済発展を考慮して決められ、現在税引き前で月額六六六三・六七フラン（約一三万三二七三円）、手取りで五二三九・九八フラン（約一〇万四八〇〇円）。

すなわち労働者階級から新中産階級に至るまでの、賃労働者ブロックの分断を回避することである。この政策は、失業や社会的排除に対してわずかな効果を与えるにとどまるのであり、A・ゴルツ*が社会的に排除された人びとを指して「非階級」と呼んだ事態をそれほど深刻に受けとめていない。なるほどこの政策は、第一の部門の（非常に少数の）女性と徐々に増加している第二の部門の女性にとっては、有利である。だが、この政策にともなって第四の部門の女性化が進行するのであれば、ついには第三の部門の女性の立場を一層不安定にしかねない。

第三の見解は、第二の見解とは逆の意味での極論である。週三二時間労働への移行、しかも最低賃金層を含めてあらゆる賃金生活者に対して不均等な賃金切り下げを実施することは、失業に対して最も強力な影響を与える。既に述べたことであるが、月収を部分的に補償するだけでも時給の増大になる。この見解を大変論理的に展開しているのは、社会的に排除された人びと（第四の部門）のために闘っている、ATD Quart-Monde*の「ロビイスト」ともいうべきピエール・ラルトゥルーのような人びとや、さらにはあらゆる左派キリスト教団体である。この見解は、机上では可能だが、社会学的には現実的とはいいがたい。労働組合の支持を得ることはできないし、保守の側からは少数の例外的な支持しか期待できない。これは、第四と第三の部門（したがって女性）に有利な見解であるが、第二、第三の部門の男性に苛酷な条件をもたらす。それゆえ労働組合の反対により、実現可能性はほとんどない。

第四の見解。週三五時間労働に一挙に移行するが、しかし、低賃金労働者にのみ購買力の維持を保証する。これは、経済的に実現可能であり、しかも社会学的に（すなわち政治的に）実行可能な妥協案である。この見解は、生産資本を損ねないのであり、金融資本もしくは金利生活者の不労所得を（税制改正を通じて）問題にする。この見解は、失業者や大多数の人びと、特に女性——民間および準公共部門における女性の九〇％は、一九九三年現在、月当たり手取り一万二八〇〇フラン〔二五万六〇〇〇円〕以下しか得ていない——、最低賃金者層など、生産第一主義の直接の被害者たちにとって、全く有利である。この政策は、これらの人びとのみならず、中間層をも味方につけようとしている。彼らには、自由時間の増大と失業や社会的排除なき街づくりを提案している。この見解は、第四、第三、さらには第二部門の女性にとっても大変有利であり、かなり広汎な正当性を得ることができる。

六　論争の主体的側面の素描

ワークシェアリングをめぐる論争において、とりわけ「反失業のための行動グループ」の中で、失業者の諸団体、エコロジスト、労働組合左派の一部、といった人びとがこぞって支持したのは、上述の第四の見解であった。極左勢力と別の労働組合左派は、賃金減少を伴わない速やかな週三五時間労働の実施を主張した。単純化を恐れずに図式化して言えば、彼らの議論は大体次のようだった。「経営者たちは今は賃金を支払うことができる。彼らが従業員全員に賃金全額を支払うことができなくなる日が将来やってくることを仮にわれわれが認めるべきだとしても、われわれが今相互に喧嘩別れしてまで、経営者たち相手の妥協を先取りする必要はない。」

　このような主張が問題となるのは、それが〔前述第二の〕「ワークシェアリングなき時短」の見解と危険なまでに類似しているからである。つまり、ただちに週三七時間労働へ移行するが、週三五時間労働への移行はそれからのことだ、と。この主張によれば、社会的排除反対のための闘いが中産階級（第一の部門）の所得を擁護するための運動に従属させられる結果、週三五時間労働の実施は無期延期となる。

　だが、一層深い問題がある。伝統的な「階級状況」を擁護する人びとの主張によれば、「資本と労働の対立」が常に存在する以上、いかなる賃上げも受け入れてよい。たとえ賃上げが反失業の闘いの中でそれほど効果的ではないにしても、である。ところが、社会的に排除された女性たちは（彼女たちにとり残念なことに）「資本と労働の関係」に参加していないし、不安定雇用の人びとは「資本と労働の関係」に終身的に統合されることを強く望んでいる。「新中産階級」の所得は、賃金の形態になっている。

　このような主張に対して、エコロジストたちは、時短のための資金を資産から生じる所得〔不労所得〕によって「支払わせる」ことからまず着手すべきだという意見に賛成であったが、「最低賃金層の大多数」に対してしか月給の維持を保証しないという点で、極左勢力とたもとを分かったのだった。最低賃金層の半数の手取額は〔月〕九〇〇〇フラン〔一八万円〕未満である。これは、地方では比較的快適な生活を送ることができる金額であるが、イル・ド・フランス県〔首都圏〕では全く不十分である（パリと地方の賃金格差は約四〇％であり、男女間の賃金格差の約二五％をはるかに上回っている）。IFEAS〔注（1）参照〕の世論調査が指摘しているように、イル・ド・フランス県内において若干の賃金低下が大多数によって支持されるのは、月給が一万二〇〇〇フラン〔二四万

＊アンドレ・ゴルツ〔一九二四〜　〕フランスの思想家、ジャーナリスト。主な著書に、『エコロジー共同体への道——労働と失業の社会を超えて』（一九八三年、邦訳八五年）ほか。

＊ATD Quart-Monde　社会的に排除されたり、貧困に苦しむ人々の救済活動を行なっているNGO団体。

円）以上の場合である。この金額は、フランスの他の地域から見ると、かなり高い水準である。

さらに、社会的に排除された女性たちと最低賃金層の女性たち（第三、第四の部門）との連合を優先しなければならなかった。緑の党の投票母体（特に女性）であり、社会党の基盤でもある「中産賃労働者階級」の統一も、大きな問題である。実際には、月給一万二〇〇〇フラン（二四万円）の水準を上回るような第一と第二の部門の女性は極めて少数であり、彼女たちは全面的な賃金補償に対して反対意見を表明している。そのうえＩＦＥＡＳの調査によれば、彼女たちの八五％はパートタイム労働を支持している。この場合、男性労働者にとってパートタイム労働は（合法的でないが）賃金補償されないのである。

一定層以上の女性たちがワークシェアリングにも賃金の再分配にも賛成であることは、確かに主観的な問題であるめて客観的でもある（「補助賃金*」の理念）。だが、女性たちのこのような態度は極めて客観的でもある。最も高い支持を得たワークシェアリングの立案は、最低賃金層への賃金補償を伴っているので、大多数の女性の月給は切り下げられない。問題は他にもある。すでに述べたように、男女間の賃金格差は極めて構造的である。男女間の賃金格差は、不安定雇用の部門および安定雇用の部門の下層において性的関係が反映された結果である。（雇用を見つけうる確率と賃金水準の積から導出される）期待賃金は、女性の場合、雇用を見つけうる確率によって基本的に決まってしまう。女性にとって本質的であるのは賃金の取得であり、賃金水準が数％下回るか否かは副次的問題である。

賃金補償の問題がどのような数量的効果を及ぼすかについて再度強調しておこう。フランス経済情勢観測所は三つのシナリオを提示している。第一のシナリオによれば、ＳＭＩＣの一・八倍までの賃金を全面的に補償するが、賃金の見直しは伴わず、一五〇万人の雇用を創出する。第二のシナリオはその対極に位置し、ＳＭＩＣの一・五倍までの賃金を補償するが、賃金の見直しを伴い、さらに経営者の社会保障負担の軽減を伴う（つまり「租税によって社会保障の資金を調達する」、これは当時緑の党だけが提案していた）。その結果、一〇〇万人の追加的雇用が創出されうる。

かくして、全面的な賃金補償ではなく、低賃金層に優先的な賃金補償を選択することは、同時に、失業者や女性にとっても有利な選択となる。これは政治的選択である。すなわち、主として中産賃労働者層、特にその中の男性たちに要求されるべき選択である。もっとも、課税による社会保障制度への移行によって、中産所得階級にも負担が要請されることになる（この移行に伴って、資産から生じる所得を優遇する措置は削除されるべきである)。

七　社会的有用性をもつ第三セクターの展望

景気が回復しても、週三五時間労働への移行後に残る失業の問題は解決されないだろう。数十万の追加的雇用の創出を期待しうるだけである。したがって第四の部門の女性の大半は、(不安定雇用層の女性とともに)取り残されることになる。彼女たちは時短政策の恩恵をほとんど受けない。

だからこそ、反失業のための闘いの第二の大きな舞台は、民間部門、公共部門と並ぶ「社会的有用性をもつ第三セクター」の発展に求められるべきなのだ(Lipietz 1989)。もちろんこの理念の意図は、現在の失業対策の社会的基金を新しいタイプの活動への補助金として活用することにあり、同時に新しい社会関係を生み出すことを目指している。第三セクターの組織(協同組合や代理店)は、これらの組織によって雇用される失業者がかつてそうであったように、税金も付加価値税も社会的分担金も免除された上で、雇用者一人ごとにRMI一単位と同額の補助金を受ける。これらの優遇措置は恒久的なものであり、第三セクターの占める位置を特徴づける。他方、賃労働者の地位は格別変化していない。すなわち、賃金に関する一般の権利(SMIC、法定労働時間、解雇時の権利)によって保護されている。第三セクターの使命は、他の二つのセクターがカバーしていないエコロジー的かつ社会的有用性をもつ労働全体に関わっている。それら組織の認可と、(過当競争によって他のセクターとの間で雇用をめぐる「共食い」が生じるのを避けるために行なう)その権限が及ぶ範囲の画定は、地域の雇用委員会に委ねられる。最終的に第三セクターは、もう一つの大規模な被助成部門である農民層と同程度の、すなわち一〇〇万人程度の水準になるはずである。

先に述べた第四部門の女性たち、つまり「雇用されることが不可能な」人たちが、大挙してこの第三セクターに殺到することは十分ありうる。当然のことである。問われているのは、「一度社会的に排除された人びと」を非典型的な賃労働関係の中に社会的かつ職業的に統合し直すことである。ベルトランド・シュバルツ(1994)の表現を借りれば、「進歩の優等生」など存在しないのであり、ただ排除を助長するような社会的関係が存在するのみなのだ。賃労働者になっていない女性たち(専業主婦、小規模商品生産の家内従事者たち)の一大部分が、現在、労働市場に向かいつつある。彼女たちを労働市場に統合できるのは、排除を助長しないような新しいセクターを創出する場合に限られるだろう。この新しいセク

＊**補助賃金**　salaire d'appoint。家計の足しになる程度の低賃金。

ターを創出することによって、「十分な」経済的自立を保証できるようになる。つまり、公的かつ社会的に認知された自立を保証することが可能になる（このような自立は、相対《あいたい》で支払われる「手間仕事」とは全く異なっている）。

確かに、社会の成員全員の力が発揮されるような（つまり経済的自立と社会的認知が一人ひとりの男女に保証される）社会が再現するためには、社会的諸関係を根本的に変容させる必要があり、賃労働の再配分や家事労働の解体（つまり他の活動形態による家事労働の一定機能の保証）、さらに所得移転の受益者たちによるボランティア活動の増大が、ともに実現する必要がある。

とはいえ、これらの論点は既に本稿のテーマの枠組みを大きく超えている(2)。

（1）Alternatives économiques および l'IRIS (CNRS) と連携して、IFEAS (Institut de recherche et de formation proche de l'Union parisienne des syndicats de la métallurgie CFDT) が行なった一九九四年の調査。

（2）Dominique Voynet, Prologue de La Revue, no. 9, février 1995. の最終ページを参照。

〈参考文献〉

Baudelot, Christian ; Establet, Roger ; Malemort, Jacques (1974), *La petite bourgeoisie en France*, Paris, Français Maspero.

Comte, Francine (1993), "Familles:le temps des remue-ménages", *Panoramiques*, no. 10.

Delphy, Christine (1978), "Travail ménager ou travail domestique?", in Michel Andrée éd., *Les Femmes dans la société marchande, Paris*, PUF.

Guillaumin, Colette (1979), "Pratique du pouvoir et idée de Nature", *Questions féministes*, no. 2 et 3, février et mai.

IFEAS (1994), "7000 salariés s'expriment sur la réduction du temps de travail", IFEAS-*Alternatives économiques*-Paris, IRIS-CNRS, miméo.

Jenson, Jane (1987), "Both Friend and Foe:Women and State Welfare", in Briedenthal & Koonz, *Becoming Visible : Women in European History* (2e éd.), Boston, Houghton Mifflin.

Lipietz, Alain (1989), *Choisir l'Audace. Une alternative pour le XXIe siècle*, Paris La Découverte.

Lipietz, Alain (1989), *Cohésion sociale et emploi et L'économie solidaire*, Paris, Desclée de Brouwer, 1994, coordonnés par Jean-Louis Laville.

Lipietz, Alain (1995), "Une politique de l'emploi centrée sur la conquête du temps libre", in Brovelli, Lipietz, Moscovici et Quin, *Quelle économie pour l'emploi?*, Paris, Editions de l'Atelier.

OFCE, Confais *et al.* (1993), "1993-1998:veut-on réduire le chômage?", *Lettre de l'OFCE*, no. 112,3 mars.

Schwartz, Bertrand (1994), *Monderniser sans exclure*, Pairs, La Découverte.

解題

新井美佐子

本稿は、Alain LIPIETZ, "Genres, classes et partage du travail", H. HIRATA et D. SENOTIER éds. (1996) *Femmes et partage du travail*, Syrosを訳出したものである。

文中の符号は、以下の通りである。「 」は原文中の《 》、（ ）は原文のまま、［ ］は訳者による補足、＊は比較的長い訳注。なお、一フラン＝二〇円（一九九九年四月現在）で計算した。

著者アラン・リピエッツは、文中にあるエコロジスト政党「緑の党」に所属しつつ、フランス発祥の経済理論、レギュラシオン学派の一翼を担う経済学者として活躍している。本稿では、一九九八年六月に可決された「週三五時間制の方向と促進に関する法律la loi d'orientation et d'incitation à la réduction du temps de travail」（二〇〇〇年［従業員二〇名以下の企業については二〇〇二年］一月一日から、法定労働時間を現行の週三九時間から三五時間に短縮）を受けてフランス国内で徐々に進行しつつある時短化が、ジェンダーおよび階級関係に与えるであろう影響について考察している。

フォーディズムの時代は、「構想と実行の分離」として知られるような労働者の熟練解体と機械化の推進によって、生産性上昇そして大量生産が実現した。その生産性上昇益は新規生産投資とともに労働者の賃金上昇に振り分けられ、大量生産に対応すべく需要を創出した。女性をはじめとするマイノリティー層も、その多くが縁辺労働力としてではあったが労働市場に参入し、また福祉国家や社会保障の後押しを得つつ消費者としてもフォーディズムに統合されていた。つまり、社会全体に大量生産・大量消費体制が定着したのである。

ところが、一九七〇年代後半からこのフォーディズムの回路がうまく立ちゆかなくなる。複雑で高価な機械の導入によってしか実現できなくなった生産性の上昇は鈍化し、またその機械購入コストを物価に転嫁したために、購買力が減少した。当然、市場は収縮し、失業率は一〇％を超えたまま高どまりとなる。さらに失業手当をはじめとする社会保障負担の増大が生産活動を圧迫し、福祉国家は行き詰まった。果たして、職も収入もない、社会から排除された人びとの数は、無視できない程度にまで達した。そこで、各労働者の労働時間を短縮し、新たな雇用を生み出そうというワークシェアリング政策が注目されるようになる。リピエッツによれば、他の補完的政策を必要とするという条件付きではあるが、新規雇用創出にはワークシェアリング以外に道は残されていない。

時短はまず第一に、生産性上昇によってもたらされる利益を、これまでのような賃金の上昇ではなく、自由時間の増大という形で受け取ることを意味する。自由時間の増大は、マルクスにまで遡りうるずっと以前からの、そして最も基本的な労働者の願望だといえよう。

ワークシェアリングによる賃労働時間の短縮と自由時間の増大は、女性の解放とそれゆえ男女間の社会的分業形態のあり方にも大いに影響する。家事、もっと広く言えば労働力の再生産労働という、必要不可欠であるにもかかわらずアンペイドな労働に、これまで女性の圧倒的多数が多くの時間を費やしてきた。しかし、賃労働時間の短縮が賃労働と家事労働との両立をより容易にし、またワークシェアリングによって新たな雇用が創出されれば、女性の労働市場へのさらなる参入が予想される。このことは、女性の賃金獲得すなわち経済的社会的自立に、大いに貢献することだろう。加えて、時短によって男性が賃労働から解放される時間も増えるため、彼らの家事労働への今以上の参加も期待できる。ワークシェアリングが、家事労働と賃労働の男女間における分担関係の見直しにとって重要な契機となることは十分考えられる。

しかしワークシェアリングには、大きな問題が付随する。すなわち労働時間の短縮は、賃金の減少と表裏一体の関係にあるのだ。時短が労働者一人当たりの生産性の上昇をもたらし、またワークシェアリングによって失業者数が減り、各種の失業手当受給者数の減少や社会保障出資者の増大が見込めることから、賃金減少分を労働時間の減少分よりも少なく抑えることは、試算によれば可能である。しかし、ワークシェアリングが所得シェアリングであることに変わりはない。そこで、この所得のシェアの方法こそが議論の的になる。

ワークシェアリングによって新たに創出される雇用も含め、多くの雇用の賃金が「社会の中でつつましい生活レベルに達する」ことができないような低いものになるのであれば、それは失業の配分に等しい。事実、時短断行の代わりに試みられたパートタイム雇用の奨励は、リピエッツのこうした指摘を裏付けるような結果に終わっている。フランスのパートタイム雇用は、社会保障負担金における報酬限度額制度等に関してフルタイム雇用と同等の扱いを受け、また営業税が従業員数に対し累進的であったために、経営者にとってはフルタイム雇用に比べて「高くつく」雇用形態であった。ところが一九九三年十二月二十日法に始まるいくつかのパートタイム雇用奨励法によって、パートタイム二雇用がフルタイム一雇用に相当すると見なされるようになり、さらにフルタイム雇用をパートタイム雇用に転換する際に社会保険料負担の控除などが認められるようになったことで、パートタイム雇用が増大した。しかし、それらパートタイム雇用の賃金は生活維持水準に達しないようなものが大半であり、またそこに集まった労働者の多くは、フルタイム雇用を希望しながらそれが見つからず、失業を回避するためにやむなくパートタイム雇用に就いた、女性をはじめとするマイノリティ層であった。これらを踏まえてリピエッツは、低賃金労働者層への所得補填を伴う週三五時間労働の実施を訴える。この案では、所得補填の財源を時短による生産性上昇益と不労所得への追徴課税に求めている。

ワークシェアリングや所得の再分配の見直しが行なわれても、依然として失業や所得格差が残るであろうことは、いうまでもない。また、エコロジストであるリピエッツは、フォーディズムの危機と同時進行したもう一つの危機、すなわちエコロジーの危機を強調する。そこで、こうした失業、エコロジーの問題を解決すべく、ワークシェアリングの補完策として、社会的有用性をもつ第三セクターの創設を提案し、本稿を結んでいる。

ワークシェアリングという一見すると経済学的な事象を、ジェンダー、階級といった社会学的視点を欠くことなく考察したリピエッツの卓説には、大いに啓発される。(1) しかし、仮にワークシェアリングに伴う所得のシェアの問題をうまくクリアできたとしても、労働力という特殊な商品を分割することによって労働の現場にダメージは生じないのであろうか。さらに、家父長制に根ざす性別社会的役割分業の見直しには、女性の経済的自立、男女の賃労働時間の短縮が達成されてもなお、時間を要すると思われる。これらも含め、さまざまな問題を抱えつつまもなく施行されるフランスの時短法およびワークシェアリング政策が、国民生活にどのような影響を及ぼすのか、大変に興味深い。

（あらい・みさこ／名古屋大学経済学部助手）

（1）本稿をさらに発展させたものに、Lipietz（1996）がある。

〈参考文献〉

アラン・シュピオ（1999）「九〇年代におけるフランス労働法の動向」『日本労働研究雑誌』No.四六四、二―三月。
三富紀敬（1992）「欧米女性のライフサイクルとパートタイム」ミネルヴァ書房。
Alain LIPIETZ (1989) *Choisir l'Audace*, La Découverte.（若森章孝訳『勇気ある選択』藤原書店、一九九〇年）
—— (1996) *La société en sablier*, La Découverte.

補遺

井上泰夫

本論文の著者、アラン・リピエッツはすでにレギュラシオン理論の主要な旗手として日本で知られている。とくに、その『奇跡と幻影』（原著一九八五年、邦訳一九八七年、新評論）はその後堰を切ったように相次ぐレギュラシオン関係の邦訳書の先駆けとなった。同書は、一九八〇年代の世界経済の構図のなかで新興工業諸国（ＮＩＥＳ）の台頭を分析できないでいた既存の経済理論（ロストウ理論、従属理論）の中に新風を吹き込んだのだった。その後彼の問題関心は学問的な分析を通じての現実への接近から次第に、フランス緑の党の経済政策顧問としての活動に重心を移すようになる。すでに『奇跡と幻影』のなかで理論が現実の変革のための武器になりうることを宣言していた彼にとり、これは当然の事態であった。まず、『勇気か、それとも大胆か』（一九八四年）は、当時のミッテラン政権の左翼経済・社会政策の意義と限界をレギュラシオン理論の分析枠組みのなかで見事に総括して、活動家たちの大きな関心の的になった。この分析成果を下敷きにしてさらに緑の党の政策提言へと展開すべく執筆されたのが『勇気ある選択』（原著一九八九年、邦訳一九九〇年、藤原書店）であった。

本論文は当初、女性労働をめぐるシンポジウムで報告されたのちに、リピエッツの最近著『砂時計社会』（一九九六年）に収録されている。同書は、一九九七年のフランス国民議会選挙の政策綱領のために執筆されたのであり、環境政策から労働時間短縮政策、財政政策に至るまで数多くの提言が集約されている。そこでは、「アンペイド・ワーク」についてそれ自体、概念的な展開がなされているわけではない。既存の経済学の構制のなかでは「アンペイド・ワーク」そのものが欠落する環であったように、レギュラシオン理論にとっても「支払われざる労働」の世界は従来、主要な分析の対象とならなかった領域である。だが、レギュラシオンの問題構制にとって、社会全体のレギュラシオンという視角にたつならば、アンペイド・ワークは当然分析の射程のなかに引きこまれるようになる。問題はしたがって、レギュラシオンの対象を狭い意味での経済から、社会全体へと拡大することにある。

その際、リピエッツの基本的な立場は、「漸進的な改良主義」を貫くことにある。若きころの政治的にラディカルな意思言明から次第に進化した結果が現在の彼の思想を形成している。彼が本論文の結論部分で積極的に提言している「第三セクター」方式による雇用政策の導入をめぐって、はたして実現可能なのかという疑問も読者には生じるだろう。たしかに、彼の提案をめぐってフランスでは論争が起こっている。と同時に、一九九七年以降現在に至るまでのジョスパン内閣のなかで主として若者向けの新しい雇用創出政策の一環として部分的にせよ現実の政策のなかに反映されていることも事実である。日本においても失業率の急速な上昇を前にして、ワークシェアリングの発想がようやく現実性を帯びて議論されるようになっているし、高齢化社会への移行は介護をめぐる従来の家庭内労働をどう社会的に再編成するかという問題を突き出すようになっている。そうした問題状況のなかで市場原理に画一的に依存するのではなく、従来の「市場 対 政府」という二項対立を超えるような地平を構想する必要性がますます強まっているのでないだろうか。そうした意味で、理論と現実の往復的な緊張関係が日本においても醸成されつつある。

シャドウ・ワークとアンペイド・ワーク

河野信子
Kouno Nobuko

こうの・のぶこ／一九二七年福岡県生。一九四九年奈良女子高等師範学校研究科中退。哲学・女性史。主著に『近代女性精神史』(大和書房)、『高群逸枝』(リブロポート)ほか多数、編著に『女と男の時空　日本女性史再考』(全六巻・別巻一、藤原書店)など。

はじめに

一つの商品は、見たばかりでは自明的な平凡な物であるように見える。これを分析してみると、商品はきわめて気むずかしい物であって、形而上学的小理屈と神学的偏屈にみちたものであることがわかる。

（K・マルクス『資本論』向坂逸郎訳、岩波文庫、一九六九年）

労働力が商品となって、世界市場をめぐるのは、資本主義社会の特質である。ここではそれ以前の社会に見られた「仕事*」の理念は切断されて、「労働」が持つ内容に埋め込まれる。この埋め込みの相をめぐって、労働力商品もまた、神学的であるか形而上学的であるかの双面の対峙と相互性の作用にのみ込まれることになる。

シャドウ・ワークもアンペイド・ワークも、労働力の商品化過程において顕在化した事態である。これら両者は、労働力商品の実現可能性に結びつけられている。

この両者をシャドウ・レイバーとかアンペイド・レイバーとかいわないのは、労働力商品にみられるような計量化（世界的平均的）にむかう直接性の度合いが低く、多様性とゆらぎのなかにあるからである。

にもかかわらず、人は、つねに、平均性を強要してくるレイバーの観念に追い立てられている。この追い立てられた崖

＊仕事　仕事の語意は「仕《エル》レ事《ニ》」となる。「事」の多義性から事態に仕える、現象に仕える、担うべき役割に仕える、心惹かれる対象に仕える、などが考えられる。さらに古代では言《こと》と事《こと》とは未分化であったこと、また「事」にも「つかえる」という意味が含まれることも考えに入れておきたい。

の縁で、アンペイド・ワークの標識をかかげはじめ、逆襲を試みるのである。その最大部分を占めるのがシャドウ・ワークのなかの家事「労働」である。

人のなかには仕事を「愛」によって納得しようとするものがある。自己愛や家族愛だけにとどまらない周辺の事態や事物、自然現象、天空と地下などに自己の活動を結びつけようとする愛である。決して石化することなく、関係という関係のなかで流動してやまぬものとしての仕事愛である。ジョルジュ・バタイユ*は「仕事」に人のエロスを吸いつづけるものを見、ロシア民謡は「仕事の歌」に「親が子に伝えることができる宝物」を開示して来た。

この仕事が商品と結託して、その内容を埋めはじめた時、やはり「形而上学的小理屈と神学的偏屈」とで人を追い立てはじめる。その結果、「仕事」は「労働」として計量されることに身を売り、「計量」されないまま放置される「労働」に呪いをはきかける。

この仕事と労働の間に、果してどのような連続性があるか、それとも非連続なのか、動的にしてかつ平衡であろうとする力は、どのような場に作用しつづけるのか。これらが、本稿で私が、考えておきたい課題である。

一 関係としてのシャドウ・ワーク

シャドウ・ワークは、資本主義社会で、労働力が商品として市場に出ざるを得なくなったとき、その商品を商品たらしめるために、影のように切り離しがたく必然的につきまとっている「労働」の質である。

この労働は、「仕事」であるか労働であるかでさえ、すでに見分けがたくなっている。「仕事」ならば、その存在論的視点では無償を主張し、支払われる代価は、偶然の遭遇のように見える。「労働」ならば、つねに「世界的平均的」な規準によって、どこまでも追いつめられる。

たとえば他者の労働力を買うことで成り立つ家事労働以外の、「家族」によって果される家事労働はいま、世界的・平均的という法則によって人を追い立てている。その場に価値意識が練り込められる。そこに費やされる時間は、ある時は凝縮度を高め、場合によっては、極端に低めもする。

たとえば、炊事・洗濯・掃除をいっさいせず、衣類は使い捨て、食事は家族の成員によって、職場からの帰途購入される弁当によってまかなわれ、家のなかのゴミは風が飛ばすだけにしておくといった人がいないわけではない。ここで人は、限りなくホームレスの生活の様式に近づいていく。これを快適と思うか、不快と思うかは、個体の意図による。

また一方では、どのような技能者も追いつけぬほどの料理を作り、家は天井から窓ガラスに到るまで磨きあげられ、庭は、一流の庭師も眼を瞠るほど手入れされていて、洗濯物は、コートから下着に到るまで、プロフェッショナリティが発揮されている、といった人もいないわけではない。このような人もまた、自らの技能と担いつづける領域の重層性に心身ともに崩壊の危機にあるか否かは、他者による介入を許さぬ場を形成している。

しかし、限りなく零に近い家事と技能を凝縮した家事とは、両極性を持つとはいっても、社会的生産の場から切り離されているという点では同質である。労働力を商品とすることなしには、生命を維持することができなくなる階層が、社会的生産の場を充たせば充たすほど、家事労働はしだいに「仕事」の相を消し去り、消費としての「労働」に限りなく近づいて行く。その上労働力商品の担い手にたいして、絶対の関係にある義務としてのシャドウ・ワークとなる。シャドウ・ワークの担い手に、性別役割分担を重ねられるとき、「生産男に消費女」といった存在として分離が、いっそう進行する。この分離は、「無縁者」としての分離ではなく、自己を実現する＝労働力商品として機能するためには、この分離し、対峙する相手の存在を、抜きがたいものとする面を持っている。

もとより、シャドウ・ワークは家事労働だけではない。

〈シャドウ・ワーク〉の本質をつかむためには、われわれは以下の二つの混同を避けねばならない。第一にそれは、人間生活の自立・自存の活動ではないということである。社会的な人間生活の自立・自存ではなく、形式的な経済をささえるものだ。第二にそれは、支払いのよくない賃労働でもない。〈シャドウ・ワーク〉の支払われない労働というかたちは、賃金が支払われていくための条件であるのだ。私は、〈シャドウ・ワーク〉と生活の自立・自存との違いを強調したい。同様に、組合主義者やマルクス主義者や何人かのフェミニストがいかに

＊**ジョルジュ・バタイユ**（一八九七～一九六二）　フランスの思想家・作家。「存在論」を構築。国立国会図書館司書、オルレアン図書館長。死とエロティシスムに発する思想を形成。J・デリダなどの構造主義に影響を与えた。主著に『エロティスム』『バタイユ著作集』。

＊**イバン・イリイチ**（一九二六～　）（次頁）　ウィーン生。自然科学・歴史・哲学・神学の思想家。一九六二～七六年までメキシコのクエルナバカ国際文化資料センター（ＣＩＤＯＣ）を主宰。『シャドウ・ワーク』で産業社会の新型の差別相を示し、『ジェンダー』でヴァナキュラーの価値の死滅状況をあばいて思想界に波紋を生じた。他に『生きる思想』など多数。

強く反対しようとも、〈シャドウ・ワーク〉と賃労働の違いを強調したい。私は〈シャドウ・ワーク〉を、懲役はもとより奴隷や賃労働とも異なる独自な束縛の形として検証しようと思う。（I・イリイチ*『シャドウ・ワーク』玉野井・栗原訳、岩波書店、一九八二年）

「独自な束縛の形」であるために、単純労働であるか複雑労働であるか、知的労働であるか肉体労働であるかを問うことはできない。有用労働としての質の側で分類するならば、家事はことごとく、複雑で知的な労働であることを求められる仕事である。人間関係・看護・育児・教育だけが複雑にして、また、知的であるわけではない。また受験勉強、通勤などもシャドウ・ワークにふくまれる。

ただ、シャドウ・ワークはその種類によって、出口が広いものと極端に狭いものとがある。受験勉強は、その担い手は、おそかれ早かれ「知的」労働の場に参入し、時間当り賃金では自己の労働力の価値を倍加することができる。仮にできなかったとしても、受験勉強の場は、「期待」によって裏打ちされている。

いっぽう「家事」の場は、担い手が「仕事」と思おうと「労働」と思おうとにかかわらず、「独自な束縛の形」であることに変りはない。

この束縛の様式は、家事の果されかたの両極を見れば、その差異は、きわだっているにもかかわらず、しだいに労働力市場を貫いている「世界的・平均的」にむかう法則に支配されはじめる。

この場には、マスメディアも加担し、「主婦」にむかっては、公然と「差別表現」を使っても許されるといった気風が、一時期を支配した。加えて、「雑布を持ったまま、蜂の巣を眺めてはいけない」とか、「箒を片手に、新聞を読むものではない」とかいった追い立てがはじまる。その果てに『婦人之友』グループ*では単位時間当りの労働の密度を記録する計画が実行される。これは、「食器二〇個を洗いあげるに要する時間」とか、「洗濯物五〇枚を整理するに要する時間」とかいった具合いに進みかねない。

家事に仕事といった思いを込めていた人も、こうなると限りなく労働に自らを近づけねばならなくなる。社会的生産の現場にいる人と同じように、「労働日」による追求が課されはじめる。その上、社会的生産への出口を持たない「労働日」による追求である。すでに人は、「労働力」が商品とならざるを得なかった不幸さえ見えなくなる。

ここで家族内部の関係が、関係としての「独自な束縛の形」となり、さらに進んで、アンペイド・ワークとなり、アンペイド・レイバーとして計量化の基底を作る。

二　アンペイド・ワークの二重性

アンペイド・ワークには、アンペイド・レイバーの影がしのびよる。また逆に、アンペイド・ワークが、アンペイド・レイバーを導き出す。

まず、主婦（主夫）が担って来た生命維持のための仕事は、路上における無償労働を導き出す。「生きがい」としてのボランティア活動の多くの部分が、この無償性に発している。

しかし、ボランタリーを求める組織体（行政その他）にも緊張が走らないわけではない。人は語りつぐものである。家のなかに囲い込まれたかのように見えた家事から、家事型の労働の質を担ったまま、路上に出れば、眼も耳も働く。組織体への発言は求められていないにもかかわらず、観察は語りつぎを生み、やがて情報のネットワークとなって、凝縮され、企業と行政に対する批判となって増幅される傾向を持っている。

たとえばボランティアとして、患者の話し相手になったり、車椅子を押したり、おむつを畳んだりすることからも病院の内部は見えてくるものである。廃棄物はどのように処理されているか、洗剤に何がつかわれているか、食事はどのようなものであるか、患者たちの不満のありようは何に起因しているのかなどは、差し当って眼につきやすく耳に入りやすいものである。また道路・河川の掃除に出れば、排水溝や交通の状態はおのずから眼につく。誰もが、そこに現われる人間関係から物質・物品の構造までを完成度が高い図式として描きつくすわけではない。しかし、増幅された語りつぎの場は、回を重ねるにしたがって幾何級数的になって行く可能性も持っている。どこかレーザー光共振のような面もある。環境ホルモン・ダイオキシンに警告を発する初発のエネルギーは、「女の眼にある」といわれるのも、語りつぎを生むボランタリーに発している。行政・企業などの組織体にとっては、「ただより高価《たか》いものはない」となる因果のめぐりとなるのである。

したがって、シャドウ・エコノミーの側にあるといわれる病院や福祉に関わる業種といえども、ボランティアの参加部分を、どのような省察もなく気軽に拡大したりはしない。むしろ家事の計量化にむかおうとするアンペイド・ワークは、企業内のアンペイド・レイバーの部分の構成要因となる。企

＊**『婦人之友』グループ**　羽仁もと子（一八七三〜一九五七。自由学園創設者）創刊（一九〇八・『家庭之友』を改題）の中間層の妻対象の雑誌。家庭と社会生活の合理化を進めることを目的とする。一九三〇年より『婦人之友』は買取り制度となり、それとともに、国内外に「友の会」が組織され、現在一九四の「友の会」がある。この「友の会」のなかの運動のひとつとして、分単位の生活時間の記録がなされた。

業主にたいしてよくいわれる「人でなし的低賃金」の基盤は、企業利益の分配であるよりは、生命維持のための家事担当者の労働の質を量として把握したことによってなされる傾向を持っている。

生命維持のための家事は、仕事であるよりはむしろ労働として認識される。この労働としての認識は、もともとアンペイドであったために、企業または行政によって、それぞれ職種の内部の序列では、支払いの悪い部分を構成する。この支払いの悪い部分が、それぞれの家事を評価する場合、平均化された支払いの悪さとなって「家事という職種」の質的表示となる。

出発点ではシャドウ・ワークの一種である家事が、シャドウ・レイバーとして人の意識界を形成し、工場の壁や企業のコンクリート建の壁などに吸い込まれ、「支払いの悪い労働部門」に連関し、この連関はさらにアンペイド・ワークをアンペイド・レイバーの諸々の要素で評価しようとする平均化過程に編入される。ここに作用するのは、シャドウ・ワークと、アンペイド・レイバーをめぐる三循環の構図である。家事―アンペイド・レイバー―計量化される家事、といったように。

このことは、現在、世界の経済システムにむかって、何がしかの「分け前」を要求している言論として作用する。数量的表現好みの人々が、より行政機構の近くにいるとき、その検討素材として家事との対照職種を列記する列記ぶりにもあらわれている。

たとえば、洗濯屋の単純労働部門、料理屋の見習い職人、教育機関の臨時雇いの事務員などの時間当り賃金で、家事担当者の家事時間を計り、一日あたり洗濯三〇分、料理二時間(材料の調達のための買物に要する時間をふくめて)、掃除三〇分などと計量し、代価を算出する。仮にこのような時間で家事を果す場合、担い手は足踏みしているような気ぜわしさに追いこまれるであろう。また、仕上りを、仮に、上級主婦(夫)、中級主婦(夫)、下級主婦(夫)に類別する(この種の類別は、現実の生活者にとっては、ひどく歪んで見えるものである)ならば、算定者たちは、とても中級主婦(夫)とはいえないあたりに基準をおいている。にもかかわらず、世界の経済システムは、「支払われないレイバー」によって成り立っている。

しかし、どのように家事の担い手の技能のすばらしさをいいたてようと、アンペイド・ワークはつねにアンペイド・レイバーへと追い落され、アンペイド・レイバーは、家事の担い手たちを、家事にたいする嫌悪と蔑視へと傾かせかねない。

「仕事」は人のエロスを誘い出すが、「労働」はつねに反エロスの場で成り立っている。ここで、シャドウ・ワークのなかで、他のいずれの場（受験勉強、通勤など）に比べても極めつきの出口の狭さを持っている家事専業者の根こぎの状況が資本主義生産の場に、逃亡不可能な位置となって、固着する。

三　根こぎ／根づき

そこには圧力をうけたものの／物理的陶酔があった
／人は力の霧を呼吸して、／夢み薫じながら働いた。／
／無数の糸の台は、／驚くべき速度で廻転し、／糸玉は
絶えず配られ、／監査人がその間を、／いそがしげに歩
いた。
人間が機械を造ったのに、／その機械が人間を脅《おびや》かし
酔わせる。／それはわれわれ人間自身の／心の媚薬によ
るのだ。

（高群逸枝*『日月の上に』全集版第八巻、理論社、一九六九年）

「家事労働」といったカテゴリーが発生したのは、それぞれの家から、人が工場やその他の企業体、あるいは事務所にむかって、自己の労働力を売らなければならなくなってからである。収穫の量と質にかかわらず、それまでは、生産の場は、それぞれの住居にあった。この生産の場が崩壊して後、人は労働力商品となることによって、ある時は金を持った貧乏人（イヴァン・イリイチによって、ひとりのメキシコ人からの手紙として引用されている。『シャドウ・ワーク』参照）、またある時は、金を持たない本物の貧乏人として暮さねばならなくなる。

現代もなお課題を残したままになっている「残留婦人」「残留孤児」についても、日本に帰りついたこれらの人びとの「家族」を、わが家の生産の場に招き入れることができる血縁者は、めったにいない。また共同体もすでに支える力は持たない。このことは、戦後の引揚だけではなく、戦中の疎開でも露呈していた。いや応なしに多数の人びとが「さまよえる労働力の商人」なのである。

この時、すでに次世代までもふくめた生命維持活動をたのしむ余地はうすれ、他者に依存しなければならなくなっている。この他者は、それぞれの家庭に囲いこまれている。

ところが、はた目には、苦痛と自己破壊以外の何モノでも

***高群逸枝**（一八九四〜一九六四）詩人・女性史家。小学校教師・鐘淵紡績の女工などを経て、四国巡礼（一九一八）（『娘巡礼記』）を行なう。詩集『日月の上に』『東京は熱病にかかっている』などを出版した。一九三一年より研究生活に入り、『大日本女性人名辞書』（一九三六）『母系制の研究』（一九三八）『招婿婚の研究』（一九五三）『女性の歴史』（一九五四〜五八）などの数多くの女性史研究書を出版。

ないと思われている労働現場にも、「物理的陶酔」や「心の媚薬」の種になるものは、あるのである。この「媚薬」の内的衝迫によって、「労働力の商人」たちは、ますます、複雑をきわめる家事からは離れる。ここに併存派生するのが家事労働である。

いっぽう仕事としての「家事」にも媚薬が潜んでいる。未解決の事象が持つ媚薬である。担い手の知識や技能が不足しているからだけではなく、この世のすべての科学が、いまだ結論を出していない限りない事象の群れである。

「食べてさえいけるならば」といった心情で、人はこの複雑性をきわめる場を、結婚によって手に入れようとする。働かずに利息だけで生活する人に対するのとはちがって、妻である女たちには、「家事」だけを担うことに関わる世の非難は集中したりはしない。人は「家事」といった仕事に対しても、結婚のはじめは、希望に胸をふくらませるものである。「仕事は愛」だと思い込んで。その上、夫や子たちといった「そばに居る」人たちにたいする心の高揚が、つねに同伴している。これは、両性生殖をおこなう生物体に、原初のときすでに刷りこまれている「本質」であり「関係」である。「心の媚薬」の発生源でもある。

労働力の商人たちが、労働の現場で、「物理的陶酔」の単一性のもとにあるならば、「家事」の担い手たちは、複雑性の「陶酔」のもとにある。それぞれが価値観を交換し合えると思い込むふしもある。担い手の心は「家事」に根づこうとしている。

間もなく根こぎが起る。根こぎの形はさまざまである。社会的な生産から切り離されていることの自認により「出口なし」といった呪縛感を持つこと。「仕事」だと思いこんでいた家を中核とした活動が「家事労働」と規定されていること。労働力の商人である夫は、自らの収入によって、妻の労働力を買った気になっていて、声をとばして労働について命令をする。「新聞を持ってこい」「茶を入れろ」から、しだいに架上されて、「靴下をはかせろ」「靴を磨いておけ」となっていく。よく、夫は妻にむかって「メシ」「フロ」「ネル」としかいわないなどともいわれたりする。

人と人との関係が命令によってだけ成り立っている場は、人の心を崩壊に導く。何が「価値観の交換」かと妻は思い、労働力を売るために結婚したのではないと思いはじめる。

夫にもまた、企業体の内部では、マネジメントクラスのトップにでもいない限り、「声をとばした」命令が降りかかってくる。その度毎に、機械や生産物を相手にしていた歓喜はふき飛ばされ、精神の内部深く、屈辱感を味わわねばならなくなる。妻に対して、声をとばして命令するのは、ドミノ倒しの一種である。根こぎが双方におとずれる。

――私の関心は、(中略) 支払われない労働である。これは産業社会が財とサーヴィスの生産を必然的に補足するものとして要求する労働である。この種の支払われない労役は生活の自立と自存に寄与するものではない。まったく逆に、それは賃労働とともに、生活の自立と自存を奪いとるものである。

(I・イリイチ『シャドウ・ワーク』前掲)

アンペイド・レイバーは、その内容がどのように濃密であろうとも、個人の思い込みが、なにがしかの幻想の作用を受けていようと、自立と自存は奪われ続けているとイリイチはいう。

「自立」を奪われれば、人は、限りなく、産業社会の周縁部へと追いつめられていく。

この追いつめられ、増大したアンペイド部分の事態を、考えられる限り書いてみよう。

通勤時間の増大。すでに、多くの人びとが、歩いて景色を眺めながら職場にたどりつけるわけではない。なにがしかの交通機関を利用しなければならない。自然も人工自然も毎日おなじ姿をしているわけがない。にもかかわらず、高速であるために眺める余地もない。加えて地下をもぐらのように走る地下鉄を利用する人びとも多い。

「こんなことでは、魂を後に置き去りにしたことになる」とはネイティヴ・アメリカンの言である。魂が追いつくまで強引にネイティヴ・アメリカンは待つが、「日本人」には、途中下車してわが魂を待つ人はまずいない。職場にたどりついたときも、家に帰りついたときも、何をする気力も残っていない。魂を待てなかったのだから、気力も減る。「お家がだんだん遠くなる」と人びとは自嘲気味である。企業側は、通勤手当や住宅手当を出す。ただしこれは、職場に通う労苦に対してではなく、交通機関にかかる費用に対してである。また家屋内の掃除費用ではなく、家賃やアパート代に対してである。

「何をする気力も残っていない」ほど、通勤に時間と体力をとられておれば、その分、家事を担っている妻(まれには夫)の負担はいっそう増大する。夫に助力を求めるわけにはいかない。妻の「家事労働時間」はいっそう増大する。時間の量的な増大だけではない。単位時間内の労働の密度も高まる。それでも支払われない労働であることにかわりはない。産業社会の側は、「お家がだんだん遠く」なった夫に対して、妻たちにもまた家事労働時間の延長と密度の上昇を要求する。「過労死」寸前の状態が双方に訪れる。夫と妻はお互いに相手の仕事の内容についての、どのような観相も持てなくなってくる。シャドウ・ワーク部分における根こぎである。

この根こぎは、産業社会が強いるものである。しかし、いまだにシャドウ・レイバーは肯定されつづけている。イリイチは、この肯定の起因とその底深さを、四つの側面から検討している。要約すれば、

(一) 動物行動学者は、メスの巣づくり本能(現在では、しだいに反例があがりはじめている)を強調して、女の役割として「母」と「主婦の座」を固定させようとしている。人類学者もまた「狩猟男に芋掘り女」といった役割分担から現代を照射しようとする。

(二) なかには、「社会的再生産」と混同され、やはり女性の役割に組み込まれている仕事もある。ただこれらは本来ならば、女とは限らず生産的労働の周辺で多くの人びとが必ず果してきたものである。たとえば教師やソーシャル・ワーカーの仕事などがこれにあたって、この人びとは歴史時間のなかでいつでも、どこでも無報酬で徴用されたわけではない(シャドウ・エコノミー部門として、首を切られる危険性はつねに持っている。行政整理とか、予算の無駄をはぶくとかいって)。

(三) 世界市場に流入されるはずがない、シャドウ・ワークや、行動様式に〈影の価格〉を当てる。新しい経済学者たちは、「犯罪、レジャー、学習、生殖、差別、選挙の行動様式」にいたるまで、経済モデルを組み立てる。ゲイリー・S・ベッカーのように、「配偶者間での産出物の分配」の公式を導き出した人もいる。さらに、主婦による料理づくり(メニューを考え、洗い、きざみ、加熱し、味をととのえることなど)の付加価値を算出する人もいる。

(四) 女たちは、重労働である家事に対して、支払われないだけではなく、失われた賃金は巨額にのぼっていると主張する。これこそまさに「本源的蓄積の秘密」の主要な源泉をなしていると、信じこんでいる。しかし、問題は賃金が払われないことだけではない。家事は、強いられた労働であり、人間生活の自立・自存を砕くものであることが忘れられている。

イリイチの主張をみれば、アンペイド・ワークは、支払われない労働であって、支払われない「仕事」ではない。その上強制されたものであって、人はここで「根こぎ」に追いこまれる。

ここでアンペイド・レイバーとしての家事を強要するのは、資本主義的生産様式からくるので、夫からの報酬など超えるべきであり、行政なり、企業なりの組織体が支払うべきであるとする主張には二重性が存在する。たしかに一面では「本源的蓄積」の実態をあばき、蓄積のシステムを改変しようとする過激で愉快な方法ではある。システムに自己の意志

を介入させることができると思っている人びとも、なにがしかの「支払」いによって、システムを維持しようとはしている（しぶしぶではあるが）。しかし他の一面では「奪われた」人間生活の自立は、とりもどしようもなく、「根こぎ」はいっそう進みつづけるといった事態をも、肯定し許容することになる。

四　根づきにむけて

「主婦」の家事「労働」もまた「根こぎ」である。この根こぎの原因は、工場労働にあるとしたのは、シモーヌ・ヴェーユ*である。「巨大な徒刑場」のような工場労働をする夫たちとの「つれ舞い」は、女たちの家事を強制に変える。妻になるとは、この強制を受け入れることである。この「根こぎ」の持続を変えるには、「根づき」の方策を案出しなければならない。

ここでヴェーユは、第二次大戦下、地下政府に「解放後のフランスの方針」を求められて、論文『根をもつこと』*を提出した。この論文のなかで、最も時の地下政府を驚き呆れさせ、とまどわせたのが、工場労働にたいする提言である。要約すれば、つぎのとおりになるであろう。

工場が巨大な徒刑場のようになったのは、労働集約型の「集中」が進んだからである。この集中は何としても排除しなければならない。電気エネルギーは、集中排除に役立つであろう。機械は単一の作業機ではなくなり、使用するものの目的に応じて、数種の使いわけ可能な先端部分を持ち、有能な熟練工はそれをよく使うことができる。ここでは独創の才能が生きる場を得る。すべての労働者は自宅または、協同組合の小さな製作所で仕事をすることが可能になったりする。そこは子たちもつれあいも自由に出入りできる場であって、遊んだり見習ったりして、働いている姿に魅せられる場となろう。（つれあいからの提言や観相も可能である。大工場ではつれあいの提言などはもってのほかとしめ出されてしまっている。）

大工場は解体され、大企業は、多数の小工場に直結した組

***シモーヌ・ヴェーユ**（一九〇九〜四三）　哲学者・思想家。純粋に原理的なものに向かって、究極にいたるまで省察をやめず、実体験の重視に自らを追い込んだ。スペイン戦線への参加、工場労働・農業労働の体験から人間の魂に心をくだきつづけた。『重力と恩寵』『神を待ちのぞむ』『根をもつこと』など。「天才的な女性」「聖者にもなり得た女性」と、T・S・エリオットは評価している。

***『根をもつこと』**　解放後のフランスの未来についての提言を「闘うフランス国民委員会」（自由フランス政府。ヴェーユは対フランス活動部門に所属していた）により命じられて提出した報告書。第一部「魂の要求するもの」、第二部「根こぎ」、第三部「根をもつこと」からなっている。「肉体労働は社会生活の霊的中心でなければならない」と結ばれている。

立工場となること。小工場は田園に分散し、輪番制で中央の組立工場に働きに行く。組立工場に行く日は、祭りの日としての意味と行事に彩られているべきで、半日を仕事に、残りの半日を、個別に生産した部品の正確な機能と有用性を知り、他の部品との現実上の関連のもとに、綜合性を得るための知的交流の場とすること。企業は機械を私有してはならず、売ることも他人に譲ることもできない。貸しつけるのは国家である。

企業の責任者があまりに無能ならば、裁判所は撤回を宣言することができる。企業の責任者は、国家の試験によってのみ許され、収入は労働者の収入を超えてはならない。なぜならば、企業の責任者には知的綜合の喜びがある。その分だけ差し引いてもよい。（河野信子『シモーヌ・ヴェーユと現代』大和書房、一九七六年参照）

この提言を、社会民主主義的、あるいは協同組合型アナキズムとして、世界記述法の彼方に追いやってしまう人びとも多いであろう。しかしシャドウ・レイバーに、なにがしかの解体構築力を持ちこもうとすれば、ヴェーユの提言をひとつのヒントとするしかない。

ひとつの例を日本国内にとろう。

波平恵美子氏は講演（於・福岡国際ジェンダー研究会、一九九九年四月三十日）のなかで、長崎県壱岐島勝本の民俗調査によって得たジェンダー関係を例示された。

勝本は漁業を主とする地域である。この地の漁業協同組合の会議に出席できるのは、男たちだけである。ただし、この男たちは、出席にあたって、妻の意見をしっかり聞いておいて発言する。決定の内容を、ふたたび家に持ちかえり、妻に反対され批判されれば、それを組合に持っていって再討議し、変更可能となっている。

この地に夫婦舟《みょうと》はない。舟で操業するのは男たちだけである。にもかかわらず、漁業からの女たちの完全排除はない。

この地の漁業は、イリイチ言うところの資本制大企業生産がはじまる以前までの、「人間生活」の自主自存の姿を、なにがしかの形で残しているともいえる。

男と女の関係の絶対性の場を求めるとき、男たちを工場の壁のなかに囲い込み、女たちを家のなかに囲い込むといった関係のなかに求めれば、女と男の自立は限りなく、崩壊していくしかない。

（追記）本稿を書くにあたっては、野村知子氏に資料蒐集の世話になった。記してお礼を申し上げたい。

2　アンペイド・ワーク論の現状

国連での議論に見るアンペイド・ワーク

北沢洋子
Kitazawa Yoko

きたざわ・ようこ／一九三三年東京都生。横浜国立大学経済学部卒。国際問題評論家。著書に『私のなかのアフリカ』（社会思想社）ほか、共著に『女性がつくる二十一世紀』（ユック舎）ほか。

はじめに

「アンペイド・ワーク（Unpaid Work）」とは「支払われない仕事」のことである。政府の訳語では「無償労働」になっている。しかし、ここで使われている「ワーク」という言葉は、資本と賃労働という近代社会の概念ではない、新しい人間の活動形態を指している。筆者は、あえて、これに「仕事」という訳語をあてはめることにする。

アンペイド・ワークの議論は、ともすれば、有償労働にたいする無償労働をどう評価するかということに重点が置かれている。しかし、グローバルに見れば、アンペイド・ワークの価値評価の真の目的とは、女性が社会の発展にどのように貢献しているかを、目に見えるようにすることにある。途上国の女性が開発を担っているのだということを、実態的に裏づけようとするものである。したがって、とくに最も貧しいアフリカの女性のアンペイド・ワークに焦点があてられているのである。

ここでは、国連における議論を中心にして、〈南〉、すなわち途上国におけるアンペイド・ワークをとりあげる。

一　国連における議論

実は、筆者がはじめて「アンペイド・ワーク」という言葉に出会ったのは、ごく最近のことである。しかも国連という国際政治の場であった。

アンペイド・ワークが議題にとりあげられた国連の場は、一九九四年一月、NGOのオブザーバーとして、筆者が出席した、ニューヨークでの国連社会開発サミットの準備会議であった。この時、国連事務局が起草した「行動計画」の草案に、「女性のアンペイド・ワーク」の項目が入っていた。

国連が社会開発サミットを開催した意義は大きい。というのは、それまで国連は、「開発」イコール「経済開発」とのみとらえてきたからであった。たとえば、一九六〇年、国連は「開発の十年」を開始した。これは、それまでの、富が常に南から北に流れるという南北関係を変えるために、途上国の工業化を推進することであった。しかし、それは南北の格差が一層広がるという結果に終わった。

一九七〇年、国連は第二回の「開発の十年」を開始した。しかし、これも同じように失敗に終わった。さらに、一九八〇年、第三回目の「開発の十年」を宣言したが、これも、また失敗に終わった。そればかりでなく、一九八〇年には、五億人とされていた絶対的貧困層*が、一九九〇年には一〇億人と、倍増したのであった。

一九九五年、国連は、「社会開発」を正面からとりあげ、貧困の根絶を最優先課題とした。これに、加盟国の大統領や首相が参加して、史上最大のサミット総会を開催したのは画期的なことであった。

社会開発サミットの準備会議は二週間も続いた。会議には、社会開発サミット事務局長に選ばれたチリのソマビア大使が作成した「宣言」と「行動計画」草案が提出されており、これを代表が一字一句ずつ議論していた。議論がまとまらない部分は［　］で囲み、先送りにしていく。アンペイド・ワークにも、この［　］のマークがついてしまった。

一方、この準備会議では、ソマビア事務局長の提案によって、NGOにも発言が認められた。さらにNGOには、総会場に接続したいくつかの小会議場が提供された。そこでは、「女性」、「農民」、「都市貧困者」、「グローバル経済」、「債務」などといったテーマでもって、国連用語で「コーカス」と呼ばれるグループ会議が開かれていた。

そのNGOのコーカスのなかの一つに、「女性のアンペイド・ワーク」コーカスがあった。このコーカスは、ほとんど、北米、ヨーロッパの女性のNGOによって占められていた。これは、準備会議がニューヨークで、二週間にわたって開かれていたため、途上国のNGO、とりわけ女性のNGOが参加することは、時間、資金の両面で困難だったからである。

＊**絶対的貧困層**　国連や世界銀行が決めた定義で、貧困ライン以下の最貧困層、あるいは一人当り一日一ドル以下の生活を強いられている人びとのこと。
具体的には、一日三食を口にできない、つまり一日当りの摂取量が一二〇〇カロリー以下、着替えの衣服がない、屋根の下で寝ることができない、学校に行けないので読み書きができない、安全な水やトイレがない、病気になっても医者にかかれない、薬も買えないという、人間が生きていくのに基本的に必要なもの（Basic Human Needs）を奪われている人びとのことを言う。

このコーカスを主催していたのは、〈International Women Count Network（国際女性計算ネットワーク）〉というアンペイド・ワークをテーマとする国際女性組織であった。日本からのNGOの参加が非常に少なかったため、時間がとれず、やっとこのコーカスに出席したときは、すでにロビイ戦略についての議論に入っていた。アンペイド・ワークについての概念の議論には参加できなかった。

二　途上国政府の反対

一九九五年三月、コペンハーゲンで開かれた国連社会開発サミットの本会議には、著者は、NGOの代表として、日本政府代表団に加わった。コペンハーゲンでは、「アンペイド・ワーク」コーカスのメンバーが、全力をあげてロビイ活動をしたにもかかわらず、準備会議の草案にあった「女性のアンペイド・ワーク」の項目は削られてしまった。

まず、アフリカが反対した。それは、アフリカの政府代表が「アンペイド・ワークの衛星勘定（Satellite Account）」を誤解したためであった。アフリカにおいては、女性が子どもの育児、家事のすべてを担っているばかりでなく、家族のための水汲み、料理用のたきぎ採りなどにも膨大な労働と時間を費やしており、さらに家族の食料のすべてを生産している。また国家の経済活動におけるインフォーマル部門の比率が高い。これらはすべて女性のアンペイド・ワークである。これを貨幣に計算すれば、その数字は国家のGNPをはるかに上回るものになる。

このことを知っているアフリカの政府代表は、アンペイド・ワークの貨幣計算をした場合、GNPそのものが大きく膨らんでしまう、と誤解した。アフリカは貧しいということで、先進国からODAを供与されている。もし一人当たりのGNP額が大きくなると、ODAが減ってしまうのではないかと恐れたのであった。これにたいしてNGOは、「GNPに加えるのではなく、それとは別途の衛星勘定とするのだ」ということをアフリカの政府代表一人一人に説得を試みたのだが、成功しなかった。

つぎに、アンペイド・ワークの項目に反対したのは、福祉政策の先進国であるスウェーデン、デンマーク、オランダなどの政府であった。これらの国では、労働時間も短く、したがってアンペイド・ワークの時間が長い。またほぼ男女が平等にアンペイド・ワークを担っている。しかし、これらの国の政府代表は、女性のアンペイド・ワークの価値を評価することは、女性の社会にたいする貢献を認識し、これを女性政策に反映させなければならない、ということを知った上で反対したのであった。

その真意は、オランダの社会福祉大臣が、コペンハーゲンで、マスコミに語った言葉にいみじくも表現されたのであった。彼は、「もし、アンペイド・ワークの衛星勘定をしたら、すでに力をつけている女性たちが、つぎに何を要求してくるかわからない。彼女たちは、さらに多くの社会保障制度を要求するだろう。それは財政危機を一層悪化させるだけだ」と発言したのであった。

「アンペイド・ワーク」のコーカスのNGOの女性たちのロビイ活動は、かなり活発であった。しかし、このようなNGOのロビイも、コペンハーゲンでは実を結ばなかった。女性たちは、「北京では、成功させよう」と約束を交わしたのであった。

三　北京会議で合意が成立

国連で、女性のアンペイド・ワークの評価が全加盟国政府によって合意を見たのは、同じ年の九月、北京で開かれた第四回国連世界女性会議であった。ここで採択された「行動綱領」のF項、「経済と女性」のなかに盛りこまれた。

〈女性のアンペイド・ワークが社会発展に大きく貢献していることを認識する。このアンペイド・ワークは家事、育児、介護、そして家族の食料生産、水汲み、たきぎ採りなどの重労働にはじまり、コミュニティ活動、環境をまもる運動を含む。加盟国政府と国際機関は、その価値を評価し、貨幣計算、もしくは他の方法で、社会計算システム(GDP)と平行した衛星勘定とする〉

この衛星勘定は、まさにコペンハーゲンで、オランダの政府代表がマスコミに洩らしたように、各国政府の女性政策に反映されなければならないのである。それは、女性が不利な状況に置かれている法律の改正にはじまり、社会保障政策の見直しも行なわなければならないし、当然のことながら、予算措置をともなうものである。

また、国際的には、途上国の開発の主体が女性であることを認識し、これをODA政策に反映しなければならない。

四　三〇年にわたる女性たちのキャンペーン

女性たちのアンペイド・ワークについての国際的キャンペーンがはじまって以来、国際政治の場で決議されるまでには実に三〇年以上の年月が流れたのであった。

そもそも、国連がアンペイド・ワークをとりあげたのは、一九七五年、メキシコで開かれた第一回世界女性会議が最初であった。しかし、会議の決議に盛りこまれることはなかった。一九八五年、ナイロビで開かれた第三回世界女性会議では、女性のアンペイド・ワークの問題がとりあげられたが、この段階では、社会の発展に「女性のアンペイド・ワークが大きく貢献している」と記述されたにとどまった。

ナイロビ会議の段階では、アンペイド・ワークの概念は、途上国の女性に限られていていた。しかも、それは、女性の農業生産、とくに家族の食料生産のみを指していた。しかし、途上国の女性のアンペイド・ワークは、単に食料生産にとどまらず、子どもを育てる、水を汲んでくる、たきぎを採るなど非常に大きいばかりでなく、重労働である。これらのことは全く無視されたのであった。

また途上国では、インフォーマル部門と呼ばれる経済活動が、大きなシェアを占めている。たとえば、自分で作ったものを市場や街頭で売るといったことである。政府はこれらの経済活動を捕捉しているわけではなく、その売上金について税金も支払われていない。したがって、インフォーマル部門の経済活動はＧＮＰに計算されない。この途上国のインフォーマル部門の経済活動を担っているのは、女性である。このことについても、ナイロビ会議では取り上げられなかった。

一方、さまざまな国連の専門機関では、女性のアンペイド・ワークの問題を取り上げはじめていた。一九八九年、国連のジェンダーの専門家グループが、「国民計算システムに平行して、女性のアンペイド・ワークを貨幣換算して、衛星勘定にする」ことを提案するという文書を発表している。

五　ＵＮＤＰの『人間開発報告』

国連開発計画（ＵＮＤＰ）は、国連の専門機関のなかでは、最大の組織であり、主として、途上国の開発を援助している。発足当初には、その業務の内容は開発プロジェクトのプランニングに限られていたが、やがて、開発プロジェクトそのものを実施する機関になった。今日、ＵＮＤＰは、六千人のスタッフを抱え、すべての途上国に駐在事務所を持ち、各種の開発プロジェクトを展開している。

やがてＵＮＤＰは、経済開発ではなくて、識字率、寿命、幼児死亡率、女性のエンパワーメントなどの人間開発を重視するようになった。その結果、一九九〇年以来、毎年『人間開発報告』を発表している。

一九九五年度の『人間開発報告』のテーマは、北京会議の年であったため、「ジェンダーと人間開発」であった。この号の表紙に描かれた**図**（次頁図）は、非常に興味深い。正方形の図は、まず上下二段に分かれていて、上段の部分は、ペイド・ワーク、下段の部分はアンペイド・ワークになっており、その比率は約六〇対四〇になっている。さらに、ペイドとアンペイドを含めて、左上から右下にむけて斜線が引かれている。右の部分は男性労働で、左の部分が女性労働である。ペイド・ワークでは男性の部分が圧倒的に大きく、アンペイド・

ワークの部分は、女性がほとんど担っている。

この図のもとになったデータを作成したのは、ロンドン大学経済学部教授のデサイ博士であった。しかし、学者であるデサイ博士は、方法論として確立していないものを、国連の文書にデータとしてあげることはできないという理由で、名前を出していない。しかし、『人間開発報告』の編集委員会は、世界の女性たちが、アンペイド・ワークの価値を理解し、女性が開発に大きな貢献をしていることを認識するため、あえてこれを図にして乗せたのであった。

図　一九九五年度版『人間開発報告』の表紙

デサイ博士の試算では、世界のＳＮＡ総額が二三兆ドルであるところに、このアンペイド・ワークの総額は一六兆ドル、うち女性のアンペイド・ワークは一一兆ドルにのぼるとなっている。

この一六兆ドルのアンペイド・ワークはＳＮＡ総額の七〇％に相当する。この膨大な労働分が統計からすっぽり抜け落ちている。

六　南の女性のアンペイド・ワーク

一九九四年度の『人間開発報告』には、非常に興味深いコラムが載っている。それは、あるアフリカの夫婦の一日の生活の記録である。

〈夫は、朝起きて、妻がつくった朝食を食べ、地主の農園に働きに行く。八時間働き、夕方、家に戻ってくる。妻が用意した夕食を食べ、気がむけば、村の酒場に行き、酒を飲んだり、踊ったりすることもある。夜は八時間以上ぐっすり寝る。

夫の労働時間は八時間である。これはペイド・ワークであり、したがって、国家のＧＤＰに計算される。

妻は、朝まだ暗いうちに起き、食事の支度にとりかかる。さらに子どもたちの世話をする。夫が働きにでかけた後、とうもろこし、野菜、にわとりなど家族の食料をつくるために自家の畑で働く。夫が働く農園は、道路に近く、肥沃な土地にあるが、妻が働く畑は、遠く離れた、痩せた土地で、しばしば耕すのが困難な傾斜地である。

子どものために昼食の支度をし、食べさせた後、午後は、ふたたび自家の畑で働くか、何キロも歩いて、森に炊事用の薪を集めに出掛けたり、川に水を汲みにも行く。あるいは自分の生産物を、近くの市場に売りに行くこともある。

夕方は、夫と子どもの食事をつくる。夕食後、家の中で、裁縫をしたり、近くの市場で売るために、内職をする。妻が眠りにつくのは、真夜中すぎである。

妻の労働時間は、一八時間を超える。さらに、子どもの世話などは、他の仕事と同時に行なっているので、これを加えると、二四時間に近くなる。この妻の労働は、すべてアンペイド・ワークである。近くの市場での物売り、夜の家内労働も、インフォーマル部門である。そのため、国家のGDPには換算されない。〉

このコラムは何を意味するか。

まず第一に、アフリカでは、男性がペイド・ワーク、そして女性がアンペイド・ワークを担っている。第二に、女性のアンペイド・ワークが、二四時間近くという長時間にわたっている。これは人間らしい生活を奪われているといえよう。

第三に、水汲み、薪集め、家族の食料生産といった女性のアンペイド・ワークの部分は、環境破壊が進むにつれて、さらに大きくなっていく。また、武力紛争や戦争によって、決定的な打撃をうける。

では、アフリカ政府や国際社会はこのような実態にたいして、何をすべきか。

まず第一に、ペイド・ワークとアンペイド・ワークの差を埋めることである。しかし、それは、アンペイドをペイドにすることではない。重要なことは、ペイドとアンペイドの間に、ワークとしての価値の差はないということである。問題は、男女が平等にアンペイド・ワークを担うことである。これが男女の性差別をなくし、女性の地位の向上につながる。

第二に、女性のアンペイド・ワークの価値を評価し、社会発展への貢献を認識することによって、女性を開発の主体とした政策を打ち出すべきである。

第三に、環境をまもり、紛争の解決と防止のための積極的な手段と政策を講じるべきである。

コペンハーゲンの国連社会開発サミットや北京の国連女性会議において、先進国政府はODAの二〇%を貧困根絶をめざした社会開発に充てること、および、途上国政府は財政の二〇%を同じく、社会開発部門に充てることに合意した。今日、途上国の絶対的貧困層は一三億人にのぼっている。その七〇%は女性である。

先進国のODA政策において、途上国の女性のアンペイド・ワークの価値を評価し、その社会発展にたいする貢献を認識することが前提条件である。

アンペイド・ワークをめぐる国内の研究と議論の現在

矢澤澄子
Yazawa Sumiko

やざわ・すみこ／一九四二年神奈川県生。一九七〇年東京大学大学院社会学研究科博士課程修了。東京女子大学教授（社会学）。主著に『都市と女性の社会学』（編著、サイエンス社）、『講座社会学14　ジェンダー』（共編著、東京大学出版会）、『都市環境と子育て』（共著、勁草書房）ほか。

はじめに

北京で第四回世界女性会議が開催された一九九五年は、日本でのアンペイド・ワークをめぐる研究と議論の分水嶺となる年であった。北京会議を経て、これまで一部の女性問題やジェンダー統計の研究者、女性運動家たちにしか理解されていなかった「アンペイド・ワーク」という言葉が広く注目されるようになった。そして、アンペイド・ワークの測定と評価への国際的関心が日本でも徐々に共有されるようになったのである。

北京会議で採択された行動綱領では、アンペイド・ワーク、つまり無償労働に関する次のような事項が各国政府に対して要請された。「あらゆる形態の労働及び雇用について、より包括的な知識を開発すること、……女性の経済的寄与を認め、女性及び男性の間の有償労働と無償労働（unremunerated work）の不平等な分布を目に見えるものにするために、……国民経済計算に含まれない労働の価値を数量的に把握し、中核的な国民経済計算とは別個（の）……サテライト（補助的）勘定又はその他の公的経済計算に反映できる方法を、適切な討論の場において開発すること」（北京「行動綱領」H女性の地位向上のための制度的な取り組み、総理府仮訳より）。これを受けて日本政府は、行動綱領の最初の実施項目として、九六年七月に経済企画庁に「無償労働に関する研究会」を発足させ、「日本で初めての公的機関によるアンペイド・ワークの測定」作業を開始した。これは、環境に関する「サテライト勘定」（グリーンGDP＝環境・経済統合勘定）作成に次ぐ日本では二番目の「サテライト勘定」（経済生活の部分領域における自己整合的な付属勘定の枠組み）整備の試みである。アンペイド・ワークの「サテライト勘定」の作成つまり「無償労働の貨幣評価」への取り組みは、日本が、すでに二〇年以上も前から国際諸機関（ＩＮＳＴＲＡＷ＝女性の地位向上のための国際調査訓練研修所、ＩＬＯ＝国際労働機関、国連統計局等）や欧米各国等で着手されていたアンペイド・ワークの測定と評価への国際社会での取り組みに、ようやくキャッチアップする第一歩となった。

この日本初の取り組みは、北京会議にも参加した当時の経済企画庁政務次官、清水澄子参議院議員の働きかけとアンペイド・ワークへの国際的取り組みや研究動向に注目してきた女性研究者・運動家とのネットワークにより実現したものである。推計にむけて専門的立場からの参考意見を聞くために設けられた「無償労働に関する研究会」は、五人の国民経済計算の専門家・研究者（男性）と五人のジェンダー問題の研究者・運動家（女性）というジェンダー・バランスにより構成された。しかし、三回の研究会でとくに女性委員から提起されたジェンダー視点の欠如や基本データに関わるさまざまな問題点が十分クリアされないままに推計作業が進められ、翌年（一九九七年）五月にはその第一回の推計結果が発表されたのである。

経済企画庁の研究会に参加した三人のメンバー（久場嬉子・目黒依子・矢澤澄子）は、一九九四年から一年間「女性のアンペイド・ワーク研究会」をつくり、長年の海外での取り組みや調査・研究に関する資料・情報の収集と研究活動を行ない、その成果を九五年三月に『女性のアンペイド・ワーク　国際的調査研究と資料』として発表していた。[1] 経済企画庁の研究会は推計結果の発表と同時に終了したが、同推計の手法や発表結果、その後の政府やマスコミの対応、一般市民等からの反応にはさまざまな問題点があり、多くの検討すべき課題が残されることになった。[2] そこで、九七年以降、筆者らメンバーは、研究者として、またＮＧＯ活動のなかで（「アンペイドワーク市民・議員フォーラム」「国際女性の地位協会」等）、アンペイド・ワークをめぐる調査研究や議論に参加し積み残された課題を検討してきた。

本論では、これらの経験をふまえて、国際的調査研究や議論、北京会議以降の日本でのアンペイド・ワークをめぐる政府の取り組みを概観し、そこで提起されている問題点を整理しておく。そして、日本での当面の取り組み課題についても述べておきたい。

一　アンペイド・ワークの測定・評価の意義と課題

家族（世帯）内でおもに女性が担う家事労働や、農業労働などの「家内労働」[3]、地域でのボランティア・サービス活動など、男性本位の経済活動の中で長年「見えなくされてきた」

アンペイド・ワークへの関心は、一九六〇年代以降の現代フェミニズム運動の中で「家事労働に賃金を!」などのスローガンとともに喚起され、一九七五年の「国際女性年」以降は国連を中心とした女性の地位向上への取り組みを通じて深まり、広がってきた。とくに八〇年代以降アンペイド・ワークは、一九七九年に国連で採択された女性差別撤廃条約の中心的理念である性別役割分業に基づく差別の撤廃と実質的な男女平等の実現という目標達成にむけて、戦略的な重要性をもつグローバルなジェンダー・イシューとなった。そして、先進工業国の生産活動のみならず途上国における開発への女性の経済的貢献や貧困・環境・人口問題への関心(「開発と女性」、「開発とジェンダー」のテーマ)とも結びつき、女性政策や女性運動の新たな問題領域を構成してきたといえる。

その後、国連諸機関やEU諸国等による女性の経済的貢献の正当な評価のための資料収集と調査研究の進展につれて、従来の国民経済計算でカウントされなかったインフォーマル・セクターでの労働(特に途上国で膨大な量存在する法的・行政的規制や保護から外れている非正規労働)や家族内サブシステンス・セクターでの生存や生活の質にかかわる基本的ニーズに答える労働、ボランティア・サービス活動(EUでは「基本的社会活動」と規定)など、おもに女性が担うアンペイド・ワーク(「無報酬労働」、「不払い労働」、「非賃金労働」とも呼ばれる)を測定・評価して、公共政策に公正な形で反映させることは、ジェンダー間の権力(パワー)関係の不平等を是正し、女性のエンパワーメントを実現するための重要な基本戦略として国際的に広く認識されるようになった。そして、この測定・評価(アンペイド・ワークの社会的コスト=費用の量的把握と認識)のために有効な方法として、国際的に合意された基準(いわゆる「第三者基準*」等)による時間利用調査データ活用の重要性が改めて注目されるようになったのである。

九〇年代になると、**表1**(次頁)に示されているように、国連の統計局・INSTRAW・UNIFEM(国連女性開発基金)・UNDP(国連開発計画)やカナダ、オーストラリア、ニュージーランド、EU各国(EUROSTAT)を中心に、時間利用調査に基づく非市場世帯内生産に関するアンペイド・ワークのデータ収集・測定のための指標づくりや多国間の国際比較研究に向けた活発な交流が進んできた。(4)

***第三者基準**　国際的に用いられているアンペイド・ワークの測定・評価のための判断基準をいう。世帯内で行なう活動のうちアンペイド・ワーク(無償労働)と考えられる活動は、サービスを提供する主体とそれを享受する主体が分離可能な、つまり第三者に代ってもらうことができる活動であるとされた。

表1　アンペイド・ワークの測定・評価・政策化をめぐる最近の動向

	国際動向		国内動向
1993年	・カナダ統計局・女性の地位省主催国際会議「アンペイド・ワークの測定と評価」開催		
	・ＥＵ議会・女性の権利委員会「女性の非賃金労働の評価に関する報告書」作成		
1995年	・（国連）第４回世界女性会議（北京）で「北京宣言及び行動綱領」採択	1995年	・（女性のアンペイド・ワーク研究会）『女性のアンペイド・ワーク　国際的調査研究と資料』発表
	・（ＥＵＲＯＳＴＡＴ）ヨーロッパ統一生活時間調査――スウェーデン，イタリアでプリテストの実施	1996年	・（総理府男女共同参画室）内閣総理大臣の諮問機関である男女共同参画審議会「男女共同参画ビジョン」「男女共同参画2000年プラン」を発表（男女共同参画社会の形成に資する「統計調査等の充実」及び「無償労働の数量的把握の推進〈介護・保育サテライト勘定の整備を含む〉」を指摘）
	・ＩＮＳＴＲＡＷ『無償の貢献の測定と評価』発表		
	・ＵＮＤＰ『ジェンダーと人間開発』発表		
	・ＯＥＣＤ専門家会議でカナダ女性の地位省「アンペイド・ワークの政策上の含意を評価するための枠組みをめざして」発表		
			・（経済企画庁）「無償労働に関する研究会」発足
1996年	・欧州18か国パイロット調査の実施		
1997年	・パイロット調査の結果の評価	1997年	・（経済企画庁）「無償労働の貨幣評価について」発表（1981，1986，1991年社会生活基本調査による）
	・（国連）生活活動のための国際分類に関する専門家会議開催（ニューヨーク）		
			・「アンペイドワーク市民・議員フォーラム」設立
	・ＵＮＤＰ（アジア・太平洋地域），ＵＮＩＦＥＭ，国連統計局共催「ペイド，アンペイド・ワークの国家政策への統合に関するワークショップ」開催（韓国）		・（経済企画庁）ＳＮＡサテライト勘定（介護・保育）の検討開始（３年計画で開発）
	・カナダ女性の地位省「経済的ジェンダー平等指標」発表		・（経済企画庁）『あなたの家事の値段はおいくらですか？――無償労働の貨幣評価についての報告』発表
	・イギリス国立統計局「イギリスの世帯サテライト勘定」発表	1998年	・（経済企画庁）第２回「無償労働の貨幣評価について」を発表（1996年社会生活基本調査による）
1999年	・（ＥＵＲＯＳＴＡＴ）ヨーロッパ統一生活時間調査の実施		
			・（総務庁）「無償労働統計研究会」発足（無償労働の測定方法改善）
	・ＡＰＥＣ（人的資源開発ワーキンググループ）「人的資源開発政策形成におけるペイド，アンペイド・ワークのリンケージ」プロジェクト開始	2000年	・（経済企画庁）「介護・保育サテライト勘定について」発表

（出所）久場嬉子・竹信三恵子『「家事の値段」とは何か』（岩波ブックレットNo.473，岩波書店，1999年）「表　アンペイドワークをめぐる最近の動向」などより作成。

アンペイド・ワーク測定の基礎データを得るための時間利用調査（生活時間調査）は、非市場生産領域での労働投入（インプット）や産出（アウトプット）を含む、各種の日常的活動を詳細に記録する上で唯一の有効な調査方法とされている。これにより、市場労働の枠をこえる「広義の労働」、つまり男女の全労働時間、有償、無償のすべての生産的活動のジェンダー分割やジェンダー・バイヤスが年齢別、職業別等からも比較可能な形で量的にとらえられるからである（時系列的にも）。

図1は、そのための前提として専門家間に共有されてきた「生産構造についての概念枠組み」を示している。[5] **図1**を提示したA・S・ハーベイ（時間利用調査の国際比較研究の第一人者で、カナダや国連での研究や議論をリードしてきた）らも述べているように、これら理論上の概念枠組みではカバーされていても、測定技術上の理由でとらえきれない生産活動はまだかなり残る。また、三つのセクターの理想的な定義があるわけでもない。しかし、もっとも重要なことは、このような概念枠組みを共有しつつ、「有償、無償のすべての生産的活動をとらえ、有効に測定する」方法を進歩させるために、必要な調査とデータ収集を行なう「積極的意志をもって、努力を続ける」ことなのである。[6]

では、こうした国際的調査研究や議論の潮流を背景にして

図1　生産構造

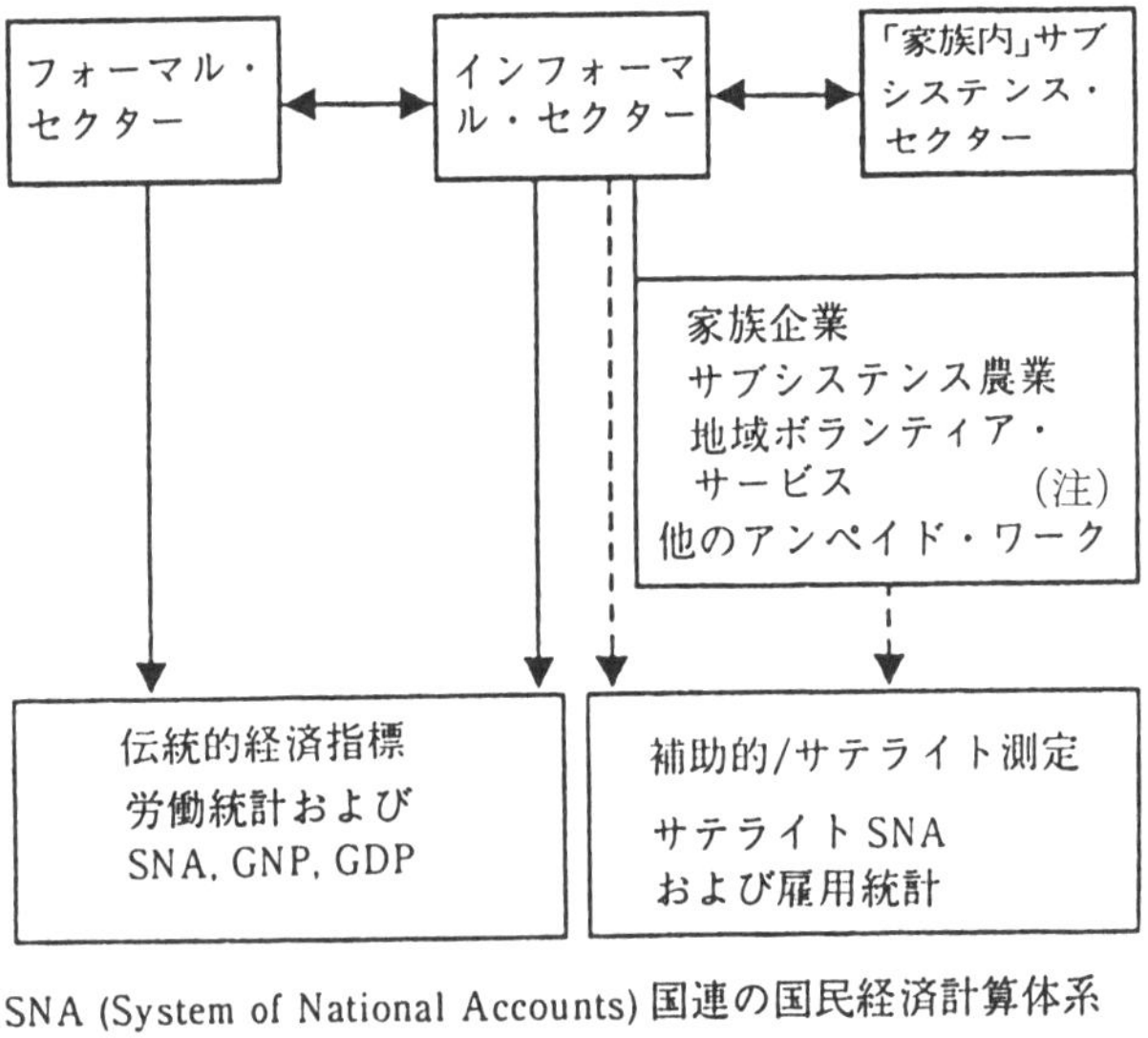

SNA (System of National Accounts) 国連の国民経済計算体系
GNP (gross national product) 国民総生産
GDP (gross domestic product) 国内総生産

（注）本論で検討する経済企画庁「無償労働の貨幣評価」は「家族内」サブシステンス・セクターの「他のアンペイド・ワーク（主に「家事労働」部分）」を主な対象としている。
（出所）アンドルー・S・ハーベイ、コラゾン・ナルバエズ「未測定の経済の評価――時間利用調査の役割」女性のアンペイド・ワーク研究会『女性のアンペイド・ワーク――国際的調査研究と資料』一九九五年、四一頁より。

行なわれた「日本で初めての公的機関によるアンペイド・ワークの測定」は、どのような「積極的意志」をもってなされたのか。すでに述べたように、その「努力」の中身には多くの不十分さがあった。主な問題点を具体的に見てみよう。

二　経済企画庁「無償労働の貨幣評価」の問題点

1　ジェンダー視点の欠如と「サテライト勘定」への無理解の誘発

経済企画庁経済研究所国民経済計算部による「無償労働の貨幣評価」についての第一回報告書は、『あなたの家事の値段はおいくらですか？』というタイトルで九七年一二月に出版された（推計の骨組み、推計結果の解説、推計方法の詳説、推計結果表を含む）。同推計の意義は、これに先立つ推計結果の記者発表（九七年五月）後に、新聞紙上等で研究会メンバーの女性委員たちがコメントしたように、まず何よりも有償労働と無償労働のジェンダー・ギャップ（不平等な分布）の解消にむけた国際的基準（アンペイド・ワークの範囲及び貨幣評価の方法の共通基準）に沿う基本的作業が日本でも初めて実行されたことにあった。そして、国際的にみてもこのギャップが極端な日本ほど、ジェンダーに敏感な視点からその解消への具体的政策対応を迫られている国はないのである。

だが、残念なことに、同報告書のタイトルと内容は、そうしたジェンダー視点に立つ諸政策の策定につながる作業の意義を見事に隠蔽してしまっている。とりわけこのタイトルは、推計結果の発表を契機に生じたアンペイド・ワークの測定・評価についての、きわめて日本的な「誤解」を象徴（誘発）するものであった[7]。

久場は、推計結果の発表後に広がった「二つの誤解」について次のように述べる。「一つは、無償労働を、今なお『専業主婦役割』やその『地位の強化』のこととし、それ故にこの問題を敬遠したり、逆に共感したりすることである。……二つ〔目〕は、無償労働の『評価』を、『経済計算至上主義』ととらえて批判したり、逆にもっぱらそのように早合点することである」[8]。家事を女性（主婦）の役割としてとらえる性別役割観念が根づよい（特に男性に）日本では、「あなたの家事」＝「（専業）主婦役割」と容易に読み代えられ、「値段はおいくら？」＝「経済計算至上主義」との誤解がそれにセットされ、「サテライト勘定」開発の意義が矮小化され広まってしまったというわけである。

先の経済企画庁「無償労働に関する研究会」では、こうした誤解が生じないように推計結果の発表には十分注意してほしい旨の意見を女性委員たちが述べ、目黒委員からは北京行動綱領で明確にされ、国際的に合意されたジェンダー視点の理解を促すレクチャーも行なわれた（第一回研究会）。にもかかわらず、発表や報告書ではこの点についての十分な説明はなく、マスメディアや一般の反応に大きな誤解（「ジェンダーに敏感な視点」の欠如と測定・評価の意義についての無理解）を誘発したことは、同報告の第一の問題点である。

アンペイド・ワークの「サテライト勘定」開発の国際的共通課題の中には、「現行の経済計算の限界をとらえ、経済活動の定義を見直し」、経済的社会的な資源の公正・衡平な分配（ジェンダー・ジャスティス）をもたらす「オルタナティブな経済社会を展望するという根本的な課題」が含まれる。(9)つまり、その課題の中には、グローバル化が進む世界経済・地域経済のあり方を、多様な生命、生活、環境が尊重され、次世代の育成が正当に評価される「もうひとつの持続可能な経済」へと、それぞれの地域社会にあったやり方で組み替えていくという、大きな長期的政策課題が含まれているのである。だが、経済企画庁の推計の発表により生じた、アンペイド・ワークの測定・評価をめぐるこの「二つの誤解」を解かない限り、日本ではこうした国際的基本課題への政策論的・運動論的射程を得ることは困難であろう。

2　基礎データと貨幣換算方法の不備

同報告の第二の問題点としては、アンペイド・ワーク測定の基礎データ（時間利用調査データ）として選定された「社会生活基本調査」（一九八一・八六・九一年の三時点比較、五年に一度の調査結果を総務庁が公表）の調査項目（国民の生活時間の配分調査）の設計が、そもそもアンペイド・ワークの測定を想定したものでなかったことによる、基礎データの不備とそれによる推計結果の歪み、貨幣換算方法の不備があげられる。

基礎データの問題点については、研究会でも多くの指摘があり（詳細は公開された議事録を参照）、それらを受けて同報告書にはいくつかの注記が記された（たとえば「同調査」では「移動」の内訳が把握できないことから、カナダやオーストラリアなどでは「移動」が付随活動としてカウントされているのに対して、「移動」全体を「無償労働」の範囲に含めないことや、「住宅のメンテナンス」「園芸」が活動項目として調査されておらず推計対象に含まれないことにより、評価額の過小推計となっている点等）。また、一九九八年五月に発表された第二回の報告（「同調査」一九九六年の結果を追加した四時点の比較とイギリスの無償労働評価額との比較が新たに付加された）では、「留意事項1—5」の一項目に「生活時間調査データの限界」をあげて、先の注記事項の他に「家事の内訳値が正確な推計とは言い難い」こと、「ながら行動」を「的確に把握することが望ましいが、」「同調査」

では調査されておらず、「主たる行動」のみを推計対象としていることなど、データ上・測定技術上の制約についての指摘がある。とはいえ、改善への取り組みについては何ら触れられていない。(10)

さらにこれらに加えて、「同調査」データの大きな不備としては、**図1**に示されている「地域ボランティア・サービス活動」の把握が極めて不十分な点があげられるだろう。同調査の「社会的活動の内訳」は「地域の道路清掃、施設の慰問、災害地等への援助物資の調達、献血、点訳、婦人活動、消費者活動、住民運動等」とある。そして、これに基づく推計上の一人当たり貨幣評価額(一人当たり時間賃金×総参加時間/一五歳以上人口)は、男性が約五万円(一日の活動時間五分強)、女性が約三万円(五分弱)と出た(九一年)。また、実際に参加した人をみると、男性が約一八万三二〇〇〇円(一日一九分)、女性が約八万五〇〇〇円(一日一三分)と出ている。つまり、男性は女性の約一・五倍の時間を使い、評価額は約二倍となっている(第一回報告書:一一、三四―三七頁)。

しかし、これら男女の時間と評価額の差には、実態に照らしてみると二重の錯誤があることがわかる。一つ目は、「社会的活動の内訳」をみると地域等で女性がおもに担う子育てや教育、介護、環境保全等に関わる自発的な市民活動(NPO活動を含む)に関する項目設定や設問が不十分で、それらの多くが「見えないまま」とされ、把握されていないことである。二つ目は、一人当たり時間賃金については性別・年代別の平均賃金を使用したため、「男女の賃金格差がそのまま無償労働の貨幣評価額に反映される」ことになり、男女差の縮小や逆転が生じている点である。この点は、今回の推計方法における家事・買物・介護・育児等、無償労働の主要四項目に関する評価額の、男女比較全体にわたる貨幣換算上の大きな問題点でもある(男女の賃金格差が大きい日本ではとりわけ誤差が大きくなる)。これは発表後に貨幣評価の最大の方法的限界として議論を呼んだ点である。そこで、この点については第二回の報告書の「留意事項4、適用賃金の問題」で指摘がなされ、「単に無償労働の男女の負担状況を見るためには、生活時間データそのものを見た方がわかりやすい」とのコメントが付加された(ただし賃金換算法としては、ジェンダーに中立的な男女の平均賃金による換算のほうが、そうした錯誤を避けられたであろう)。

だが、二度目の作業においても測定方法に改善はなかった。上記二つの測定・評価上の問題点により、無償労働全体における社会的活動の評価額の構成比は、同推計で採用された三つの測定法(機会費用法=OC法、代替費用法スペシャリストアプローチ=RC―S法、代替費用法ジェネラリストアプローチ=RC―G法の三つで、国際的にもよく用いられる）で、それぞれわずか三・五%、四・二%、三・〇%となり、労働時間の構成比でも三・〇%となっている（一九九六年データによる、第二回報告書：一―二〇頁、表3）。つまり、市場生産と世帯内生産、地域ボランティア・サービス生産という三つの異なる生産領域間における有償労働と無償労働の構成上で、移動を含む社会的活動全般の過小評価が生じることになった。NPO法（特定非営利活動促進法）が施行され、介護保険制度が実施に移されて、非営利の有償・無償の市民活動・サービス活動が、公正で平等な地球規模の市民社会の形成に果たす役割は重要性を増している。これらの社会的に有用なボランティア・市民セクターの活動を「社会的基本活動」（EU）として正当に評価し、政策的支援を行なっていくためにも、今後は、より適切な基準・範囲の設定、基礎データの作成・収集・選定に基づく地域ボランティア・サービス活動に関する「サテライト勘定」の開発も急がれるのである[11]。

三　アンペイド・ワークの測定・評価・政策化への総合的取り組みのために

1　測定・評価・政策化への国際的課題

二節では経済企画庁が行なった「無償労働の貨幣評価」の推計に関わるごく一部の問題点や限界のみについて述べた（紙数の制約により）。これらの他にも、アンペイド・ワークの測定・評価やアンペイド・ワークという視点をめぐり国際的研究や各国政府とNGOを交えた議論の中で提起されている課題は多い。先の経済企画庁第二回報告書でも、「留意事項」としてさまざまな議論のある「無償労働の範囲の問題」や「非経済的価値の位置づけ」、「アウトプット評価の問題」等を列記している。

たとえば、「学業」「学習・研究」「出産」等をアンペイド・ワークの範囲に含めるのか、「愛情（感情）管理労働」などともいわれる女性が担ってきた家事・育児・介護などのどこまでを「経済的価値」測定の範囲に含めるか、アンペイド・ワークが生み出したサービス（アウトプット）の量と質をふまえた価値をどう測定・評価するのか、有償の労働とアンペイド・ワーク、余暇活動という三つの日常的活動領域の適切な線引きをどのように確定するのかなど、有償・無償すべての生産的活動についての有効な測定方法や評価を模索する国際的な議論や調査研究が続けられている。

さらに、これら国際的議論の多くが、ジェンダーに敏感な視点（ジェンダー関係の衡平・公正・平等の実現を目指す視点）に立ち、あらゆる公共政策の中で有償労働と無償労働の統合化を進め、男女の家族的責任の共有を促そうとする、政策論的・運動論的な共同意思に裏付けられたものであることも忘れてはならないであろう。なかでも、アンペイド・ワークに関する衡平で公正な政策を推進するための評価基準や経済活動におけるジェンダー平等指標の作成に取り組むカナダ、労働市場・雇用・社会保障制度への女性のアクセスの不利益解消に取り組む欧州連合「女性の権利委員会」の動きなどが注目される（**表1**参照）。また、これら政策化を進める各国政府・公的機関、国連諸機関に対する持続的ロビー活動や提言の作成で国際的議論・調査研究を盛り上げてきた「国際女性カウント・ネットワーク」（IWCN＝一九七二年に英国ロンドンで発足、"WOMEN COUNT"をキーワードに南北二六か国の女性NGOが連帯して活動する国際的ネットワーク）など、七〇年代以来大きな発展を遂げたグローバルな女性運動の役割も軽視できない[12]。

そうした動向の中でみれば、これまでに指摘してきたアンペイド・ワークの測定・評価の限界は決して固定的なものではない。また、既存のジェンダー秩序の中で二分化された有償・無償労働、経済的・非経済的価値の「境界」も流動的なのである。したがって、これらジェンダーにより分割され、「見えなくされてきた」不平等な労働・資源配分の「境界」を越えて、女性の地位向上や事実上のジェンダー平等の達成につながる「もうひとつの経済活動・社会活動」を開発することが、アンペイド・ワークの測定と評価、政策化の基本的課題であることを、ここで改めて再確認しておく必要があろう。

2　日本での取り組みのセカンド・ステージへ

一九九五年の北京会議を経て、日本でもようやくアンペイド・ワークの測定・評価・政策化への第一段階が踏みだされた。今後日本に求められるのは、国連や各国政府、国際NGOのネットワーク、研究者や専門家たちなど多様な主体による国際的調査研究や議論、政策化への共同意思に呼応して、日本政府、国内NGOなどがそれぞれの立場から連携して取り組むためのさらなる具体的試みやネットワーク化を進めることであろう。北京会議以降、日本のNGOや研究者・市民（女性たち）の間では、そうした国際的潮流を確実にとらえ、すでに指摘した女性たち同士や男女間に新たな分断をもたらしかねないアンペイド・ワークについての日本的「誤解」を越えて、着実な活動のネットワークを広げる試みも始まっている。

なかでも、北京会議以後、同テーマで活発なNGO活動を展開してきた「無報酬労働の数値化を考える会」の活動（注(2)参照）などは、アンペイド・ワークというテーマに焦点を絞った新しい市民活動の動きとして注目される。同会は、国内外のアンペイド・ワークをめぐる研究や議論の紹介だけでなく、日本政府の取り組みが遅れている「農村女性のアンペイド・ワーク」、地域ボランティア活動やワーカーズコレクティブ活動におけるアンペイド・ワークの測定と評価の新たな動き(神奈川ネットワーク運動「新しい公・共圏をつくる政策・制度研究会」による「生活時間調査」への取り組み等)にも関心を寄せ、それらの意義を広めるシンポジウムなどを実施してきた。また、二〇〇〇年の世界女性会議(国連特別総会)にむけて北京行動綱領のフォローアップ審議を行なってきた国連女性の地位委員会の開催時には、「国際女性カウント・ネットワーク」に同メンバーが毎年参加し、アンペイド・ワークへの国際的な取り組みを国内の活動(「アジア女性会議ネットワーク」や「北京JAC」=世界女性会議ロビイングネットワークなど)につなげる努力も行なっている。

そして、九九年三月には、こうした国際的女性NGOによる継続的ロビー活動や女性の地位委員会委員らの努力が実り(日本代表委員の目黒委員の発言もあった)、女性の地位委員会では「合意結論」の一項目(「女性の地位向上のための制度的仕組み」づくりにむけて)として、「国連女性の地位向上部が無償労働(測定と評価、法律など政策)に関し、詳細かつ適正に構成されたアンケートを各国に配布すること」との決定が採択された。[13] この採択により、今後のアンペイド・ワークへの国際的取り組みにおいても、各国において新たなステップが踏み出されることになると期待される。

その他にも、国内では研究者、市民グループなどの間でアンペイド・ワークへの取り組みはかつてない広がりをみせている。たとえば、グローバルな視点からアジアと日本の女性問題に精力的に取り組む「アジア女性資料センター」では機関誌『アジアに生きる女たちの21世紀』No.8(一九九六年九月)でいち早く「特集　アンペイド・ワークとは」を企画した。同特集では、国連でアンペイド・ワークの「サテライト勘定」への取り組みを決定するきっかけを作った『新フェミニスト経済学』の著者のマリリン・ウェアリング(国連統計委員会委員)の日本講演「男性優位の経済政策を見直す」(「女と男が男女平等に働くための制度改革をすすめる会」主催、一九九六年一月)を再録するとともに、日本での女性たちのアンペイド・ワークへのさまざまな取り組みを紹介し、アジアでのアンペイド・ワークへの関心についても取り上げている。

さらに、女性労働問題研究会、日本家政学会、国際女性の地位協会なども一九九六年以降それぞれの立場からアンペイド・ワークについての研究会やセミナーを開くなど、北京会議を経て展開されているNGOの女性たちの取り組みは、国際的な研究や議論に切り結び、それらに呼応する持続的活動となっている。[14] 一九九九年八月、日本NGOレポートをつくる会が女性二〇〇〇年会議に向けて作成した『日本NGOレポート』(日本語・英語版)には、こうしたNGOの女性たちの取り組みの成果が示されている。

とはいえ、これら女性たちを中心とするアンペイド・ワークへの高い関心や問題提起は、政府、地方自治体の女性政策や男女共同参画社会の形成をめざす諸政策の中に十分取り入れられているとは言いがたいのが現状である。一方、グローバリゼーションや市場経済危機が人びとに与える負の影響（失業、非正規社員化、福祉後退等）により、アンペイド・ワークと有償・無償の女性の総労働量は増大し、男女の私的・家族的生活の質も脅かされ続けている。そこでまず今後は、二〇〇一年に新設される男女共同参画会議を中心にして、ジェンダー視点に立ちアンペイド・ワークの測定、評価、政策化をリードする制度的仕組みをつくり、国際基準に沿うGOレベルの調査研究（政府統計部門と連携したジェンダーに敏感な生活時間調査の項目検討や定期的実施、ジェンダー統計の充実など）や政策化（雇用・労働政策や社会保障政策）の枠組みづくりを総合的視野から進めていく必要がある。

北京会議以降、経済企画庁、総務庁、総理府男女共同参画室は、それぞれ縦割りの管轄内ではあるが、日本でのアンペイド・ワークへのGOレベルの新たな取り組みをスタートさせてきた。また、総務庁「無償労働統計研究会」では、ジェンダー統計やアンペイド・ワーク問題の専門家（久場嬉子他）と総務庁、経済企画庁（国民経済計算部）、男女共同参画室の担当者が参加する共同討議の場もつくられ、アンペイド・ワークの測定方法の改善について議論が前進している[15]（表1の国内動向の欄を参照）。今後は、それらをつなぎ、NGOの多様な取り組みとも連携して、アンペイド・ワークをめぐる議論や研究を整理し、総合化を図っていく「ナショナルマシナリー」（政府機関）の確立がなによりも求められている。日本政府は、男女共同参画社会基本法（一九九九年六月施行）の下で、二〇〇一年一月から内閣府に発足した男女共同参画に関する総合調整担当部門（男女共同参画局）と男女共同参画会議の強力なリーダーシップによって、そうした着実なステップアップを進める必要がある。その積極的意志（政府のコミットメント）こそが、二十一世紀に向けた日本におけるアンペイド・ワークへの取り組み、研究や議論の確実なセカンド・ステージを築くことになるであろう。

（1）女性のアンペイドワーク研究会『女性のアンペイド・ワーク——国際的調査研究と資料』（東京女性財団一九九四年度研究助成報告書）、尚学社（制作）、一九九五年。
　その内容は、女性のアンペイド・ワークに関する国際的調査・研究文献の中から、新しくかつ広範囲な内容のもの七篇を選び翻訳し、関連の文献リストとメンバーの研究論文を加えたものである。この間、国内各方面の専門家からのヒアリング（NHK放送文化研究所主任研究員、総務庁統計課長、ジェンダー統計や時間利用調査研究の専門家等）も行なった。

（2）「家事や育児　本当はいくら　女性の視点で再評価」『日本経済

新聞』（夕刊、一九九七年十月十三日）記事、あごら新宿・無報酬労働の数値化を考える会編『女性とアンペイド・ワーク』（『あごら』二三一号、一九九七年八月）に収録されている二人の委員（北沢洋子、久場嬉子）のコメントと、「無償労働の数値化を考える会」メンバー（渥美節子、加藤登紀子、野村三枝子、藤原千沙による「〈講座〉女性とアンペイド・ワーク」）のコメントを参照。同会は、北京会議NGOフォーラムに参加した六人のメンバーにより発足。男女共同参画審議会答申に向けた「論点整理」への意見書提出（九六年二月）、経済企画庁「委員会」の傍聴、「アンペイドワーク市民・議員フォーラム」参加、パネルディスカッションの企画と報告集発行（九八年三月）等にNGOとして継続的に取り組み、アンペイド・ワークをめぐる国内外の動向の紹介や啓発に努めてきた。活動内容の詳細については、無報酬労働の数値化を考える会『「無報酬労働を考える」報告書』（一九九七年度東京女性財団研究助成報告書）、BOC出版部（制作）、一九九八年、八六頁（活動記録）等を参照。

（3）古田睦美によれば、グローバルな視野からみた「家内労働」には次のものが含まれる。①家族のための再生産労働、②自営農業世帯の労働、③製造業や工業の自営業世帯の労働、④小売り業などの家族経営体の労働、⑤内職、⑥テレ・ホームワーカーやチェーン展開の営業所などの新しい自営業。古田睦美「家内労働とアンペイドワーク」『女たちの二一世紀』No.8、一九九六年、アジア女性資料センター、一〇頁。後述するように、経済企画庁の「無償労働の貨幣評価」では、これら「家内労働」に含まれる各種のアンペイド・ワークは測定の範囲から除外されている。これらの主に女性が担う各種の「見えない」経済的活動の測定・評価は今後の課題である。

（4）九〇年代前半までの主な動向については、注（1）にあげた報告書の翻訳論文と三人の研究論文を参照のこと。また、EU（欧州連合）女性の権利委員会が九三年に出した「女性の非賃金労働（無償労働）の評価に関する報告書」の概要とその政策的含意の解説については、竹中恵美子「アンペイドワーク（無償労働）と社会政策」関西女の労働問題研究会編『ゼミナール共生・衡平・自律』ドメス出版、一九九八年、八五―九一頁を参照。同報告書では、家族従業者への訓練制度やボランティア活動（「基本的社会活動」として概念化）の従事者への年金権の付与についても提言している。なお列記した国連諸機関の活動概要については、横浜市女性協会編・矢澤澄子監修『女性問題キーワード一一一』ドメス出版、一九九七年の各項目を参照。

（5）図1の概念枠組は、国連の編集による『世界の女性一九九五』第五章（仕事）で分析された「経済活動における女性と男性」の実態と統計把握においても前提とされている。国際連合、日本統計協会訳『世界の女性一九九五』日本統計協会、一九九五年、二二〇―二九頁。同書はアンペイド・ワークの測定・評価の方法についても解説している。

（6）アンドルー・S・ハーベイ、コラゾン・ナルバエズ「未測定の経済の評価――時間利用調査の役割」女性のアンペイド・ワーク研究会『女性のアンペイド・ワーク――国際的調査研究と資料』一九九五年、四〇―五一頁。

（7）久場嬉子・竹信三恵子『「家事の値段」とは何か』（岩波ブックレットNo.四七三）岩波書店、一九九九年、一四―二四頁。

（8）久場嬉子「無償労働の測定と評価」『女たちの二一世紀』No.8、前掲、三―五頁。

（9）久場嬉子、同論文、五頁。M. Waring, *If Women Counted*, 1988.（篠塚英子訳『新フェミニスト経済学』東洋経済新報社、一九九四年、二八九―三一六頁）。

（10）経済企画庁（国民計算部）「一九九六年の無償労働の貨幣評価」報告、一九九八年、一七―一八頁。同報告に「留意事項」が明

記されたことは、第一回報告にたいする女性委員たちやＮＧＯからの批判を受け入れたもので、評価できる点である。また、その後設置された総務庁「無償労働研究会」では、この「留意事項」にあげられた「生活時間調査データの限界」の改善や「無償労働の範囲の問題」が議論されている（表1参照）。

（11）経済企画庁で研究開発が進められている少子高齢化社会に対応するための「介護・保育サテライト勘定」整備の「研究方針」では、「市場生産と無償労働という二種類の介護・保育サービス全体を統一的に把握する」とされている。同勘定の試算では「入所サービス」「在宅サービス」と「親族による無償（介護・保育）サービス」が把握されることになるが、ボランティア・サービス活動の実態が十分把握され、測定（カウント）されるかについては懸念される（経済企画庁「国民経済計算調査会議　第一回サテライト部会報告書」一九九八年参照）。なお、経済企画庁では、国連統計局や各国動向（ＥＵ、アメリカ、カナダ）をふまえて、二〇〇〇年度から三か年計画で「家計サテライト勘定の整備」に関する研究の実施を検討している。「家計サテライト勘定は、市場生産と家計生産の代替・補完関係の把握、雇用統計の補完、家計消費活動の新たな視点からの分析、女性の経済的活動の再認識等に役立つものと考えられ」ており、今後の研究成果とその政策化が期待されるところである（経済企画庁経済研究所「国民経済計算調査会議『サテライト部会』資料」2、一―二頁、一九九九年十一月）。

（12）久場嬉子・竹信三恵子、前掲書、二五―四六頁、International Women Count Network, *Global Kitchen*, 1995.（七二年以降のおもな活動関連文書とS.Jamesら活動をリードしてきた研究者の論文を集めた報告書）を参照。ＩＷＣＮは北京会議以降も、女性の地位委員会の毎年の開催時にロビー活動を行なうなど、活発な政策提言活動を続けている。

（13）「無報酬労働の数値化を考える会」の活動については注（2）と同会の報告集参照。女性の地位委員会の合意結論については、同委員会を傍聴した同会メンバー加藤登紀子のアジア女性会議ネットワークＣＳＷ報告会（一九九九年五月）でのメモ（「『女性の地位向上のための制度的仕組み』とアンペイドワーク」）を参照。

（14）女性労働問題研究会編『女性労働研究』No.30（一九九六年七月）「特集一」の次論文参照。本多秀司「アンペイド・ワーク測定の試み」、杉橋やよい「ジェンダー統計の国際的展開と日本の課題」。（社）日本家政学会家庭経営学部会の家庭経営学部会夏期セミナー（一九九六年八月）のテーマは「"Unpaid Work"への家庭経営学的アプローチ」で、「無報酬労働の概念」の検討（伊藤セツ）をはじめとする七報告の中で、アンペイド・ワークについての多面的検討が試みられた。また、国際女性の地位協会合宿セミナー（一九九六年九月）でもシンポジウム「アンペイドワーク・個人通報制度を考える」が実施された（久場嬉子、中島通子、竹信三恵子の報告内容は、国際女性の地位協会『国際女性』No.10、一九九六年を参照。家政経済学におけるジェンダー視点からの新たな研究例としては、住沢博紀「アンペイド・ワークと時間のジェンダー化」宮崎礼子編『現代の家庭と生活経営』朝倉書店、一九九九年がある。日本ＮＧＯレポートをつくる会『日本ＮＧＯレポート――女性二〇〇〇年会議に向けて』（一九九九年八月）、三七、四四、四六頁も参照のこと。同レポートには、日本政府が取り組むべきアンペイド・ワークの測定・評価・政策化に向けた多くの課題が提起されている。

（15）久場嬉子「女性差別撤廃条約第11条1項（ｂ）無償労働（アンペイドワーク）について」国際女性の地位協会「女性差別撤廃条約日本政府第四回報告勉強会」（一九九九年五月）での報告内容とレジメを参考にした。

生活時間調査報告と新しいワークシステムへの提言

又木京子
Mataki Kyoko

またき・きょうこ／一九四九年鹿児島県生。一九七二年慶應義塾大学卒。「神奈川ネットワーク運動」代表。県議会議員。「新しい公・共圏をつくる政策・制度研究会」座長。

一　「新しい公・共圏をつくる政策・制度研究会」の発足

ローカルパーティ・神奈川ネットワーク運動では、働くこと＝「ワーク」を課題として、特に現代社会にあって支払われない労働（アンペイド・ワーク）の意義を捉え直すことによって、女性の立場や自覚を改革し、その地位向上をはかるため一九九六年一月に「新しい公・共圏をつくる政策・制度研究会」を立ちあげました。

過去にも現在でも女性たちは多くの立場から地位向上の運動を展開して来ましたが、その運動は大きくは二つに分断されてきました。キャリアとしてペイド・ワークを続けてきた女性たちの運動は、主婦たちが税金も年金保険料も支払わず、女性の経済的自立を妨げ、さらにペイド・ワークしている女性たちの税金や年金を奪っているという批判をぶつけてきました。一方、主婦たちは地域コミュニティでの多くの無償の活動を、キャリアの女性たちは主婦たちに押しつけているという苦情を密かに持ち続けてきました。この批判と苦情はおおらかに議論されてきたのではなく、双方とも互いへの後ろめたさをいくばくか抱きながら、冷たい視線を向けあい、結果として女性の地位向上の運動を遅らせてしまいました。

私たち神奈川ネットワーク運動は生活クラブ生協という主婦たちの社会運動を母体にしています。主婦・女性のローカルパーティとして「生活者政策」「参加型政治」を掲げて一六年前に誕生しましたが、長い間この二つの運動の分断と「主婦たち」の政治という批判に悩んできました。そんな中で出会ったのが、ヨーロッパやカナダで二〇年以上前から研究されてきた「アンペイド・ワーク」という言葉でした。

ペイド・ワークを続けてきた女性とアンペイド・ワーカーの主婦とは子育てという事態に出会ったときの選択でその道が分かれます。ペイド・ワークを続けようとする女性は子どもへの多少の後ろめたさを抱きながら保育所へ預け働き続けます。ペイド・ワークを放棄して子育てを選択したとたん、大げさに言えば二度とペイド・ワーカーに戻れないからです。一方、子育てを選んだ女性たちは子どもが育った後ペイド・ワーカーに戻ろうと思っても、特殊技術を持つ人以外はほとんど労働条件の備わっていないパート・ワークしか用意されておらず、働く条件の不満を抱きながら生活しているのが現状です。子育て時の選択が自分らしく生きることを阻害し、さらに介護が発生した時などは子育て以上にワークの選択肢が狭まります。二つの分断は日本のワークに関する条件があまりにも未整備な故におきているのです。私の友人のある専業主婦が、「子どもの教科書を読み直してみたら国民の三大義務は『労働・納税・教育』となっている。私たちは二つの義務を果たしていないことになる。」と嘆いていました。またペイド・ワーカーの多くの女性たちも、性別役割分業から逃れられるものではなく、家事・育児・介護のアンペイド・ワークとの二重労働にあえいでいるのが現状です。

私たちの研究会では、欧米で実施されているアンペイド・ワークの測定と評価からワークの課題を政策化することで、二つに分断された立場をひとつにつなぎ、女性の地位向上に重要な役割を果たすことを実感しました。

また、私たちの研究会の「公・共圏」という耳慣れない言葉は、日本の誤解されたお役所仕事に集中している「公共」概念を市民社会に取り戻すためにつくった造語です。

日本ではアンペイド・ワークといえば家事・育児のワークに象徴されていますが、広くとらえればコミュニティを形成するために多くの活動・ワークがあります。

日本では「公共」とは主に行政・役所を意味してしまいますが、もともと公共の原語は「public」で、社会的な共同を意味します。人々は社会にある問題を解決するためさまざまな共同の組織を作っています。自治会・町内会・老人会・子供会・PTAなど地域に定着しているものや、地域福祉や国際援助のボランティア、食の安全を求める生協運動、環境保護・スポーツ・障害者・まちづくり・趣味など多様な活動のグループがあります。それなのに「公共」というと行政・役所と同義語のように狭くとらえ、苦情もお願いも生活要求も全て役所に預けてしまえるような誤解が生じています。(特に行政・役所の側が勘違いしています。)しかし現実には役所も税金を支払って人々がつくっている共同のシステムのひとつであって、生活要求全てを解決できるものではないし、あろうはずがありません。現代のような複雑で多様な社会、また市民の社会参加力の高くなっている時代には、何でも行政・役所におまかせできるような誤解に対し、市民の社会性ある共同の領域を拡げることが必要です。そして日本では特に女性たちがこの共同の領域でアンペイド・ワークとしてのコミュ ニティ・ワークを拡げています。

このお役所による「公共」に対し、市民のつくる「公共」を支え拡げるための政策・制度をつくることをめざしているのが「新しい公・共圏をつくる政策・制度研究会」です。

二 「多様な労働《ワーク》」をとらえる

「おじいさんは山へ芝刈りに、おばあさんは川へ洗濯に」という昔話のリードは性別役割分業の原型と言えます。しかし、おじいさんもおばあさんも生活のために自然発生的な労働の役割分担をしていました。そしてこの個人や家庭の生活を営むための労働とは別に、共同体には地域社会を継続させるための労働として、道普請、水や入会地の管理など多様なコミュニティ・ワークがありました。さらに貨幣が流通するようになると、お金を得る労働を「稼ぎに行く」と呼ぶようになり、たくさんのギルドや雇用労働の形態がうまれてきました。

しかし、産業化社会の進展とともに、お父さんは外で賃労働（ペイド・ワーク）、お母さんは家で家事労働（アンペイド・ワーク）、という分担が一般化し、性別役割分業は、社会的・経済的・文化的につくられた性差（ジェンダー）として急速に定着しました。さらに労働を中心にした社会保障の整備は所得から支出される税金を基本とするため、いつしか「労働＝賃労働」＝男主体の制度として優先され、家庭生活や地域社会の維持・発展のための「労働」が軽視されてきました。つまり多くの女性による対価のない「労働」の価値評価は、不満や不公平を残したまま放置されてきたのです。

前回の国勢調査（一九九五年）の折、「あなたはこの一週間に何時間働きましたか」という質問項目の「働く」が、報酬を得るためのものに限定されていました。この問い掛けに対し、子育て中の女性から、また妻に親の介護を頼んでいる夫から批判の声が上がりました。国・行政が「働く＝賃労働」と限定してしまった無責任、無知への怒りです。

三 世界の動き

欧米では二〇年以上前からこのジェンダー格差から生ずるアンペイド・ワーク（支払いのない労働）をＧＤＰ（国内総生産）とは違った経済指標としてデータ化し評価すべきではないかと、各種の研究や提案が進んでいました。国連、ＩＬＯ、ＥＵの場で、また頻繁に開かれる国際会議で、討議や政策提案がされていることを、私たちは知りました。

一九八〇年にＩＬＯは、「女性は全世界の三分の二の労働を担いながら、収入は五％、資産は一％しか所有していない」と発表しています。北京女性会議で採択された「行動綱領」には、この女性たちが担っているアンペイド・ワークの測定と評価に世界の政府が責任を持つべきである、と盛り込まれています。ＥＵでは女性の地位向上を目的化するための統一時間調査も行なわれ、この調査を元に各国で女性の地位向上のための政策提言も実施されはじめています。

四　日本の高度経済成長を支えてきた女性のアンペイド・ワーク

一九九七年九月、私たち研究会は、社会的福祉が充実し、女性が報酬を得て働くことも政治や行政の場への進出も当たり前になりつつある、欧州（デンマーク、スウェーデン、イギリス）の社会システムを探るため視察にいきました。

はじめに訪ねたデンマークの女性経済学者エレン・ブランさんからは、「高度経済成長時代に北欧では労働力確保のため、女性を社会的労働力の主要な当事者と捉え、女性が主婦としてかかえてきた課題を社会が支えるよう地域条件や制度の整備を進めてきた。一方、ドイツやスイスでは外国人労働者を確保した。」と聞きました。この話を聞いて、日本の女性たち＝主婦の立場やパート労働の無権利状態は、自ら選択したかのように誘導されて政治的・経済的につくられた結果であることを理解しました。

高度経済成長期の日本では、男性の長時間労働で貿易立国、工業生産力の基礎を築き、生産性の高い労働力を確保し乗り切ってきたのです。しかし、男性が長時間労働を可能にするためには、家庭生活や地域社会の管理にまつわる仕事や役割をだれかが代りに担う必要がありました。資本にとって良質な労働力を提供するこの生活の場でのアンペイド・ワークを担い、後方支援する主婦の座を、安定的に確保する条件として、家族や住居への手当、企業内福利・厚生費などが、企業から支払われました。しかもそれは妻に直接ではなく夫の給料またはサービスとして支払われ「俺が稼いだ給料」がふくらんできました。税制も世帯単位で配偶者控除の制度をつくり、これも夫の報酬の中で還元されました。

それでも労働力が不足し続けた日本の産業社会は、家事にかかわる電化が進み家事労働が軽減されるなどの条件が整ったことに併せ、年収一〇〇万円くらいなら免税とする制度で労働市場を制御し、夫の長時間労働確保に影響がない程度に「おおきなお世話」する制度で、パート労働を促進してきたのではないでしょうか。危機的なのは、依然として男性の長時間労働もいびつのまま、女性も社会や労働に参加する要望も高くなっている一方で、高度経済成長時代は終わり、「失業の時代」がひろがってきたことです。

したがって社会保障や働き方の制度を思い切って見直し、構造や政策の転換を急がねばならない時代となっています。

労働時間の短縮や働く時間数の選択肢を拡げさらにペイド・ワーク／アンペイド・ワークを性別役割分業ではなく、個人のトータル・ワークとしてとらえることのできる制度づくりが急務と言えます。

五　もう一つの働き方「ワーカーズ・コレクティブ」の創出

産業社会の進展及び高度経済成長により、コミュニティにあったアンペイド・ワークは外部化されてきました。この外部化には、市場経済に組み込まれたものと税金による「公共事業」「公共サービス」化したものがあります。例えば、道普請は道路行政となり、水管理は上下水道、コミュニティの各種のまつりも大がかりなイベント行政にとって変わり、今はイベント産業が花盛りで、オリンピック、サッカーなどは世界を巻き込んだ産業資本の参入が進んでいます。教育もコミュニティでの寺子屋から公教育へ、そして今は教育産業の時代になっています。

一方、女性たちのペイド・ワークや社会活動への参加と生活スタイルの変化で、多くの家庭内労働としてのアンペイド・ワークも外部化が進んでいます。保育から始まり、介護は介護保険の時代を迎え、相変わらずの女性たちの手による家族介護を社会化するため、公の福祉から民間産業の福祉の参入に変化しようとしています。外食産業の広がりは食生活の変化をもたらし、学校給食・老人への配食そしてデパートの総菜売場やコンビニ弁当は不況知らずです。

これらのアンペイド・ワークの外部化は人々を家庭や地域から自由にする一方で、生活維持のため外部化した「ワーク」によって生まれるサービスや製品を手に入れるため、さらに多大な費用と税金を必要とするようになり、なお一層人々の生活はペイド・ワークに依存せざる得なくなっています。またペイド・ワーク依存の生活スタイルは地域コミュニティの崩壊を引きおこし、アンペイド・ワークの外部化が促進されることになります。

私たち生活クラブ運動は、地域コミュニティでの助け合いを軸として、生活材の共同購入を展開してきましたが、外部化し続けるアンペイド・ワークの一方で、コミュニティを豊かにするための新しい働き方を再構築するため、雇い雇われるのではない共同出資・共同経営・共同労働としての「ワーカーズ・コレクティブ（略称ワーコレ）」を次々に生み出してきました。共同購入事業の配達や事務、家事・介護、保育、に始まり、お弁当配達・総菜屋、リサイクルショップ、編集、印刷など、地域コミュニティを形成するための市民事業コミュニティ・ワークの拡がりです。ワーカーズ・コレクティブ運動は、これまでにない新しい労働形態と労働の価値を提起しており、①雇用関係のない自己決定・自主管理労働であり、②その労働価値は貨幣価値のみで計るのではなく、生活価値*で計り、③その事業は非営利であること、を原則としています。この一六年の間に神奈川のワーカーズ・コレクティブ連合会だけでも一四〇団体以上が起業し、そのワークに参加している人は四〇〇〇人にのぼり、全国でも四〇〇団体九〇〇〇人を超えています。新しい働き方であるワーカーズ・コレクティブ運動の中には、その事業性からやむをえず企業組合の認可を受けた事業もありますが、非営利の市民事業を支える法律制度は現在は存在しません。昨年できた特定非営利活動促進法（ＮＰＯ法）も、その名称に非営利（本来「非営利」とは出資金に配当を禁ずること）としながら、出資金を認めていません。言葉の自己矛盾です。このため、ワーカーズ・コレクティブのような事業性のあるＮＰＯ法人は、その事業に必要な車や事務所などの固定資産や、事業の準備金は、借入金で運営せざるを得ず、活動や事業を拡げることが制限されています。新しいワークを支え拡げるための法制度の改正が急務となっています。

六　アンペイド・ワークをとらえるための「生活時間調査」

世界中で男女平等、女性の社会・労働参加や地位向上が課題となっていますが、そのためには、女性の「働き」をトータルに見直すことが必要です。特にアンペイド・ワークを見なくては女性の全体の労働の実態がとらえられません。しかもこれらの労働は質・量ともに整理されにくいのが特徴です。今まで社会の政策・制度の中であまりにも無視されてきましたし、統計の対象ではありませんでした。この領域の労働をクローズアップし、課題を発見するのが「生活時間調査」です。余暇でもなく、ペイド・ワーク（支払いのある労働）でもない、しかし意味のある大きな労働の実態をとらえることが目的です。

例えば一時期、公的介護保険制度の導入で介護者に費用を支払うかどうか議論がありました。しかし、介護している人の労働にどれほどの時間が費やされているのか、費用としてどれくらいが妥当なのかは、データを基にした議論にはならず、相変わらず主婦手当の域から抜け出ることはありませんでした。賃金のある労働以外は計測されていないからです。

＊**生活価値**　ワーカーズ・コレクティブのワークは、賃金を得ることだけで評価するのではなく、そのワークがあることによって地域コミュニティの豊かさ、つまり生活の価値が高まることで評価する。生活の場である地域コミュニティの豊かさを価値とするワークである。

七　経済企画庁の調査の課題

北京女性会議でこのアンペイド・ワークの測定・評価が課題となり、日本から参加した清水澄子参議院議員を中心にした働きかけで、経済企画庁が一九九八年「生活時間調査」をデータ化しました。この調査は、①そもそもアンペイド・ワークを浮き彫りにするための調査ではなく、総務庁が行なったものをデータとして使ったこと、②ジェンダー（つくられた性差）格差解消の視点がないこと、③そのため女性に特有の「ながら労働（朝洗濯しながら食事を作り子どもの世話をする、など）」が数値化されていない、④アンペイド・ワークを家事・育児に限定し、コミュニティ活動＝社会的活動が見えない、⑤賃金換算する際、女性の賃金がパート労働や男女格差により低くなっている現状をそのまま当てはめているため金銭評価が低い、などの欠陥がありましたが、日本で初めてアンペイド・ワークを測定し公表したことは、これからの労働の在り方や女性政策に大きくはずみをつけるものとなりました。

八　私たちの「生活時間調査」

生活クラブ・福祉クラブ・コミュニティクラブの三生協、「ワーカーズコレクティブ」連合会の参加と学者・研究者の協力を得て発足した私たちの研究会では、まずアンペイド・ワークに関する海外の文献を読み込んできました。そこから生まれた実践課題として、世界各国で行なわれている生活時間調査に日本でも私たちが取り組み、アンペイド・ワークの実体、及びその中のコミュニティ・ワークや社会的活動などの実体を明らかにし、測定と評価の課題を問題提起することにしました。

生活クラブ生協の組合員から無差別抽出した二〇〇人と組合員リーダーに、夫婦で、平日・土曜・日曜の三日間、二十四時間の生活を一〇分刻みで何をしていたか書き込んでいただき、提出してもらいました。私たちが生活クラブの組合員を調査対象にしたのは、①アンペイド・ワークというと家事・育児に象徴されるが、現実は生活クラブに留まらず、PTAや自治会などのフォーマルなものや、環境・福祉などのコミュニティ・ワークがかなり多いのではないか、②「ながら労働」の実態をつかむ、③男女格差をつかむ、④さらに専業主婦の活動といわれる生活クラブのペイド・ワークの実態を知る、などを目的としたからです。二〇〇人のサンプルに対し、約一〇〇人の調査員というアンペイド・ワークを駆使した調査となりました。（調査実施時期は一九九七年四月十一日から二十五日、調査は訪問による対面で説明し、記入後無記名郵送）

表1—1　収入を得る仕事の有無

	収入を得る仕事あり	収入を得る仕事なし
生活クラブ	52.4	46.4
コミュニティクラブ	66.6	33.3
福祉クラブ	81.0	19.0
平　均	59.3	39.8

(%)

表1—2　ワーク・スタイル

	フルタイム	アルバイト・パート	自営業	在宅ワーク	ワーカーズ・コレクティブ	合　計
回答数	7	28	6	11	22	74
構成比（%）	9.6	37.8	8.1	14.9	29.7	100

表1—3　本人の収入

	50万円以下	50～100万円	100～150万円	150～200万円	200～300万円	300万円以上
フルタイム	0.0	0.0	0.0	0.0	4.1	5.5
アルバイト・パート	15.1	19.2	2.7	0.0	0.0	1.4
自営業	1.4	1.4	2.7	1.4	0.0	1.4
在宅ワーク	6.8	6.8	1.4	0.0	0.0	0.0
ワーカーズ・コレクティブ	17.8	9.6	2.7	0.0	0.0	0.0
合　計	41.1	37.0	9.5	1.4	4.1	8.3

(%)

表２－１　男女の生活時間総平均値

	平　日		土　曜		日　曜	
	男性総平均	女性総平均	男性総平均	女性総平均	男性総平均	女性総平均
睡　眠	421.5	405.6	491.4	436.4	526.7	492.1
身の回りの用事	52.7	56.0	49.3	59.1	46.0	54.5
食　事	88.4	87.9	89.7	90.1	105.5	105.4
仕事／計	671.0	165.3	244.1	121.7	98.6	44.1
家事一般	24.9	287.9	69.1	282.2	91.6	324.1
介護／看護	1.6	16.1	3.5	10.2	0.0	12.5
育　児	8.8	48.8	31.4	43.5	35.5	26.5
買い物	1.3	22.0	37.2	51.4	46.6	44.5
学習／研究	0.1	6.7	8.0	2.7	11.8	12.2
社会的活動／計	7.5	176.0	29.7	112.6	32.9	71.7
余暇活動	122.7	106.1	333.4	162.5	397.1	182.9
交際／つきあい	20.0	41.0	34.2	50.1	30.0	49.1
受診／療養	2.3	9.8	3.1	3.3	3.4	1.6
その他	0.0	0.0	0.1	0.2	0.0	4.1
分類不能	2.1	0.2	4.1	0.5	0.4	0.7
空白	15.3	10.6	11.6	13.5	14.0	13.9
合計	1440.0	1440.0	1440.0	1440.0	1440.0	1440.0

（分）

表3―1　従行動（単位／分）

〈平　日〉

	標本数	食事など	仕事	家事一般	介護/看護	育児	買い物	学習/研究	社会的活動	余暇活動	交際/つきあい	受診/診療	その他	合計
男性総平均	75	5.4	9.3	6.8	0.0	1.1	0.0	0.9	0.3	60.8	22.6	0.0	0.0	107.2
女性総平均	124	5.4	7.9	63.0	1.5	17.9	1.0	0.2	18.5	89.2	64.8	4.5	0.7	274.6
有職女性	75	6.9	13.1	63.9	1.9	12.3	0.7	0.3	13.4	97.0	65.3	5.3	1.0	281.1
無職女性	49	3.2	0.0	61.7	0.8	26.5	1.4	0.0	26.3	77.3	64.1	3.3	0.0	264.6
活動有り女性	72	3.6	13.3	57.2	1.5	10.3	1.0	0.3	26.0	90.6	58.5	5.6	1.1	269.0
活動無し女性	52	8.0	0.6	71.2	1.3	28.6	1.0	0.0	8.3	87.3	73.6	3.1	0.0	283.0

〈土　曜〉

	標本数	食事など	仕事	家事一般	介護/看護	育児	買い物	学習/研究	社会的活動	余暇活動	交際/つきあい	受診/療養	その他	合計
男性総平均	74	5.3	10.9	6.9	0.0	4.1	2.2	0.1	0.1	70.3	51.3	2.3	0.4	153.9
女性総平均	124	4.6	6.0	60.5	1.1	15.9	1.9	0.0	14.0	91.0	75.5	0.2	12.1	282.8
有職女性	75	4.6	9.9	62.1	0.8	6.5	1.7	0.0	9.7	89.1	69.5	0.0	19.9	273.8
無職女性	49	4.7	0.0	58.2	1.6	30.2	2.2	0.0	20.6	94.0	84.6	0.4	0.0	296.5
活動有り女性	72	2.7	9.1	60.8	1.1	21.3	2.2	0.0	20.6	96.9	93.9	0.1	20.5	329.2
活動無し女性	52	7.3	1.8	60.1	1.2	8.5	1.5	0.0	4.9	82.9	50.0	0.2	0.4	218.8

〈日　曜〉

	標本数	食事など	仕事	家事一般	介護/看護	育児	買い物	学習/研究	社会的活動	余暇活動	交際/つきあい	受診/療養	その他	合計
男性総平均	74	6.0	0.3	6.0	0.0	5.7	1.5	0.1	0.8	71.9	60.0	1.5	1.1	154.9
女性総平均	124	2.5	2.5	63.3	0.6	11.3	1.0	0.0	8.6	90.5	85.7	0.6	11.4	278.0
有職女性	75	2.2	4.0	58.7	0.1	10.7	0.5	0.0	5.9	102.9	79.7	0.0	18.8	283.5
無職女性	49	3.3	0.0	70.4	1.2	12.2	1.8	0.0	12.6	71.6	94.9	1.4	0.2	269.6
活動有り女性	69	1.8	4.0	61.4	0.3	11.0	1.0	0.0	14.2	112.2	118.5	1.0	20.5	345.9
活動無し女性	52	3.3	0.4	67.2	1.0	12.3	1.2	0.0	1.5	64.6	42.4	0.0	0.0	193.9

(注)「活動有り女性」は生活の委員会活動，ワーカーズ・コレクティブ，神奈川ネットのいずれかの活動をしている女性のグループ。「活動無し女性」は上記のような活動に参加していない女性のグループ。

表４　男女別のワーク時間

	平日				土曜				日曜			
	男性総平均（分）	%	女性総平均（分）	%	男性総平均（分）	%	女性総平均（分）	%	男性総平均（分）	%	女性総平均（分）	%
仕事／計	671.0	93.8	165.3	23.1	244.1	58.8	121.7	19.6	98.6	32.3	44.1	8.4
家事一般	24.9	3.5	287.9	40.2	69.1	16.7	282.2	45.4	91.6	30.0	324.1	61.9
介護／看護	1.6	0.2	16.1	2.2	3.5	0.8	10.2	1.6	0.0	0.0	12.5	2.4
育児	8.8	1.2	48.8	6.8	31.4	16.5	43.5	7.0	35.5	11.6	26.5	5.1
買い物	1.3	0.2	22.0	3.1	37.2	9.0	51.4	8.3	46.6	15.3	44.5	8.5
社会的活動／計	7.5	1.0	176.0	24.6	29.7	7.2	112.6	18.1	32.9	10.8	71.7	13.7
総ワーク時間	715.1	100.0	716.0	100.0	415.0	100.0	622.0	100.0	305.0	100.0	523.0	100.0

九　生活時間調査の調査結果の報告

（一）主婦集団と考えられている生活クラブ生協組合員には、意外とペイド・ワークしている人が多く、良くも悪くも多様なワークスタイルを持っています。しかし、その内実は、ほとんどの人が年収一〇〇万円以下であり、税制優遇一〇〇万円の壁が仕事をコントロールしていることが予想通り明らかです。

（二）男性と女性の主行動の生活行動時間をそれぞれ平均値で比較した表は次の通りです**（表1〜4）**。一九九六年に実施された総務庁の調査との比較をしてみました。

①仕事（ペイド・ワーク）は、平日の女性は二時間四五分、男性は一一時間一一分。通勤時間も含んでいますが、一九九六年の総務庁の調査で四〇〜四九歳の平均八時間四〇分よりかなり長くなっています。今回対象の夫たちは平均より「より働いて」います。

②女性たちの家事時間は、平日四時間四八分。一方、男性の家事時間は平日二五分、土曜日一時間九分、日曜日一時間三〇分です。男性の家事時間は総務庁の調査（四〇〜四九歳で一九分）に比べると長くなっていますが、女性との格差は非常に大きくなっています。

③社会的活動については、平日の女性で二時間五六分でし

た。総務庁の調査（総平均値は男女ともに約四分）に比べて圧倒的に長くなっています。総務庁の調査では曜日にあまり差がありませんでしたが、今回の対象者では、男性も土日にはかなり長い時間の社会的活動を実施していることが特徴です。

(三) 調査では、主行動・従行動を記入してもらうことで女性たちの「ながら労働」の実態が見えました。

女性たちは、子どもに声をかけながら、洗濯機を回し、台所仕事をし、合間に電話で生協の連絡をし……など、いくつものワークを重ねながらしていることが数字の上でも見えました。なお、「ながら労働」について女性たちの属性による違いは家事についてはほとんどなく、男女差は三倍となっており、しかもその内容は、女性たちの多様さに比べ、男性のながら行動は余暇と交際に集中していました。

(四) ペイド・ワークと、家庭や地域コミュニティで行なわれているアンペイド・ワークをあわせて生活に必要な「ワーク」ととらえ、その時間の合計を見ると、平日で男性の七一五分に対し、女性は七一六分、両者とも約一二時間に及ぶ長時間労働をしていることがわかりました。生活クラブ運動の女性は働きすぎで、男性の長時間労働を批判できません。

また、ワーク時間の男女比較からは、あらためてペイド・ワークが男性に、アンペイド・ワークが女性に、極端に偏っていることがはっきりしました。

一〇 アンペイド・ワークを調査して何を変えるのか

調査分析をするに当たっての研究会の基本的考えは以下のようなものです。

①女性も男性も、外で働くことと同時に家庭や地域の働き（ペイド・ワークもアンペイド・ワークも）を平等に分担することのできる社会をつくる。

②フルタイマーか失業かではなく、フルタイム・パートタイム・失業など男女ともにライフスタイルや年代に合わせて選択できる社会を実現する。

③少ない収入でも税金や年金保険料を払うことからジェンダー格差をなくしていく。

私たちがこれから目指したいのは、いまのような終身雇用というだけではなく、性別役割分業でもなく、ライフスタイルや個人の事情に合わせて自分の働き方を選択できる社会にしたいことです。たとえば夫婦が若い時は二人とも一〇〇%で働き、子供が生まれたら、二人とも五〇%労働に変えたり、子供が小さい間はやはり地域との関係も深いので地域活動を中心に考える生活もあるでしょう。いつも夫がフルタイム労働で妻一人が子供の大きさによって働き方をかえていくのではなく、二人とも子供の年齢や自分たちの高齢社会に向かって、労働時間数のパーセントを選択できる働き方を可能にしたいのです。またより多くのお金がだれにでも必要なのではなく、五〇%労働で得られるお金で充分という人もいるでしょう。一時期にたくさん働いて数年は趣味で生きていきたい人もいるでしょう。いまの日本の雇用システムでは、フルタイムとパートタイムを行ったり来たりなどとてもできません。

日本は同じ「働く」でも社会保障がフルタイマーに対してのみ整備されており、パートタイマーは保護の対象として税控除や主婦手当が整備されているので、ライフスタイルに合わせて働き方を変えることは社会保障がぶつ切れになり実際は困難です。もちろん女性の働きだけでなく、男性も退職金制度を考えれば、職場を変わったり、労働時間を自分から変えることはほとんど不可能です。労働者の立場を守るはずの「権利」が働き方を選ぶことを阻害しているともいえます。

日本の多くの女性は結婚したり子どもを生んだりすると、アンペイド・ワークとペイド・ワークの二重労働の困難さから仕事を辞めていきました。育児休暇や介護休暇が保障され仕事を続ける条件が整備されてきましたが、それでも二重労働の実態は今回の生活時間調査からも明白です。

もともと日本の社会が男性の長時間労働を前提に高度経済成長を乗り切り、そのために主婦というアンペイド・ワーカーを税制や社会保障さらに企業保障で「保護」してきたことで、多くの女性たちは結婚や出産によりペイド・ワーカーをやめることを「自主的」に選択してきました。選択が制度で誘導されてきたのです。

多くのデータや海外からの情報で日本の性別役割分業のいびつさが指摘され始めています。私たちは男性も女性もペイド・ワークとアンペイド・ワークをそれぞれ担い、ライフスタイルによって働く条件を手にするために、フルタイムかパートタイムではなく、「パーセント労働」（労働時間数の差異だけをもって社会保障や労働の身分保障や賃金基準の格差をつけない働き方）のシステムを政策化していく時代になっていることが時代の要請であると考えます。

日本ではまだ真剣な議論になっていませんが、今、北欧やオランダではこれらの働き方が制度化されています。失業率の高まってきた今、このパーセント労働の導入により解決できることが多くあるはずです。

介護保険の時代を迎え、ホームヘルパーなどのケアワークに女性たちがおおぜい参加することが予想されます。また地域福祉充実のためケアワークにはフルタイムワークより、利用者のニーズに応えるパートワークが必要であり、女性たちの労働条件はなお一層社会保障の整わないまま放置される可能性が大です。私たち研究会では、この後は福祉ワークの実態を調査し、ケアワークをモデルにした新しい労働福祉政策を提案していく予定です。

〈スウェーデンからの報告〉調査資料に見るアンペイド・ワーク

レグランド塚口淑子
le Grand Tsukaguchi Toshiko

一九三八年大阪府生。一九七七年ストックホルム大学卒。Ph.D.（日本学）。主著に『女たちのスウェーデン』（勁草書房）、『日本とスウェーデン社会の女性比較―ふたつのウェルフェア・レジームにおける労働と家族』（Almqvist & Wiksell International・英文）ほか。

はじめに

本稿はアンペイド・ワークと、夫婦間の権力のバランス、経済力の強弱、並びにジェンダー観などとの関連性を考察するものである。[1]

スウェーデンではひろく、男女ともに仕事と家庭にアクセスできるのが理想であるという合意がある。したがって社会政策、特に生活福祉に関しても、家族単位のニーズより「個人は経済的に自立する権利」があるという前提の上にたてられているのが特記できよう。[2] 性やシングル・既婚などの家族関係とは無関係に、学業が終われば、誰もが仕事を持つのは当然であるし、また、スウェーデンにおける職場間ならびに職業移動はかなり頻繁であるが、女性の子供を産むための労働市場よりの退出は、皆無である。退出のかわりに、父親も含めて両親は、合わせて二年に近い九〇週間の収入保障付きの育児休暇を利用するからだ。だからこの社会では、『主婦の再就職――仕事します　しません』（一九九三）などという社会的状況は考えられない。事実、「専業主婦」たちは一九六〇年から七〇年代にかけて職場進出しており、現在、「家事のため在宅」というカテゴリーにある女性は〇・〇二七％に過ぎない。[3]

しかし、「仕事と家庭へのアクセス」はスウェーデン社会全般に行きわたっているといえ、社会における女性の地位の劣勢は火を見るより明らかである。例えば女性賃金の平均は男性の八三％であるし、民間企業取締役クラスのうち女性は二％に過ぎない。[4]

過去三〇年、スウェーデン政府は公私の場における男女平等推進政策を、たゆみなく前向きに進めてきた。大きな改革を見ると、一九七一年には課税制度を夫婦単位から個人単位に改革しているし、一九七四年に育児休業保険を母親のみから両親を対象に改革している。さらに、一九八〇年には職場における男女差別禁止法の制定、ならびに世界初の平等オンブズマンの設置があった。その他、様々なレベルでの改革があった三〇年間の成果が先にあげた数字である。これでは男女平等の進展は遅々とし過ぎるとしか言いようがない。

事態を重視したスウェーデン政府は、一九九四年九月、公私の場における権力、経済資源配分などに関する学術調査施行を決定し、翌九五年、家族、労働市場、福祉国家の三つの分野よりなる『女性の権力に関する実態調査』（以下、『女性調査』）を実施した。経営・経済、社会、政治学などの分野から、一〇〇人ばかりの代表的学者が協力した本格的な調査となったが、結果は一三冊の報告書にまとめられ、一九九八年には最終的に総括版が出版されている。(5)

その総括版の結論には、

- スウェーデンは平等社会ではない
- 労働市場は効率的に機能していない
- クオーター制*が普及している
- 男性はコルクのようなもの。いつも上部に浮かぶ
- 学歴より性転換の方が有利
- 公共部門は女性を搾取している

といった衝撃的な表現法がとられており、世間を驚かせた。総論版の題名も『権力は貴女のものだけど……』となっており、それに副題「効率的な労働市場と平等社会スウェーデン神話」が続いていたのだ。当地に住む我々が何となく思い込んでいた、平等の進んだスウェーデン社会像を突く何とも巧妙なタイトルであった。

なお、これら六項目については、つぎのような補足がある。

- 上場会社のトップはごく一部の、お互いに知己関係にある男性たちで占められていて、彼らは家事・育児責任から解放されている
- 民間企業のトップの約半数は理工系出身である。しかし、女性が従来からの女性好みの教育部門（例えば文科系）ではなく男性並みに理工系を選択しても、昇給・キャリアーに関して同資格の男性より劣る。性転換手術をする方が効率的である
- チーフポストにある四人のうち三人まで男性である。いま必要なのはクオーター制導入ではなくて、それを廃止することである。なぜなら女性の犠牲の上に男性たちがチーフポストを占めているからである
- 女性が大多数を占める職場でもチーフポストには男性が選抜される。男性は男性であるという「特権」により、常にコルクのように上に浮かび上がる。逆に典型的男性職職場にいる女性は周囲からいびられる例が多い

と続き、さらに女性が多い職種は全体に給料が低く、子供の有無にかかわらず女性は昇進・昇給が不利なのに、育児休暇をとると、それがさらに悪化することなどを列記し、最後に公共部門について、要職への女性登用は民間比較では高いが、反面、女性をおおく期限付きやパート雇用に利用する「あくどさ」を指摘している。

おまけに結論には、スウェーデンが一九九五年に国連より平等最先進国と指名されたことについて、多分に光栄であるが、それは他の国の状態が悪すぎることによ

***クオーター制**　男女間平等推進のため、議会、委員会、評議会など、公式機関の成員の男女比率を割り当てること。具体的には男女比率五〇／五〇とか四〇／六〇とする。

る、との手厳しいコメントが付いている。

一　スウェーデンの私生活領域

私生活領域面の考察は労働市場などにおける女性の現状理解に不可欠である。男女双方が市場労働する個人家庭の生活を考察することにより、女性の社会的劣勢を解くカギが見えるかも知れない。本稿ではスウェーデン人カップルの家庭におけるアンペイド・ワーク配分と、男女別時間使用志向を考察する。

スウェーデンのカップル関係の特徴の一つに、まずその形成・解消・再形成の頻度が高いことが挙げられよう。ちなみに一九九七年には全国で三万二三一三組が結婚、二万一四七〇組が離婚している。つまり統計的には三組の結婚のうち二組までが離婚するのである。

前出の『女性調査』総括版は離婚についてもコメントしているが、カップルがそれぞれに自己の得意分野を担当する性別役割分担を行なっているカップルが離婚するとなると、男女共に失うものは大きいと述べている。[(7)] おしなべて結婚期間中の女性の個人収入増加率は夫より低いため、離婚は彼女にとって経済的なマイナスを意味し、また、男性にとっては子供を失ってしまう危険性をはらんでいるからとする。つまりアンペイド・ワークである家事・育児に時間を多く割くほど、収入が反比例して少なくなり、また、収入が多いほど、家庭・子供との距離が隔たるのである。

しかし、こういった離婚によりもたらされる様々な悪影響にもかかわらず、スウェーデンの離婚率は高く、それも大多数が女性のイニシアティヴによっている。その理由は、女性が家事・育児分担を不公平と感じるからである。

それではいったいスウェーデンのカップルはどう家事・育児を分担しているのであろうか。それは一九九〇年から一九九一年にかけて実施されたＳＣＢ（スウェーデン統計局）による生活時間調査から具体的に見ることができる。[(8)]

調査の意図は平均的スウェーデン人の生活時間使用実態を実証的に把握し、男女平等政策推進の資料の一環とするものであった。**表1**はスウェーデンにおける総体的時間使用調査の男女別平均である。単身者、既婚者世帯の区別はないが、全般的に女性は炊事、掃除、洗濯などの家事に時間をかけている。男性が女性より多く時間を費やすのは、従来から男性の仕事と見なされてきた庭の手入れや、住居の維持・修繕、薪割りに限られている。[(9)]

また、一般にスウェーデンでは、若いカップル間の家事分担については、子供ができるまでは公平であると言われているが、**表1**を見る限り、平均的には男女別伝統的役割分担の傾向が明白であるのは否めない。しかも女性が家事・育児にかける時間も男性比一・五倍となっている。

また、**表2**により、男女別二四時間トータル時間使用を見ると、ペイド・ワークとアンペイド・ワークが明確に性別分担になっていることがあげられる。男性は主にペイド・ワーク、そして女性はアンペイド・ワーク分野を主に担うという分担方法である。しかしここで留意すべきは、ペイド・ワークとアンペイド・ワークを性別にそれぞれ合計する場合、男女共にほぼ同時間となることである。スウェーデンでは、よく

表２　男女別24時間使用平均
（20～64歳／１週間当り）

（単位:時.分）

	女　性	男　性
市場労働並に通勤	27.17	41.05
家事・育児など	33.17	20.09
小　計	60.34	61.14
睡眠その他	62.19	60.02
食事等	8.58	8.28
小　計	71.17	68.30
学習（交通時間含）	2.31	2.08
余　暇	32.55	35.20
総　計*	168.00	168.00

＊40分余の用途不明ならびに分類不可能分含む。
（出典）SCB. Tidsanvändningsundersökningen, 1990/1991年，表１より作成。

表１　家事などに関する時間使用男女別平均
（20～64歳／１週間当り）

（単位:時.分）

	女　性	男　性
食事の支度	6.42	2.47
掃除	4.38	1.52
食事の後片付け，皿洗い	2.45	1.04
洗濯，アイロンかけ	2.33	0.24
衣類の管理，製作など	0.36	0.01
暖炉の焚き付け，薪割り	0.09	0.28
家事総計	17.22	6.36
庭や家屋の維持・修繕	2.22	4.24
自分の子供の世話	5.12	2.04
それ以外の人の介護や手伝い等	1.03	1.03
買い物	3.24	2.28
家事・育児関連交通時間	3.52	3.34
総　計	33.17	20.09

（出典）SCB. Tidsanvändningsundersökningen, 1990/1991, 表１より作成。

表３　余暇活動に関する時間使用男女別平均（20～64歳／１週間）

	女　性	男　性
散歩・ドライブなどの戸外活動	2時間05分	3時間08分
同好会・教会活動	0.43	0.54
スポーツ観戦・観劇・図書館利用など	0.25	0.26
パーティーやお呼ばれ	1.19	1.15
親戚・友人宅訪問	1.43	1.33
〃の自宅招待	1.13	0.44
レストランやパブ訪問など	0.53	1.13
おしゃべり　(対象無差別)	1.24	1.23
電　話	2.02	1.00
テレビ・ラジオの視聴	10.46	13.36
新聞・読書	4.20	3.59
手芸・レコード鑑賞など趣味関連	1.51	1.38
休養その他	4.12	4.31
総　計*	32.55	35.20

＊各項目は細分化された諸項目の四捨五入式によるトータルであるゆえ，これらの合計は表上の総計と異なる。
（出典）SCB, Tidsanvändningsundersökningen, 1990/1991, 表30より作成。

言われるような、女性にとって市場労働と家庭責任で長時間労働となるダブルバインドではないのである。[10] むしろ、男性はフルタイム市場労働とパートタイム家事労働のコンビで、女性はパートタイム市場労働とフルタイム家事労働をしていると見るのが妥当であろう。

いずれにしても全体的には、二四時間の約三分の一はペイド・ワークとアンペイド・ワークに費やし、それよりやや多くの時間を睡眠などの個人的ニーズに使用、約五分の一を余暇に使用している。

また、SCBによると、余暇についての特徴は、女性の余暇は男性のより回数が多く、細切れであることだ。例えば掃除とアイロン掛けの間にコーヒーで一休みというように、各種活動の合間に取られるため細切れとなる。

では男性はどのように、女性より単位の長い時間を余暇活動に利用しているのであろうか。**表3**の余暇活動に関する統計は詳細を見る一つの手だてとなる。余暇活動時間のトータルでは、男性の方が二時間三三分多い。しかし、女性はほぼ同時間を男性より多く睡眠・保健衛生その他自分の身の回りに使用しているので、それで相殺となる。

表3により詳細を見ると、まず散歩、スポーツ、ドライブなどに費やす時間が、男性の方が一・五倍多い。その他、パーティーやレストラン訪問、親戚・友人などとの付き合いのパターンは一点を除き、男女とも同様である。一点の例外とは男性の親戚・友人などの自宅招待が女性比較で約半分であることだ。スウェーデンでは、お茶や食事に身近な人を交互に自宅に招き合うのがごく一般的である。男性の自宅への招待が少ないのは、**表1**にある食事の支度に費やす時間が少ないのと関連しているであろう。つまり人を招く時は女性が中心になってその支度をするからである。家庭内行事だけにとどまらず、一般に親戚・友人たちとの家族単位での付き合いは、クリスマスカード書きや誕生日のお祝いなども含め、女性がすべてを取り仕切っているといわれているが、生活時間調査はそれを裏付けているように思われる。未婚・離婚の独身男性にとっての女性パートナー抜きの生活は、それだけ自宅利用の交際が狭められることを意味する。

ここで本題の余暇使用に戻ると、テレビやラジオの視聴は男性の方が週三時間近く多い。特にテレビに関しては、幼児を持つ男性ならびに四五歳以上層が男性平均を超す時間をテレビの前で過ごしている。しかし、読書や趣味関連となると三〇分ばかりであるが、女性の方が多い。

何といっても余暇関連で女性の時間使用が多いのは電話時間である。男性が一時間のところ、その二倍以上となっているが、SCBの報告書にはそれについての特別なコメントはない。日本でも「女性の長電話」などと言われるが、これも女性特有の人との交際の仕方ではあるまいか。例えば男性が友人とテニスなどを通して付き合う代りに、女性は友人もしくは、親・きょうだいなどと電話を通して付き合っていると推察されるが、それを裏付けるにはさらに詳しい調査が必要とされる。

SCBの調査からスウェーデン人の平均的生活リズムを見ると、朝六時から七時の間に男女共に約半数が起床している。[11] 八時半頃から市場労働（ペイド・ワーク）をしている員数が増え、午前九時には女性の五〇%、男性の七〇%が就労状態にある。この男女間の二〇%差は日中、縮まることはなく、午後四時頃から職場にいる員数の減少が始まり、午後六時時点での職場残留者の割合は一〇から二〇%となっている。

　一方、午後五時から家事労働が活発となり、約五〇%の女性と約三分の一の男性が何らかの家事活動をしている。全体に二十四時間中、女性の家事活動率は、男性のそれより高い。しかし午後九時になると六〇%の女性、七〇%の男性が余暇時間に入っており、十一時には約半数が就寝、十二時に未就寝の者は二〇%となっている。

　土、日曜日の生活リズムは週日と大きく異なる。起床時間が男女共に約半数が普段より二時間程遅く八時から九時の間に起床、昼十二時には女性の六〇%、男性の五〇%が家事労働中である。時間が経つにつれ、余暇時間帯に入る員数が多くなり、土日の午後九時から十時にかけては、女性六〇%、男性八〇%で最高となる。

　週末の生活時間使用に関しては、家族構成によって男女間に大きな違いが見られる。幼児を持つカップルでの週末における家事・育児労働時間は女性に長く、男性は余暇時間としてテレビの前で過ごす時間が長い。子無しカップルの週末時間使用が男女類似であることを考えると、幼児を持つカップルは女性が家事などに従事する間、男性もテレビなどを観ながらであるが、とにかく、在宅している様子がうかがえる。

　生活リズム観察からは、週日は規則正しく生活し、週末は朝寝、幼児を持つ女性は週末に家事・育児に時間を多く費やすという、「平均的」スウェーデン人の生活が浮かび上がってくるが、次にカップル間における力関係と家事・育児配分を考察しよう。

二　夫婦間役割分担

　先に述べたようにスウェーデンでは男女は平等であるべきという理念は、かなり人々の意識の中に浸透してしている。例えば家庭における伝統的性別家事分担を支持する男性はドイツ、イタリアがそれぞれ四人に一人なのに対し、スウェーデンでは一〇人に一人の割に過ぎない。(12)とはいえ、職業資格に直結する教育進路選択志向の男女間差異は大きく、また、家事・育児への関与にも大きな違いが見られる。社会的理念と文化的伝統から来る個人としての男女への期待像は必ずしも一致せず、相反する複数の規範が共存しているようだ。

　そんななかでヨーラン・アルネとクリスティーン・ローマン*は、男女の経済的・労働的資源の家庭内での分配、また、それがいかに夫婦間の権力関係に関与しているかを調査した。(13)家事のうち、最もウエイトの大きい炊事、洗濯と掃除の夫婦間の分担形態を基準にし、それを平等型、準平等型、伝統型、家父長型の、四つのタイプに分類した。

　ちなみに平等型とは、炊事、洗濯と掃除の三項目を全般的に公平に分けている

＊ヨーラン・アルネとクリスティーン・ローマン　家庭内家事の分配法を分析の基点とし、性生活をも含む最もプライベートな分野である夫婦関係を、一歩踏み込んだかたちの野心的実態調査行なった社会学者チーム。政府の『女性調査』全一三巻中、丸一巻が彼らの研究にあてられている。

カップルであり、準平等型は二項目については公平に分けているが第三項目、例えば洗濯については大部分を女性が担当というタイプである。伝統型とは、二項目は全面的に女性が行なうが、三番目——多くの場合、掃除——は男性も分担するというタイプである。このタイプの男性はたまに食後の食器洗いもすることもある。最後のタイプ、家父長制型は女性が二項目については全面的に担当し、第三項目についてもほとんど責任を負うが、男性はたまに、食事の支度か、または掃除のいずれか一つを手伝う。[14]

表4によると、子供のない若いカップルが準平等を含む平等型が一番多く、両方で七二％となっている。ところが次の年代、幼児のあるカップルになると、平等と準平等型のカップルの割合が半数近くの三八％にまで、下がってしまうのである。家事分担の平等が維持できるのも子供ができるまでのようで、この表で見る限り子供という家族成員が加わると、女性の家事時間が大幅に変化し、その傾向は子供が学齢時に達しても変わらない（**表5**）。要するに子供ができると、女性の家事に費やす時間は、最短時である二〇～二四歳年齢層の倍近くになり、それがずっと六〇歳代になっても続くのである。

このように女性の生活使用時間形態は出産を機に大きな変化を見せるのであるが、男性について見れば、子供の有無や年齢などの家族サイクルの影響はさしてみられない。あえて挙げれば、若い子なし期と、子の年齢が七～一八歳時の家事時間が最短であることくらいであるが、最長期との差は女性のドラマティックな変化に比し、ごく些少である。

実は、女性の家事時間が長くなるという現象は、すでに男女がカップル関係に入り同居を始める段階より起こっている。[15] それまで一人ずつ行なっていた家事を一つにするのは合理化であり、時間の節約がなされるという見方が可能であるが、実際にはその逆なのである。同居により、それぞれの性の持つ「特性」を生かし、女性は炊事、洗濯など、また男性は家の修理などの得意分野を分担することにより、カップルはさらに大きい家を購入したり、食事に時間をかけたりして共同生活を楽しむのである。子供という成員が加わるのはその延長線に過ぎない。つまり男女はカップルとなることにより、性による役割分担を創造し、お互いの存在、もしくは愛を確認し合い、それによりさらに彼らの関係が深まるのである。

現在のスウェーデン社会では男性が家事・育児に関わったり、女性も壁紙を張り替えるのは当然と考えられている。しかし異性と同居することにより、家事・育児の責任は女性にあるという見解が強化され、それに多くの時間を費やす一方、家事・育児をしなくてよいという男性側の特典が顕著になる。『女性調査』の総括版にも触れられているが、男性という性そのものが一つの「特権」なのである。

男性は家事・育児に消極的に関わっているため、するべきことが見えない。つまり天井から蜘蛛の巣がぶらさがっていても、子供のおしめが濡れていても敏感に反応しないのである。それと、汚れ・散らかし等に対する「寛容度」にも差があるようだ。一般に男性は少々家の中が片付いていな

表4　家族構成別・男女別家事分担形態

家族形態	平等型	準平等型	伝統型	家父長型		員数
子なし	32%	40%	21%	7%	100%	56名
子あり（子の年齢0〜6歳）	13	25	39	23	100	231
子あり（子の年齢7〜18歳）	7	19	41	33	100	154
子なし（子育て後）	11	22	36	31	100	190
%	13	24	36	27	100	631

（出所）Arne & Roman, "Hemmet, barnen och makten", 1997, p. 27.

表5　家族構成ならびに家族サイクル別・男女別家事労働使用平均時間（単位／1週間）

家族形態	女　性	男　性	男女計	
20〜24歳・子なし	11時間08分	6時間01分	17時間09分	54%
25〜44歳　〃	14. 03	6. 53	20. 56	49
〃（子の年齢0〜6歳）	20. 24	6. 44	27. 08	33
〃（子の年齢7〜18歳）	18. 26	6. 15	24. 41	34
45歳〜・子なし	20. 49	6. 52	27. 41	33

（出所）SCB, Tidsanvändningsundersökningen, 1990/1991, 表8a+8b.

表6　男女別家事分担（回答者女性）

	いつも／ほとんどいつも女性	同じくらい	いつも／ほとんどいつも男性	合　計	員　数
食料品の買い物	58	32	10	100	654
食事の支度	73	19	8	100	655
皿洗い・後片付け	52	33	12	97*	651
洗　濯	81	13	6	100	655
掃　除	66	28	5	99*	653
家の修繕・維持	24	53	23	100	648

＊パーセンテージが100未満であるのは夫婦以外の人がすると答えているから。
（出所）Arne & Roman, 1997 : 139, p. 27.

くても平気なのである。[16]

以上三つの要素――男性という特権、家事・育児に関する消極性、整理・整頓に関する高寛容度――で武装している男性に、女性は責任感、積極性、低寛容度の組み合わせにより対抗する結果、より多くの時間を家事・育児に時間をかけることとなる。アルネ&ローマンのインタビューに、ある女性は「何度も言わないと用事をしない。遅らせれば遅らせるほど、しびれを切らして私がやってしまうのを、知っているようだ」と、語っている。[17] 対抗案は男性がやるまで辛抱強く待つ忍耐力を女性が養うことである。

別の女性は、自分のパートナーは自分から積極的に家事に参加すべきだと語っている。夕食の仕度を例にとると、彼女が三、四回連続してつくった後、次は彼に何かつくるよう持ちかけないと自分から言い出さないのは不公平だと不満をもらしている。[18] このように男性は言われたらやるが、責任感を持ち、積極的に家事・育児を公平にシェアーする気に欠けているのを、アルネ&ローマン調査は指摘している。事実、別の調査は失業中の男性さえ家事に関わる時間を増やさず、フルタイム・ワークを持つパートナーに大きな負担がかかっているのを示している。[19]

ここで少し育児休業保険にも触れると、それへの男性参加は一九七四年、母親から両親を対象とした制度への改革元年には総保険日数の〇・五%を父親が利用したのみだが、約二〇年後の一九九六年には約三分の一の父親が育児休暇をとり、保険日数全体の一〇・六%を利用するに至っている。

全体に世論の傾向としては男女ともに父親の育児参加は好ましいとしながらも、アルネ&ローマン調査によると、女性の約四分の一のみが配偶者に、より長い育児休業を希望しているに過ぎない。同質問に四〇%に近い男性が、もっと長期間取りたかった旨を挙げているにもかかわらずである。それについて、アルネ&ローマンは文化的・伝統的要因として、「良い親」であるべきという期待像が、男性より女性に強く求められているからとしている。また、経済的要因としては男性が長期育児休暇をとることによる経済的ロスが挙げられる。[20]

文化的要因は経済要因と相乗し、性別役割分担が一層鮮鋭化されていくのである。しかし、高学歴・高収入、また、特殊技能を持つ女性のパートナーたちの育児保険利用率はいったいに高いということは、将来のより平等な男女関係のあり方を暗示するものではなかろうか。[21] 高収入ならびに社会的な位置を獲得することにより、女性の母親としてのアイデンティティ・ニーズを希薄にし、それゆえ元来女性の領域であった家庭への男性進出をも歓迎できるのではないか。「家庭経済効率」による性役割分担、男性フルタイム／女性パートタイムによる市場労働／アンペイド・ワークの不均衡分担、女性の収入ならびに社会的位置の劣勢是正のカギの一つはここにあるようだ。

なお最後に、アルネ&ローマンによる四つの家事分担タイプと女性の私生活上の満足度などについての報告を付け加えておきたい。

表7によると、家事分担が多いほど、女性の不満度も高くなっているのがわかる。

▲男性と肩を並べる女性国連兵（ソデテリェ訓練場。提供 Tamiko Bjernér）

▲地下鉄の女性運転手（ストックホルム。提供 Tamiko Bjernér）

女性の家事分担が一番大きいのは家父長制型で、次に伝統型家庭と続くが、これら二グループの女性たちは家事の配分を不当と思っており、時々話し合いの場にも出すが、黙って堪える場合も多い。女性たちの夫との力関係における劣勢は明らかである。

女性側の劣勢要因の全面的解明の余裕はないが、収入との関係を見ると、予期されることであるが、女性の最低収入クラスには家父長型と伝統型が双方で七二%と圧倒的に多い[22]（**表8**）。さらに、アルネ&ローマンは女性の収入の大小が夫婦間の勢力バランスに影響するとしているが、最低クラスとの比較では二倍に近い数値ではあるにしても、最高収入クラスでも準平等型を含む平等型は、合わせて五〇%弱でしかないのは意外である。つまり最高収入クラスでも五〇%強の女性が、伝統型・家父長型家庭を形成し、家事の大部分を引き受けているのである。これを見れば夫との力関係の不均衡は経済的要因のみに因るものではないことがわかる。

つぎにある**表9**は同居生活の男女別満足度であるが、女性の結婚生活、または性的な満足度は平等型・準平等型に多く、不満足度については家父長型カップル女性が一段と高い。それにもかかわらず、後者タイプの家庭の男性不満足度は一様に低く、九〇%の男性たちが結婚生活を不満には思っていないということは特記に値しよう。パートナーである女性たちの三分の一が不満に感じているのに、である。これら男性本位で、夫婦間の意思の疎通の乏しい結婚生活は女性の抑圧度を増し、それが先に触れた女性のイニシアティヴによる離婚という形に具象化されるのではないだろうか。いずれにしても、女性の高アンペイド・ワークと低賃金は、夫との勢力バランス劣勢に密接に連動していよう。

三　アンペイドから ペイド・ワークへ

先の節では主に家庭内における個人レベルでのアンペイド・ワークを考察したが、スウェーデン社会に関する限り、社会レベルにおける考察も必須である。

先にも挙げたようにスウェーデンの女性たちは一九六〇年終盤から七〇年にかけて職場進出をとげた[23]。主たる理由は当時、福祉の政策基本が大きく変わり、育児、介護などに関する福祉責任が家族より国家に移行したことによる[24]。それにより個人家庭から家事・育児用の使用人が消滅するに加え、専業主婦たちはどんどん労働市場に進出していった。福祉政策による公的保育施設の拡大が彼女たちの就労を容易にしたのは言うまでもない。

専業主婦全盛期は一九四〇年から五〇年代にかけてであったが、五〇年には八〇万人の有職女性に対し、専業主婦数はその一・五倍に当たる一二〇万人であった。既婚女性の就労率は上昇一方となり、一九八四年には当時の首相、オロフ・パルメが「主婦という役割は死滅した」と演説するまでになった[25]。

それに加え、一九七一年に実施された税制改革がある。課税対象が夫婦単位から個人単位になり、既婚女性でも個人収入を持つことは、経済的自立と老齢付加年金の入手を意味した。家計を「不利」にしないよう、夫の収入額の大小に自分の収入を調節をしていたライフスタイルは、ここで明確

表7　タイプ別夫婦間の家事分担に関する感想と軋轢（回答者女性）

家族形態	平等型	準平等型	伝統型	家父長型
家事の分担は公平／ほとんど公平と思う	87%	87%	68%	45%
「パートナーに分担分の家事をするよう言い続ける根気がない」は自分に当てはまる／ほとんど当てはまる	23	29	53	63
「パートナーが家事分担を拒否する」のは我が家では当てはまる／ほとんど当てはまる	1	1	9	37
パートナーがもっと家事を分担して欲しいといつも／時々思う	34	53	74	78
家事分担についてよく／時々話題に出す	28	41	54	54
家事分担についていつも／時々意見が合わない	25	23	37	48
けんかしたくないので不平を口にしないことがよく／時々ある	14	15	35	48

（出所） Arne & Roman, 1997 : 139, p. 129.

表8　家族形態別女性収入（月単位／貨幣クローナ）

家族形態	平等型	準平等型	伝統型	家父長型		総　数
～9,000	8%	20%	39%	33%	100%	154名
9,000～12,999	13	22	42	23	100	214
13,000～16,999	15	28	33	24	100	152
17,000～	17	31	30	22	100	91

（出所） Arne & Roman, 1997 : 139, p. 47, 表9.

表9　男女別家族形態別結婚生活・性生活における満足・不満足度

	〈性生活〉不満または良くも悪くもない		〈結婚生活全般〉不満または良くも悪くもない	
	女　性	男　性	女　性	男　性
平等型	23%	35%	11%	20%
準平等型	20	29	11	19
伝統型	23	29	15	12
家父長型	37	23	33	10
平　均	27	29	18	14

（出所） Arne & Roman, 1997 : 139, p. 139, 表35.

に過去のものとなった。女性の経済的自立を促したこの税制改革の持つ意味は大きい(26)。ちなみに現時点では学齢前児を持つ女性の七八・四%までが就労している。これは女性全体の平均七四・五%を上回るものである。

これら女性たちが就いた職業は、主に拡張途上にあった福祉関連職であった。もともと育児、高齢者のケアー、学校給食など、家事・育児関連は得意分野であり、抵抗なく就労できた。彼女たちが就労することにより、育児施設の拡大が必要となり、それがさらに女性たちの就職先を増やすというメカニズムであった。何のことはない、いままで私生活では無償であった事柄を社会化することにより、福祉社会は女性に就労と経済的自立の機会を提供したのである。つまり、スウェーデンはアンペイド・ワークを社会レベルでペイド・ワークに変貌させたと言える。これは実に革命に近い、画期的な社会政策であったと言えないだろうか。しかし、『女性調査』の総括版も指摘しているように、公共部門は女性を悪条件で利用しており、その面では女性はいちおう就労はしたが、男性並みの経済力ならびに社会的地位の上昇機会に恵まれているとは言い難い。

おわりに

『女性調査』の総括版を読んでいて、スウェーデンで女性解放の入門書として一九七〇年初に出版され、あらゆる世代に読まれた本を、『スウェーデン女性解放の手引き』という題名で和訳された柳沢由実子さんのあとがきを思い出した。彼女は「何度も何度も『これは本当にスウェーデンのことを言っているのか』と疑って、表紙をひっくり返しては、日本のことを扱っているのではないことを確かめずにはいられなかった」と、今から二〇年も前に書いておられるのだ。続いて「言葉がスウェーデン語であることさえ忘れて、言葉の奥にある著者たちの怒りに打たれ、これほど女がおかれた状況は、普遍的なのだとうなった」と続けておられる(27)。まったく同じ感想を本稿を書きながらわたしも持った。『女性解放の手引き』のスウェーデン語原本が出てから三〇年も経過しているのに、女性たちはまだ怒り狂っているのが、『女性調査』総括版の行間からひしひしと伝わってくるのだ。

いずれにしても本稿の要点をまとめると、まず、スウェーデン男女のペイド・ワークとアンペイド・ワークをトータルすると、労働時間はほとんど同じであることが挙げられよう。スウェーデン社会の女性は、市場と家庭での「ダブルバインド」、二重労働はしていないのである。しかし、ペイドとアンペイド・ワークの男女間分配は不均衡で、男性は主に市場労働を担い、女性は家事労働を主とする分配法が主流となっている。それら労働分配は、男女それぞれの経済力、家庭内権力、通念のジェンダー観などと複雑に交差・影響し合い、多くの場合、夫婦間に不協和音をかもし出し、離婚の一要因となるのであろう。

なお、男女によるカップル関係が、お互いの「女らしさ」、「男らしさ」の強調により形成されているのは「平等」視点から見るに問題ありである。もし、本当に「何でも半分ずつ」関係を求めるのなら、別の文化規範が必要となろう。また、女性が専門職に就き、社会的地位を高めると同時に、夫婦間の勢力関係を拮抗させると、アンペイド・ワークの夫婦間分配もより公平となろう。

また、個人家庭におけるアンペイド・ワークを、社会レベルで集団的にペイド・ワークに変換させ、女性を自立に導いた社会政策は、スウェーデンがやりとげた個人間平等への革命的なステップであったと強調しておきたい。

（1）本稿におけるアンペイド・ワークは個人家庭における家事・育児労働と狭義に定義されている。ジェンダーとは社会的、歴史的に創出された性差であり、「女らしさ」「男らしさ」は特定社会に有効のジェンダー解釈とする。
（2）Eva Sundström 1997 : p. 13.
（3）二〇〜六四歳までの女性（SCB 1998）。
（4）Arbetslivsinstitutet/SCB 1997.
（5）『女性の権力に関する実態調査』のスウェーデン語の原名は"Kvinno-maktutredningen"。総括版の原題は"Ty makten är din...: Myten om det rationella arbetslivet och det jämställda Svearige". SOU 1998 : 6.
（6）SCB 1999.
（7）スウェーデンでは法律婚によらない同居が普及しているが、ここでは便宜上、同居、法律婚の区別には触れず、一様にカップル、同居などと表現した。
（8）調査は全国から二〇〜六四歳の四九二〇名の男女を無作為抽出（不適切者除外では四八八一名）、うち三六三六名から有効回答を得た。回収率七五%。一九九〇年の九月から翌年五月までのうち任意の週日一日と、土日のいずれかの合計二日の時間使用を一〇分単位により各人が記入したもの。なお、次回調査は二〇〇〇年の予定。
（9）庭の手入れのメインは芝生刈りである。また壁紙の張り替えや、屋根瓦のふき替え、ペンキ塗りなどの家の修繕やバルコニーづくり、また乗用車のメインテナンスなど、たいていのスウェーデン人は自分たちでやってのける。
（10）正確には男性の方が、ペイド・ワークとアンペイド・ワークに四〇分多く時間を割いている。日割りでは五・七分。
（11）SCB 1992, pp. 77-81.
（12）Eva Sundström 1997.
（13）一九九六年に実施のヨーラン・アルネとクリスティーン・ローマンのアンケート調査は、二五歳から六〇歳までの同居相手がいる男女個人を対象としている。全国レベル二〇〇〇名のサンプリングで男女合わせて一二八一名から回答を得た（有効回答率六八%）。また一部、聞き取り調査による質的補足も行なわれている（Arne & Roman 1997）。
（14）Arne & Roman 1997 : 28-29.
（15）同居を始めると週当たり女性四時間、男性一時間、家事時間が延長する（SOU 1998: 6, s47）。
（16）SOU 1998 : 6, p. 47.
（17）Arne & Roman 1997, p. 55.
（18）Arne & Roman 1997, p. 81.
（19）Flood & Gråsjö 1997.
（20）現行の育児休業法では最初の七二週間は休業当人の収入の八〇%、それ以降は一律に日額六〇クローナを補償するもの。
（21）"Ty Makten är din... ", SOU 1998:6, p. 52.
（22）この場合、女性がパート労働するゆえ収入面に影響があるのであろう。しかし、市場労働がパート時間ゆえに家事労働分担が多いのか、それともその逆なのかは、「にわとりと卵」論的である。
（23）塚口レグランド淑子『女たちのスウェーデン』勁草書房、一九八八年。
（24）Christina Axelsson 1992.
（25）塚口レグランド淑子、一九八八年。
（26）Christina Axelsson 1992.
（27）日本語版の題名は『スウェーデン女性解放の手引き』。作者モード・ヘッグ、バルブロ・ヴェルクメステル。

〈参考文献〉

Arbetslivsinstitutet / SCB, *Kvinnors och mäs löner*（女性と男性の賃金）1997.

Arne, Göran & Roman, Christine, *Hemmet, barnen och makten : Förhandlingar om arbete och pengar i familjen*（家庭、子供、権力——夫婦間における労働と経済についての駆け引き）. *Raport till Utredningen om fördelingen av ekonomiska makt och ekonomiska resurser mellan Kvinnor och män*（経済力と経済資源の男女間分配に関する調査報告書）: SOU : 1997:139.（Statens offentliga utredningar『国家公式調査』一九九七年一三九号） Arbetsmarknadsdepartementet（労働市場省）.

Axelsson, Christina, *Hemmafrun som försvann: Övergången till löearbete bland gifta kvinnor i Sverige 1968-1981*（消えてしまった専業主婦：スウェーデン既婚女性の市場労働への移行一九六八年〜一九八一年）, Stockholm universitet : Institutet för social forskning 21, 1992.

Flood, Lennart & Gråjö, Urban, "Tid för barn, tid for arbete : En undersökning av svensk hushålls tidsanvändning"（子供のための時間、仕事のための時間：スウェーデン世帯の生活時間調査）, In Göran Arhne & Inga Persson (eds), *Familj, makt och jämställdhet*（家族、権力、平等）, *Raport till Utredningen om fördelingen av ekonomiska makt och ekonomiska resurser mellan Kvinnor och män*（経済力と経済資源の男女間分配に関する調査報告書）: SOU : 1997:138, pp. 159-188. (*Statens offentliga utredningar*『国家公式調査』一九九七年一三八号） Arbetsmarknadsdepartementet（労働市場省）.

グループＲＩＭ編『「主婦の再就職——仕事します しません」』ＮＴＴ出版、一九九三年。

モード・ヘッグ、バルブロ・ヴェルクメステル著、柳沢由実子訳『スウェーデン女性解放の手引き』家政教育社、一九七九年。スウェーデン語原本 Hägg, Maud & Werkmäster, Barbro, *Frihet jamlikhet systerskap*, Göteborg : Författarförlaget.

SCB (Statistiska centralbyrån スウェーデン統計局), "Rapport 79 : I tid och otid : En undersökning om kvinnors och mäns tidanvändning 1990/1991"（二四時間全部——女性と男性の生活時間調査 一九九〇／一九九一）, 1992.

—— AKU（Arbetskraftsundersökningen 労働力調査）, 1998.

—— *Årsstatistik*（統計年鑑）, 1999.

Ty makten är din... : Myten om det rationella arbetslivet och det jämställda Svearige（権力は貴女のものだけど……　効率的な労働市場と平等社会スウェーデン神話）, Betänkande från Kvinnomaktutredningen : Utredningen om fördelingen av ekonomiska makt och ekonomiska resurser mellan Kvinnor och män :（女性の権力に関する実態調査報告書：経済力と経済資源の男女間分配に関する調査）SOU : 1998:6（Statens offentliga utredningar『国家公式調査』一九九八年六号） Arbetsmarknadsdepartementet（労働市場省）.

Sundström, Eva, "Bör kvinnor förvärvsarbeta?"（女性は市場労働すべきか） In Göran Ahrne & Inga Persson (eds) *Familj, makt och jämställdhet*, SOU 1997 : 138 : pp7-30.

3 〈座談会〉アンペイド・ワークから見えてくるもの

——グローバリゼーション、ポストコロニアル、家族・地域——

井上泰夫
姜 尚 中
立岩真也
（司会）中村陽一
川崎賢子

〈座談会〉

アンペイド・ワークから見えてくるもの

【グローバリゼーション、ポストコロニアル、家族・地域】

井上泰夫・姜尚中・立岩真也

司会＝中村陽一

川崎賢子

はじめに

この座談会は、アンペイド・ワークというテーマから見えてくる課題が含みもつ射程の大きさに対応するため、「アンペイド・ワークとは何か」をめぐって、特に既存の（「経済学的」）議論にとらわれない討議が必要ではないか、という意図のもとに企画したものである。

そのため、経済学（井上）・政治学（姜）・社会学（立岩）と、それぞれ専門分野が異なり、かつ必ずしもアンペイド・ワークそのものに限定して取り組んでこられたわけではない方々に編者（川崎・中村）も加わり、グローバリゼーション、ポストコロニアル、家族・地域といったキーワードないしキーコンセプトを糸口としながら、幅広い諸科学の文脈からアンペイド・ワークを捉え返そうと試みた。その意味で、第Ⅰ部におけるここまでの議論が、本書の主役であるアンペイド・ワークをめぐってのものであるとすると、この座談は、その主役が置かれている状況設定や舞台装置をめぐるものであるといえるかもしれない。

座談ということもあって議論は多岐にわたり、重層的に入り組んだいくつもの論点が次々と現れることとなった。また紙幅の制約で当日の議論を完全収録できたわけではなく、その点、やや行間を読み込むのが難しい箇所もあるかもしれない。しかし、アンペイド・ワークというテーマを通じて現代社会に生きる私たちに投げかけられているもの、このテーマが現代において提起されてきた背景にあるものを掘り起こすため、諸科学の垣根をこえて考えなければならない本質的な次元を問うたつもりではある。多様な材料に出会って視野を広げるような感覚でお読みいただければ、編者としては幸いである。

（中村陽一）

中村（司会） この企画を進めるなかで、アンペイド・ワークというキーワードを通して見えてくるものは、いま日本で議論されている以上に、人間と社会にとって大事なものではないかという思いを深くしております。ただ、そうであるにもかかわらず、アンペイド・ワークが何かということについては、もちろん議論はあるわけですけれども、よく考えるとわからないことがまだたくさんあるのではないかと思います。アンペイド・ワークとは何かということをめぐって、今日は政治学、経済学、あるいは社会学、文学といった、異なる分野でご活躍の方がたにお話をいただきますので、もう一度根源的なところからつきつめることができたらと思っております。まず、井上さん、姜さん、立岩さんの順でご報告いただき、それから討論してまいりたいと思います。

〈報告1〉グローバリゼーションの地平を越えて

井上泰夫

井上 政治学、経済学、社会学という異なるアプローチからアンペイド・ワークの議論に光を当てるということですけれども、確かに経済学にとっては一つの盲点であったと思います。経済学というのは、ご承知の通り、集計値を扱う学問として成り立っていまして、近代的・科学的な分析装置を二百年かけて精密化し、マクロレベルでもミクロレベルでも議論を精密化していったのが経済学の歴史だと思いますので、その土台自体が当てはまらないような領域というのは自然と盲点になる。これはイリイチが『シャドウ・ワーク』のなかで言っていることで、経済学者は自分が属しうる領域しか取り扱うことができないんだ、と。これは主流派の経済学に対する根本的な批判です。それに対して反主流派といいますか、異端派といいますか、集計値にすべてを還元することのできない社会関係、構造、そういう視野を入れた経済学を考えていこうという立場に立つとすれば、やはりアンペイド・ワークの議論というのをどう扱うか、が大きな問題になってまいります。

経済学の盲点とレギュラシオン理論

私自身はこの十年余り、批判的な経済学の流れのなかでレギュラシオンという考え方を土台に何とか経済学を考えることができないかということをやってまいりました。レギュラシオン・アプローチ*も、やはり集計値を真正面から取り上げつつ考察する分析枠組であるという意味では、確かに既存の経済学の潮流の一部を成しているわけです。けれども同時に、その集計値を成り立たせている構造とか、関係性

***レギュラシオン・アプローチ** 経済システムを自由競争が排他的に支配する市場競争に還元するのではなく、システムを支える経済的社会的諸主体、諸制度のもつ役割を重視しつつ全体的な理解を目指す考え方。

というものに分析のメスを入れる、むしろそこが大事なんだということを、少なくとも問題意識としては持っているということで、今日の議論に自分なりに接点があるだろうと感じております。

まず、経済学における例のホモ・エコノミクスという虚像、これはつくりあげられた人間像ですけれども、これもイリイチが言っていることで、最初に勤労者と主婦、男性と女性のカップルがあって、そして完全雇用とシャドウ・ワークの同時的な展開なり発展が産業社会の歴史なんだ、といっております。しかしながら、ホモ・エコノミクスと言われる人間というのは、中性的な、ニュートラルな人間で、同時に新古典派経済学*の核心である絶対的、普遍的な合理性をそなえているという人間像を想定する。そしてそれは時空を超えて存在するということです。そうした人間間の行動から均衡が生まれ、その均衡は市場メカニズム、いわゆる需給関係のみを通じて実現してくるんだと。この三セットを現在の経済学の主流派の中心的なパラダイムであると考えることができるわけです。

しかし、現実の経済というのはまったく異なるということを経済学者は重々承知しているにもかかわらず、こうした人間像をつくりあげて、そのなかで分析を深めていくというずれがあるわけです。そのずれをなんとか崩すということが大きな問題になってきます。

まず一つの論点として、現在の経済の動きのなかで一番大きな問題は、ほかの方がたもとりあげられると思いますが、グローバリゼーションです。国際化、世界化を越えて進展するグローバリゼーション、文字通り地球が市場で一つに覆われるという、そうした幻想なり虚像になってきている。これはアメリカの一極支配ということと重なり、社会主義体制が中国には残っておりますけれども、事実上の市場経済への移行ということを踏まえますと、資本主義もオンリーワンしか存在しないんだ、収斂するんだということになってきている。そのなかでこのアンペイド・ワークの問題というものも現実にはでてきている。

そこを私なりに考えてみると、グローバリゼーションを二つの軸からとらえることができるのではないか。それは、生産のグローバリゼーションと金融のグローバリゼーションです。とりあえずその二つに分けましたけれども、両者は密接に絡んでいるわけで、現実には一体となって同時的に展開している。しかし、単純化を恐れずに整理してみますと、仮説ではありますけれども、生産のグローバリゼーションがまず始まったのかもしれない。フォーディズム*の危機のなかで、国内市場が狭くなり、国境を越えて資本が販路を求めて輸出攻勢をかける。そして多国籍企業が直接投資という形で周辺部諸国に進出していく。周辺部諸国における多国籍企業の誘致と輸出主導型成長という形で、八〇年代にアジアのＮＩＥＳを含む形で経済成長が始まってくるという、この側面です。

これを見てみますと、イギリスに始まり日本に至る工業化の第一世代から第三世代までの経験と、ある程度重なっている。つまり、本源的なテーラー主義*という形で単純組立工程から工業化に入っていく。そしてその工業化の労働力の担い手となるのは、若年女性、未熟練労働者の大量雇用である。だいたい二十歳前後、結婚年齢までの労働力の投資であって、それ以降はまた取っ替え引っ替えしていく。日本でいえば女工哀史的な状況があった。そういう時期は、これまでの資本主義の工業化で広範に見られた。そうした低賃金・長時間労働の本源的テーラー主義から、周辺部フォーディズムの形成へという経済成長のパターンです。結局、国内市場が一定の消費財についてできあがるか否かというところが一つの分かれ道になり、そういう国内市場で通用する工業品を自国で生産することができるようになる。そしてそのために熟練労働が育成されていく。この段階では若年女性労働者の大量雇用から、今度は男性の熟練労働者が育成されるという方向に力点は移っていく。

▲井上泰夫

いのうえ・やすお／1951年福井県生。パリ第2大学大学院経済学研究科博士課程修了。名古屋市立大学教授(経済学)。主著に『〈世紀末大転換〉を読む』(有斐閣)ほか，訳書にR・ボワイエ『世界恐慌』(藤原書店)。

そして、男性が勤労者、女性が主婦という伝統的なフォーディズム的家族構成ができることになると思います。それは十九世紀ではイギリスのブルジョワジーが典型的に実現したことだし、ヘンリー・フォードが今世紀初めに、アメリカで典型的な工業労働者の家族を考えたとき、専業主婦という性別分業を非常にはっきりと考えていた。テーラーももちろんそうであったと言えます。

そういう形で工業化、そして経済成長へと近代の歯車が回っていき、生活水準が名目的にせよ、全体に底上げされ、工業化が進んでいく。生活水準は工業化という面で見ればプラスになるけれども、それは生産第一主義と環境破壊という壁にぶつからざるをえない。現にアジアのNIESでもくり返し起こっている問題です。しかも、先進国がゆっくりと時間をかけてやってきたところを、非常に圧縮した形で行なわれるため、個人のライフスタイルに大きな圧迫を与え、一世代足らずの間に生活が全部変わっていくという状況がある。

そうした、伝統的な工業化のパターンがあるとすれば、現在それと重なって起こっているグローバリゼーションは、金融のグローバリゼーションというもう一つ大きなうねりになっている。フォーディズムによるハイパーインフレで、金融資本家がインフレを前にして金融の自由化を主張し始める。つまり、ハイパーインフレとともに金利による利ざやが喪失されることに、金融資本の利害を代表する人たちは非常

＊**新古典派経済学**　現在の経済学の支配的なパラダイムのひとつであり、自由競争を通じて経済システムの一般的均衡が実現するという考え方に基づいている。

＊**フォーディズム**　一九四五年から一九七〇年にかけてOECD諸国で実現した大量生産・消費・浪費型の経済成長を意味する。

＊**本源的なテーラー主義**　工業化の初期段階であり、国際貿易の比較優位の源泉を低賃金・低熟練に基づく生産システムに求めることを意味する。

に脅威を抱いたということです。そこから規制緩和の波が生まれたわけですが、それが結果として何を引き起こしたかというと、バブル経済化です。このバブル経済化が世界的に、グローバルに進行するとどのような帰結を産むかが一つの大きな問題となる。先ほどの生産のグローバリゼーションは直接投資主導型であって、一応ここには物づくりによる経済成長への道ということがあったんですけれども、こちらは金融主導型の成長である。つまり証券市場、株式市場、資本市場で、投機的な、電話一本で相場を動かす。そして、うまくいけば巨額の富、フローが流れる。

アメリカの繁栄の強さと弱さ

アメリカのここ十年ぐらいの非常な好景気というのは、基本的には金融主導型の経済成長で、株高が一万ドルを越え、一万ドルどころか一万一〇〇〇ドルの歴史的な最終水準を突破したと言われる。そしていかにも安定しているような印象を与える。それが経済成長の基本になりうるんだということが、一方で強い見方としてある。

先ほどの直接投資主導型の物づくりを中心とした工業化、経済成長は環境破壊あるいは生産第一主義という形で壁にぶちあたったけれども、それとはまったく質の違う不安定性を経済のなかに持ち込む、という根本的な問題をかかえているわけです。しかしながら現象としては繁栄が非常に目につく。繁栄に入っている舞台に参加している限り、参加することができる限りでは大きな経済的なレント（社会的な剰余）を受け取ることができる。しかし、そのレントというのはバブルとともに起こるし、バブルとともに消えざるをえない、というところが大きな問題だと思います。

そういう形で、それが八〇年代半ば以降もてはやされる。そして世界銀行を中心として、先進国市場のみならず新興市場、アジアあるいはラテンアメリカに資本の自由化の波が押し寄せてくる。先進国で過剰になった資本がそこに大量に入ってくる。なぜ入ってくるかというと、高金利でもって短期間で莫大な利益を上げることができるからです。八〇年代末から九〇年代初めのいわゆるアジアＮＩＥＳの国ぐにに旅行しただけでわかったように、空港を降りた途端に日本の大都市にも見られないような高層ビルが林立している。そんなに造って大丈夫なのか、よく考えれば見えたはずですけれども、それがアジアＮＩＥＳのダイナミクス、パワーなんだと当時は理解されたし、そういう理解がまかり通っていた。

それは確かに現地にバブル経済化による繁栄をもたらしたけれども、その経済的な剰余の配分は、国民全体に平均的に配分されるというよりは一部の人たちに、いわば突出する部分に特別なレントとして配分された。つまり、資産価格が投機的に上昇する。それは株であっても不動産であってもいいわけですけれども、そこに経済的な動機を見いだすことができる階層です。そうした人たちは比較的、新しいビジネスに積極的で、しかも先進国帰りの学歴を持って、新しい事業欲が盛んである。そして伝統的な経営者像を自分たちは破るんだという意識は持っているわけですけれども、そこからでてくることは、非常に限られたところに社会的な剰余が配分され、しかもそれが非常な投機性を帯びているという状況です。そうした剰余を得た人びとは、アメリカのニューリッチ的な消費パターンをエンジョイできる。

そこではかつての女工哀史的な、本源的テーラー主義に見られるように、女性が若年労働者として出発し、曲がりなりにも家庭を持ち、男性が世帯主となって家族を形成していくというより、いきなりハイソサエティのようにメイド付きの大邸宅を持つことができて、大きな支出を、例えば子供に行なうことができるようになる。そして消費生活が非常に高級化、奢侈化していくというパターンになってくるのではないか。同じような家族形成のなかで、アンペイド・ワークは形成されていくわけですけれども、二つのグローバリゼーションのなかで方向性が非常に違ってくると言えるのではないか。

アメリカの繁栄は続いておりますけれども、アジアではそれがアジアの危機という形で二年前に終息しました。それ自体は当然であったということになるわけですけれども、しかしその影というのが大量の不良債権が発生して、それが社会的にも経済的にもまだ解決がつかない。日本についても、それはもっとも大きな問題である。さらに政治をふくめて、社会的なヘゲモニー自体が不安定化し始めているわけで、十年前であれば市場に任せておけばいいんだと主流派の経済学者は言っていたんですが、もはやそういうことは言えなくなってきている。

やはりここでアジアの成長というのを考え直さなければならないし、そのなかでアンペイド・ワークを含む社会的な労働のレギュラシオンがどういう形で、文字どおり制度的に設計されるべきであるか、そういうことが問題としてでてくると思います。アンペイド・ワークの議論というのは、家事労働が支払われるか支払われないかという、実利的な、実践的な意味を持っておりますけれども、もう少し広く考えてみますと、やはり社会における目に見える労働と目に見えない労働を含めて、社会生活をどう設計すべきなのか、という問題がでてくると思います。

そういうことを考えてみますと、一つはレギュラシオンの次元が現在、このグローバリゼーションのなかで非常に錯綜している。従来、それは国民経済の枠組で考えていくことができたわけですが、もはやそれではすまなくなっている。しかし同時に国民的な枠組が完全に姿を消したわけではない、と私は思っております。レギュラシオンの一つの次元としては、国民的な枠組はいまだ存在理由を持っている。ただ、その変容が起こっているわけで、文字通りスーパーナショナルな、超国家的なレベルでのレギュラシオンも起こっている。同時にそうではない逆の、リージョナルな、あるいはローカルなレベルでのレギュラシオンのあり方も起こっているという、国民経済のレギュラシオンで、従来のフォーディズム的なレギュラシオンというのは、二つの方向に向けて確かに変容しはじめている。その間で現在バランスをとっているというのが国民的な枠組の姿だと思います。

第三セクターの展望

最後に、そうしたところからアンペイ

ド・ワーク、あるいは見えざる労働、社会的な活動の設計ということに関わって、第三セクターという展望を考えてみたいと思います。これはフランスのレギュラシオニストで、一九九九年六月に行なわれますヨーロッパ議会選挙の「緑の党」の候補者であります、アラン・リピエッツ（現在、欧州議会議員）の発案です。この第三セクターなるものは、確かに従来の第一セクター、公共部門でもないし、あるいはいわゆる民間の市場部門でもないというものです。日本のいわゆる第三セクター、半官半民で事業を展開する、というよりもう少し内容のある議論です。

フランスの大量に存在する失業問題の解決策として「緑の党」が出し、政治プログラムになっているわけですけれども、現在の失業手当ては、もっぱら失業者救済の意味で、ただ金銭的に支払われるだけで、それは消費生活を支えることはできるけれども、社会的に有効な形で活用されているかどうかは非常に疑問であると。そこで、政府の失業対策補助金をファンドにして、第三セクターを事業化することができないだろうかということです。その場合に事業化のファンドとして初期資本投資をつくるわけですけれども、運営はあくまで地域のローカルなレベルで職業教育を行ない、しかもその場合の技能形成は、いわゆる家事労働・家業等々を中心とした地域生活に密着したニーズが母体になる。エコロジー関連、高齢者介護、家事労働の補助、あるいは地域のネットワークの維持ということに関わる活動に関する諸々の技能形成を行なう。ある程度、専門的な技能を形成し、育成して、そしてそこでローカルな需要に対応する。そうすると社会的、エコロジー的な雇用をローカルな形で生みだすことができるのではないかということです。もちろん税制上の優遇措置を付けることもできるわけです。そういう形で家事労働の再編成ということも第三セクターの展望の中に入ってくるだろう。

結局、ローカルな再生産の基盤拡充といいますか、それはおそらく従来の消費生活を、アメリカ的生活様式をモデルに、もっぱら消費財を増やし、消費するのが豊かになることだという、そうした基準をかなり変えていくことになるだろう。やはり二十世紀のフォーディズム的な成長では、消費生活はアメリカ的なライフサイクルが世界的に浸透していくということだったけれども、それが見直されるべき時に来ている。そういう意味ではローカルな、土着に根ざした消費生活でなければならないし、生産活動もまたそうした地場産業なりの育成ということになってくるかと思います。

これは私の仮説かもしれないですけれども、イリイチが出したヴァナキュラーなものの重要性ということと少し重なってくるのではないか。その地に根づいているものの重要性です。おそらくイリイチの場合、もっと反市場的な、土着的なものの重視という姿勢が強いと思いますけれども、そうしたものをポスト産業社会と言われる現代社会に焼きなおし、個人に引き移すとすれば、リピエッツ的な第三セクターの展望には、もちろん協同組合あるいはNGOといったパブリックでもない、マーケットでもない、シビルな諸々の活動が入ってくると思います。そういうことが一つ大きなところとしてでてくるのではないか。

中村　おそらく最後におっしゃった、第三セクターの展望とヴァナキュラーなものとの関わりあい、交差する点をめぐっての議論があとでまた出ると思います。それでは引き続きまして、姜さん、お願いします。

▲姜 尚 中

かん・さんじゅん／1950年熊本県生。1979年早稲田大学政経学部大学院博士課程修了。東京大学教授（政治思想）。主著に『マックス・ウェーバーと近代』（御茶の水書房），『オリエンタリズムの彼方へ』（岩波書店）他。

〈報告2〉文化のグローバル化とポストコロニアルのもとで

姜 尚 中

文化のグローバル化とアンペイド・ワーク

姜　いまの井上さんの話と関わるのは、グローバル化もしくはグローバリゼーションということです。そのことと少し関わらせて話ができればと思います。中村さんの方からはポストコロニアル*のコンテクストのなかでと言われたのですが、これが非常にむずかしい。ちょうど研究所の同僚と「グローバリズムの遠近法」というのを『世界』（一九九九年六月号）に書いたんです。それはどちらかというと文化論的視点からグローバル化を考えていこうということです。

まず、なぜそもそもアンペイド・ワークというカテゴリーが、少なくとも旧来の経済学的な狭義のホモ・エコノミクスとか、あるいは政治学でもそうだと思うんですけれども、ウォーラーステインが『脱=社会科学』の中で言っているような意味での、十九世紀的な歴史と社会と人間の主体に関わるようなモデルというのか、そういうものではとらええきれないものとして、この時期にこういう形で問題化して浮上しているのかということです。それは一つにはやはりグローバル化という問題がかなり大きいのではないかと思います。

おそらくアンペイド・ワークという問題をめぐって、文化やいままでの知のあり方それ自体をも問題化していく契機となるのではないかと漠然と考えています。私の

***ポストコロニアル**　世界の中心部における第三世界的状況と、グローバリズムによる支配的文化の浸透の同時進行など、多様な領域において文化の境界の錯綜が生じている状況。そこから、境界そのものを揺さぶろうとする動きをポストコロニアリズムと総称している。

話はそんなに論証的でもないし、本当に荒っぽい議論にすぎないかもしれませんけれども、一応ここでは、アンペイド・ワークという問題を考えていくときに、グローバル化という問題をどうおさえるのか、まさしくこれを通じて、じつはアンペイド・ワークをはじめとする、領域化された学問ではとらえきれない「境界例」がかなり増殖しているようなイメージがあります。

精神病理学などでもボーダレス・ケースというのは非常に大きな問題になっています。そういう観点から見ていくと、アンペイド・ワークという概念が注目されるのもけっして不思議ではなくて、そういう意味ではグローバル化をいま、どうわれわれが理解しておくべきなのか、ということが、アンペイド・ワークを考えていく上でも重要な前提になるのではないかと思います。井上さんからグローバリゼーションを生産と金融という形で整理していただいたんですが、その一方で文化のグローバル化というのは何なのか、ということから話を進めていきたい。

つまり、グローバル化は、いわば生産やファイナンスに関わるような経済システムの地球的な規模の拡大、浸透というインフラストラクチャーの拡大というのがあって、マードックやディズニーランド、あるいはCNNのような、現在のメディアのテクノロジーを通じて資本が世界的につくりだしているものを文化のグローバル化と通常考えているわけです。けれども実際は、むしろわれわれの日常のハビトゥス、経験の様式、コミュニケーションのモード、そういう自分と他者をめぐる共同性のあり方の非常に日常的なレベルでの変化というのを、グローバル化を考えていくとき、一方において考えなくてはならない、そういうことだと思います。

ですから、グローバリゼーションを経済に、ローカリゼーションを文化に、あるいはグローバル化をむしろ空間化し、文化というのはむしろ歴史や時間軸に関わるというようなダイコトミー（二分法）がグローバル化を語る場合の言説のある固定化されたモードになっているわけですが、じつはそうではない。そのときに、グローバリズムとポストコロニアルという問題が大きな手がかりになるのではないか。

それをもう少しマクロな視点からみていったらどうなるのか。アパドゥライという学者がグローバル化を五つの側面とその絡み合いから整理しています。ファイナンス・スケープ、メディア・スケープ、テクノ・スケープ、イデオ・スケープ、エスノ・スケープ。この五つのディメンジョンというものが複雑に絡みあいながら、現在のグローバル化を形づくっているというわけです。スケープというのは、ご承知のとおり、景色というか地形です。そしてもう一つ、私はミリタリー・スケープを入れて考えるべきだと思います。だいたい六つの次元の相互的な関係というものをグローバル化を考えていくときにみていくべきです。

拡散していくグローバル化

さきほど、井上さんからイリイチのヴァナキュラーなものの可能性ということが言われましたけれども、その場合のヴァナキュラーとは一定のローカルな場所性と結びついているわけです。それはなんらかの形で土着的と考えられるものです。ただ、そういうヴァナキュラーなものとヴァーチャルなものとが非常に拮抗しつつ何かある関係性をつくってきつつあるのではないか。それはメディア・スケープとエスノ・スケープの相互連関を考えていくとすぐわかることです。例えば外国人労働者が一定のメディアの「第三世界」における変容のなかで北へ向け移動していく。そこには自分たちの考えているヴァナキュラーなレベルでの生活の価値観とは違うものが出てきてしまうという現実があるわけです。つまり、グローバル化というときに、ローカルな場所性と、場所を離脱していく、没場所性というんでしょうか、この二つのベクトルが矛盾を含みながら動いているのではないかという気がします。

じつはそのことが人種や、ジェンダー、セクシュアリティ、民族、エスニシティ、あるいは階級という問題を考えていくときにも、そのアイデンティティをめぐって複雑な文様を広げていくことになる。その場所性と没場所性をめぐる拮抗と相互関連が、グローバル化を考えていくとき、われわれがどうしても念頭におかなければならない重要なテーマではないか。当然なんらかの形で場所と結びついた歴史があるわけで、それがイリイチ的な意味でいうとヴァナキュラーなものを発生させる場なわけですけれども、しかしその場それ自体がまた意味を持たなくなってくるという面があるわけです。

それは、いま言われている、なぜナショナリズムなのか、なぜ記憶の問題なのか、ということとも通底している。グローバル化を考えていくとき、生産やファイナンスという面だけではなくて、そこまで広げて考えていく必要があるのではないかと考えています。

グローバリズムをそうとらえた場合、資本主義の二十世紀的な終わりに現れている現実をどうとらえていったらいいか。これをウォーラーステイン的に少し整理してみたんですけれども、基本的にウォーラーステインの考え方は、十七世紀以来、資本主義的な世界システムは、一度として純化された資本主義を知らなかったということです。だから労働形態において異質なものをいかにして複合的に編成していくかが問題でした。グローバル化は、たんに同質化し、ホモジーニアスに世界がなっていくのではなく、つねにそこにある差異を、ローカルにおいても、エスニックな面においても利用しながら価値の増殖をはかっていくシステムであるし、その限りにおいて、階層構造としては中心と周辺という構造が、そのアクターは変わりながらも構造的にはずっと固定化してきた面があったと思います。

しかしどうもグローバル化というのは、もっと拡散していく面があるのではないか。つまり、アメリカのなかにかつて考えられなかったほどの、いわゆる第三世界的な状況が一方においては現れています。空間的にも社会構造上でもそうです。さきほど井上さんが、突出する一部の富裕層と言われましたけれども、実際、アメリカの中産階級の所得構造はドラスチックに変わっている。一方において、かつてであればルンペンというより事実上流民化したような人びとがいわば第一世界のど真ん中にいる。都市論から見ると、到底考えられなかった状況が生まれてきつつある。メキシコ人が世界中で第二番目に多い国というと、アメリカのカリフォルニアになってしまうんです。いわば中心・周辺構造のきっちりとしたハイアラーキーは、崩れるというより拡散していく。そしてもう一方においては周辺のなかに、いわば中心でもお目にかかれないようなある種のエンクレーヴ（飛び地）的なものが現れてくるという、そういう変化が起きているのではないだろうか。

そうすると、労働をめぐる問題でも性差別とエスニックな労働力の再編成を通じて、世界システムの構造的な関係を絶えず再生産できるようなシステムが、従来考えられていたよりもっと複合性を増大しているのではないかという気がしているわけです。外国人労働者の問題一つとっても、例えば外国人労働者として日本に流入してくる人びとが、日本で一定期間、自分の労働力の対価として獲得したものを現地の社会に持っていくと、日本の一般の中産的な市民でもおよびもつかないような豊かな生活を保証される場合もありうる。そういうように空間的な差異が崩れていくような変化が起きているのではないだろうか。

そこから考えていくときに、性差別、つまりセクシズム対エスニシティの問題や、あるいは家父長制の問題とアイデンティティの問題は、もうちょっと違う座標系を考えていくべきなのではないかと、まだ分節化されてないんですけれども、考えているわけです。

アンペイド・ワークのもつアンビヴァレンス

その一つとしてアンペイド・ワークの問題をとりあげてみたいのです。アンペイド・ワークとポストコロニアル、あるいはグローバル化という問題を考えていくときに、カルチュラル・スタディ*や文化人類学でそうですが、カースト、身分、人種、階級、エスニシティやジェンダーなどで被差別の状況に置かれているサバルタン*という問題に議論の焦点が当てられていて、これはいうまでもなく、スピヴァク*をはじめ、いろんな形で言われていることです。階級やエスニシティやジェンダー、そしてカースト的にみても、一番のアンタッチャブルとして位置づけられている女性、その女性の生きている社会、その社会のなかの共同性と、その社会のなかにすさまじく進んでいるグローバル化という問題、そういうなかでサバルタンの問題を考えていこうという動きがでてきています。一言でいうと、サバルタンというのは、いままで考えられてきたシャドウ・ワークのもっとも集約的な部分を担っているアンタッチャブル、とりわけ女性ですけれども、いわば非生産的労働として社会的生産の外部に位置づけられながら、しかも世界システムのエスニックの編成のなかでそれをもっとも底辺で支えている部分として位置づけられてきたわけです。

しかし文化論的にいうと、このサバルタンの問題がじつは非常に重要な意味を持ってきている。サバルタンという存在が浮上してくるのは、グローバル化なしには考えられなくて、それはやはり伝統社会の解体ということが一方で言えるわけです。そして生産労働と非生産労働との境界がぐちゃぐちゃになってくる。それからもう一つはやはりジェンダーという問題が非常に大きくて、個別化が進んでいっているわけです。

　もう一方で、サバルタンの問題を考えていくとき、非生産的労働の内部で行なわれている文化的なアイデンティティの再生産、そこでのサバルタンの意味ということを主張している人びともいるわけです。つまり、ポストコロニアルという問題を考えていくときに、当然自分たちのアイデンティティが絶えず大きな問題として浮上してくるわけですけれども、そのアイデンティティの文化本質主義的な形での再生産ではなくて、むしろグローバル化という形で現れてくる文化のグローバル化との交渉、ネゴシエーション、そういうなかで自分たちの過去の文化的な共同性を絶えず新たに再創造していく、そういう動きが一方では起きているわけです。これはマイノリティ、とくにエスニック・マイノリティの場合にそうですし、第三世界においてもそういう現象が現れてきている。

　その場合、アンペイド・ワークは、たんに不払い労働という形で位置づけられるのではなくして、一方において文化本質主義的という意味でのアイデンティティとは違う、むしろグローバル化とのコンタクトを通じて自分たちのアイデンティティを新たに再編成し創造していく、そういうものを支えていくある種の無償労働として働いていたのではないかと思うんです。もちろん、それは一方においてはシャドウ・ワークとして、いわば性差別や、あるいは家父長制的な支配のなかに押しこめられている部分があったわけですけれども、もう一方では、サバルタンのアイデンティティが、なぜグローバル化のなかで浮上してきたのかを考えていくと、じつはいま申し上げたようなことが言えるのではないだろうか。

　だからアンペイド・ワークというのは、サバルタンの問題として関わらせると、一方における性差別と家父長制支配という問題と、もう一方ではグローバル化のなかの自分たちのアイデンティティの新たな再創造というか、そのための無償労働という意味も持ちうるのではないか。だからそこでもあえて、アンペイド・ワークのアンビヴァレンスを言ってみたわけですけれども、これは私自身の個人的な体験からいうと、かなり妥当するんじゃないかと考えているわけです。

　ですから、アンペイド・ワークをある種のエスニック・マイノリティや、あるいはサバルタンの問題として考えていくときに、そのアンビヴァレンスをどう引き受け、文化のアイデンティティの問題として無償労働という問題を考えていけるのかど

＊カルチュラル・スタディ（ーズ）　必ずしも体系的な方法や明確な研究領域があるわけではないが、現在、一種のブーム化をしている。もともとはイギリスにおける、マルクス主義的な背景をもった文化研究に発しており、階級的な文化形成を社会的実践との関係で解き明かそうとする。

＊サバルタン　副次的存在とも訳され、西洋、支配階級、男性などの側にあるとされてきた「普遍的真理」をおびやかし、揺さぶる存在として立ち現れる。

＊G・C・スピヴァク（一九四二〜　）周縁やサバルタンの側からの文学、思想の解読として反響を呼んだ『文化としての他者』などの著作で、作品が批評家や作者自身からも自立的なものであることを示し、既存の作品理解の方法に疑問を提出した。

うか。しかも、文化本質主義的に、ある民族やエスニシティが何か本来的なアイデンティティを持っているというのではなく、そういうことを考えていければいいと思います。それはたんにヴァナキュラーなものだけに限定されずに、一方でヴァーチャルなものとどう接合させるか、とも言えるのではないかと考えています。具体的には、例えばインド人も、中国系あるいは韓国系、朝鮮系も、かなり地理的に離散しているわけですが、そういう人びとがヴァーチャルな形でネットワーキングをしていくというのも一方で起きているわけです。

　ですからさきほど井上さんがヴァナキュラーな問題を一つ可能性としてあげられたけれども、それを考えていくときに、ローカルな場所性というものを固定化せずに、むしろ場所を離れた部分との接合のなかでサバルタンの、あるいはエスニック・マイノリティの文化的なアイデンティティの再生産、それを支えていくアンペイド・ワークのようなものが一つ考えられないかなということを考えてみました。

中村　終盤の方で語られたアンペイド・ワークが持っているアンビヴァレントな部分を、ポストコロニアルな状況のなかでどういうふうにこれから考えていくかというのが、アンペイド・ワークの今後を考えていく際の一つの軸になりうる発想ではないかと感じて聞いておりました。それでは、立岩さんにお願いします。

〈報告3〉アンペイド・ワークと家族・地域

立岩真也

払うとどうなるか

立岩　アンペイド・ワークという言葉にはそうとう複雑なことが絡みあっていますから、何をしゃべっているかわからなくなるというか、何か議論されているんだけれどもかみ合っているのかなとか、そんなことがいくつも出てくるように思います。だから、こんがらないためにも、ここまでだったらとりあえずわかるみたいなところから話をしていって、だんだん話を複雑にしていくやり方があるのかなという気もするんです。

　それで、例えば介護ということを考えたいのですけれども。介護・介助という行ないがあって、それが無償の仕事として行なわれてきたという経緯があり、今の現実があります。それに対してそれを社会化しなきゃいけないと言われたりする。あるいは無償であるものが、将来どういう形で有償の仕事になっていくとか、いかないとか、それはよいのか悪いのかということが言われたりする。例えばそんなことから考えてみてもよいと思うんです。

　そのときにも、有償という言葉でわれわれは何を考えているのかというと、一つには、利用者が直接自分の財布からお金を出して、やってくれる人にお金を払ってやってもらうというかたちがある。それとももう一つ、そうではなくて、負担を社会が負うといった意味での社会化という場合がある。どちらか、あるいは両方か、ということになりますね。どちらのことを話しているのかということをまずはっきりさせなければいけないでしょう。

ここでは、この仕事が政府を介した社会サービスとして行なわれるべきだという前提で考えてみようと思います。今まで家族がやらなければいけない、あるいは自分のお金でやらなければいけないということになっていた。それは当然、自分のお金がない人はできないということだった。それじゃいけない、社会的な責務、義務としてそういうことが行なわれるべきだという前提をとったとします。そうしたときに、そのことと、無償・有償ということがどう結びつくのか考えてみようというのです。

全社会的な責務であるべきだという前提と無償という性格とを両立させようとすると、一つに、全社会成員に強制労働みたいなかたちで介護労働なら介護労働を課すという方法があります。しかしこれが果たして可能であろうか、あるいは望ましいことであろうかと考えてみる。そうするといくつかの理由から、おそらくそれは可能でもないだろうし、望ましくもないだろうとなる。とすると、もう一つの方法、誰かにやってもらう、その仕事をする人の生活を社会が支えるという形で、社会が負担を負う、そのやり方しかおそらく残らないだろうと思うのです。すると、この前提ではおそらく有償化という戦略、アンペイド・ワークをペイド・ワークする、そのペイを社会が払う、政府を介して税金として払うという戦略しか考えつかないだろうと思います。私はそれでまちがっていないと思います。でもそれについて文句が言いたい人は何か言ってくれれば、議論になるだろうと思います。

▲立岩真也

たていわ・しんや／1960年佐渡島生。1990年東京大学大学院社会学研究科博士課程修了。立命館大学先端総合学術研究科助教授（社会学）。主著に『私的所有論』（勁草書房），共著に『生の技法』（藤原書店）ほか。

さてこの話が本当だとすると、今まで無償だった仕事が有償化されます。それについて言われていることというのがまた不思議なのです。つまり、そうすると社会的な負担が増えると言うのです。今まではただでやってもらっていたものが、社会化することによって、例えば国民負担率が上がる、それで負担が増えると言われるのです。それが高齢化社会に対する不安の少なくとも一部を形づくっています。アンペイドがペイドになると、社会がペイしなければいけない分だけ社会の負担が増え、大変になって、だからどうしなければいけない、例えば、あるところまで抑えなければいけないみたいな話になっていく。もちろん抑えてはいけないんだという陣営もいるわけですが、その陣営も、そして社会福祉は大変だという陣営も、双方明確なことが言えているかというと、じつはそうでもない。

けれど、簡単に言えば、有償化するだけでは仕事量は変わらないのです。ならば社会的な負担量はトータルでは変わりえない。何が変わるかというと、今までその仕事をしてたんだけれどもお金を受け取ってこなかった人が、お金を受け取るようになる。じゃあ、そのお金を受け取った人はどこからお金を受け取るかというと、今までそれについてお金を払っていなかった人が払うようになる。とりあえずはそれだけです。ところがこんなことにさえ誤解がある。だったらまずその誤解は解いておく必要がある。

ただ、それでとどまるかというと、おそらくそうじゃないです。その仕事をしている人自身の生活が保障されない中での仕事は、当然やりづらいです。そうすると適当なところでやめちゃうということは当然ありうるし、やめざるをえない。それで十分なサービスができないことが当然ありうる。それが社会化され、その仕事に支払いが行なわれるようになると、これは仕事をしたらしただけ、お給料がもらえるということでもありますから、今までは不十分だったけれども、もっとできるかもしれないと、人びとが、いろんな動機によってそういう仕事を行ない始めるかもしれない。そうすると、それまでそこそこのところに抑えられていた仕事が、システムが変わることによって膨張する可能性はありますね。仕事の量自体が増える可能性があります。この場合には、社会の全仕事量が増える、あるいは仕事の総量を一定とすると他の仕事、他の生産がその分少なくされることになる。さてそこで、ではそれじゃいけないかを考えることになります。例えば労働の供給量がこれ以上増やせないぎりぎりの線にあるのか。失業がある以上、そして失業があるにもかかわらず、生産がそう不足しているとは思えない以上、労働の供給自体が困難だとは言えないはずだ。さて、ならば何が問題なのか。そんなふうに考えてみてよいと思います。

すると、どうしても突き当たるのが、一つには、国境が存在するとともに人や財の移動はある程度可能であるという、私たちが置かれている条件です。ある部分のサービスに国内の労働を十分に投下すると、それ以外の、成長に結びつくような産業が手薄になる可能性がないことはない。経済が世界的なものであると同時に、国家という国境によって仕切られているという、二つのシステムが組み合わさった状況では、国家対国家の競争という問題は依然として残ります。そういう形で国際社会が組み上がっているということ自体、ある種の社会サービスの足枷になる可能性がある。とすると、そこのところをどう変えていかなければいけないのか、という話になるだろうと思います。

介護から始まった話は、そこにいったりする。われわれはなぜ成長に結びつかない部分への労働の投下が増えることを恐れ、成長部分が圧迫されることを心配するのか。そんなことも考えることにつながっていくんだろうと思います。

ちょっと不正確な言い方ですが、無理して今われわれが行なっているのは、不要で無用な成長を維持することを目標にした社会運営であって、その視点から、今なされなければならないことが説明できると思うんです。しなければいけないことは、強制的な成長、政府が介入して成長を維持するといった類いの経済政策を、ある人にとってはエコロジー的な視点からかもしれませんし、ある人にとっては一人一人の自由という立場からかもしれませんけれども、否定していくこと、少なくとも無理して成長し、それによって社会的な問題を糊塗するのではない方向に社会を持っていくことだと思います。そのためにさまざまなことを考えたらよいと思っています。「停滞する資本主義」というのは、人によっては非常に不景気な言葉でよろしくないと言うんですが、僕はそういう不景気な言葉が大好きなので、「停滞する資本主義」とか、「冷たい福祉国家」とか、そういう方向を考えられるんじゃないかと思います。[1]

（1）立岩「分配する最小国家の可能性について」『社会学評論』49―3（一九九八）＊、「停滞する資本主義のために――の準備」、栗原彬他編『知の市場』（挑戦するダイアローグ・6）、東京大学出版会（近刊）。（＊はホームページ http://itass01. shinshu-u. ac. jp/tateiwa/1. htm からも読めます――以下同様。最初のページの「立岩真也」のところからご覧ください。）

専業主婦という存在

今のは一つの例題ですけれども、たぶん非常に大切な、これから考えなければいけない、少なくとも僕は考えたいと思っているテーマです。こういった問題の大きいのが、少なくとも二つ三つあると僕は思っています。例えば、女性の労働、主婦の労働、あるいは主婦の位置という主題についても、同じく謎めいたこと、あるいは議論が混乱している部分がたくさんあると思えるのです。例えば一つ、少なくとも日本における、パートをしているわけではない専業主婦、今では少数派、めずらしい人たちとなりつつあるその人たちのことですが。アンペイド・ワーク、家事労働の経済的評価といった議論は、一つには支払われていない家事労働を評価して、女性の地位、位置を高めようとする。それは象徴的な意味でということもありますし、実際に払われてなかったんだから払ってもらうわよというムーブメントも一部あったわけですけれども、そういったことも含めて、主婦の仕事との関わりで出てきた部分もあるんだけれども、この話もかなり慎重にやらないと、実践的な帰結としても変な話になると僕は思っています。そのことは書きましたけれども、話の前半を書いていても、書き方がまずかったのかもしれませんけれども、原稿用紙二〇〇枚ぐらいになったんです。そのぐらいのサイズの話だと僕は思っています。

　このことを考えた初発の動機というのは単純な話で、少なくとも日本における、専業主婦の仕事がそんなに大変なものだとは思えない。それをいろいろな言い方で、もちろん評価する分にはかまわないんだけれども、経済的な評価に乗っけて、何か言おうという戦略は、基本的にまちがっているのではないかという感じがしていました。もちろん、性別分業に関わる深刻な問題はあるのですが、それは主婦が家庭内でやっている仕事が経済的に高い価値があるのに経済的に評価されないという問題ではないと思う。問題はもっと別のところにある。ほかの仕事ができない、ほかのやりたいことができなかったりする、そういうだれでも思っているようなことです。そっちに問題の本質はあるのであって、そこを違うように言ってしまうと、話自体がこんがらかって違う話になっちゃうんじゃないか、そういう気がします。

そしてこれは歴史的に考えても、じつはミースにしても、彼女の本をよく読むと、そういう歴史記述はしてるんです。例えば専業主婦は、家事を行なわせるために出現したのかというと、歴史的にはまったくそんなことはないのです。むしろ家事もやるし、野良に出て百姓もやるしという女性がいて、世界的に見ればそういう女性の方が今でも圧倒的に多いのです。そういった状況から、外でやる仕事から撤退する過程として、専業主婦の誕生がヨーロッパであったし、日本でもあった。そのことをどう解釈するか、考えるのかということから考えないとまずい。

だから、この専業主婦のアンペイド・ワークは、非常に近代的な現象だと僕は思っています。それは、家の前で百姓して、作物を市場に持っていくこともあるけれど、持っていってもたいして金にもならなかったりして、基本的には自分の家で食べる、そういう第三世界でのアンペイド・ワークとは、共通の部分もあるにしても、与えられている象徴的な意味も含め、違うんだということから考えていかないと。それをいっしょくたにしてアンペイド・ワークという形でもっていったら違うと思う。もちろんどこの世界でも、日本でも第三世界においても女性は大変です、でもその大変さの意味は違う。そこははっきりさせて、この言葉を使わないといけないのではないかと思います。[2]

（2）立岩「夫は妻の家事労働にいくら払うか——家族／市場／国家の境界を考察するための準備」『千葉大学文学部人文研究』23号（一九九四）＊

安く雇われると誰が得するのか

あと例えば、これはアンペイドじゃなくて実際には払われているわけですから、アンペイド・ワーク論の中で議論するというのもちょっとまずいのかな。市場のなかで安い労働力として女性が使われているという現実ですよね。女性とは限らないわけだけれども、あるカテゴリーの人がほかの人たちに比べて、同じ労働能力があるけれども安く使われているということがある。そのことをどう理解するのか。それに対してどういうカウンターの案、システムを対置するのか。これはこれで、今までお話しした話とは違う大きな話だと思いますし、もちろん労働経済学の人であるとか、フェミニズムの人がさんざんいろんなことを言ってきたんだけれども、まだよくわからないところがある。単純に言えば、同じ労働ができる人になんで労働の価格の差をつけなければいけないのか。その差をつける動因は、マーケットの側に、あるいは雇用する側にあるんだろうか。素朴に考えて、ないような気がするんです。けれど現実には格差が明らかに存在します。その格差を生みだしているもの、その格差から利益を得ているものは何だ、誰なんだろうか、と考えてみる必要も出てくるだろうと思う。

その問いに対してどういう答を出すかによって、何をすべきかは確実に変わってくる。非常に荒っぽい話をすると、AさんとBさんがいて、Aさんは一〇〇取っていた。Bさんは五〇だった。それは不当だからBさんも一〇〇にする。基本的にわれわれはそういう発想で考えてきたと思うんです。合わせるという発想。でもそれは本当は違っていて、適正な価格は七五で、A

さんは不当に一〇〇取ってきたんだと。例えば第一世界にいる男性労働者は不当に賃金を得てきたんだという解がでる可能性もあると思うんです。一〇〇と五〇がいたとき、五〇を一〇〇に合わせるという解が正しいのではなく、一〇〇を七五に下げることによって五〇を七五に上げるという解の方が正しいんだという結論は出てきうると思います。そうなるだろうと、今漠然と考えています。同じ払われるということの格差をどう理解するかによっても、どういう社会設計を考えるかは全然違ってくる。(3)

(3) 立岩「労働の購入者は性差別から利益を得ていない」『Sociology Today』5(一九九四)＊

今日は雑駁な話をしちゃいけないと言いながら雑駁な話をしてしまいましたけれども、そういうことを考えていくことのなかにアンペイド・ワークを考える面白さがあるのだと思います。労働をどう分配するかということ、そしてまた労働に対してわれわれがどういう意味づけを与えているかも考えること。払われない労働に対しても、じつはその意味が空白だったわけではなく、私たちは意味を与えてきた。例えば不払い労働である家事労働は、ある種持ち上げられたりもしてきたわけでしょう。ある種持ち上げられることによって専業主婦の存在意義というものが醸し出されてきたのです。そういう意味でアンペイド・ワークに対して経済学は空白においといたかもしれないけれども、われわれの社会はある種の意味を与えてきたわけです。で、払う労働にも与えてきた。

こうしたことをどう評価し、どういう形で組み換えていけよいのかを考えてみる。すると、もうちょっとみんなが適当に働いて適当にゆるゆるしている社会がよいと僕は考えるのですが、そのためになにをどういう方向に持っていくのか、そういう話がだんだんできていくのではないかと思っています。そこにアンペイドとかペイドという話を結びつけていくというのか、そういうことをいま考えています。

討論

エロスはどこへ行くのか

中村 予想どおりといいますか、予想を越えてといいますか、そう簡単に話をうまく結びつけるというふうにはなっていないわけですけれども、私なりにいくつかまとめたい点もございますが、少し整理するきっかけをいただく意味でも、川崎さん、いかがですか。

川崎 まず一つはアンペイド・ワーク論について、日本型のいわゆる専業主婦の問題という枠だけで語ろうとするのはおかしいということです。私たちはこれまでの議論のなかでもやはり南北問題なり、グローバリゼーションとローカリズムの問題、あるいはヴァナキュラーと呼ばれるような領域と切り離して考えることはできないと考えてきたわけです。

それからもう一つは、どういうふうに訳すかということですが、アンペイド・ワークが無償の仕事、支払われない仕事であるということと、それが搾取された仕事であるというのとは、まったく意味が違うと立岩さんがおっしゃったのは、まさしくそうであると、これもおさえておくべきことではないかと思います。

私は文学を専攻しているわけですけれども、ディドロ『ラモーの甥*』の看破したとおり、芸術家は経済的に依存しても支配されるわけではないし、つねに裏切る可能性というか、裏切り得ることが芸術家なり遊民なりの才能であるということが、近代とともにあったわけです。扶養されているということと、支払われていないものを支

▲川崎賢子

かわさき・けんこ／東京女子大学大学院文学研究科修了。日本近代文学・文化専攻。文芸・演劇評論家。主著に『彼等の昭和』（白水社）、『宝塚』（講談社選書メチエ）、『読む女書く女』（白水社）など。

払い化するということの意味の違い、それとならんで、あまり生産していないけれども食べてゆける、食べてゆこうとしている、あるいは生産性がない、商品価値がほとんどないものをつくり出そうとしている芸術家の問題というのは、なかなか面白いと思いませんか。

それから、家族はどうなるのか、エロスはどこに行くのだろうということを文学から考えてみた場合、二年ぐらい前でしたか、いわゆる家庭外恋愛小説ブームがありまして、渡辺淳一の『失楽園』が片方にあり、片方に林真理子の『不機嫌な果実』があり、後者はつねにヒロインが、「私って損してるんじゃないかしら」という声にそそのかされるんです。最初ヒロインは独身時代に、妻子のある、それなりに小金持ちの男性とつきあっていて、そういう家庭外恋愛をしているのは、女として損してるんじゃないかしらという声にそそのかされて、恋愛を捨てて結婚するわけです。で、結婚すると夫を周りの稼ぎのいい男たちと比べ、私って損してるんじゃないかしら、と、それでまた今度は夫以外の男性に幻惑されて、家庭外恋愛に奔る。そのくり返しで、専業主婦予備軍であるような女性たちに、「貴女の今の生き方、それは損なんじゃないか」とそそのかす声が、マス・メディアから流れてくるという形の〈恋愛小説〉。それが流行するとは興味深いことです。

ところで、立岩さんのこれまでの著述のなかに、まずは家族の、性の間の、あるいは世代間の支配の物質的基盤を破壊し、家族の凝集力をたんに心理的基盤の上にのみ置くことを上野千鶴子さんはめざしているはずではないのか。そこに関しては立岩さんも反対はしないという書き方をしていらした部分があったと思うんですけれども、「たんなる心理的基盤って何だ」と、この機会に読み返して、思ったんです。「たんなる心理的基盤」とは何だろう、エロスなんだろうか、幻想なんだろうか。そういうものが「たんなるもの」として成立することってありうるんだろうかというのが、ちょっと疑問に思った部分です。

それは必ずしも性の間の、あるいは世代間の支配の物質的な基盤を破壊したからエロスが壊れた、という言い方ではなくて、その凝集力っていまどこにあるのだろう、ずっと拡散しつつあるんではないだろうか。立岩さんが言及していらしたのは数年前の『資本制と家事労働』のなかでの論議ですけれども、現在ある種の女性たちはおそらく、最近のジェンダー・スタディーズの、例えば『現代思想』の特集などで、竹村（和子）さんと上野さんが悦ばしげに語っていた、もはや感情的なエコノミーは男と女でケタ違いにかけはなれてしまったのだから、男女の共生に男を引きずりこむということもムダだというような論議に転じているのではないでしょうか。エロスが解体しつつあるということをくり返し言っているだけかもしれませんけれども。

▲中村陽一
なかむら・よういち／1957年石川県生。1980年一橋大学社会学部卒。立教大学教授（NPO／NGO論）。著書に『日本のNPO／2000』（共編著，日本評論社），『都市と都市化の社会学』（共著，岩波書店）ほか。

　それからもう一つ、エロスはどうなるのかということにつけ加えて、私たちのフォーラムでも話題になったことですけれど、和製英語でジェンダーフリーという言葉が一人歩きしていますね。行政なり地方自治なりの間で流通していて、これはバリアフリーからの連想による造語らしいのですが、取り除くべき障害としてジェンダー、性差の境界というものを実体化して、実体化した上で攻撃の対象としている。かなり多くの女性たちがそこに共感を寄せているということは何を意味しているのだろうと考えておりまして、できましたらみなさまのご感想をうかがわせていただきたいところです。

ワーク／レイバーの意味の変容

中村　いま三本の報告をいただき、それから川崎さんにもコメントの形でお話しいただきました。皆さん、それぞれのお立場からアンペイド・ワークというテーマに焦点化された形で問題が提起されてくる背景を、いくつかのキーワードで語られたと思います。

　そのなかで一つ、私なりに見えてきた感がするのは、やはり少なくともいま日本で言われているアンペイド・ワークに関わる議論のレベルで、かなり見落としている、あるいはそもそも問題の視野に入ってきていないことが非常に多くある。それに目を凝らしていくことが、おそらくせっかくこのアンペイド・ワークという議論が提起されてきた本来的な次元を問うことになるのではないかと思います。

　例えば、おそらく日本でのアンペイド・ワークの議論をコンパクトにまとめたで

＊ディドロ『ラモーの甥』　フランスの百科全書派の哲学者ディドロ（Diderot, Denis, 1713-1784）が、実在の作曲家ラモーの甥との対話の形式で、体制を逸脱しつつ体制に寄食する者の悪徳と自由をつづった作品。旧体制を告発する危険思想の書として、ディドロ生前には発表されず一八〇五年、ゲーテのドイツ語訳で発表された。

あろうと思うもので、久場嬉子さんと竹信三恵子さんによる『「家事の値段」とは何か』（岩波ブックレット）という小冊子があります（このタイトル自体すでに考え込んでしまうところがあるのですが）。皆さんの報告をうかがった上で見ると、いろいろ引っかかるところがあるので、いくつかあげます。

例えば「無償労働の貨幣評価」は、「賃金はもらっていないが、人間の生活に必要な労働が、社会のなかにどの程度あるのかをつかむためのもの」だという。しかし、それがなぜ貨幣評価でなければならないのかということには、立岩さんではありませんが、素朴に疑問を持ちます。それから、「人間が生きていくために必要な労働には」アンペイド・ワークとペイド・ワークの二種類がある、という書き方なんですが、この二種類で分けることの意味ももう一度問い直さなければいけないと思います。あるいはまた、もちろん、主婦労働あるいは主婦業というものの評価をめぐっての議論ではないんだ、ということを再三、久場さんたちもおっしゃっていて、それはいいのですが、今回のアンペイド・ワークの評価について、こういう言い方をされているんです。「労働なのに賃労働ではないため見えない部分を、だれにでも見えるよう量的に把握し、その公正な分配を考えて賃金でしか物事を測れない市場経済の歪みを減らそう」という試みだと。ですが、貨幣評価からこういうことは本当に可能なのか。

現在のアンペイド・ワークとされているものが男女間で非常にバランス悪く配分されているから、それを見える形にして、そのバランスを是正しようというのは、当然出てくる方向性だとは思うんです。それに対してけっしてそんなことは無用だとか、ケチをつけるつもりはまったくないんですが、ただそれだけでアンペイド・ワークの議論を終わらせてしまうのでは、あまりに、この問題が現代で提起されてきた背景が見落とされているような気があらためていたします。

そこでワークとレイバーということについて、ちょっと調べてみました。レイモンド・ウィリアムズ*の『キーワーズ』、これは『キーワード辞典』（晶文社）として翻訳されておりますけれども、その中でワークとレイバーと、ついでに関係したものとしてアンエンプロイメント（「失業」と通常訳されておりますが）について見てみます。

詳しいことは時間の関係で省きますが、例えばワークという言葉、これは、ウィリアムズによれば、何かをすること、そしてなされたものを表すもっとも一般的な言葉として出てきたものである。ただし、近代以降、この言葉は主として有給雇用に限定されて使われてきている、これが興味深いことであると。だから一家の采配をふるい、子供を育てる多忙な女性というのは、働く女性、すなわち有給雇用されている女性とは区別される、と書かれているんです。つまり、この言葉が賃金や俸給のために働く、すなわち雇用されるという状態に関する定義によって修正されてきた歴史がある。

それからワークとレイバーとの間には非常に興味ある関係があるということを言っております。レイバーにはご承知のように、苦痛とか労苦という、中世的な意味があった。じつは初期のワークにもそういう意味があったとウィリアムズは書いています。それが次第次第にワークは有給雇用との関係で語られる言葉になってきた。じつはレイバーの方も、非常に面白いなと思ったんですが、仕事という意味と、さっき申しました苦痛とか悩みという意味と両方を背負って中世で使われはじめてくるわけですけれども、もともと土地を耕すとか、土地に関する仕事をするという共通の意味が、動詞としてのレイバーにはあったというのです。つまり、ある意味では非常にヴァナキュラーな、具体的な場所というものに関わる意味も、どうやら当初はあったのではないかという気がします。それが近代のなかで、いわば中世的な意味合いからはだんだん離れて、測定し計算しうる構成要素というものを前提にしたものになっていく。すべての生産的な仕事を指していたレイバーという言葉が、近代以降、資本と材料を共同して商品を生みだす、そういう生産の要素を意味するように変わってきた、ということを述べています。

ですから、私たちはなんとなく通俗的にはレイバーを労苦という意味にとって、仕事をもうちょっと広い意味にとるような感じでいますが、ワークもレイバーもともに近代のなかで、いま申し上げたような色合いを帯びてきたということがあるんだと思います。ウィリアムズの言っていることを前提にすればということですが。

それから、失業と通常訳されているアンエンプロイメントにしても、もともとは、職がないというよりも何もしていないという用例として使われてきている。ですからイリイチが失業ではなくて雇用されていない状態なんだ、というふうに言ったのは、かなりそれに近い用例かと思いますけれども、そういうものが徐々に失業ということに、つまり有給雇用についていないという近現代の意味に変わってきている。

ワークとレイバーについてちょっと見ると、こういうまさに近現代の社会の中での問題性というのが出てくるわけで、本当はアンペイド・ワークというテーマも、そういうスパンのなかでもう一回みていかなければいけないのではないか、ということを皆さんから出たキーワードとともに考える必要があるのではないかと思っております。

ですから、議論として一つはやはりアンペイド・ワークというテーマに凝縮される形で、ある問題が提起されてきている。その背景をもうちょっと、日本でのいままでの議論で語られているものとは違うレベルで語るとすると、どういうことなのか、ほかの方の報告に対する質問や意見などのやりとりを交えて、明らかにしていきたいと思っております。

それから、おそらく重なりあいながら出

＊レイモンド・ウィリアムズ（一九二一〜八八）　文学・メディア・大衆芸術など幅広い分野における思想運動の論客であり、長年ケンブリッジ大学の現代演劇教授も務めた。イギリスにおけるニュー・レフトの代表格として知られ、『文化と社会』（一九五八）における階級的な文化形成と実践というテーマは、今日のカルチュラル・スタディーズの源流ともいわれる。他に『長い革命』『田舎と都会』『文化とは』など邦訳も多い。『キーワード辞典』（一九七六）は八〇年に邦訳され、現代の文化と社会を読み解くための鍵となる一一〇の基本用語について、その語源・用法・意味が豊富な資料に基づき解説されている。

てくる話なので、一番目、二番目というふうにはできないんですが、もう一つの切り口としてぜひお願いできればと思っております のは、これからということです。例えば、いま言われている議論では、計測しバランスを再配置して乗り越えていく、簡単にいうとこういう戦術なわけです。しかし、いま皆さんのご報告をうかがったなかでもたくさん出ておりましたように、たんにそういうことではない部分も相当繰り込んでいかなければいけないだろう。例えば、これは私がやっていることともかなり関わりますが、井上さんがおだしになっていた第三セクターしかり、また姜さんのお出しになっていた文化的アイデンティティの再構築、再構成というなかで、ヴァナキュラーなものとヴァーチャルなものとをどういうふうに考えていくのか。これは当然、たんにいま支払われていない労働(と、とりあえず言いますが)を計測し、バランスを再配置して、それでなんとかなるということではないわけです。立岩さんがいろいろな側面にわたって出されていたことも、おそらくそうだと思います。そういうことを考えた場合に、いまの議論をどう乗り越えていけるのかということも議論できればと思います。

一応、私としてはこの二つぐらいの柱をめぐって、もちろん混ざりあいながらでけっこうですので、やりとりができればと思っております。どなたか話の口火を切っていただければと思いますが……。

サービス負担の社会化と「濃い」人間関係の両立

川崎 立岩さんの送ってくださった資料の中で、例えば夫の扶養家族に入っている専業主婦の家事労働をペイド化すると、いまよりも受け取り分が少なくなる、あるいは貧困化する可能性があるとおっしゃっていたんですが、それは大変興味深い計算でした。そこでは、家庭内での夫と妻との取り分の配分は、「ゼロサム」であるとおっしゃっていらっしゃいました。が、アンペイド・ワーク論が日本で出てまいりました際に、問題は専業主婦の家事労働に集約されてしまいましたけれども、一方には、北側の専業主婦問題ではなく、マリア・ミースのいう「主婦化」の問題があります。これからを考えると、主婦が漠然と抱えている一つの不安として、いままでのように専業主婦をやっているから無条件で扶養してくれる、あるいはそれが保障されるという給与体系そのものがサラリーマン社会の中で壊れつつある。まさにそれはグローバルな経済システムのなかでの動向なんですけれども。システムの総体に変動が生じて、マイナス成長になる可能性がある、「ゼロサム」の総計の容量そのものが縮小していく、ということが、漠然と不安としてぶら下がっているように思うんです。そのあたりはいかがでしょうか。

立岩 僕らが持っている単純なダイコトミーとして、支払い関係というのは何かクールな冷たい関係で、支払われずに行なわれる仕事というのは一種の贈与であり、親密な濃い人間関係だというのがあるじゃないですか。アンペイドというのはいろんな文脈で使われるけれども、ペイドは普通に言う意味でのエコノミーの中にあるもので、アンペイドはそうじゃないという発想があって、それが今、例えばケアとか、そういう言葉がはやりで、ケアというのは精神的なもので、たんなる仕事と違うんだみたいな話になってくる。そういう話にたぶん関係すると思うんです。それはけっこう大切なポイントだと思う。

まず、そういう濃い関係を、つねにそれを受けたい人が求めているわけではないんだけれども、例えばケアならケアという仕事はそういうものだと最初から決めちゃって、それとアンペイドということを結びつけたりする傾向がある。じつは受け手は、そう思ってなくて、やることをやってくれればそれでいいよということはけっこうある。そういう現実を見落としてしまう、なかったことにしちゃうというのがあると思うんです。

それからおそらく有償であっても、どこかで濃い関係を求められたりするとは思うんです。さびしいとか、人と話をしたいとか、そういうことってあると思います。そういうことを人がほしがっている。そういうものが要るということと、有償であるということは、必ずしも反りが合わないわけじゃないと思うんです。むしろそういう関係は関係としてあった上で、その人の生活を支えてあげるというか、つまりだれかがだれかにすごく時間的に関わったら、その間その人はほかの仕事はできないでしょう、稼げないじゃないですか。だからその人は関わりたいと思っても十分に関われない。でもその人が生活できるものをあげたら、かえってそういう関係は保てる場合もありますね。そういう意味では、仕事に払われるのか、その人の生活に払われるのかわからないけれども、その人に支払われるということと、それからその仕事が一種の濃い関係であるということは、場合によっては両立するし、場合によっては必要であることさえあるということが二つ目です。

そういう意味では、国家が税金を集め、その税金によってそういうサービスのための負担を社会化するということと、一人一人の関係の近さを両立させるということは、うまくやればできると思っています。実際、国家が直接そういうサービスに関わろうとしても、もともとそういうことは上手じゃないので、どうしてもうまくいかない。だから国家は集金係に徹する。みんなからお金を持ってきて、そのお金を配分する仕事に徹して、もっと具体的なパーソナルな関係は、一対一とか、あるいは小さな組織とか、それはかなりの部分、非営利の組織になると思うんだけれども、そういったものが具体的な人づきあいをやる。そのための金を集めて配分する仕事を国家がするという、そういうやり方でけっこういけるのではないかと思います。[4]

（4）安積他『生の技法　増補改訂版』藤原書店（一九九五）の第八章、立岩「私が決め、社会が支える、のを当事者が支える――介助システム論」。

それから家族に関して、僕は物質的な利害と家族関係はいっさい切り離すのに賛成です。それによって残るものがあるかないかはどちらでもよい。あればあったでやっていくし、なければないで、それでみんな困っていないのだから崩れていく。要らないんだから崩れていくわけで、崩れていってもいっこうにかまわない。けれども現実には、物質的利害が関係の支えになっているというよりむしろ、関係を崩したり作ったりしていく環境を阻害しているというか、むずかしくしている部分が大きいと思う。ですから、個人単位で生活保障、社会保障をやっていく。その上で集いたい人が集えばよい、同性であろうが異性であろうが、と基本的にはシンプルにそう思っています。

個別化と共同化の接合へ

中村　さきほどの報告のなかで、姜さんと井上さんの間で、グローバリゼーションとアンペイド・ワーク、それからヴァナキュラーなものとアンペイド・ワークをめぐって、重なり合いながらも少し位相の違う議論がでたと思うんですが、そのあたりに関してはお二人のところでどうでしょう。もう一度、少しやりとりをしていただけたらと思いますが。

姜　今日はちょっと、与えられたテーマじゃなかったので話さなかったんですが、アンペイド・ワークというと、例えば徴兵はどうなるのかなと思うんです。国家というものの、戦略的には共和主義的理念に立てば、みんなが公民としてシヴィック・ヴァーチューを実現し、共同体との関係を持つことがその人間にとって本来の、オーセンティックなアイデンティティなわけです。例えば僕は批判したけれども、京大の佐伯啓思さんたちなんかのシヴィック・ナショナリズムという言い方があります。要するに彼らが言っていることは、グローバリズム＝アメリカニズム＝リバータリアニズム*＝ある種の野放図な自己決定権、これは資本主義の一番醜悪でセルフィッシュなものによって侵された世界だと。そのアンチテーゼとして彼が言っていることを要約すると、要するにアンペイド・ワークだというんです、国家に対する。

　一方ですべて貨幣計算できない仕事というのは無だという考え方と、逆にその貨幣経済の対極的な世界にあるものこそが本来の人間の人間たる所以だという、ある種の共和主義的なコミュニタリアン*の考え方があるとして、それがある種ファンダメンタリズムとして二つあるとすると、いってしまえば、われわれがいまここで議論していることは、さっきの第三セクター方式もそうだけれども、イクストリームな議論ではなくて、個別化と共同化を何とか接合できるようにということだと思うんです。

　ただ一方で、極端な議論としては、アンペイド・ワーク＝国への奉仕ということで、それは具体的にいうと徴兵としてある。もっとも徴兵や徴用の場合でも有給や補償が伴うケースもあります。しかし生命の代替不可能性を考えますと、徴兵と徴用はアンペイド・ワークの極限事例と言えるでしょう。だからこのアンペイド・ワークというものを考えていくときに、一つは個別化の原理というのか、その人のなんらかの形での、まだ整理はできないけれども、自己実現とか、そういうものと可能なかぎり関わりうるような仕事、と同時に、それがある共同化のベクトルを持っている。たぶんそれが具体的には何なのかというのはもっと詰めていかないといけないんですけれども、もしそれがないと、結局、アンペイド・ワークというのは、それこそウルトラ・コミュニタリアンの議論からすれば、はっきりいえば徴兵ですね。佐伯さんたちは「グローバリズムという虚構」（『アスティオン』一九九八年夏号）などでそれに近いことを言っている。彼のいうシヴィック・ナショナリズムを一言でいうと、要するに公共性の復権ということ＝最終的には無償労働としての徴兵、要するに生命を投げ出すということをも想定している。

そういうこともグローバル化とともに起きているということも、やはり考えなければならない議論ではないか。確かに基本的には自己決定権にもとづいて、自分の個別具体的な自己実現ということが一つの仕事の根幹にありうると思うんだけれども、同時にそれをなんらかの形で共同性へとつなげていこうと。それは近代経済学的にはアダム・スミス以来の見えざる手とか、いろんなものを使いながら、また境界原理とかいうのを使いながら、なんとかセルフィッシュなものと社会性とを結びつけようといろいろ考えてきたと思うんです。でもいま進んでいるグローバリズムは、まちがいなく、もう完全なゼロサムゲームになっていて、それこそ個別化の原理だけが自己肥大している。そういうなかでパブリックなものとは何かということがずっと言われていて、その議論の一つの極に、いま言ったような議論がある。つまり、アンペイド・ワーク＝精神のいわば無意識的な共同体というか、あるいは佐伯さんの言葉を使えば、精神の習慣としての国家で、それはたとえフィクショナルなものであっても、その存在がないかぎりにおいては、一切の共同性なりアイデンティティが成り立たないんだという議論を展開しているわけです。そのことをグローバル化のもう一つの面としてやっぱり考えておく必要があって、それを今後の展望の問題として考えていくべきではないか、そう思います。

アンペイド・ワークを担う中間集団の実現

中村　次は井上さんにおうかがいしたいと思うんですが、いまの姜さんのお話で非常につながるなと思ったのは、佐伯さんたちが批判して止まない、カッコ付きの市民主義の議論は、日本でアンペイド・ワークを議論している流れと実際かなりクロスするところがありまして、佐伯さんたちから見れば、それは非常に野放図な個人主義の延長線上で、市民という装いをとって個人の野放図な欲望を具現化しようとする企てにほかならない、ということになるのだろうと思います。おそらくコストとして、いわば失われているものを目に見える形で支払い得るようなものとして計測していこうということだけで見ると、たぶんそういう見方も成り立ちうるものだと思うけれども。

しかし、井上さんもリピエッツの議論を紹介しておっしゃった、第三セクターという流れの議論は、むしろ新しいタイプの中間集団をつくりだしていくことによって、

＊リバータリアニズム　自由至上主義、完全自由主義などと訳され、十九世紀末スペインではアナキズムの別称、二十世紀フランスにおいて絶対自由主義を指したが、一九七〇年代以降、アメリカの政治思想において、自由市場、徹底した個人主義、政府の役割の極小化などを主張する考え方とされるようになっている。

＊コミュニタリアン　もとは十九世紀半ばに共産主義者と同義に用いられたが、一九八〇年代以降のアメリカの政治思想のなかで、リベラリズムの個人主義を批判し、共同体を重視する考え方をもつ人々を指すことばとなった。

かっての共同体とか伝統的な中間集団で担っていたアンペイド・ワークでもなく、それから本当に極端に個人化されたところで担われるかもしれないアンペイド・ワークというのでもなく、現在はいわば世帯単位でアンペイド・ワークを担うということが基本になっていますから、そこに性別役割分業の問題が当然入ってくるわけですが、それも乗り越える形がなんとか実現できるのかどうか、それも新しい仕事という形で実現できるのか、という辺りの議論と密接に関連するお話だったのではないかと思うんですが、そこでさきほどのやりとりも含めて、いかがでしょうか、井上さん。

井上 ミリタリー・スケープの次元は、非常に大きな問題だと思うんですけれども、日本の場合にも外交の不安定というのは当然起こりうるわけですから、そういう場合について非常に曖昧な議論しかないというのは事実だし、ニューライトの人たちが口を出す必然性みたいなところ、そこに問題があるということは言えると思うんです。

それで姜さんの出されたことと関わって、あるいは立岩さんの出された展望というか、結論にも関わってくることだと思うんですけれども、姜さんの言葉では、文化的なアイデンティティをヴァナキュラーなレベルと同時に、むしろヴァーチャルなレベルでどう再構成、再定義を考えていくか、それから立岩さんのお話では、お話が大変大きくて全部フォローできたわけではないんですけれども、「停滞する資本主義」というのが一つのキーワードとして出てまいりまして、これはもう少し詳しくお聞きしたいのですけれども。要するに成長至上主義、生産第一主義*からの脱却という意味でとらえていいのかということです。

そういうことで展望を考えてみますと、経済だけが一人歩きしているわけではなくて、やはり社会のなかに入っているわけですから、市場メカニズムとどうつきあうか、というのが非常に大きなことになってくる。

問題は、イリイチが言っているように、確かに二十世紀の社会なり文化というのは、ものすごい物質的な生産性を上昇させるということをやった。そして彼の言葉でいえば、同時に逆生産性*も上昇する、これが対になっているということが一番根本的な、根底的な批判だと思います。しかしそうなると、人間や社会というのは、その逆生産性を前にして、今度は世のなかは非常に便利になったけれど、それにもまして内部性、外部性の問題がいろいろ出てくるけれども、その矛盾のなかからまた別の解決策が部分的にせよ出てくる。これが社会の進化であり、これはレギュラシオン理論から私が学んだことです。

そういう考え方は、広い意味でのアンペイド・ワークをめぐる問題についても考えることができる。一つには家事労働をめぐっては、立岩さんが言われたように、支払われるか支払われないかではなくて、社会における分業関係の固定化は一体なぜそうでなければならないのか。別の形もありうるわけで、男と女の関係は賃労働関係と同時に社会的に一番大きな関係かもしれないし、それに反発するだけで終わるのではなく、どこか部分的に折り合いをつけて、現実にはそれが進むことになるのか後退するのかは別にしても、なんらかの形での解決がとりあえずついていくということだと思うんです。アンペイド・ワークをめぐる背景として、さきほどの議論をお聞きして、そんな感じがします。

担わされてしまっている義務を減らしてみる

中村　いま井上さんのお話しになったなかで、立岩さんが出された「停滞する資本主義」という言葉をめぐる話があったわけですが、このあたり何かありますでしょうか。

立岩　さっき姜さんの話で思ったんですが、アンペイド・ワークだから基本的に見返りのない仕事ということですね。しかもこの場合はお金としての見返りのない仕事ということです。それはたぶん二つに分けられて、一つは自発的に金銭的見返りがなくても何かするという仕事、あるいはそういうことになっていることと、それから、見返りがなくてもしなければいけないことという、そういうのを僕らは義務といったりすると思うんですけれども、大きく分けると二つあると思うんです。二つとも重要なんですけれども。前者の方で、それはさっきのくり返しになるけれども、一方で「支払われているけれどしかたなくつまらなくやっている仕事vs自発的に支払いがなくてもやる仕事」という話で進めちゃう部分はあるんだけれども、それはあまりつまらない話だと思う。そうじゃなくて、もし可能であれば、そこそこ払われてそこそこ面白いという仕事ができる余地をマーケットにどの程度残すか、あるいは作っていくのかが面白くなるところなんですね。

川崎　マーケットのなかに？

立岩　支払いが行なわれ、お金が介在しているなら、マーケットに、と言ってよいと思います。

川崎　「そこそこ」でも？

立岩　実際にそういうのってあると思うんです。中村さんの方がご存じだと思うけれど、給料はこの企業の七割でいいから、仕事はこの企業の一・五倍ぐらい面白い仕事をやりたいという大学生とか高校生とか、けっこういる。だってその方が合理的な選択ですよ。

もう一つ、もっと重いというか、大きい主題は、「義務」だと思うんです。強制力を伴う、何かしないと罰せられるという、基本的に国家権力によって担保されたものとしての義務とはいったい何なのかという問題は、僕らがあまり考えないですましてきた問いではあると思うんです。そういう状態がずっと続いてきて、一種それに対する反動といったらいいのか、いらだちみたいなものを含めて、今、例えば、われわれの国家に対する義務は……、命を投げ出す義務は……、みたいなことを言いたい人がいる、という状況だと思います。

僕は義務はあると思っています。それも強制力に担保された義務が存在する。そう思うんだけれども、どこまでがそういう義

*生産第一主義　生産性の社会的上昇に経済成長の目的をおく考え方であり、フォーディズムの土台となった。

*逆生産性　商品の消費によって根本的な欲望が充足されるのではなくて、自動車による混雑のように、逆に欲求不満が社会的に増幅されることを意味する。

務で、例えば徴兵はどうなんだろう、ということは、気分で言えるような話じゃなくて、本当に大きな問いだと思う。僕らは、これは日本の社会状況がそうさせたのかもしれないけれど、考えることをさぼっていた。そういう空隙を縫って、いらだちみたいなかたちで、右からの、と言っていいのか、ああいう言説が出てきているわけです。これは問うてなかった側にも問題はあったと思う。何が義務なのか、なぜ義務なのかというのは、本当にまじめに考えるべきことだと思います。

そうやって考えてみると不思議なことはいっぱいある。現実にわれわれはたくさんの義務を担っています。僕の感じだと、むしろわれわれはたくさんの義務を担いすぎている。例えば、景気を維持することにわれわれは加担している。それも自発的に加担しているのではなく、税金が景気対策に投下されるのですから、強制させられているわけです。義務として景気を維持することを担っている。そういうのは本当に国民としての義務なんだろうかと考える。僕は義務じゃないと思っています。勝手にやりたいやつがやるのはかまわないけれども、景気なんかよくなくてもいいよという人の自由を奪っていると思うんです。

そういうことも含めて、現実に担わされている義務というのはどこまで本当に義務なのか、僕は義務として担うべきでない、担わなくてもいいものってたくさんあると思うんですけれども。そういった義務がじつは今の社会システムなり経済システムを支えていると思うんです。市場システム自体がその経済状態を維持しているのではなくて、自生的な市場というのはある意味では疲れてしまっていて、もうそこそこでいいよと言ってるんだけれども、それに半ば効き、半ばもう効かなくなっているカンフル剤、みんなから税金を集めてきたものを一生懸命投入しているわけです。それによって辛うじて成長を維持させようとしているのが、今の状況だと思う。

それを考えてみると、少なくともそういうのを支持しない自由はありうるんじゃないかと思うんです。くり返しになりますけれども、義務というのは考えるべき問題としていままさにわれわれの前にある。けれども同時に、もう日ごろ感じてないかもしれないけれども、担わされてしまっている義務はたくさんあって、よく考えてみると、担う必要のない、担いわれのない義務も、その中にはずいぶんある、そういうものが今の社会のありようを支えている部分というのはけっこうあるんじゃないか、という感じがします。

中村　いま立岩さんが出してくださった自発的になされるアンペイド・ワークというもの、それからとりあえず義務としてでてくるようなアンペイド・ワーク、前者をめぐって新しい働き方はいろいろでてくるでしょうし、後者をめぐっては政治システムの問題等がでてくると思いますけれども、たぶんその先にどういう社会を選びとれるのか、ということで両者はつながるんだと思います。その両方をごちゃごちゃにしてしまうと、議論が乱れてくると思いますので、この二つを分けながら、もし話を進められたらと思うんですが……。川崎さん、いままでの議論をお聞きになってどうでしょうか。

川崎　立岩さんは、アンペイド・ワークを自発的なものと義務という二つに分けていらっしゃいますが、ある種の言説のなかでは、アンペイド・ワークというものがとにかく家事労働に集約されがちです。家事労働は、本当はいやいやながらの義務かもしれないのに愛のイデオロギーでごまかされているんだとか、愛の自発性という言説によって義務が隠蔽されるとか、逆転する、見かけと中身が違う。愛のイデオロギー、エロスの問題からいえば、そこそこ安くてそこそこ面白い仕事というふうに平準化できない要素が、家のなかのいとなみにあるのではないでしょうか。

中村　偽装された自発性みたいなところに持っていかれる部分が、まさに女性問題として語られるということでしょうね。

川崎　でもそれって、もしかしたら反転しうるのかもしれないですね、つねに。家事だけじゃなくて。

中村　反転しうるというのは？

川崎　自発性と義務が、反転しうるということ。世のなかには自発的なアンペイド・ワークと義務としてのアンペイド・ワークとを反転させる契機が、いわゆる愛のイデオロギーあるいは家事労働のエロス化だけじゃなくて、いっぱいあるわけですから。

中村　そういう反転しうる部分、あるいはどちらかがどちらかを騙る部分というのはあるんだと思いますけれども……。

川崎　さらにつけ加えるならば、反転させうる契機というものに則って共同性が形成されうる、義務を自発性に、愛に反転することによって共同体が支えられるという幻想は、もう剥がれ落ちたんだろうと思うんです。

　立岩さんは心理的なつながりの基盤に対して、経済的な関係やら家事やら子育てやら介護やらが阻害したりむつかしくしたりする、という立場をおとりになるけれど、逆にそれらの紐帯さえなければ壊れてもさしつかえない家族関係、阻害要因によって逆説的にむすびつけられている関係のほうが、リアルに想い浮かべられるのですが。家事や育児や介護にしても、家族が身をもってわかちあうとか、仕事にエロスをそそぎこみまたそれに応えるとか、社会的評価によって報われるとかいう、そのエロスや社会的評価そのものが色あせてしまったから、経済的評価といういまひとつの評価軸が前面に押し立てられているのではないでしょうか。

中村　たぶん、どちらかといえば、自発性をめぐる側の議論だと思いますけれども、日本のここまでのアンペイド・ワークの議論には、まさにイリイチの指摘にあった生活の質とか、あるいは成長主義とか、生産第一主義的なものを問うというところが、なぜかすっぽりと抜け落ちている。とりあえず測ってみるんだということだから、そういう言い方ができるのかも知れないんですが、考えなければいけないのは、あとで井上さんにもうかがいたいんですが、アンペイド・ワークの議論では、社会的な有用性のある活動であるにもかかわらず、というところがかならずつくんです。

　これもよく考えると、何をもって社会的な有用性とするかは非常にむずかしいと思うんですけれども、望まれていればそうなんだといってしまえば、それこそイリイチがシャドウ・ワークとしてあげているようなものも、それこそ騙られてしまうところがあるわけですね。介護という部分をめぐってはそうとうのしんどさが（これは私自身も体験上よくわかりますが）あるので、それは同列にはなかなか論じられませんが、少なくとも教育とか受験というところをめぐって考えると、そこでもアンペイド・ワーク、シャドウ・ワークといってもいいものを、社会的な有用性というタームで語っていけるかいけないか、をきっちりと選びとっていきながら考えていかないと、立岩さんのおっしゃった、そこそこ支払われてそこそこ面白いもの、それはセクター間のちょうど境界上ぐらいに現れてくるんですけれども、そういうものにはなかなかうまくなっていかないなと思います。

そのへんの視点というのは、いまここでアンペイド・ワークをめぐる議論としてはもうちょっとちゃんと考えなければいけないのではないか、あらためて提起しなければいけないと思うのですが、非常にネックになるのは、社会性、有用性云々のところをどう考えていけばいいのかということです。経済学的な立場からはどうなんでしょうか。

フランスで現実化するワークシェアリングの問題

井上　さきほどの立岩さんのお話のなかで、一〇〇と五〇の賃金の譬えをうかがいまして、五〇を一〇〇にすることは必ずしも妥当ではなくて、一〇〇の人が七五になって、五〇の人が七五になるというのが、一つの社会的な公正かもしれない、むしろそうあるべきという。本書で、リピエッツが書いているワークシェアリングの発想はこれなんです。一定層の平均賃金についてフランス国民の六割ぐらいのところを占める水準を越える賃金については一定の賃金ダウンを受け入れてもらう。しかしそれを下回るフランスの賃労働者の大半の六〇％の人については賃金保障をする。ですから、そういう形でプログラム、政策が受入れられるか、社会党との交渉に乗せられると。それが交渉の結果、一応の共通政策として認められているということです。やはりなんらかのそういう形での社会的な公正というのが、実際に日本の場合でもこれだけ失業率が上昇してくると、ワークシェアリングの問題として現実化せざるをえないということがあると思います。

しかしながら人間の心理として非常に高い所得、賃金を持ちたいという願望を持っている人はいますね、世のなかには。しかしそうでない人びともいるだろう。問題はそういう人たちにとっても生きることができるというか、経済成長はそんなにいつも好景気であるのはおかしいわけで、世のなか不景気になるということは、それだけ時間が増えて自由時間が増えるという意味で、残業時間が減れば所得は減るかもしれないけれども、しかし自由時間、余暇が増えるという形で相殺がつけばいいんだと。けれども、現実には住宅ローン、教育ローン等々で無理というところが、やはりわれわれにとっては不幸な側面だと思うんです。

しかし社会としてはそういう社会である方が、つまりいつも景気は好景気でなければならない、景気は回復状態になければならないというのはおかしいわけで、そうでない社会においても十分生きていける、生活が保障されるということが、税金を支払っているという義務の対価として選択の余地がでてくるべきである。にもかかわらず、現実にはそうならず、一律の生活を余儀なくされ、歯車の中に入ってしまうと、結局どういう社会になるかというと、専業主婦が今度は専業主婦の余裕すらなくなって、夫婦共稼ぎでやっとローンを返済していく。しかもこれだけの失業、解雇、倒産とくると、明日のローン返済が成り立たなくなってくるという、アメリカ的な、国内に富と所得の不平等がはっきりして、階層化されてくる、という問題が生じてくる。

やはりミースがいっている、世界経済は植民地化と主婦化がパラレルに根源的蓄積をくり返しているというのは、これだけのグローバリゼーション、しかも企業にとって規制緩和が進められていくなかで正規労働がどんどん縮小されていって、それは個人の働く自由が増えるという幻想といっしょになっているけれども、生活は一向に楽にならないどころか、ローンの歯車から抜け出すことができない。どこかで変えようというなんらかの合意が暗示的にせよ、明示的にせよ、やはりそろそろ、さきほど言われたような国家的な義務の問題も含めて、われわれがいままで問うてこなかった自発性と義務という問題をめぐって出てきている。介護をめぐる問題も、高齢化の手前にくると、もう需要は明らかに存在しているわけで、それに対応せざるをえないわけです。そのへんでいまは、根本的な世のなかのシステムというのが、なぜなければならないかを問いなおして、それが意味を持つような時期だと思うんです。

中村　その点では、いまの計測という議論のなかでも、そこは重要だろうなと思うのは、介護とか福祉に関わる、コミュニティ・ワークという言い方も最近されますけれども、そういうものがどのくらいの量としてあって、だれが担うのかということを含めて、それこそどういう自発性と義務のもとに再編成していかなければいけないのか、現実の問題としては大変大事なことだと、そこのところはあらためて、いまお話をうかがって思います。

ところで、文化的アイデンティティをめぐる議論で、地域社会というものの持っているローカルなアイデンティティであるとか、伝統という言葉で言われるものとか、それといまポストコロニアルな状況のなかで、今日、姜さんがいくつかお示しになったような状況と絡みあうところでのアンペイド・ワークの議論がまだあまりていないんですが。

グローバル化のなかで作られるナショナリズム

姜　例えば沖縄の場合がそうですよね。沖縄を考えていくときに何か沖縄対本土という二分法が作動していたんですけれども、これはある種の虚構というか、逆に文化人類学者で沖縄のことをやっている人々のなかには、むしろ本土のトゥーリズムや、資本や、いろんなものの流入、そういうものとの交渉過程のなかから逆に沖縄の本来性みたいなもの、例えば、沖縄の民芸とか踊りというものも、ここ八〇年代からなぜこうやってできたか、それは、じつは外側の世界とのコンタクトゾーンがかなり広がっていったことと関連していると主張している研究者がいます。そのなかである種の沖縄ナショナリズムが一方ではでてくるわけだけれども、もう一方では沖縄的なるものを、むしろそうした交渉過程を通じて、逆に新しくつくっていくというのか、そういうことが一方では行なわれているわけです。

たぶんそういうことは全世界的にあるのではないか。だからエスニック・マイノリティの文化的な復興という場合でも、それはわれわれが一般的に理解している何か伝統的で本来的なというのではなく、やはりグローバル化のなかで、場合によっては相互浸透を受けながら、逆に一つの作為的にある文化というものがセレクトされて作られていく。もっと極論すれば、例えばいまのセルビア民族主義というのも、コソボがなぜ聖地になっているかというと、昔のコソボといまのセルビア、新ユーゴとはある意味で完全に断絶しているはずなのに、やはり新しくそこからセレクトされてつくられているからだと言えないわけでもありません。そういうことが今、全世界のいろいろな地域で起きているのではないか。そういう意味で、それは下手をすると非常に排外的なエスノナショナリズムになったり、あるいは逆に自分たちの差異を自覚していくテコになっていく場合もあると思います。

例えば、市場経済的な原則からすれば、まったく不経済もしくは浪費としか言えないようなものが、かなり残っている部分も確かにあるわけです。それは一方では義務の面とボランタリーの面と、あるいは習慣化されているという面もあると思うんだけれども、それがヴァナキュラーなものと言えるかどうかは別にして、それが擬制として、フィクションとして残っており、それが異質な、グローバル化のなかでの文化的な浸透を受けたりしていくなかで、新しく発見されたり、作り替えられたり、そういうことが起きているのではないかと思います。

これはもっというと、例えばフランスやドイツ、ヨーロッパにいるマグレブ系の人やトルコ系の人、その中でいまのメディア・スケープというのは大幅に変わってきているから、かつてのような形ではなくて、むしろそこで逆に同化していた人間が、一方で何か民族的なものに芽生えたり、これは日本でも、例えば小さなスケールだけれども、新宿から新大久保にかけてコリアン・タウンができたり、そこでさまざまに変わった現象が起きたりしている。アンダーソン的にいうと、「遠隔地ナショナリズム」じゃないけれども、実際に十年前であれば、在日の人たちが簡単にビデオテープやいろんなヴィジュアルなものを通じて本国のものにふれるということはありえなかったのに、それができるようになっている。それでビデオを通じて冠婚葬祭がはやったりするわけです。法事の仕方をみんな知らないとか、それはかなり実際に起きていることです。

だからナショナリズムというのは、まさしく全世界的な、トランス・ナショナルなある種の「商品」になっているわけで、それがやはりいまの一方でのグローバル化とナショナル化というのを同時に進めている部分です。われわれが日本にいて、沖縄というと、本来的なものがあって、その民芸、伝統芸能を聞くと、これが沖縄的なものだと思っている。例えばバリ島でのいろんな踊りというのも、一九三〇年代にヨーロッパ人が発見して、それが観光化されて伝統化された。そういうことですね。だからアンペイド・ワークというのは、完全に市場経済から切れるのではなくて、何かどこかでつながったり、離反していたりするのではないかと思います。

暴力なしの方向転換は可能か

川崎 例えば文学というのは、教育現場からどんどんなくなりつつあるんです。大学ではほとんど壊滅状態というか、それもどこから先になくなるかというと、ある種の外との交渉が入ってくるような、近代現代文学の講座から再編の対象になってきます。いらなくなってくる、あるいはいらなくなっていると思われているんです。文学は近代的な産物であるにもかかわらず。そういう形での再生産の場がなくなって市場に任せましょうと言わんばかりになってきています。

市場には、一方で、一〇万部以上の単位で売れる、そういう現代風俗にさらされているような大部数の小説がある。それとももう一つは、たかだか四〇〇〇部ぐらいの単位で流通するような小説。そういう両極分化が起こっています。

文学の領域でいえば、例えばそのように二極に分化したものを放っておいたらますます両極は離れていって、拡散して壊れていくという方向をとるでしょう。そういう意味では、文学はすでに市場の外に追いやられたもので、外に追いやられているからこそ可能な差異の追求、付加価値の追求を細々とおこなっているにすぎないのかもしれません。

社会学者の方たちはアカデミズム市場のなかに居場所を得ていることを疑わないから、質的な差異の追求なんて言わずに、そこそこに、と、発想なさるのかしら。市場では割に合わない生活の質の追求、アンペイド・ワークによって生活に付加価値をあたえるという言説は、立岩さんの見地からすると、反動的なものということになるのでしょう。でも質を問うことを止めよ、というのも、また暴力的ではありますよね。

もう一つ、社会科学系の方たちに質問させていただきたいんですけれども、例えば、グローバリゼーションの名のもとに進行している事態というのを、本当に強制力なしに切断可能だとお考えになりますか？例えば第三セクター的なヴィジョンであるとか、あるいはそこそこの収入でそこそこ面白い仕事というふうに方向づけることが、そんなにたやすいだろうかと思うんです。それについてはどういうふうにお考えでしょうか。なんらかの外からの強制力、国家なら国家なのかもしれませんけれども、そこから方向づけられた欲望を、例えばマイナス成長でもいいんじゃないかとか、停滞でもいいんじゃないかというふうに、切断して方向転換させるのは、そんなに簡単だろうか、グロテスクな暴力をともなうことなしにそれが可能になるだろうか、ということが疑問なんですけれども。

井上 おっしゃるとおり、そう簡単に既存の経済成長というのが、放っておいて変わるわけではないと思います。しかしさきほども言いましたように、あるいは議論のなかででましたように、やはり戦後のフォーディズム的な大量生産・大量消費・大量浪費的な経済成長なり、社会モデル、生活モデルというのは、かなり変容を迫られている。やはり停滞する資本主義であっては困る、経済成長がないと所得は減るし、という見方は当然でてきます。ですから問題は、どこで合意を、バランスをとるかという選択の問題だと思うんです。それが社会のなかで受け入れられるかどうか、せめぎ合いの場が必要になってくる。最終的には政治システムの場で争われるべきことだけれども、そういう場自体、論争が起こらない。経済戦略会議という形で、これからの日本のモデル、経済社会のモデルというのがああいう形で政府からだされる。そうすると、逆の立場でそれを批判する意見はだされるけれども、両者の間で論争が活発化しているのではない。

そういうことが経済成長至上主義から変わっていない。現実問題、可能性としては、そういう世のなかの経済成長至上主義はそんなに変わることがないし、変わると大変なことになるという不安が日常レベルでは起こりうる。しかしよく考えてみると、そうした大量消費中心のシステムは、停滞する資本主義じゃないけれども、方向転換を迫られていると言わざるを得ない。だから、文字どおり停滞すればいいということではないけれども、従来の形の消費、絶えず欲望が刺激されるという形での経済政策のパターンとは違うものがめざされるという、そういう論争が十分起こってもいいと思うんです。

立岩　今の状態をなんとかするには何かいろいろ手を加えなければいけないと考えるのではなくて、いろいろ手を加えて、ぎりぎり保たれてるのがいまの状況だと考えるとよいと思うんです。そうすると、何かつけ加えるのではなくて、余計な部分を減らすという手もありかなと、思います。さきほど言ったように、何が強制力で保たれているのかを見て、それを取り外すことを考えてみる。どうしても働きたい人もいる。僕もそうなんだけれども、ワーカホリックはいっぱいいますよね。ここにもいっぱいいらっしゃるかもしれませんけれども。そういう人にまで働くなというのはちょっと酷かなと。けれど最低、飽きた人が外れる自由はあってもいい。そのぐらいのことだったらできるのではないかという気がするんです。ところが、そういうところから外れたい人も外れられないような義務を、われわれは国民として、納税者として負わされている部分があります。最低そういうところは外してもよい、と言うことはできるのではないか。

それがなぜできないか。おっしゃったように、いろんなファクターが絡んでいると思います。一つは成長が一番安直な手だということです。パイの切り分け方を意識せずに取り分の問題を、そこそこみんな文句を言わないところで解決するには、とりあえず全体を大きくするのが一つの手だったわけで、ずっとそれでやってきたのでしょう。そういう現実があるからそうなっている部分がある。そうするとその現実的なファクターをどうやって、部品をちょっとずつ取り替えていくのか。そのへんの知恵をだすのが社会科学の仕事で、面白いところだと思うんです。

パイの配分をドラスチックに変えてしまうと、やはり減らされる人が怒るのは目に見えてますからね。それは世界的なレベルで考えてもそうだし、国内的なレベルで考えてもそうですよね。それをどこで着地させるのかというあたりが、当然むずかしいんです。とすると少し悲観的になる。けれども、少なくとも考えるだけは考えられるので、とりあえず考えてみようかなという感じです。それが今の私の答です。[5]

（5）注（1）の文献。『思想』他に連載される論文でより詳しく論ずる予定。

もう一つ、すごくベーシックなことで言うと、社会があるということの一番ベースというのは、僕はむしろ贈与的な部分だと思っているんです。自発的なもの、あるいは自発的なものに期待できず義務化するしかない部分をふくめて贈与である、贈与的なものであると。つまり「支えあう」のではなくて「支える」、というのか、互酬ではなくて、一方的な贈与が、社会が社会であることのベースにあると思うんです。

そういう意味では、アンペイド・ワークの方がベースにあるはずなんです。ペイド・ワークは支払われる労働です。労働に対して支払われる、労働に応じて支払われる。それが正義だと言い張ってきた時代が近代です。しかし、このきまりは、そういうきまりを作っておかないと人間は働かない、褒美がないと働かない、だからしょうがなく労働に応じた支払いをせざるを得ない、それだけのこと、それ以上でも以下でもないと僕は考えます。そこをはっきりさせないで、ペイド・ワーク、ワークに対応したペイを一番ベースのところにおいて話を始めると、どこかで話がくい違ったり、まずいところに行ったりすると思う。僕はアンペイド・ワークの経済的評価、アンペイド・ワークのペイド・ワークへの転換ということ自体を無視したり否定するものではけっしてないけれども、今言ったことをどこかで踏まえておかないと、話はよじれていって、変なふうになってしまうのではないかと思っています。これはまとめというか、最初に思っていたことなんですけれども。[6]

（6）立岩『私的所有論』勁草書房（一九九七）。

もっと瑣末な技術的なことをいえば、貨幣として現れてくる一〇〇兆円があったとする。今までそれが現れてなかったのを計算したら五〇兆円になったとしますね。そういうことはできると思うんです。なんとなく僕のような素人は、五〇兆円分余計にもらえるんだみたいなところがあるじゃないですか。でも社会全体にあるサービスの量、物の量は同じです。それに今まで一〇〇兆円という価格がついていたのが、一五〇兆円になったというだけなんです。そういう瑣末な勘違いもあります。そんな単なる勘違いも含めて、こんがらがっていることを解きほぐしていく必要がある。そして、その最初のところに、ワークに比例してペイがあるということ自体が社会の一番ベースにおかれるべき原理ではないと僕は思っているので、そこから話

＊プラグを抜く unplugging（次頁）　現代産業社会のあり方に根源的な疑問を投げかけ、そこに生きる私たちの生活や考え方の根拠を問い直したI・イリイチのことば。産業文明を支えてきた知の体系と私たちの日常の習慣との癒着から一旦身を引き剥がし、新しいものの見方、生活のあり方、そして学問の方向を探ろうとする姿勢を表現している。したがって、しばしば誤解されたように、歴史を後戻りしようというのではない。このことばをキーワードとしつつ、「シリーズ〈プラグを抜く〉」0〜6巻が、一九八二〜八四年にかけて編集委員会の手で刊行された。

を積み上げていきたいなと思っています。

中村 私はいまの話で、「アンプラギング」という言葉をあらためて思い起こすんです。かつて「シリーズ・プラグを抜く」*（一九八二〜八四）が出されたあの当時、非常に先進的な問いかけであったにもかかわらず、残念ながら「プラグを抜く」ということが隠遁生活をおくるみたいな受け取り方をされてしまったところもあったと思います。いまの状況になってきて、あらためてプラグを抜いて、じゃあ、どうするのかということが問われてきていると思うんです。プラグを抜いて、さっき立岩さんが言われたように、そこそこ支払われながらもそこそこ面白い仕事をしようという志向は、かなりでてきている。そういうことがやれるならやりたいという予備軍というか、潜在的な層もかなりでてきている。ただ現実にはそれで食っていけるかとか、それこそ家のローンをかかえてどうするんだという話のなかで、踏み切れないでいるわけです。そこは現実の、まさに社会科学の課題だと思いますが、政治システムなり経済システムなりのところで、じゃあ、そういう新しい働き方と言われるようなものを志向する組織やグループや試みというものに、どう社会が制度的な支援や基盤をつくっていけるかというところに具体化していかないと、たぶん議論として前には進まないだろうと思うんです。

井上さんが今日紹介されたようなこともそうだし、私なんかがNPOとかNGOとか、市民活動とか、いろんな言い方をするもののなかで模索しているのも、そういう意味での新しい働き方がアンプラギングの先にでてくるというところに、なんとか結びつけられないかと。これはもちろん、言葉でいうほどそんなにすぐにできるものではないですけれども、その道具立てのアイデアは少なくともいろいろでていると思うので、アンペイド・ワークをめぐる議論も、そこから新しい働き方をちゃんとめざそうという自覚的な層は、変な落ち込み方はしないでうまくやろうと考えていると思うんです。ただ、いまのアンペイド・ワークの議論は、さっき立岩さんも言われたように、その背後に何か支払われるのかとか、主婦労働の価値はこれだけあるんだということでもって何かうれしいというような、そういういわば一般のレベルのある種の欲望が背景にあるのも事実ですから、そこもやはり両面をみていかないと、アンペイド・ワークの議論は、本当にアンペイド・ワークというものが提起されてきた背景に則った議論にならないのではないかと思っているところです。

本日はどうもありがとうございました。

（一九九九年五月八日／於・藤原書店会議室）

II

経済＝世界《エコノミー・モンド》における
アンペイド・ワーク

わたくしたちは、歴史を超越した抽象的な空間のなかにほうりこまれているのではない。生存を維持するいとなみは、それがどのような時空に埋めこまれているか、どのような関係性のもとに累積され交換されているかによって、表現を異にする。ちなみにジェンダーもまた歴史的社会的文化的に構成され規定された関係性である。

第Ⅱ部では、フィールドを異にする研究者たちが、「アンペイド・ワーク」をキーワードに、研究対象の経済＝世界《エコノミー・モンド》（八頁「キーワード」参照）を分析する。グローバリゼーションの圧力に抗して、この地球上に実際に展開しているのは、多様かつ多元的な経済＝世界のダイナミックな集合であり、経済＝世界の枠組による方向付けは、その内部に生きるひとびとの暮らしを直接に左右する。

「アンペイド・ワーク」をキーワードに読み解くと、賃金を支払われる労働への転換がかならずしも豊かさへの道を示すのではないことがよくわかる。南側の諸地域においては、転換の過程に産業化以前の経済システムの崩壊や、開発援助経済への依存がみてとれる。

いっぽう「アンペイド・ワーク」を都市に暮らす女性の家事労働へと、極端に収斂させてみると、経済＝世界の固有性は見えなくなり、特殊具体の個々のいとなみの奥行きや含みも捨象されて、どうかすると社会主義を標榜する国家のもとにあっても、北側の諸地域はいうまでもないがひょっとすると南側の地域にあっても、世界中どこでも、均質的画一的な問題をかかえているにすぎないかのようにみえてくる。そこでは、さまざまないとなみの価値や意味が、共同体や、生と性の関係性からくるのではなくなっている。あるいはそうした関係性そのものが価値や意味を喪失している。その欠落を経済学的評価によって埋めようとする、声高の告発のかげに、声にならない悲鳴がひそんでいる。

何のために働くのか、豊かさとはなにか、充足とはなにか。ペイド／アンペイドの二項間の操作にとどまらない、新たな座標系が求められている。

（川崎賢子）

南アジア社会におけるアンペイド・ワーク

【ペイド・ワークへの転換をめぐって】

中村尚司
Nakamura Hisashi

なかむら・ひさし／一九三八年京都府生。一九六一年京都大学卒。龍谷大学経済学部教授（研究テーマ・地域の経済的な自立）。主著に『共同体の経済構造』（新評論）、『地域と共同体』（春秋社）、『人びとのアジア』（岩波書店）ほか。

一　アンペイド・ワーク論の課題

経済活動は人類の歴史とともに古い。人びとの生活に必要な資料が、どのように生産され、交換され、配分されるか、という多様で実質的な活動である。しかし経済学の歴史は新しい。西ヨーロッパおいて、経済学の体系化が試みられてから、まだ二世紀しかたっていないのである。若い学問の経済学がめざしたのは、価格や価値を基準に分析できる限りの、狭いかつ形式的な経済活動の論理である。南アジアの植民地化にともなって、ヨーロッパ近代の経済制度が移植され、貨幣経済が導入されると、誕生したばかりの経済学もやってきた。古来の実質的な経済とは別に、形式的な経済の論理を展開することも、できるようになったのである。

アンペイド・ワーク概念の前提は、市場システムにおける価格メカニズムの存在である。とりわけ労働力の商品化、すなわち労働市場の成立を不可欠の要件とする。もともとペイド・ワークが不在であれば、アンペイド・ワークも成り立たないからである。その意味で、アンペイド・ワーク生誕の契機は、近代社会における商品市場の拡大に伴う「影」として生まれたシャドウ・ワークと共通する。

賃労働（ペイド・ワーク）の成立と共に始まるアンペイド・ワークの特質は、近代工業社会における職場と住居の分離に伴い、ジェンダー・バランスを欠いているところにある。大量輸送を可能にした交通手段の発達が、この傾向を促進した。欧米でも日本近代でも、男は工場や事務所でペイド・ワークである賃金労働に従事し、女は家庭でアンペイド・ワークである家事労働に携わるようになった。農林漁業や牧畜業が主流をなしていた社会では、想定できないような大規模な性的分業体制が生まれたのである。

このように歪んだ性的分業体制に対抗して、ジェンダー・バランスを回復しようという運動が台頭するのは、人類史の自然な流れである。その運動の担い手が、不利益を蒙っているアンペイド側の女性中心になるのもまた当然であろう。アンペイド・ワークの研究は、避けようもなくジェンダー・スタディの一環をなさざるを得ない。現代社会において、ジェンダー・バランスを回復しようという運動には、二つの方向がある。

ひとつは、あらゆるアンペイド・ワークを、ペイド・ワークの方へ吸収しようという方向である。ペイド・ワークの賃金水準に即応して、アンペイド・ワークの経済評価を行ない、支払基準を作る努力である。この場合、特定社会においてアンペイド・ワークを位置づけ、支払労働への転換を図るには、「誰が支払うべきか、誰が収奪しているのか」を解明しなければならない。これはアンペイド・ワーク論にとっての大難問である。

支払いを受けない労働のみが強調され、支払うべき主体への関心が乏しいのは、この難問にぶつかるからである。近代の核家族制度における典型的なアンペイド・ワークとして、主婦の家事労働を取り上げてみよう。家族制度の強固な日本社会ならば、雇用者の扶養家族手当を引き上げる方法もあるが、単身者労働力との競争が無視できなくなると、扶養家族手当そのものが瓦解するであろう。家計の主たる稼ぎ手である夫が支払うべきであれば、家事労働を過度に低賃金に評価しなければならない。平均的な賃金労働者と同じ基準の支払いを求めれば、多くの労働者は受け取った賃金のほぼ全額を主婦の家事労働に支払わなければならない。

多くの働き手にとって雇用労働が主流を成す近代社会で、社会全体のアンペイド・ワークを集計し、過不足なく支払う主体を国家に求めれば、さまざまの方策で税収を高めねばならない。税率を高くすればするほど、納税者の協力が得にくくなり徴税機構が肥大化する。税金逃れに成功したものの利得が大きくなればなるほど、巧妙な脱税に対抗する施策や制度も高度化する。公権力の暴力装置を強化し、集権的な警察国家を組織しなければならない。納税者側から言えば、納税事務のアンペイド・ワークも増大する。このような問題点でも、シャドウ・ワークに重なりがちである。

ジェンダー・バランスを回復するもう一つの方向は、ペイド・ワークをアンペイド・ワークの方に吸収する試みである。アンペイド・ワークの支払主体を雇用者や公権力に求めないとすれば、アンペイド・ワーク概念の有効性は、近代社会における労働力商品化への批判の道具として活用できるからである。人間生活の全体性から特定の労働力のみを切り離して商品化し、支払労働として限定することの無理を明らかにできる。その意味でアンペイド・ワーク論は、労働力商品化に依存しない社会のあり方を構想する手がかりを提供する。

このように捉え直せば、具体的に把握することもその輪郭を明示することも困難なシャドウ・ワークに比べて、アンペイド・ワークの方は個々の当事者にとって支払いを受けていないことの自覚が容易である。自分に対してだけでなく他者に向かっても、「こんなに働いたのになぜ支払ってもらえないのか」と具体的に主張することができる。ペイド・ワークとの比較が、日常的に可能である。その意味で、アンペイド・ワークはシャドウ・ワーク以上に有力な近代社会批判の道具であるといえよう。

ならば、ペイド・ワークの賃労働に代わるべき、新しい労働形態が摸索されなければならない。労働力商品化を乗り越える労働とは、雇うことも雇われることもない労働の形態である。言い替えると、アンペイド・ワーク論が目指すべき労働形態では、労働する主体が基本的に自営業となる。しかし、歴史とともに古い自営業ではなく、自営業を営む人びとのネットワークの組み方が次の時代の課題であろう。

二　南アジア経済の特質

南アジア地域の場合、近代的な労働力商品市場の成立過程は、経済活動の領域における植民地化の深まりであった。それゆえ、同時に外国支配に反発する独立運動の組織的な展開は、労働力商品化と闘う運動を同伴した。植民地体制に反対する独立運動は同時に、価格メカニズムが機能するような形式的な経済制度の整備ではなく、実質的な経済生活の充実を要求する運動でもあった。生活資材を自らの手で生産しょうとするスワデシ運動*は、自営業の生産活動に基礎を置く。マハートマ・ガンディーの手つむぎ車（チャルカー）に代表される経済思想は、近代的な労働市場や価格メカニズムの分析用具をはみだしてしまったのである。

とはいえ、このような運動が南アジアに固有の経済学を生みだすまでに、政治的な独立後も長い年月を要した。一九九八年にノーベル経済学賞を受賞したA・K・センに独自な経済思想もまた、理論的には新古典派総合に対する批判という形を取っているが、形式的な経済制度の整備に対抗する反植民地運動の延長線上に捉えられるべきであろう。A・K・センをはじめとする南アジアの経済学者は、マルクス派と新古典派との双方を受け入れながらも、その理論的な限界に深い関心を持ち続けている。

***スワデシ運動**　インド独立運動の一環として、宗主国のイギリス製品を排斥し、手織り綿布などのインド産物の消費を推進する運動。

一九四八年の独立後、形式的な経済の領域を支える市場経済が、いっそう進展しつつある。中央政府や州政府の公権力による経済活動の計画化も、熱心に企てられてきた。しかしながら、市場経済や計画経済の外部で営まれている経済活動も、前二者に劣らず盛況である。非合法の闇経済とみなされることも多く、正確な統計は存在しないが多くの経済学者は、インドの国民総生産の約五〇%が市場や計画の外で生まれている、と推計されている。実質的な経済活動の論理を理解しようとすれば、公的な経済統計だけを頼りにしているわけにはゆかないのである。

ムンバイ(ボンベイ)、ニューデリー、カルカッタ、チェンナイ(マドラス)、カラチ、ダッカ、コロンボなどの大都市は、英植民地統治の拠点として建設されたものであり、今日なお西欧近代の「飛び地」*的な性格をもっている。これに対して、広範な農山漁村地域は価格中心の形式的な経済学では、とらえきれない分野が大きい。アンペイド・ワーク概念が南アジア社会で有効性を発揮するとすれば、市場メカニズムの経済理論や中央集権的な計画経済の理論だけでなく、共同体的な経済活動をも理論化できるような、広義の経済学の構築を通じてであろう。そのような広義の経済学なしには、アジアの農村地域における経済活動の論理を把握できないからである。

一九六五年以降、筆者はさまざまな機会に、南アジア地域の経済調査を実施する機会に恵まれた。この調査体験にもとづいて、これまでの狭義の経済学では、無視されがちであった課題に接近することを試みたい。ここでは南アジア諸国のなかでも、相対的に女性の地位が高いスリランカ社会の事例を中心に検討する。

三　女性労働力に依存するスリランカ

スリランカの政治的な独立は、一九四八年二月四日である。しかし、男女平等の普通選挙制度とそれに基づく議会政治は、世界的に見ても異例に早く、独立以前の一九三一年に導入された。とはいえ、一九六〇年における世界最初の女性首相の誕生は、独立前には想像もできなかったことである。その後も女性の行政官や政治家の活躍は拡大した。一九九五年以降は、大統領と首相が共に女性である。植民地以前のシンハラ社会には一妻多夫制や妻方居住制の慣習法もあり、もともと女性の社会的な地位が高かった。遺産相続も、歴史的に男女の均分相続が行なわれてきた。独立後の変化という側面と、スリランカに固有の伝統という側面の双方が重なっている。

一九九九年九月現在、スリランカ社会におけるエリート供給源であるコロンボ大学では、学長、事務局長、経理局長、図書館長の四役がすべて女性である。さらに法学部長、医学部長、理学部長などをはじめ主要学部長や学科長も女性が多い。事務職員についても、課長職九名中七名が女性である。教職員だけでなく、学生数も女性の方が多い。教職員に女性が多いのは、大学に限らない。小中学校の女性教員比率はさらに高い。

スリランカの民族抗争が、ゲリラ戦から正規軍の対決へと様相を変えるに従って、女性軍人の参加も増えている。一九九七年六月二十三日におけるペリヤマードゥ陣地（ヴァヴニヤ市北部の軍事拠点）の攻防戦は、双方に約一五〇名ずつの戦死者出した激しい戦闘であった。この日の払暁、「タミル・イーラム解放の虎（ＬＴＴＥ）」戦闘部隊の先陣を引き受け、戦端を切り開いたのは、勇猛で知られた女性兵士の小隊であった。インド総選挙の最中にラジヴ・ガンディ元首相を暗殺したのも、スリランカ大統領選挙の最中にガーミニ・ディサナーヤカ候補を暗殺したのも、ＬＴＴＥの女性兵士であった。政府軍の女性兵士も白兵戦の厳しい訓練を受けている。スリランカ女性は、政治家や行政官だけでなく軍人としても、男性以上の働きをするのである。

よく知られているように、紅茶生産はスリランカの基幹産業であり、世界市場への最大の供給源である。一九七〇年代にほとんどのプランテーション農園が土地改革により政府に接収され、ふたつの巨大な公社経営に統合された。しかし、公社経営のままでは生産性が低落する一方なので、再び八〇年代後半に民営化が進められた。しかし、イギリス植民地時代からの階層化された指揮命令系統を重視する軍隊モデルの労働組織は、官営化でも民営化でもほとんど変わらなかった。その基幹的な労働力は、茶葉摘みを引き受けるタミル人の女性労働者である。

プランテーション農業の停滞とともに、輸出統計に占める紅茶の地位は徐々に低落し、九〇年代における第一の外貨獲得源は、輸出加工区の産業である既成服の縫製業に取って代わられた。ここでも大量の未熟練労働力が雇用される点では、プランテーション農園と同じである。しかし、プランテーション農園が家族単位の住み込み労働であるのに対して、自由貿易地帯の縫製業では、単身の若年層女性労働力が約九〇%を占める。

縫製業に次ぐ第二の外貨獲得源は、アラブ産油国に集中する海外出稼ぎ労働者からの送金である。九〇年代には、労働力人口の一割近くを占めるに至った海外出稼ぎの七割以上が、既婚女性の労働力である。政府の海外雇用局による調査

＊**飛び地**　行政区域などが単一の個所にまとまらずに、部分的に他の区域中に飛び出しているところ。

では、女性出稼ぎ労働者の約六割が夫と二人以上の子供を残して長期に西アジアで働いている。このように女性労働力の比重が高まってきたのが独立後の特徴である。独立前は海外からの移住労働が輸出産業を担っていたが、独立後は女性労働力による輸出加工区や海外出稼ぎへと方向が一八〇度転換した。

農業労働力も、工場労働力も、出稼ぎ労働力も、労働市場で商品化される労働力の基幹部分は、もっぱら女性に頼るようになったのである。しかし、村から農園へ、都市の工場へ、さらには海を越えて働きに行く女性労働者の苦難は、ほとんど改善されていない。

しかし、彼らはまぎれもなくペイド・ワーカーである。雇用労働者である女性がペイド・ワークを引き受け、定職のない男性がアンペイド・ワークの家事労働を行なう家庭は、もはや例外的とは言えない。早朝から茶摘み労働に出るタミル人女性の家庭でも、工場労働に出かける農村女性の家庭でも、子供を残して三年間あるいは五年間と長期の海外出稼ぎに出る女性の家庭でも、残された男性による家事負担が少なくない。主たる家計支持者である女性とアンペイド・ワークを引き受ける男性との間で、さまざまな問題が発生している。スリランカの事例は、男女が役割を転換しても、決してアンペイド・ワークの問題解決にならないことを教えている。

女性が基幹的な雇用労働力となることによって、出生率は一九五三年の三・八七％から一九九六年の一・八六％へと急速に低下した。平均余命は、一九四六年の四二歳から一九九一年の七三歳まで著しく向上した。男女別の数字が公表されていないので、推測に過ぎないが、出生率と平均余命の双方について、男性よりも女性の生活条件改善の方が、一段と顕著であろう。

独立後の五〇年間に、女性の服装がサーリーからスカートへと転換したように、さまざまな分野で外見上の変化は著しい。一九六〇年代に、若い男女が手をつないで街を歩く姿は見られなかった。大学のキャンパスやペーラデニヤの植物園でも、青年男女は人目を避けて会っていた。一九八〇年代ともなれば、「異性の友人と一緒でなければ、恥ずかしくてひとりでは植物園を散歩できない」という学生の声が聞かれるようになるまで大きく変わった。だからといって、外見上の変化が現実の男女関係の変化に即応しているとはいえない。結婚相手を決めるときに、カースト、星占い、持参金などを気にする人は一向に減らない。

なかでも重要な選択の基準は、英語を使って海外で仕事のできる資格を持つかどうかである。医師、弁護士、技師がそのような職種である。過去五〇年の間に、これらの専門職に

▲スリランカのプランテーション農園における茶の摘採作業

おける女性の進出が大幅に進み、年次によっては男性の新規参入より多いこともある。男であれ女であれ、イギリスやオーストラリアでも共通の資格が取れるこれらの専門職への指向性が強い社会であることは、独立前と変わらない。女性労働がアンペイド・ワークからペイド・ワークに転換することによって、変わる部分と変わらない部分があることを、丁寧に吟味する必要があると思われる。

四　貯水灌漑システムと無償労働

次にジェンダー・バランスと無関係に、ペイド・ワーク化されないアンペイド・ワークの例として、南アジアに固有の貯水灌漑システムを検討しよう。南インドと北スリランカとの間にあるポーク海峡をまたがって、古代から高度に発達してきた貯水潅漑システムは、この地域における農村住民の経済活動にとって、非常に重要な分野である。それだけに、私的な利得を極大化しようとする事業活動も盛んに行なわれている。これに対して、全体の利害を調整しようとする公権力の役割も大きく、支配の手段として重視される分野でもある。同時に私的な得失をはなれ、住民相互の共同的な利害を尊重しなければ、地域の経済活動がなりたたない。

いいかえると、貯水潅漑システムをめぐる経済活動論理は、それぞれ共・公・私の三部門の独自性に基礎をおくとともに、部門相互の依存関係をも含まなければならない。共的部門、公的部門および私的部門の経済活動をできるだけ具体的に検討し、その論理を明らかにすることが、アンペイド・ワーク論に新しい視点と方法を見出す手ががりになると考えられるのである。既成の経済学の論理では捕捉されずに、こぼれ落ちることの多かった、共的部門の経済活動に注意を払いながら、南アジア経済におけるアンペイド・ワークの独自な性格を解明するよう努めたい。

南東部インドの大河カーヴェリは、「南のガンジス」と称えられた聖なる川であり、ケーララ州、カルナータカ州およびタミル・ナードゥ州の三州にまたがっている。全長は八〇〇キロメートル、流域面積は八・七九万平方メートルである。下流のタンジャーヴール・デルタの起点に、支流のコッリダム川への分水施設である巨大な頭首工(バラーシュ)がある。最初に築かれたのは、二世紀のカリカーラ・チョーラの時代と伝えられている。「偉大な堰《グランド・アニカット》」と呼ばれ、古代タミル文明の代表的な構造物である。この堰は、スリランカの技術者(捕虜)によって建設されたともいわれている。一、二世紀ころにスリランカで、巨大な貯水池の堰堤の下から取水し、水田に導水するための構造物であるビソー・コトゥワが発明され、これが南インドに技術移転されたと伝えられている。

一九八〇年二月四日の『ヒンドゥ』紙は、このグランド・アニカットでタンジャーヴール・デルタの農民が集会を開き、むこう六か月間の作付計画(稲の品種等)を定め、六月十二日より潅漑用水の水門を開くよう、政府に要請することを決議した、と報道している。筆者はこの小さな記事を読んで、信濃川や利根川よりもはるかに大きいカーヴェリ川が、いつの間にか、貯水池化されてしまっていることを、思い知らされたのである。

農民が池の堤防に集まって、貯水量を全員で確認しながら、どのような作物をどれだけいつから栽培するか決める慣行は、日本でも溜池潅漑地域では広く行なわれていた。スリランカでは、この農民集会を「カンナ会議」と呼んでいる。すなわち、貯水潅漑システムのもとでは、農民の共同意思にもとづく分権的な水利用が行なわれているのである。水稲だけで六〇万ヘクタールの栽培面積を有するタンジャーヴール・デルタの場合、この集会は儀礼的なものにすぎず、実際には県知事が司会し、河川管理者である公営事業局(Public Works Department)の技監が水文データーをもとに通水を開始する日を提案し、農業局長が作付体系を提案し、出席農民の同意を得るだけである。しかし、河川の流量の安定をめざす流水潅漑システムの場合、このような農民集会はまったく行なわれない。たとえ儀礼的なものにせよ、農民集会場で用水利用の細目を決めるという制度は、貯水潅漑システムに固有の慣行である。

グランド・アニカット以来二千年近くの間、カーヴェリ川水系にはいくつものダムや堰堤が築かれ、大小の貯水池群の集合となっていった。一つの水路から数十の池に用水が供給され、なかにはプーランバディ水路のように、貯水池への送水だけが目的であり、周辺の水田に導水することが禁止されている水路もある。この大河の中流では、二〇〇〇メートルを越える川幅である。しかしながら、ベンガル湾にそそぐ河口では、一〇メートル以下に細くなってしまっている。そのうえ一年のうち二か月間は、まったく水の流れない川になってしまっている。その名（カー＝庭、エーリ＝池）の通り、大河が人間の営為によって、いつのまにか大きな池に変身させられたのである。同様に、スリランカ最大の水系であるマハーヴェリ川も、その名にふさわしく（マハー＝大きな、エーリ＝池）巨大な貯水池に変形した。そして、河口まで無数の溜池の連珠化が進められている。

このようなカーヴェリ川やマハーヴェリ川の巨大貯水池化は、貯水潅漑システムの極点を示す事業であるが、その背景には十万を越える大小の溜池の歴史が横たわっているのである。波浪状起伏型と呼ばれるデカン高原に発達した微地形を利用して、紀元前三世紀頃から、さまざまな形の溜池が造成されてきた。ボーク海峡に面した両岸の溜池地域を飛ぶ航空機の窓から観ると、これらの溜池がそれぞれ孤立して存在しているのではなく、ときには水系を越えてまで余剰水のやりとりをする親池―子池―孫池―曾孫池という連関のもとに数珠状に結ばれている様子がよくわかる。

このような貯水池潅漑のもとでは、河川ばかりでなく、水路も井戸も池の一部にほかならない。基本的に潅漑農業を欠いているヨーロッパで発達した土木工学は、アジアの流水潅漑システムや貯水潅漑システムに出会ったとき、橋梁や道路建設と同じ構造物として水利施設をあつかうよりほかなかった。そのため、灌漑システムも水路、貯水池および井戸という構造物の特質により分類されていた。しかし、貯水システム地域の正方形や円形の井戸は、その表面積を拡張すればそのまま池になり、水路も独立した水利施設としての機能をもたず、池と池、あるいは池と圃場をつなぐ保水施設として存在しているのである。スリランカと南インドのドライ・ゾーンは、かくして世界でもっとも高度に発達した貯水潅漑システムを形成するにいたったのである。

貯水潅漑システムは、ナイル、チグリス、ユーフラテス、インダス、ガンジス、イラワジ、チャオプラヤー、メコン、長江、黄河などの巨大河川の水系にみられる周年的に水源が絶えない流水システムとは、まったく異なる方式である。貯水システムでは、貯水量に応じて作付面積が決められ、用水路と排水路との分離は行なわれない。さまざまな工夫をこらして、同じ水源の水を繰り返し圃場に導こうとする、反復利用が基本となっている。そのため、洪水防止の施設はほとんど存在しない。

さきに述べた微地形のほか、貯水システムを成立させる環境として重要なものは、豊凶差の大きい降水条件がある。南インドにおいては潅漑地と非潅漑地では同じ穀物を作っても、単位面積当りの収量におよそ三倍の差が出る。したがって、凶水年にも貯水しようという志向性は強い。日本ではダムの設計基準は、十年に一度の凶水確率をとっているが、南インドでは、二年に一度は満水にならなくてもよいとされている。ところによっては、四年に一度たまればよいから貯水池を増設する企てがなされる。貯水潅漑への強い志向は、過剰開発をひきおこし、貯水池を造成しても凶水年が続き、営農ができず、移住せざるをえない事態を招く。豊水年が続くと潅漑地が拡大し、支持可能な人口も急増する。過剰開発の反動は、畜産や焼畑のような非潅漑農業への転進となる。潅漑農業と非潅漑農業とが相互に補完しあうバランスのとれた複合経営が、他の地域よりも切実な課題となる。

貯水システムには固有の技術が発達した。西ヨーロッパにおける重車輪付きプラウからトラクター*への道に比較すると、大地そのものに合体した技術である。そのいくつかを紹介すると、前述のビソー・コトウワばかりでなく、貯水量の過不足を調整し、水系を越えて導水するための水路工法、システム・タンクと呼ばれる貯水池のネットワーク、排水をそのまま用水化して反復利用する効率的な設計、堤高を高くせず、地形に合わせて曲線で堤長を長くし、波浪の高い法面に石張り工事をし巨大なアース・ダムを造築する工法、貯水池間の配水を容易にするため同一平面上で水路を交差させる工法（レヴェル・クロッシング工法）、これらの工事を可能にするための精密な測量法などである。

また、豊水年と凶水年との差は技術的に克服できないので、それにふさわしい土地制度が生まれた。受益面積を上、中、下流に三等分し、誰もが保有地を三団地に分有し、凶水年には上流のみ、もしくは上・中流のみ作付けると決めても、不利益にならない制度である。相続などによって、この配分がみだれると、上流のみを全農民で共同耕作し、収穫物を土地保有面積に応じて分配するベトマ制度が創出されている。これは、日本の溜池地帯でかつて行なわれていた歩植え慣行と同じである。

貯水システムのもとで、分権的な用水管理を可能にした条件は時間の空間化である。そもそも降水量の時間的な不安定性がこの地域の気象学的な特質であり、その不安定性を空間的に克服する営みが、溜池を広域に配置する貯水システムの形式であった。水田に客土するため池底の泥土をさらったり、堰堤の補強作業を日常的に行なっている農民は、池の堤に立って眺望するだけで貯水量を空間的に把握できる。格別、流体力学や水理学上の知識を必要としないのである。また、水量が十分にないときは、やはり空間的に営農面積を縮小するのがふつうである。

五　公・共・私の水利用とアンペイド・ワーク

貯水システムの地域では、元来農業用の水利用が入浴、洗濯、炊事などの生活用水および水牛などの家畜用水と明確に区別されていないばかりか、家庭排水などの下水との区分も定かではない。繰り返し利用されながら、最終的に大空と大海とに返されていた。したがって、溜池の水は誰のものでもなく、利用者みんなのものであった。しかし、可耕地面積に比して、灌漑に用いる水が相対的に乏しいという事情から、利用者のあいだで厳しい水利慣行が形成されていった。この地域では土地制度よりも水利制度の方が重要だ、と指摘するE・R・リーチのような人類学者もいるほどである。

集落は溜池単位に形成され、村民の活動も池の貯水量に応じて、一定のリズムができてゆく。村落内で処理できないことがらは、同じ水系内に数ヵ村ないし数十ヵ村の溜池連合体を組織し、水利の調整ばかりでなく、焼畑、就業、通婚、村境を越える犯罪などに関する調整まで行なっていた。溜池の維持管理（タミル語でクディ・マラマト）は、村民の共同作業として行なわれ、貨幣や商品を媒介としない非市場的な経済関係が支配的であった。貨幣経済が村落社会に存在しない段階では、村民による水利用の労働は、ペイド・ワークともアンペイド・ワークとも考えられてこなかった。

しかし、植民地支配のもとで水利の主体は、溜池がかりの水利共同体から植民地政府に移された。主要な水利施設が国有財産として公営事業局（スリランカでは一九〇一年に灌漑局を新設）に収用され、小貯水池の維持と配水とが、農民の共的な活動に委任されることになった。タミル・ナードゥ州ではすべてのシステム・タンクと自前の集水域をもつ溜池のうち、受益面積一〇〇エーカー以上の規模をもつものが、末端の維持管理から配水まで公営事業局の責任とされ、そのために水利付加税が土地税と同時に微収されている。

新しい水利施設の企画、調査、設計、施工、灌漑地の造成、

＊**重車輪付きプラウからトラクターへ**　近世ヨーロッパにおける農業発展が、犂の大規模化により車輪を付けて複数の畜力で牽引する形を取り、その延長上に内燃機関により自走する乗用トラクターを生んだ。

入植、管理もすべて公権力が行ない、農民の共同意思による新田開発は許されない。水利官僚は、頂点の技監（チーフ・エンジニア）から末端の配水官吏（ラスカル）まで、ピラミッド的な位階制の原理で組織されている。そのため、村落レヴェルでの水利団体（マダグ・アッディッパン、ニーラニッカンなど）の活動は衰微した。このような公権力の直轄事業を担当する水利官僚の仕事が、最初にペイド・ワークとなった。

公権力が農業水利の分野を管理することによって、ペイド・ワークが村落や村落連合の水利団体では実施することのできなかった大規模な水利実施の建設が推進した。南インドにおけるアッパー・アニカットやメットゥール・ダムの建設（一九三八年）、スリランカにおけるセーナナヤカ貯水池（一九四九年）やマハーヴェリ水系における五大ダム建設（一九八〇年代）は、その代表例である。貯水システムのもとでも、流水システムに比肩できるような巨大プロジェクトが構想され、立案されるようになったのである。ペイド・ワークによる水利事業の成果である。

前に述べた通り、貯水システムのすぐれた点は、微地形を利用して、村落単位の溜池を多く造成し、相互に有機的な連関を発展させるところにある。このような多数の小貯水池や水路の集積のうえに立ってこそ、メットゥール・ダムのような巨大施設も十分に活かされうるのである。基礎となるべき末端の溜池の維持管理や修復が不十分であれば、貯水システムの機能が発揮されない。しかしながら、この分野では公権力のペイド・ワークが、十分な力を発揮することができない。長年維持されてきた水利慣行の村民労働の重要性が、公権力にも認知される。作業の具体的な内容はまったく変わらないものの、ここにはじめて俸給を受ける技師の公務との対比で、村民によるアンペイド・ワークとしての水利労働が生誕する。

水利事業が公権力にゆだねられ、公的部門の役割が大きくなるにつれて、巨大事業への志向が強まる。これに対応して私的部門における各種の土木建設企業が誕生して、建設労働者を大量に雇用する。日当がルピー貨で支払われるペイド・ワークは、農村社会における商品市場の発達と対応する。ペイド・ワーク化することによって、男三に対して女二という の賃金格差も創出される。これまで自給的だった食糧作物が、商品作物に転化する。当然ながら、アンペイド・ワークに委ねられる末端施設の維持管理は、西欧型近代都市における主婦の家事労働にも似て、当事者にも周囲の人びとにも軽視されがちである。共的部門が公的部門に従属しその管理下におかれるようになり、多くの村民が私的部門に雇用されるようになるとともに、アンペイド・ワークに委ねられる農村における溜池や用水路の維持管理がおろそかになり、その荒廃がひろがってゆくのである。

貯水システムにおける私的部門の経済活動は、商品経済の進展した植民地時代にはじまる。それ以前にも農民による個別的な水利用は、表面積二五〜三五平方メートル規模の方形もしくは円形の井戸を、一〇メートル位の深さまで掘り、一対の去勢牛によって揚水するカバライという方式が、広く行なわれていた。しかし、これらの井戸の水源も、貯水池と同じであり、池のそばの浸透水、あるいは擬似表流水（伏流水）を利用していたので、共的部門の規制に服していた。すなわち、池の集水域や堰堤の近傍など井戸を掘ってはならないところや、井戸と井戸とが相互干渉しないように距離や規模などが定められていたのである。

しかしながら、水利用と不可分にあったはずの農地が、植民地支配のもとで私的財産として商品化され、土地市場が形成されるようになると、私的所有の枠外にあったはずの水利用も、共的部門からはみ出しはじめた。スリランカでは農地が商品化されると、既存の水田（プラナウエラ）外の非潅漑地を買い、それを水田化し貯水池から「我田引水」する者があらわれた。最初はプラナウエラに配水したあと、余り水があれば使うという条件だったが、農地を買い水田化するのは資産のある有力者であるため、既存の水田に送る水が不足しているときでも「我田引水」し、私的な利益を優先していった。このようにして、開田された耕地を、アッカラウエラと呼んでいる。共的な部門が痩せ衰え、残余の雑業としてアンペイド・ワーク化してゆく。

同様の私的な開田は、国営入植地の周辺にも広くみられる。計画用水量の二〇〜三〇%が私的に造成された水田に、違法引水されている。このため、本来の入植者の水田が水不足で困り、水争いが絶えない。公的部門の水利技術師は、違法引水を取締ったり、末端の水争いの処理をするよりも、新しいダムの設計の方に情熱をもやしがちである。この事態は、公的部門と私的部門とのあいだの矛盾である。

六　公・共・私の経済論理とアンペイド・ワーク

共的部門が衰えたとはいえ、用水管理を水利役人にまかせておくと、一方的かつ恣意的な配水が行なわれ、公平を欠くばかりか汚職が絶えない、と批判する農民が多い。しかし、農業用水を自由化し、私的部門における競争関係にゆだねてしまえば、「我田引水」のために井戸を拡大して水源の確保をはかったり、馬力数の大きな揚水ポンプで、貯水池や水路から直接に引水する農家が増え、全体的な用水不足がいっそうひどくなるに違いない。そのうえ、共通に利用する水利施設の維持管理を行なう農家はなくなるであろう。

このように、公権力の管理強化と私的利益の追求とは、相互に矛盾・対立する。どちらが支配的になっても、固有の欠陥をさけることができない。公的な経済活動の論理も、私的な経済活動の論理も、それだけではすべての経済活動を統合するだけの優位性をもっていないのである。この両者に対して、相補的な役割を演じうるのが、共的な経済活動の論理である。経済活動の近代にとりのこされ、無用の長物であるかのようにみなされがちな部門である。しかし、公・私両部門では処理できない問題に対して、有効性を発揮することがみなおされはじめている。このことは、貯水潅漑システムのみならず、南アジアにおけるさまざまの分野についても、同じ視点から考察されなければならないであろう。そして、公・共・私の三部門における経済活動とその論理に、どのような相互関係をきずいてゆくか、今後の課題は大きい。

南アジアにおける女性労働力の商品化と、貯水池灌漑システムの水利労働に関する以上の考察は、アンペイド・ワークをペイド・ワーク化してゆくことだけが問題解決ではないことを示している。むしろ公・私両部門とはまったく異なった原理に基づく共的部門の経済活動を正当に評価し、その中へアンペイド・ワークを埋め込むことの大切さを検討しなければならないであろう。

この小論で手短に紹介した通り、筆者が行なってきた南アジア農村社会の実態調査に基づく知見によれば、貯水システム地帯では植民地支配とともに貨幣経済が浸透し、公的部門において英国政府方式のペイド・ワークが導入された。次いで、私的部門におけるプランテーション経済の創出とともに、女性労働力のペイド・ワークが創出された。スリランカ社会の事例のように、公私両部門においては女性の社会進出が欧米や日本よりもはるかに進展し、工場労働や海外出稼ぎ労働において女性労働力がペイド・ワークの主流を成すにつれて、部分的ではあるが男性労働力（とりわけ失業者や潜在失業者）のアンペイド化が生まれつつある。

他方、輸出商品作物とは無関係に、農村社会において水田、菜園、果樹園、畜産、内水面漁業などに従事している人びとの暮らしでは、性別にかかわりなく手間替え労働（カイマート*）などの形態を取って、共的部門の経済活動が今日もなお重要な役割を演じている。水利潅漑施設の維持管理労働はその典型例であり、植民地化以降のペイド・ワークでもなければアンペイド・ワークでもない。

このような長年月にわたる共同労働の経験を、次代の経済建設にどのようにして活かすか。新古典派やマルクス派の経済学になじめない農村青年たちにとって、大きな関心事である。欧米の大学に留学したエリート官僚や政治家の経済政策論争が、〈市場経済か計画経済か〉をめぐって行なわれてきたのに対して、多くの農村女性は輸出商品生産の賃労働や海外出稼ぎではなく、農村で暮らし続ける共的部門の生活を通じて、みずからの未来を切り開く道を模索している。言い換えると、農村社会において自営業のネットワークを組織しながら、ペイド・ワークやアンペイド・ワークの呪縛から解放される展望を求めているのである。しかし、このような形の共的部門再編の試みは始まったばかりであり、今後どのような進路を取るか注目し続けたい。

＊手間替え労働（カイマート） 農作業に必要な労働力を賃労働に頼らず、金銭の支払いなしに近隣の農家間で交換しあうこと。タミル語で、カイは手、マートは交換を意味する。

イスラーム社会の女性とアンペイド・ワーク

【脱ペイメントの経済システム】

黒田美代子
Kuroda Miyoko

くろだ・みよこ／一九三四年東京都生。一九五六年慶応義塾大学卒。駒沢女子大学教授(中東現代史、イスラーム文化・社会論)。主著に『商人たちの共和国』(藤原書店)、主要論文に「経済自由化とシリアの伝統経済」ほか。

神の恩恵を求め（利得をえるために）地上を旅し、その途中で死ぬ方が、戦に赴いて死ぬよりも望ましい。なぜならば至高の神は、その恩恵を求めて旅する者を、聖戦に加わる者の上におかれているのだから。(1)

ウマル・イブヌ＝ル＝ハッターブ

アッラーがなんじらのある者に、他よりも多く授けた恵みをうらやんではならぬ。男には稼ぎに応じた分け前があり、女たちにも、稼ぎに応じた分け前がある。アッラーのお恵みをこい願え。まことにアッラーは、よろずのことを知り給う。

『クルアーン』第四章三十二節

はじめに

小稿の任務は、イスラーム世界におけるアンペイド・ワークについて、とりわけ女性のそれについて論ずることにある。ただし問題をいきなりこの主題に限定することは、現在のところこの地域の経済についての、一般的常識が大幅に欠如しているため、きわめて困難である。これは在来の研究が、この世界の民衆の経済活動の歴史を無視してきたことに起因しており、読者の責任に帰せられるものではない。イスラームの経済理論については、例えばM・バーキルッ＝サドルの『イスラーム経済論』(2)といった最重要の著作の邦訳もある。この著作は、過去の伝統的経済理論の要約、集大成であり、その意味でこの地域の歴史的な経済活動を検討する最良の著作であるが、専門家たちですらこれを、イラン革命*のための経済理論と評価しているにすぎない。

イスラーム経済無視の結果は、世界経済史の叙述に端的に反映されている。例えばウェーバーの場合でも、メソポタミアのアッシリア、エジプトのファラオ時代からいきなり近代へと進み、その間はおなじみのスルターン*の家父長的支配で括られる。イスラームという現世的な教えが、この世界にもたらしたもの、その千数百年に及ぶ歴史は、未だにそれ自体として語られていないのである。最近のわずかな例外は、すでに邦訳のあるH・ガーバー*『イスラームの国家・社会・法――法の歴史人類学』(3)であろう。この著作は、このような事態に対する反発の潮流を体現していると同時に、イスラーム経済のありようについて、基本的な理解の糸口を示している。ただしこれのみでは、常識の欠陥を補うこととは程遠い。したがって小稿では、主題と関連したアンペイメントの問題について若干の整理を行ない、次いでこれと関連するイスラーム経済の場合を分析し、その後に女性の場合を検討する。

一　近代の市場システムがとり残したもの

有償、無償労働の対立項の境界は、それが賃金、報酬といったかたちで貨幣に換算されるものの支払を前提としている。この対立そのものの強化、ならびに前者の絶対的優位は、いうまでもなく十九世紀から加速される市場システムの強化、確立に依拠している。この時代の技術的革新と国民国家をてことする経済組織の変化が、ひと、ものを急速に商品化していく状況については、すでに多くの指摘が存在する。原料や消費財のみでなく、土地や労働までをも擬制商品として組み込んでいく市場化の嵐が、人間の社会を物質的利益の獲得という目的に媚びる有機体としている事態は、われわれ自らが日々目撃している事実である。ところで議論を進めるに当たり、まずはこのような市場中心主義、つまり交換価値の絶対的優位の確立が、世界をどのように変えてしまったか

＊イラン革命　一九七九年、王制を倒しイスラーム共和国を樹立した革命。この革命の原動力となったのはイラン民衆のイスラームへの回帰であり、神の代理人としての自らの責務への覚醒であった。

＊スルターン　原語のアラビア語では、政治的権力者の意。イスラーム世界においては当初教権と政権の双方を束ねるカリフが存在したが、後に政権の持ち主が教権の長の上に立つことになる。この世界の多くの支配者はこの名で呼ばれ、カリフの名を僭称することを試みるが、一般民衆の認めるところとはなっていない。ちなみにウェーバーによれば東洋的専制の権化であるが、ガーバーはこれを徹底的に批判している。

＊ハイム・ガーバー　ヘブライ大学歴史学教授。既存の中東に関する歴史研究は、欧米の方法論の単なる援用、ないしは支配者中心の王朝史に限られていた。最近二〇年ほどの現地資料の活用による民衆史の発達は著しいが、その結果通説の多くが覆されている。『イスラームの国家・社会・法』は、イスラーム法の実際の機能を明かすとともに、近年の研究の大きな変化を知るための最良の入門書。

について、整理しておく必要があるであろう。

ここではK・ポランニーの、「経済と文明――ダホメの経済人類学的分析」の指摘を引用しておくことにしよう。

「いったん技術が市場システムを導くと、その制度的配置が経済についての人間の思想と価値観の中心にすわる。自由、正義、平等、合理性、法律の支配といった概念は、市場システムの中で最も隆盛を極めたように思われる。自由は自由企業を意味するようになり、正義は私有財産の保護、契約の擁護、市場における価格の自動的決定などの中心となった。個人の財産、財産収入および勤労所得、彼の持つ商品の価格は、まさにあたかも競争的市場において形成されているようにみえた。平等は、協力者として契約に参加するすべての人々の無制限の権利を意味するようになった。合理性は、効率性と、最高度に発達した市場行為によって概括される。市場はいまや、その法則が法律の支配と同じく全社会関係を財産と契約の規範に限定してしまった、かの経済制度となった。」[4]

近代の交換経済システムにおける利潤、ないしは利潤原理の絶対化現象は、ポランニーが指摘するように、固有の構成要素から成り立つ独特の価値体系を作り上げている。ただしそれが支持する、ないしはそれが依存している自由、正義、平等、合理性、法律の支配等の特質は、経済にとって〈永遠的な特徴〉といいうるであろうか。

近代市場システムが立脚する種々の概念の実質、機能については、後にイスラーム世界の場合と対比されねばならないが、論議に先立ち若干の問題点について指摘しておく必要があろう。それはアンペイド・ワークという切り口の妥当性である。もちろん交換経済の圧倒的な優位と、その過剰がもたらす諸問題について批判的に検討するにあたり、当面の最大の主題である労働の有償性、無償性の問題に焦点を当てることはきわめて〈重要〉である。ただしここにのみ関心を集中させることは、結局既存の市場原理の土俵に足を抄《すく》われて、論議を矮小化しないであろうか。

アンペイド・ワークにはシャドウ・ワーク[5]という類義語があるが、現在までのところ両者の相違はいま一つ明確ではない。後者は一応、〈産業社会が財とサーヴィスの生産を必然的に補足するものとして要求する労働〉、換言すれば〈賃労働を補完する労働〉と定義されている。ただし〈補完〉という意味のとりかたによってこの語は、限りなく前者と等しくなる。しかし問題は有償、無償の境界線であるペイメント自体にあり、これと対抗するためにはその優位そのものをつき動かす、いま一つ強力な概念が要請されるが、この点は小稿の論旨にとりきわめて重要である。

現在の市場システムにおいて優位を占めている利潤原理

の絶対化は、商品、擬制商品の計算可能性、それらの等価交換を基盤にしている。〈人間と環境が不可避的に、売るために作られた市場商品に適用される法則に支配されるようになり、その結果市場は自己制御システムに近づいた〉というポランニーの指摘の背後には、あらゆるものに価格、定価を付与し、それを内側にとりこむというこのシステム固有の行動様式がある。ペイメント、つまり賃金、代金、報酬の支払は、そのような行動様式の端的な反映に他ならない。

ただしこの強力な自己制御システムにも、数多くのとり残された部分がある。いやむしろ事態は逆で、後者こそ人間にとって根源的である事態は少しも変わらない。例えば人間の生きざまには、決してその価値が決定され、有償化されえないものに事欠かない。夫婦、親子の間の愛情、友情、祭り、遊び等は数的に評価不可能であり、むしろそうしてはならないものであろう。それらは人間にとり、絶えず経済システムに〈優先〉するのである。

等価交換のシステムから排除されるもの、ないしはそれと対置されるものについては、石器時代人(6)、トロブリアンド島(7)、ダホメ王朝の分析等により多くの成果が上げられてきた。互酬、再配分といった切り口から、近くは『愛と恐怖の経済』(8)のE・ボウルディング*に至るまで、すでに豊かな論議の蓄積がある。小稿ではこれらの成果を活用しながら、イスラーム世界の場合を検討することにしよう。

二　等価交換と隔絶するイスラームの経済システム

地中海を隔ててその南側に、歴史的にはキリスト教世界に勝るほどの一大文明を築き上げたイスラーム世界においては、経済活動はその量、質において前代を大幅に上回っていた。七世紀のイスラームの登場から、ウマイヤ朝という準備期を経て、八世紀中葉アッバース朝期になると、千夜一夜のバグダードの栄華にも明かなように、この世界の経済力は世界に冠たるものとなった。ところで当時の王朝は、生産物、商業活動等に対する徴税を基礎に、公的な立場から国家の運営、軍隊の維持等に当たった。王朝の権力のピラミッドの上層部で、財の集中と再配分が行なわれたが、底辺にあってこれを支えていたのが民衆の生産活動、ならびに旺盛な商業活動であった。王朝中心の在来の研究は、権力中枢の分析にそれなりの実績を上げているものの、その底辺をなす民衆の生

***ケネス・E・ボウルディング**（一九一〇〜　）イギリスに生まれ、アメリカで活躍する経済学者。〈交換〉基礎とする市場システムの研究が圧倒的であった経済学の潮流の中で、忘れ去られていた〈贈与〉の問題に正面から取り組み、経済システムにおける贈与と交換の相互作用を明らかにして、『愛と恐怖の経済』等で新境地を拓いた。

▲アンターキーヤの鉄職人たち　ざっと見て五軒の店。それぞれ他人の職分は絶対に犯さない。（撮影筆者）

産、商業活動の実態、その構造の分析にはほとんど手を染めていない。小稿は、後者に当たる広範な民衆の商業活動に焦点をおいて、論旨を展開することとする。

千数百年の歴史を持つイスラーム世界において、大きな変化に見舞われているのは、共同体の公的な部分を管掌している支配の上層部である。集中、再配分の原理によって国家の運営、維持に当たるこの部分は、最もイスラーム的とされる正統四代カリフの時代には、社会的公正の保持という原則を忠実に厳守していた。しかしウマイヤ朝の登場とともに事態は急激に変化し、権力の条里化が進み、カリフ職は通常の世俗的王権と変わりないものに転化していく。歴史の進行とともにこの傾向は助長されていくが、他方民衆の生きざまは、イスラーム法の諸規定に守られて、きわめてゆっくりとしか変化してはいないのである。これにはその後の王朝も、イスラーム法を国法としない限り、この政体にレジティマシーが与えられないという、この地域の特殊性が挙げられるであろう。

等価交換の原則を徹底させ、ひと、ものを及ぶ限り商品化する市場経済システムとの対比でいえば、イスラーム世界の特徴として、強い不等価への傾きが挙げられる。商業

において〈定価〉取引でなく、〈交渉〉取引が優先されるといった周知の事柄は、この特徴を端的に物語っている。交渉のいかんで、価格が変化するこのような取引の背後にあるものとしては、この世界における同一律の嫌悪という世界観的な特質が挙げられる。イスラームに基本的な世界観であるタウヒードの考えによれば、一なるアッラーを創造者とするこの世の万物の存在は、その同根性によりすべて等位にある。ただしアッラーは同時に、この世に一つとして同じものを創造されてはいないのである。この世界は、微少な原子の一つを取り上げてみても、同じものはない。ましてその複合体である個体、個物に同一なものが存在する訳はない。

このような万物の等位性、差異性の考えは、結果として個体、個物の差異性を強調する存在の優位性の思想に結晶されていく。いわくあらゆる存在者に関して、そのものの固有性は、あらゆる定義をもってしても究め尽くし難い。万物は、その差異的な存在の様相において、第一義的なのである。このような世界観は、存在世界を差異性の万華鏡として捉えるが、このような観点からすれば、質的に異なるものを等価に評価するなどということは、それほど合理的ではなくなるのである。(9)

このような個体重視、同一律拒否の姿勢は、この世界の経済活動における、定価の絶対性の回避と直接に関連している。この特質はイスラーム経済を、等価交換によるシステム化を根底から拒否するものとしているのである。後に指摘するようにイスラーム経済においては、実体的なものに限りなく近づき、それから遠ざかる原理の拡大を回避するためのさまざまな方策が、至るところに張り巡らされているのである。[10]

商品それ自体は差異的な特質を内包し、それに一律に価格を付与することは難しい。そして交渉経済をさらに検討してみると、価格の不等価性には買い手の欲求という要素が強く働いていることが理解される。商品それ自体と同時に、消費者の経済的事情、商品にたいする欲望にもそれぞれ差異がある。富める者、貧しい者に商品を売り渡すに当たって、前者には高価に、後者には廉価に売ることに、どのような不都合があろうか。売買の一つ一つに、社会的公正のいくばくかが委ねられることには、経済行為としてやましいところはなにもないはずである。

商品、消費者の欲望の差異性の尊重以外にも、イスラームの商行為にはきわだった特徴がある。それは実質的な労働をともなわない経済活動にたいする、徹底的な禁止措置である。賭事、投機、利子の取得等が宗教的に強く戒められていることは、すでに常識となっているであろうが、それはさらに好期を窺い高値を狙って市場に商品を提供するための、退蔵の禁止にもつながっている。またこれと関連して、売買の一回性の原則も重要であろう。これによれば売買の大原則として、それは一回毎に完結していなければならない。要するに買い手が現金を支払うさいに、売り手は必ず自らの商品をその場で譲渡しなければならない。これによって等価交換の論理に依存し、時間の相違を利用して資本の増殖を図る、架空の、非実体的な取引はすべて排除される。[11]

一物一価の定価を原則としない交渉経済は、もちろん等価交換の経済に比して、マイナスの側面を含んでいる。似たような商品でも、売り先の相違によって値段の異なる取引は、商業活動の拡大にとっては大きな制約条件である。会計計算がきわめて複雑であり、その帳簿化には多大な困難がともなわずにはいない。しかし同時にそれには、大きな利点も存在する。例えば公的権力との関連でいえば、会計帳簿のランダム性ゆえに政府は、正確な課税を行なうことが不可能である。したがって税収は大ざっぱなどんぶり勘定に依存し、結果的には零細企業に対してはなんの手出しもできない。低所

▲**アレッポのスークの一部**　店先はみんなこぞって一間半ほど。薄利小売、わずかな稼ぎで多くの友と生きるのが、ここの商人たちの処世訓。独占、寡占は回りまわって自分の首を絞める。他人にニッチを残すのは、遊牧民の知恵か。(撮影筆者)

得層は、このように皮肉なかたちで固く守られてきたのである。

以上等価交換を原則とする経済システムとは明瞭に異なる経済について、不等価交換という切り口から簡単な分析を行なった。これでは決して充分とはいえないが、これのみでもイスラーム経済が、どのような関心、手法に基づいて実体経済の防衛に当たり、差異を差別に変質させる、資本の人為的な集中、増殖の排除を試みている大枠は明らかであろう。

次いでこのような各論的な角度とは別に、イスラーム経済の全体的な様相を把握するための、基本的な説明を行なうことにする。この経済は、労働に関しても独自な解釈を示している。その第一原則は、〈労働は所有の原因である〉というものである。不労所得を否定するという意味で、これは利子の取得、投機とつながるものであるが、これ自体にはとりわけ特徴的なものはない。重要な点は、それに付される細則にあるであろう。それによれば、労働はあくまでも労働者自身のものであり、したがって原則的にその売買は認められない。

労働をあくまでも労働者のものとする経済は、当然私的所有を認めている。これは人間がそれぞれ差異的な力能、資質を備えているという基本的な認識ともつながっている。それぞれの人間は、自らの授かった力能、資質を最大に開花させることを使命としている。その成果が、私的所有というかたちで個人に還元されるのである。この差異の容認は、結果として貧富の差異を生じさせずにはいない。しかしこの差異を埋めるためには、またさまざまな別種の方策が講じられている。

個人の労働は、イスラーム経済の基本単位として固く守られており、人々が簡単に労働の奴隷となる事態を防いでいる。そのためには同時に、さまざまな手段が必要である。ここでは経済生活の円環ともいわれる諸相について簡単な指摘を行なっておこう。(12) 労働の自立性、自己従属性は、共同事業のレヴェルにおいてすでに有名な協業に展開される。投資を奨励されている資本家は、資本を企業家の手に委ねる。この場合の特徴は、利益が生じたさいにはそれを折半するが、損失を被ったさいには資本家が資本を、企業家が自らの労働にたいする対価を失うという、ムダーラバ*と呼ばれる損得折半方式に認められる。その他会社の源流であるムシャーラカ*と呼ばれる方式も存在するが、損得いずれの場合も資本家

***ムダーラバ（協業契約）**　イスラームが合法と認めているもので、労働の提供者が財の所有者の資金を用いて商取引を行ない、そこから得られた利潤を一定の比率で互いに配分する契約。そのさい利益のみでなく損失も分担する。損失を蒙った場合、資金提供者は資本金を、企業家は自らの労働をそれに充てる。

▲▶エジプトのダミエッタの家具製造の職人
ダミエッタは地中海沿岸の港町。家具製造で有名。国家の援助一切なく，高度な製品を主として旧ソ連，東欧等に，また時にはイタリア，フランスへも輸出。エジプトの外貨獲得に貢献。写真上は家具本体製造。材木加工（手前の男）と表面加工（奥の男）。写真右は同じく家具装飾部分の製造。各工程には厳しい境界があり，職人は絶対に他の領分を犯さない。他人にニッチを残しておく。

◀アンターキーヤの靴工場　今は夏休みなので働き手は全部で５人ほど。子供たちも手に職をつけるために率先して働いている。Ph・アリエスの『「子供」の誕生』以前の世界へのこだわり，子供たちが生き生きとしている。

が利益を上げる資本主義の場合と異なり、資本の集中にこの経済がいかに留意しているかは明らかであろう。その他大資本が弱小資本を吸収、併合するといった現象を回避し、経済活動に従事するあらゆる参加者に、機会を均等に与える方策も種々存在するが、ここで指摘している暇はない。

　投資、生産活動に成功した暁には、それぞれの個人はザカート*と呼ばれる喜捨を行なわなければならない。自己が手元に一年間所有した財の二・五％ほどは、宗教的義務として社会的福祉の向上、維持のために消費されねばならない。その余の財は、過度な奢侈のために浪費されることなく、サダカ*と呼ばれる任意の喜捨等に支出されたり、新たな事業に投資される。とりわけ巨額の蓄財をなした者は、ワクフ*という宗教的な寄進財を設定し、このようなかたちで公共の便益に奉仕する。さらに自らの遺産は、それぞれの血縁関係の特殊性に応じて、一定の規則に基づいて親族、縁者に配分される。女性問題と関連して、イスラームの相続制がそれまでの男性優位の配分に対して、女性親族を第一権利者としている点は、特に重要である。

　この遺産制度については、労働を所有の原因とするという原則に反するものではないかという批判が、相次いでいる。しかしこれこそイスラームの私有制、労働観の他の側面を明かすものとして、重要なケースであるといえるであろう。以上の記述では充分に検討しえなかった嫌いがあるが、イスラームは個人、ないしは個人の労働を中心に据えながら、それを生活の稼ぎ手だけのものとはしていない。基本的には生活費は男性の負担とされているが、彼の営みは妻や親族の協力、支えがあって初めて可能となる。それは生活の稼ぎ手の労働と一体をなすものであり、遺産の配分はその意味でまさに当然のものなのである。

　以上イスラームの経済がもつ全体の特質について略述したが、それが個人の労働を所得の基本とし、さまざまな局面で不労所得、資本の増大の機会を閉ざしながら、固有なかたちで社会的な公正を維持している点を、明らかにしたはずである。上述のような特質は、決してその内部に含み込まれた一つの部分のみをもっては成就されず、各要素の総体が預かっている点が看過されてはならない。

三　イスラームの家族と女性の位置づけ

　イスラーム世界の女性に関しては、これまで長らく培われてきた無知、偏見に支えられた「男性中心主義」、「女性隔離」、「非生産的」、「従属的」といった表現に代表される抜き難い固定観念が支配的であり、イスラーム＝女性差別というイメージが浸透している。ただし細部を検討してみると、事情はかなり異なってくる。

例えば遺産相続についてみると、故人の息子の相続額は娘の二倍になっている。イスラームでは女性の権利は男の半分、それに呼応して女には魂がないとされている等々、根拠のない判断が学問的な言説の中ですら、ごく最近まで流布されてきた。確かにこの部分だけ取り上げてみれば、息子の権利が娘の二倍であると明言されていれば、これは端的な女性蔑視の根拠となる。ただしこれには関連する付帯条項がある。つまり結婚後の家庭生活の費用は、すべて男性持ちなのである。男性は一家の扶養義務を課されており、彼が相続した財は、収入が不足した場合にこのために支出される。他方女性は、自らのものとして相続財産を自由に使うことができる。

ムスリムの子だくさんは有名であるが、子供が二人の核家族の場合でも、夫の相続分〈二〉は成員四人に均等割りされれば〈二分の一〉、妻の持ち分は〈一〉となり、すでに後者の方が多く、大家族の場合その差はますます開いていく。夫より妻は優遇されており、妻が相続の第一権利者であり、所有権を持つという事態は、聖徳太子の時代にイスラームではすでに実現されていたが、他の地域の女性がこの権利を獲得したのは、いつ頃であろうか(13)。

次いでここでは、イスラームの女性観について一瞥しておく必要があろう。イスラームの基本原理であるタウヒードの考えによれば、神の唯一性からすべての被造物の等位性が導き出されることについては、すでに述べた。存在の価値として男も女も同位にある。ただし同時に万物に差異を認める原理は、すべての人間を差異的なものとして捉える。さらにこの差異性は、男と女の間にも適用されるのである。男女は同じ人間という類に属するが、その資質、力能において差異的である。そしてそれぞれ性質を異にする夫と妻は、むしろこの差異性をもとに互いを補完しあうような家庭生活を営む。家庭生活は、社会の基礎的単位であり、夫に対するペイメントは彼だけのものという、分断的な考えはそもそも存在しな

＊ムシャーラカ（共同事業） 事業の参加者たちが、互いに資金を提供して合弁の有限責任会社を設立し、ある特定の合弁事業に限定してリスクを分かち合い、同時にその成果の分配を受ける。

＊ザカート（喜捨） ムスリムに課された基本的な義務的行為のひとつ。経済的に余裕のある信者は資産、貯蓄の四〇分の一を共同体に拠出する。慈悲の精神を強めることにより自己浄化を行なう、社会的公正維持のための一種の救貧税。

＊サダカ（慈善） ザカート以外の任意の慈善行為すべてを指す。多少にかかわらず能力に応じて他人を助けることは、共同体的な教えイスラームにとって重要な行為である。そのさい匿名で行なうことが最善とされる。

＊ワクフ 敬虔な信者により神の財産として寄進された基金。所有権は永久に移転不可能となり、そこから得られた利得は宗教、教育、福祉等のための公共機関、施設、事業維持のために用いられる。

い。有償、無償の境界は、賃金、報酬が家庭に持ち込まれるや、雲散霧消する。

社会の基本単位である家族は、それ自体が細分化されることのない一体性を備えている。その中で各成員は、独自のペイメントを基礎としない分業体制を支える。〈男は男の分け前を、女は女の分け前を〉といわれるさいの計算は、外部のペイメントとはまったく性質を異にしているのである。生活費獲得のために外で働く夫にたいするいたわり、愛情等は、交換経済のシステムでは計算不可能なシャドウ・ワークとして、ネガティヴに取り扱われるが、ここでは遺産の取り分として経済的にも対価が与えられると同時に、基本的に積極的な評価が下されるのである。良き妻、良き母であることは、来世における報奨の最大の保証なのである。

家庭においては夫は外部の、妻は内側の責任を分担する。ところで家事は女性に任されているものの、家庭外の例えば買物は男性の仕事である。家庭生活におけるこのような分業は、決して固定されているわけではなく、流動的である。これは社会生活、公共の場においては様相を一変させる。家庭外で女性は、女らしさを誇示することを禁じられる。もちろんこの要請は、婚姻以外の男女の緊密な交際を認めないイスラームの教義に基づいているが、社会的には過剰な超過勤務や、お茶汲みが強要されず、先進国といわれる国々より平等な待遇が与えられている。[14]

イスラーム世界の現状を見ると、状況は必ずしも女性にとり好ましいものばかりではない。夫は一家の成員すべての扶養の義務を担っているために、一家の柱として一段上の立場にあるとされている。これは最終決定権があるというだけの意味合いを持つにすぎないが、これが拡大解釈されて家父長的な要素が蔓延するといった傾向は、この世界のあちこちに散見されることは否めない。しかしそれと同時に、上述のような男女平等の意識も色濃く存在することは、決して看過されてはならない。女性は決して男性に従属するものではないが、これは結婚後も女性の姓が変更されないという、「ウーマン・リブ」の目標の一つがすでに実現されていることにも窺われる。

四　インフォーマル・セクターはインフォーマルか

イスラーム世界に関しては、もっぱら女性問題が取り沙汰されるが、深刻な危機にあえぐ多くのイスラーム圏諸国の真の問題は、むしろ経済、労働市場、「開発」の問題にあるといえよう。[15] それは伝統的な計算が機能している家庭生活にではなく、ペイメントが支配する領域にある。ここではエジプトの女性を例として、アンペイド・ワークに組み込まれるとされる、インフォーマル・セクターについて若干触れてみよう。[16]

第二次世界大戦後、エジプトのナセル革命は独立を達成し、貧困、支配層の独占、政治的腐敗等に終止符を打った。しかしイスラエルの建国に続く数次にわたる中東戦争により、周辺諸国とりわけエジプトは膨大な軍事費、人的、物的損害等により破産状態に追い込まれた。ナセルを継いだサーダートは、路線の百八十度転換を図り、インフィターフ*と呼ばれる経済開放政策を推進し、イスラエルとの和平合意を締結して、アメリカからの莫大な軍事、経済援助を引き出した。サーダートの後継者ムバーラクは、おおむね先代の開放路線を踏襲して今日に至っている。

開放政策はまずそれまでの経済の公的部門重視から、私的部門への転換を行なった。第二に外国とりわけ西側諸国の投資、西側企業への門戸開放を試みた。免税を含む大幅な対外優遇措置を打ち出したが、外国の私的資本の誘致は失敗し、むしろ外国政府と国際機関からの援助が大半を占める結果となった。とりわけアメリカによる国際協力の名による介入が顕著となり、世界最悪の債務国の一つにまで転落した。多国籍軍に参加した見返りとして、膨大な債務はほぼ帳消しにされたが、それと引き換えになされた援助計画により、開発のための構造調整を求められ、国内市場システムの整備を義務づけられている。

アメリカ主導の開発援助は巨額に上っているが、結果的には少数の巨富の持ち主と、大多数の貧困化が露呈され、日々開発貧困の特徴である格差の拡大が進行している。このような状況の中で、インフォーマル・セクターの問題が大きくクローズ・アップされているのである。[17]

この地のインフォーマル・セクターに関連しては、二つの側面が認められる。第一は、他の世界のどこにでも見いだされる産業社会、市場システムに由来する経済的に影の部分である。しかしこの世界には、これまで指摘してきたような多くの民衆の自立、自存の支えとなる、ヴァーナキュラーな、この地域固有の伝統経済がある。この経済は、貧しい国家からの援助を期待しえない多くの底辺の人々の支えとなってきた。それは男性、女性ばかりではなく子供たちにも、生業維持のための職場を提供してきた。そして現在では、経済の貧困化の増大とともに、人々のこのセクターへの参入の度合は急増の一途を辿っている。

下働き、出稼ぎ、小商い、大道商人、洗濯女、家事手伝い、

*インフィターフ　サーダート大統領の指示に基づき一九七四年に開始されたエジプトの経済開放政策。国家社会主義路線からの大幅な転換を行ない、経済の公的部門から私的部門へバランスを移行する政策と、西側諸国の投資、西側企業への門戸開放という互いに密接な関わりをもつ二つの過程を通して推進された。

加工、手内職、清掃・ゴミ集め・仕分け・再利用のための選別等、このセクターの職業は、国家の徴税からすり抜ける小口のものばかりである。また産業化社会、市場システムの論理の外にあり、個人のヴァーナキュラーな生活を支えているこの種の労働の収入は、ペイメント、アンペイメントの範疇に入るものではない。

現在のエジプトは多くの失業者を抱えて、雇用問題はお手上げの状況であるが、他方外国の援助金提供側は、国際基準に合わせた調整を理由に、種々の条件を課そうとしている。そこには児童労働の禁止、スラムの撤去等さまざまあるが、最も重要なのは税収の徹底化の動きである。子供のわずかな稼ぎも家計維持のよすがであり、スラムが生存のためのかけがえのない職業の場であるような人々に、事欠かないのが経済の現状であるが、問題はインフォーマル・セクターのフォーマル化そのものにある。

同時にアメリカ主導のＩＭＦ等の国際機関は、国営企業の民営化を奨励し、銀行、保険、通信、製薬を中心課題としているが、これらは資本提供側を利するばかりで、エジプト経済の市場システム化を促進させる反面、現地の民衆に大きな犠牲を強いている。例えば製薬業の民営化により、企業は高額の特許料支払を余儀なくされ、そのために薬価が跳ね上がって、貧乏人には薬も買えない事態となるのである。

国内のシステム化から、国家自体の大システムへの吸収といった過程は、このように着々と進行しているが、経済情勢は悪化するばかりという状況で、システムから弾き出された民衆は、依然として彼らの受け皿であるインフォーマル・セクターを力強く死守し続けている。有償、無償の対立を基本とする経済システムと、それを前提としない経済の確執は、現にこのようなかたちでエジプトに存在しており、それは決して過去の逸話ではないのである。

小稿は冒頭で、現在支配的な市場システムの中心にすわる概念について、ポランニーの要約を紹介した。その意味するところは、われわれにとっては明瞭であるが、そこで説かれている自由、平等、正義、合理性、法律の支配は、果していつまでも妥当しうるものであろうか。イスラーム経済のシステムは、むしろこのようなシステムの過度の肥大を阻止する、さまざまな方策を講じているが、状況はすでにそれらを有益に活用して、このシステムの調整を企てる段階にさしかかっているといえよう。

（1）M・アッ＝シャイバーニー「イスラームの経済倫理――『利得の書』」黒田壽郎訳、『国際大学中東研究所紀要』第四号、一九九〇年、四一六頁。
（2）M・バーキルッ＝サドル『イスラーム経済論』黒田壽郎訳、未知谷、一九九二年。

（3）H・ガーバー『イスラームの国家、社会、法――法の歴史人類学』黒田壽郎訳、藤原書店、一九九六年。

（4）K・ポランニー『経済と文明――ダホメの経済人類学的分析』栗本慎一郎・端信行訳、サイマル出版会、一九七五年、三―四頁。

（5）I・イリイチ『シャドウ・ワーク――生活のあり方を問う』玉野井芳郎・栗原彬訳、岩波書店、一九八二年。

（6）M・サーリンズ『石器時代の経済学』山内昶訳、法政大学出版局、一九八四年。

（7）M・モース『社会学と人類学』有地他訳、弘文堂、一九七三年。

（8）K・E・ボールディング『愛と恐怖の経済――贈与の経済学序説』公文俊平訳、佑学社、一九七五年。

（9）黒田壽郎「イスラームの社会編成原理」、『共同体論の地平』、黒田壽郎編、三修社、一九九〇年。

（10）黒田壽郎「都市のクリナメン・世界最古の商都アレッポ」、『あうろーら』第一三号、二十一世紀の関西を考える会、一九九八年。

（11）バーキルッ＝サドル、*op. cit.*, pp. 80-84.

（12）黒田美代子「イスラーム経済の構造と位置」、『イスラーム経済――理論と射程』黒田壽郎編、三修社、一九八八年。

（13）黒田美代子「イスラームの私的関係法　I・II」、『中東協力センターニュース』中東協力センター、一九八六年。

（14）黒田美代子「イスラームの女性像」、『平和と宗教』五、庭野平和財団、一九九六年。

（15）黒田美代子「地域開発の現状と問題点――エジプト経済開放政策のその後」、『駒沢女子大学研究紀要』第五号、一九九八年。

（16）Diane Singerman, *Avenue of Participation: Family, Politics, and Networks in Urban Quarters Cairo*, The American Univ. in Cairo Press, 1997.

（17）黒田美代子「エジプトの経済情勢と女性の労働環境」、『マイダーン』国際大学中東研究所、一九九七年。

カナダ・イヌイト社会の分業と男女関係

【ジェンダー今昔物語】

スチュアート　ヘンリ

すちゅあーと　へんり／一九四一年生。一九八一年早稲田大学大学院卒。昭和女子大学大学院生活機構学専攻教授（文化人類学）。主著に『はばかりながら「トイレと文化」考』（文藝春秋）、『採集狩猟民の現在』（言叢社）ほか。

世界中の民族がそうであるように、イヌイト[1]社会では性分業が行なわれている。採集狩猟社会であるイヌイトは、近代資本主義世界経済システム（世界システム）への編入が最終段階に入った一九五〇年代頃まで、狩猟と採集という生業活動[2]に立脚する生活を営んでいた。そうした生活において、男性の役割と女性の役割は分かれており、男性は主に狩猟など、家庭の外で活動し、女性は家庭を中心とした活動を主に担っていた。

一九六〇年代以降、定住生活がはじまって食料が店で手に入るようになってからも、性分業は依然として行なわれている。しかし、数十年前までの「伝統時代」社会的な評価とは異なり、現在は労働[3]が金銭的に評価される風潮が日増しにつくよくなっている。そうした状況において家事と育児などをめぐるアンペイド・ワークの問題がイヌイト社会にも生じはじめている。

ここでは、数十年前の状況――便宜的にその時代を「伝統時代[4]」と呼ぶ――と現在のイヌイト社会とを比較して、かつてイヌイト社会になかったジェンダーバイアスの問題や女性の役割分担を軽視する傾向が「近代化[5]」とともに出現していることを検証する。そうした考察を通じて、世界システムに起因する男女不平等、そして金銭的な評価がなければ労働は無価値であるとする世界システムの偏った価値観を再考し、アンペイド・ワークという近代観念に含まれている価値観をめぐる新たな視点を探る。

一　伝統イヌイト社会における性分業とジェンダーロール

イヌイト伝統社会[6]において、性分業は明白であり、タブーによって規定されていた（岸上一九九七a、スチュアート一九九

一、バーチ 一九九一、Bodenhorn 1990,1993, Fienup-Riordan 1983, Giffen 1930, Guemple 1987, Reiner 1996)。詳しく述べる余裕はないが、成人の男性は狩猟と漁撈、道具の製作と手入れ、住居の築造、移動する時期と移動先の決定などを担当していた。女性は衣服の仕立てと繕い、獲物の解体（クジラとセイウチは男性）と肉の分配、毛皮や皮の加工処理、植物の採集、食料の調理と加工、育児などを担当していた。ただし、男女は相手の仕事を熟知しており、互いにあらゆる知識を共有していたとするアラスカでのボーデンホーン*の観察（Bodenhorn 1990:60,1993:171）は、カナダ・イヌイトにも該当する（スチュアート調査ノート 一九九〇～一九九七）。必要があれば女性は犬橇《いぬぞり》を御《ぎょ》したり猟をしたりしていたし、男性は助産婦（夫？）を務めることができた(7)。男女の分業はタブーによって規定されていたことを先述したが、タブーも状況次第で柔軟に解釈されていた。たとえば、月経時の女性は狩猟道具を触ってならないというタブーはあったが、飢餓状態において男性のハンターがいない場合、目の前に獲物が現われたら月経時の女性はその獲物を仕留める。つまり、性分業もジェンダーロールも、そしてそれらにまつわるタブーもあくまで理念であり、通常は遵守すべきものではあったが、社会全体の利害を度外視するほどまでに死守すべきものではなかった。

1　イヌイトの世界観による性分業とジェンダーロール

性分業をめぐって、イヌイト自身の世界観に基づく説明と、人類学者による生態的な説明がある。

イヌイト社会における男女関係は相互補完的であり、基本的に男性と女性は対等であったようである(8)。男性（夫）は獲物を捕ってくる一家の大黒柱であり、女性（妻）はサポート役というように民族誌で描かれていることが多いが、イヌイトは別の解釈をしている。その解釈の裏には、人間と動物の関係がある。

欧米などでは、人間と動物のヒエラルキーがあって、ヒエラルキーの頂点に立つ人間は動物をコントロールできるという解釈になっているが、イヌイト社会では人間と動物は相互依存関係にある（スチュアート 一九九一、一九九二a、Bodenhorn 1990, 1993, Fienup-Riordan 1990）。簡単にいえば、動物、たとえばカリブー*は普段、カリブーの「世界」にいて姿形もなす

*B・ボーデンホーン　長い間、北アラスカのイヌイト（イヌピアト）を研究し、男性の社会的地位が「生活の糧」を提供するために、女性よりも高いとする従来の通説に対して効果的な反論を展開した。男性は行為者であっても、その行為を可能にしているのは女性（妻）の「力」であるという、イヌイト自身の言説をとり入れている。

*カリブー　北米のツンドラおよび北方針葉樹林帯に生息するトナカイ。

ことも人間と同じであり、同じような生活しているが、人間の「世界」に現われるカリブーは衣服の材料になる毛皮、食料になる肉、道具の材料になる角などをつけて現われる。人間の「世界」へ行ってはまた自分の「世界」に戻らなければならないが[9]、自分の力では戻れない。無事に戻るためには、人間の手によって肉体から魂（イヌア＝inua）を解放してもらわなければならない（スチュアート一九九一：一二四）が、解放してもらう見返りに、人間に毛皮や肉を与えるのである。つまり、カリブーは毛皮や肉などの手土産を携えて人間の「世界」へ現われると考えられ、正しい儀礼に則って自分の「世界」へ確実に戻してくれる人間を選び、自らを獲らせるのである。その意味で、動物は人間の心の中まで覗いて、行動も考えも正しい者を選ぶ。人間と動物は相互依存していると前に書いたが、イヌイトの立場からすると動物の方がやや上手であると考えられている。動物は、動物を敬い、決まったしきたりに沿った扱いをしてくれるハンターを選ぶから（Fienup-Riordan 1983 : xviii）であり、動物の鋭い感性を人間はごまかすことができない。ところが、実際はハンターを選んでいるのではなく、ハンターの妻に動物が自らを任せていると解釈されている（Bodenhorn 1990 : 61-64, 1993 : 187-193）。その理由は、次のように説明される。

イヌイトの世界観には、冬と夏、男と女、陸と海、月と太陽などという二元的な対立関係からなる構造が知られている（Balikci 1989, Oosten 1976, Rasmussen 1931）。生を象徴する女性が獲物を解体することは肉体から動物の魂を解放する行為、すなわち再生させることを意味し、肉を分配することは豊穣を表現している。男性が使う銛はペニスを表現し（Saladin d'Anglure 1993）、子宮と見なされる家に獲物の肉を持ち込むことは生殖行為を象徴的に表わしているのである（Saladin d'Anglure 1984 : 496, Rasmussen 1929 : 185）。すなわち、銛で仕留めたアザラシを家に運び込んで解体することは、獲物を子宮へ戻すという、再生サイクルの一環を象徴している。このようにして、イヌイトの伝統社会では男は女を、女は男を必要とする男女相互補完関係であった。

以上を簡単にまとめると、女性（妻）は再生を象徴しており、心正しい女性を選ぶ動物は無事に自分の「世界」に戻れる、ということになる。つまり、ハンターの豊猟・不猟は女性次第であるという解釈になる。ある北アラスカのイヌイト（イヌピアック）がいみじくも言っているように、「優れたハンターは僕ではなく、妻なのである」（Bodenhorn 1990）。つまり、女性は接待役、動物は客人であり、男性はその両者をとり結ぶ役割を果たしているというように解釈することができるだろう。

ここで描いてきたような、男女は基本的に対等であるとす

▲**（写真上）**カリブーの毛皮を処理している女性（筆者がいつもお世話になる家の奥さん）。時期は５月末であり，極北では「春」にあたる。**（写真下）**夫婦でカリブー肉を薄く切り，干し肉を作る作業。（カナダ・ヌナブト準州ペリー・ベイ村にて。女性はEmily Illuituq，男性はその夫Levi Illuituq。撮影筆者）

る解釈とは真っ向から対立する問題として、ある集団におけ る女子の嬰児殺しという風習がある。この風習について詳しくは岸上（一九八八）を参照されたいが、イヌイト社会における嬰児殺しは、人口調節、環境適応（環境ストレス）、生業に寄与しないもの（女性）を扶養しないこと、性別（男女）の数均等を保つという視点から説明されてきた（Freeman 1971）が、カナダ・イヌイトの一地方集団であるネツリック・イヌイトの場合、男尊女卑という要素があるとの解釈もある（Freeman 1971 : 1015-16, Rasmussen 1931 : 140）。前者の視点は大方否定されている（岸上一九八八）が、ネツリック・イヌイト社会における男尊女卑の問題はどのように考えるべきであろうか。民族誌の記述における文化的バイアス（ユーロセントリズム）については後述することとして、よしんばネツリック・イヌイト社会には民族誌が記録された当時、男尊女卑的な風潮があったとしても、それはフリーマン自身が指摘するように、ごく例外的な風潮であり（Freeman 1971 : 1014-1015）、イヌイト社会全体に該当する風潮ではないことを認識しなければならない。つまり、一つの事例をもってイヌイト社会全体を論じられないことである。むしろ、ネツリック・イヌイトの女子嬰児殺しは際だった例外であり、この例外を除けば、イヌイト社会における男女関係は基本的に対等であったというのがここでの主張である。

先述した男女関係、つまり女性は主に家庭を中心に、男性は主に家庭の外で活動するという分業は生態学的にも説明される。結論からいうと、女性は家庭を中心に活動することにいくつかの利点がある。一つは、およそ四時間おきに二〇〜三〇分かかる乳児の授乳が容易になる一方で、女性は猟に出ていけば、幼児をつれていく負担や幼児の泣き声で獲物に気づかれるなどのマイナスの要素がある。ラブジョイが指摘するとおり、母親と幼児はより安全な家庭とその周辺にいればホッキョクグマなどの猛獣に襲われる危険性、転落などの事故が減少することによって幼児の生存率が高くなる（Lovejoy 1981）。

女性が家庭を中心に活動することは、もともとジェンダーバイアスによる現象ではなく、ほかのほ乳類に比べて異常に長い授乳と子ども養育期間が必要である人類の生存戦略の一つであると考えることも可能である。イヌイトの性分業は忠実にその戦略にかなっている。ここでは、性分業は生物学的に決定されてしまうと主張しているのではない。文化によって性分業のあり方が千差万別であることが生物学的決定論の誤謬を如実に示している。ここで主張したいことは、女性が家庭を中心に活動することが理にかなっている（これについてイヌイトは言及しない）ことと、イヌイト社会では「男性は外、女性は家」という性分業は男尊女卑が前提となるジェンダー・ヒエラルキーにつながらず、男性の仕事も女性の仕事も社会的に同等に評価されていたか、あるいは女性の分担はやや高く評価されていたという二点である。

2　空間のジェンダー化

性分業の結果として、男性と女性の活動する場が分かれることによって、空間がジェンダー化されるという解釈は多くのジェンダー論に認められる。そうした認識の背景には、ジェンダー・ヒエラルキーのある社会——たとえば日本——では、ジェンダー別の活動が行なわれる場がジェンダー化されるという前提をイヌイト社会にまで該当させようとする研究者側のバイアスがある。しかしその前提では、ある場において男性が活動するか、女性が活動するかという次元の解釈と、場のジェンダー化、すなわちジェンダーによる排斥、もしくは優先権があるという次元の解釈が一緒くたにされている（Bodenhorn 1993: 170）。顕著な例は、men's house と呼びならわされているカリギという建物である。(10) カリギで男性が仕事をしたり寝泊まりしたりしたことは確かであるが、民族誌を注意して読めば、カリギは老若男女が参加する集団儀礼や饗宴などが行なわれる場でもあり、men's house と呼ばれるようになった最大の原因は、研究者のジェンダーバイアスにあることが明らかである。また、住居の中には、主に男性（夫）が使う場所と、女性（妻）が主に使う場所がある（スチュアート 一九九八 a：五六一）が、それらの場所は排他的に使われていたのではなく、それぞれの活動に都合のいい場所なのであって、ジェンダーに基づく排他的な規定はなかった。

二　現代イヌイト社会の男女関係

一九六〇年代以降のカナダ連邦政府の定住政策によって、イヌイトの生活は今日、大きく変貌しており（スチュアート 一九九二 b、一九九六）、伝統イヌイト社会における性分業とジェンダーロールは現在のイヌイト社会にそのまま継承されていない。しかし、生活の「近代化」の中でも、伝統的な要素は多く引き継がれている（岸上、スチュアート 一九九四）。伝統時代のイヌイト女性とジェンダーに関する資料はあまり多くないが、現在の女性を対象とする研究も相変わらず少なく（Just *et al* 1995）、客観的なデータが不足している。数の少ない資料（岸上 一九九七 a、Bodenhorn 1993, Briggs 1990, Jolles 1991, 1997, Just *et al* 1995, McElroy 1975, Reimer 1996）と私自身の調査成果を総合すれば、次のような状況の輪郭がうかび上がってくる。

もっとも上の世代（およそ五〇歳以上）の女性は概して、伝統的な男女関係とジェンダーロールを継承している。一九五〇〜六〇年代に定住するようになってから衣食は店で大

表1　国勢調査に表われるイヌイト男女に関する統計

	男	女	計	全イヌイトの%
人　口[1]	10,865	10,490	21,335	
15歳以上の人口	6,160	6,060	12,220	57
高　卒			345	1.62
大　卒			35	0.16
就　労	2,845（46%[2]）	2,375（40%[2]）	5,220（42%[2]）	25
就労（1年以上）	1,190（19%[2]）	1,000（16%[2]）	2,290（18%[2]）	11
失　業	1,040	740	1,780（15%[2]）	
収入（平均）	$31,783[3]	$25,485[3]		

(1) 1991年度国勢調査（Canada 1991）による。人口はヌナブト[11]準州が分離する以前の北西準州在住のイヌイト。
(2) 15歳以上の人口対比。
(3) 収入源：賃金は78%，生活補助（母子手当，失業保険など）は20%，その他（ガイド料など）は1.5%。

部分確保できるので、女性の仕事の量が減っているが、いまでも夫や息子が持って帰る獲物の解体と分配、毛皮の加工と衣服の仕立て（主に防寒服）などをしている。

いわゆる中年世代（三〇～五〇代）の女性は伝統的な技術を保持しているが、より上の世代ほど積極的に衣服作りなどはしない。この世代から学校の義務教育を受けており、欧米のジェンダー観が生き方に多少反映されている。また、この世代の女性の多くは賃金労働（主に事務職）に就いており、その収入によって夫などの生業活動を支えている（スチュアート一九九五）。私が毎年、調査で世話になっている家族の奥さんは就職こそしていないが、彫刻品（大村一九九六）の収入は賃金労働にほとんど就かない夫の毎日の生業活動を可能にしている。そのためか、この世代の女性の金銭感覚は鋭いと感じられる。また、彼女たちは役割分担に関して伝統的な志向を持ちながらも、高等教育（高校以上）への志向が強く、権利意識が上の世代よりも際だって発達している。権利意識を発達させている大きな要因は、最近顕在化している男性による家庭内暴力や児童虐待、治安の悪化という、伝統時代にほとんどなかった現象によるとされている（Just et al 1995）。学校教育を受けているもう一つの結果として、カナダ国内のイヌイト代表団体や周極北会議という国際組織の管理職や会長職にこの世代の女性が多く就いていることが認められる。

若い世代（二〇代以下）の女性は学校教育やメディアから、フェミニズム思想や女性権利拡張という考え方に強い影響を受けている。そのためか、伝統的な技術に興味をあまり示さず、ジェンダーロールに対する考え方が上の世代とは大きく異なっている。獲物の解体や毛皮の処理、防寒服の縫製などのような伝統的な活動に参加しなくなっている一方、村ではそのほかにすることが少ない結果、退屈しのぎの過食や軽いノイローゼ（スチュアート 一九九二b、Reimer 1996）などの社会問題がこの世代の女性にとくに顕著に現われている。

空間とジェンダーの関係は、現在でも基本的に伝統時代と変わっていない。現在の極北の村は典型的に核家族、もしくは拡大家族の住む住居のほかに、雑貨、衣類、機械類、食料などを売る店（たいがい一軒）、学校、体育館、警察駐在所、看護所、動力発電所、滑走路と管制塔、車両修理工場、村内FM放送局などの施設からなっているが、ほとんどの施設はジェンダー化されていない。たとえば、非イヌイトの女性看護士が圧倒的に多い村々の看護所では、イヌイト語を解せない看護婦の通訳をイヌイト男性が務めることは珍しくないし、男性通訳に対して女性患者が苦情を表明した事例は聞かない。そのほかの施設や職もジェンダーによる区分があることはほとんどない。その様子は一九九一年の国勢調査統計に裏づけられている。**表1**にまとめた統計には、男女の差異はほとんどないが、ドミナント社会*の基準によって決定される賃金だけは女性の方が男性より二割ほど安い。

仕事の分担におけるジェンダーバイアスの唯一の例は、女性は土木機械運転や修理、発電所の整備士などの機械類を使う職に就かないため、賃金の平均値が安くなると思われることである。男女ともに生活に欠かせないスノーモービルは常に整備を必要とするものであるが、極北調査二五年の私の経験において、女性がスノーモービルをいじっているのを一度も見たことがない。伝統時代には女性は男性と一緒に犬橇を操っていたし、現在は女性のパイロットもいるので、交通は男性の分担であるとはいえない。伝統的な性分業では、道具作りと手入れが男性の分担であったことが機械の整備に継承されたと解釈すべきか、未解明のジェンダーロールが原因なのかは今後の研究課題である。この問題にこだわるのは、土木機械の運転や発電所整備士の賃金が際だって高いことが、これらの職種に就職しない女性の収入の平均値に影響しているであろうからである。

***ドミナント社会**　多数者という意味で使われる「マジョリティ」に対して、「ドミナント社会」は、その数とはかかわりなく、国家社会において政治・経済などを支配する、もしくはそれらにおいて優越している人びとのことをいう。

三　考察

これまで概観してきたように、イヌイト社会には性分業およびジェンダーロールが伝統時代にも現在にもあるが、それは状況次第に臨機応変に操作されている、という特徴がある。もう一つの特徴は、男性の仕事と女性の仕事は同等に評価され、両性の分担の境界は固定されず、分担する仕事を基準としたジェンダーのヒエラルキーがないことである。

ただし、この数十年の間に欧米のジェンダー観がキリスト教の普及、学校教育やメディアを媒体としてイヌイト社会に浸透していることから、ジェンダーロールが序列的に評価される風潮が現われつつあり、二〇代前後の若い世代の女性は伝統的な分担を蔑視する傾向が生じてきている。

聖典も教理もなかった伝統時代のシャーマニスティックな宗教では、キリスト教の信条を拒絶する論理がなかったので、早くからプロテスタント諸派とカトリックの信仰がイヌイトの間に浸透して、今やすべてのイヌイトはキリスト教を信仰している。家父長的な要素が著しいキリスト教の浸透に伴い、イヌイト社会に男尊女卑の風潮が顕在化したと推定される。(12)

また、ドミナント社会の基準にもとづいて作られている学校教材にも、序列化したジェンダー関係が表現されていることは、イヌイトの男女関係に多大な影響を及ぼしていると容易に想像できる。ただし、世代間に認められるジェンダーロールに関する解釈の差異についても、さらなる検証が必要である。つまり、右に考察した世代ごとのジェンダー観の相違は各世代固有の現象なのか、あるいは女性が長じて上の世代になるにつれ、より伝統的なジェンダー観に変わるのか、という問題である。数十年にわたる長期調査によってのみこの問題を解明することが可能になるが、現在はそうした調査研究がなされていない。

以上の要因に加えて、フェミニズムによるであろうと思われる影響のため、伝統的な男女の対等関係に変化が認められるようになっている。従来、男女は原則として別々に仕事を分担していたが、それぞれの分担は相互補完的であり、ジェンダーロールに優劣がなかった。しかし、若い世代の女性はどの仕事にも男女の区別を排除する動きが最近になって現われている。これは明らかに欧米のジェンダーバイアスが浸透してきた結果である。それに関する二つの事例を紹介しよう。

一つは、伝統時代に集団外の交渉は主に男性が行ない、定住以降も「市長」などの管理職に男性がより多く就く傾向がある。しかし、四〇～五〇代以上の女性数人に対してこのことについてインタビューを行なったとき、次のような説明があった。すなわち、女性は男性の相談役（counsellor）であり、男性が発言する内容に妻の意向が確実に反映されている。つまり、誰が言うかが問題ではなく、発言に妻の意向が反映されていることを周りの人も認識していることにより、妻が満足する。このような話は複数の女性から聞かされたし、イヌイトの家族と一緒に生活してきた経験でも、何を決めても夫が妻の意向（顔色）をうかがっている様子がありありと認められる。妻の意向を無視して夫の独断専行があった場合、夫婦間にきしみが生じたことを目撃している。ただし、このような男女（夫婦）関係は上の世代に顕著であり、若い世代には弱いか、欠如している。

もう一つは、空間のジェンダー化を図ろうとする動きである。ヌナブト準州（註（10）参照）を発足させるための準備段階で準州議会の議席に女性優先席（anon 1995）を法律で定めることを問う住民投票が一九九六年に行なわれた。結果として否決されたが、投票の内容におもしろい傾向があったようである。投票結果を分析した報告書はないが、関係者の話を総合すれば、若い女性が優先席をよしとし、上の世代の女性は不要であるとの票を投じた傾向があったそうである。若い女性の間に欧米型のジェンダー観が確実に根を下ろしているようである。なお、男性がおしなべて女性優先席に反対したことの意義は今後の研究課題である。

では、イヌイト社会の伝統的なジェンダー観から私たちが学べることがあろうか。私はあると思う。一つは、民族誌資料を使うとき、それを著わす研究者のジェンダーバイアスが入っていることを認識しなければ、イヌイト社会に対して歪んだ見方がもたれる危険があることである。たとえば、妻を別の男性に提供する「妻貸し」と好色的に記録されている慣習は、夫の一方的な命令によるとする解釈（Spencer 1959 : 84）を批判したバーチなどは、共婚（co-marriage, Burch 1970, 1975: 106-119）と呼ぶべきこの慣習は、本来制度化された社会的規範であり、夫婦の協議を前提とした慣習であった（Rubel 1961）と述べている。「妻貸し」は、女性が従属的な社会的地位に押しとどめられている存在とする民族誌に描かれている多数の事例の一つに過ぎない。このことは、民族誌に書かれているのは、イヌイトの解釈を描いた男女関係ではなく、欧米研究の社会通念を規準に描かれたエスノセントリックな解釈であることを強く示唆するものである。男女の不平等の起源を探る傾向の強いフェミニスト人類学（Bodenhorn 1993: 169-171）において、採集狩猟社会研究が重視される昨今では、この点を念頭におく必要がある。イヌイトの事例ではないが、民族誌における女性に関する記述の問題点を端的に示している事例として、中部カナダの北方針葉樹林帯に住む一八世紀のチペワヤン・インディアンを記録したハーン（Samuel

Hearne）の報告書がある。

ハーンが一七六九～一七七二年に書いたフィールド・ノートに描かれている女性の様子と、一七九五年に出版した報告書との間には、女性に関する記述に矛盾がある（Rollason 1998）。公式の報告書では、女性は奴隷のような存在であり、荷物を運ぶ「役畜」同然に扱われているとあるのに対して、現地で記録した手記には、男性も女性も荷物を運ぶ様子が明記されている（同書：269-271）。女性に関してそのほかにもフィールド・ノートと報告書の間に矛盾があるのに、後世の人類学者が公式の報告書を根拠に、チペワヤンの女性は虐げられていたと指摘している。公式の報告書がなぜ改ざんされたかについてよくわかっていないが、女性が「犠牲者、残忍な仕打ちを受けている、虐待されている」（同書：272）とするイメージはチペワヤン社会の現実であるというより、報告書（民族誌）に基づいている架空の描写である。この事例も民族誌を利用する場合、注意が必要であることを示している。

最後に、独断であるというそしりを恐れずにいえば、イヌイトのジェンダー観は現在のジェンダー論やフェミニズムに対して一種の疑義を呈しているように思える。現在、男性は会社で働き報酬をもらっているのに、女性が行なっている掃除、洗濯、料理、育児などの家内仕事は長時間にわたる重労働であるにもかかわらず、正当な報酬がないという批判的なニュアンスがアンペイド・ワークという概念に込められている。その背景には、国家の経済に寄与する報酬を伴う労働が評価され、金銭的に評価されない労働の価値が劣っているとする前提があると思う。

日本では成人式や大学の卒業式において判を押したように、「社会人」になるという言葉がある。この言葉には、二〇歳になるまで、もしくは大学を卒業するまで、その人は社会の外にいるかのような響きがある（大学で生涯を過ごす教員は最後まで非社会人になるのであろうか）。そうした欺瞞に「専業主婦」も社会の外にいるという（無意識の）バイアスが込められている。女性が会社勤めなどの賃金労働を辞めれば、社会の第一線から退き、あたかも社会から隔離された家庭に活動の拠点をおくかのような、やや敗北感が漂う雰囲気がある。本来、社会の原点である家庭が社会の周辺に追いやれ、家庭での女性が分担する役割が正当に評価されなくなる、すなわちアンペイド・ワークの出現をもたらした背景には、すべてのことを金銭によってのみ評価する経済至上主義がある。経済至上主義の総本山である世界システム、そしてフェミニズムが浸透している現在、かつてなかったアンペイド・ワークがイヌイト社会にも出現しつつある。たとえば、ヌナブト準州の首都であり、もっとも大きな町であるイカルイトでは、女性が「社会に進出できる」よう、保育所を設ける要請が当局が寄せられているそうである（Reimer 1996）。

ただし、前に述べたようにイヌイトの場合、変化しながら伝統的な価値観が継承されていることにより、女性の役割分担に対する社会的な評価は消えたわけではない。家事、育児などは社会基盤をなしており、そうした基盤を築く女性の分担は、男性がなし遂げるいかなる偉業に比べても遜色がないことをイヌイトが教えてくれている。

もう一つは、現在のフェミニズムは男性中心の社会を批判しながら、実際は男性中心の社会の規範と運営のあり方に沿って、男性が設定した規準に従って女性の分担を評価するという矛盾に陥っているように思える。確かに、男性を中心とした世界システムと、そしてそうしたシステムの基盤をなすキリスト教的な規範を規矩準縄とする欧米社会において女性の社会経済的な地位を向上させるのに、男性の基準に則った行動はもっとも現実的な戦術であろう。しかし、当面の措置であったはずその戦術がいつの間にか、フェミニズムを覆うイデオロギーと化している。さらに欧米社会以外の社会にも該当するしかるべき普遍的な基準となっている現状に距離をおいて、現行のフェミニズムについてじっくり考えさせてくれるのは、イヌイト社会において、かつてあった男女関係であろう。そこには、ジェンダーの区別はあったが、ジェンダー・エクスプロイテーション（搾取）はなかった男女関係が成立していたのである。

まとめ

この小論では、カナダのイヌイト社会を主な事例として男女関係とジェンダーロールについて述べてきた。その結果、イヌイト社会において男女関係はおおむね対等であり、ジェンダーロールに対して社会的な評価は男性に偏っていなかったという解釈を提示した。この解釈には、イヌイト社会に芽生えつつあるジェンダーバイアスの問題は主に世界システムの浸透に伴う「近代化」とフェミニズム思想に起因するという見方である。

この見方とは趣の違っている記述が多くの民族誌に示されている問題に関して、ジェンダーバイアスを排除しようとする調査の結果、イヌイトの伝統社会における男女関係は民族誌に描かれているような、近代の欧米社会のそれと類似したものではなく、男性の役割分担も女性の役割分担も等しく評価されていた社会の存在を彷彿とさせることができたと思う。

しかし、ここで示した男女における対等な関係というシナリオには、未解決の課題がいくつか含まれている。一つは理論的には、ここで描いたイヌイト社会の男女関係はイデオロギーであり、民族誌に描かれているように実践において男性が優位であるかという課題である。著名なフェミニスト人類学者がアラスカの「エスキモー」女性は「酷使され虐待され、男性同士の間にやりとりされ、完全にモノとして扱われている」という解釈をしている（Friedl 1978）。フリードルは、女性は食料を供給しないため社会的地位がないに等しい状態におかれているという。しかし、イヌイト（エスキモー）社会を自ら調査せず、既存の民族誌をもとに書いているフリードルの解釈は、ボーデンホーンや私の研究成果と著しく異なっている。解釈が異なっている原因は、単なる研究姿勢や立場の違いによるのか、あるいは民族誌に記録されている情報の偏りによるのか、さらにイヌイト自身のイデオロギーと実践のギャップによる現象なのか、という課題はこれからより徹底的に追究しなければならない課題である。

もう一つは、男女関係は、ここで描いた小規模な社会のように、そもそも対等であったが、社会規模が大きくなることによって、あるいは近代国家と世界システムの出現とともに男女不平等が表われ、そこにアンペイド・ワークという問題が生じたのかという問題には納得のできる回答はない。男女不平等は人類社会における普遍的な現象と考えるべきなのか、ある社会的状況においてもともと平等（対等）であった男女関係に不平等が生じたのかという問題を解明するため、文化人類学の視点をとり入れることが有効な手法であろう。そこで、民族誌や現在の採集狩猟社会に男女不平等の原因を探る手がかりがある可能性があると同時に、アンペイド・ワークという、金銭的な評価に固執する問題に目を奪われずに、世界システムと「近代化」に規定される男女関係とは異なる関係のあり方を模索する可能性にも関心を向けることを考える必要がある。

（1）ロシアのチュコト（チュクチ）半島からアラスカ、カナダ、グリーンランドのツンドラ地帯に住む人びとは、古くからエスキモーと呼ばれてきたが、エスキモーには差別的な意味があるとされるカナダでは、イヌイトが正式の呼称になっている。ただし、「エスキモー」は、互いに言語が通じ合わない二つのグループ、すなわち南西アラスカ、セント・ローレンス島とチュコト半島のユッピクと、北アラスカからグリーンランドまでのイヌイトに大別され、全体を指していう場合、「イヌイト／ユッピク」になる（スチュアート 一九九三）。アラスカではイヌイトもユッピクもいる関係上、当事者も英語で話す場合、エスキモーと言う場合が多い。言語を基準に分類されるユッピクとイヌイトはさらに、独自の自称をもついくつかの広域グループに分かれ、それぞれの広域グループは血縁と地縁にもとづく地域グループ（〇〇ミウト、……miut）に細分している（スチュアート 一九九九）。「イヌイット」は一般的な表記であるが、原語（イヌクティトゥト、イヌイト語）により忠実な発音は「イヌイト」である。私も最近まで趨勢に流されて「イヌイット」と書いていたが、現地読みを尊重する風潮に触発され、今は「イヌイト」と書くようにしている。ただし、国語事典、辞書類では「イヌイット」、もしくは「エスキモー」と一般的に表記されている。なお、本論では主にカナダのイヌイトをとり上げているので、呼称をイヌイトに統一する。

（2）生業とは、資源を獲得、加工、処理、消費の諸活動、そしてそれらの活動に伴う社会関係を含む複合的全体のことであり、野生動物の狩猟、野生植物の採集、さらに漁撈を含む。ここでは、生業活動には人間同士の社会関係と、人間と動物の社会関係を含めるものとする。

（3）イヌイトの伝統社会では、世界システムにおいて個別的に異なる概念と規定される「労働」と「遊び」は区別されず、ともに渾然一体としており、またもな生活を送る必要不可欠な要素であった（イヌイトの遊びについて、スチュアート一九九八b参照）。

（4）本論では、「伝統」を世界システムや欧米生活様式が優勢になる前の民族誌に描かれている状況を指す用語とする。欧米との遭遇以前にイヌイト社会は周囲との接触のない自己完結社会であった、あるいは太古以来、弊習と迷信に縛られた、変化のない固定された社会であったというステレオタイプでの意味の「伝統」ではないことを断わっておく。

（5）ここで「近代化」とは、いわゆる欧米型、もしくは「西欧」文明の生活様式が非欧米社会に浸透していくことを意味し、社会進化主義的な進歩という意味合いを含まない。

（6）一九六〇年代に定住政策が本格化するまで、イヌイトの年間サイクルは基本的に夏と冬という二つの季節に分かれていた（モース一九八一）。十一月から五月までの冬季には陸上の竪穴や雪の家に住み、主に海氷上のアザラシ猟やホッキョクグマ猟を行ない、六月から十月までの夏季にはテントに住み、陸上でカリブー猟やジャコウウシ猟とホッキョクイワナ漁、海上でアザラシ、セイウチ、クジラなどを舟から捕った。シャマニズムを中心とした世界観では、人類は妹（太陽の精霊）と兄（月の精霊）の近親相姦によって生まれたとされる。海獣を司る女性のセドナと、陸獣と天候を司る男性のシラがもっとも有力な「神」であり、豊猟や無病息災は多種多様なタブーを守ることにより保証されるとされていた。

（7）次の二つの場合に男性が分娩に立ち会って産婦と新生児の世話をした。一つには、夫婦が単独で行動する際に、普段は女性が行なう分娩の世話を夫がする場合である。もう一つには、特別の力を持つ男性が分娩に立ち会えば難産に苦しむ女性——妻ではなくとも——が安産になるとされていた場合である。岸上（一九九七b）が指摘するような社会制度としての助産婦を男性は務めなかったようである。

（8）ここでは、偏りがなく差別がない状態を指していう平等と区別して、ともに相等しく劣等、上下の差がない状態を対等という。

（9）詳細を別の機会にゆずり、ここで概略だけを述べると、動物は自分の世界に戻るという考え方は時間観念と深くかかわっている。直線的に経過する近代欧米社会の時間観念とは異なり、伝統イヌイト社会では時間が永遠に循環することによって宇宙的秩序がなりたっていたようである。つまり、森羅万象に宿るものの本質であるイヌア（inua、便宜的に魂と訳する）が常に巡りまわることによって循環サイクルが再生され、宇宙的秩序が維持されるという世界観である。この解釈はイヌイトの生活を支える動物に対してとりわけ顕著であり、再生を象徴する女性の役割が重視されるゆえんがここにある。魂の数が開闢以来決まっており、一つの魂が循環できなくなれば、永久に世の中から消滅する。そうしたことは宇宙的秩序を乱すことであり、何としても避けなければならない事態と考えられていた。

（10）Karigi, kashim, qasgiq などと呼ばれる施設について Gubser 1965 : 166-172, Murdoch 1892 : 79-81, Spencer 1959 : 182-192など参照。

（11）「我らが大地」を意味するヌナブト（Nunavut）は、カナダ北西準州の東半分を分離した新たな準州であり、日本の面積のほぼ五倍に相当する約二〇〇万平方キロはカナダ国土の五分の一を占める。そのうち約三五万平方キロは集落や狩猟・漁労区を中心にイヌイトが直接的・間接的に管轄する土地であり、残りは狩猟・漁労を自由に行なえる国有地である。人口二万八〇〇〇人（一九九九年四月推定）の八五パーセントにあたる二万四〇〇〇人のイヌイトは、二八の集落に分散している。ヌナブト準州は地方自治体（public government）であり、民族自治体ではないが、居住者の大半はイヌイトであるため、実質的にはイヌイト自治組織になる。

（12）この小論では、男女対等というイデオロギーを強調してきたが、日常生活の実践の場において男性が優位であったかに関して、より徹底した考察が必要であろう。というのは、父、夫、兄などの男性の意向が優越している場面が多くの民族誌に記録されているからである。交易人との関係やキリスト教の浸透という影響がイヌイト社会に現われたであろう一七世紀（あるいはもっと早い時期：Sonne 1990）より数百年後、一九世紀後半に本格的な民族誌が書かれた男尊女卑の描写が伝統的な実践を表わしているのか、変容した社会を表わしたいるのかについて、注意深い検討が必要である。

〈参考文献〉

大村敬一（一九九六）「〈再生産〉と〈変化〉の蝶番としての芸術――社会・文化変化の中で芸術が果たす役割」、スチュアート ヘンリ編著『採集狩猟民の現在――生業文化の変容と再生』言叢社、八五～一二四頁。

岸上伸啓（一九九七ａ）「イヌイットの女性――極北の働き者　女の民族誌」（綾部恒雄編）、一四三～一六八頁、弘文堂。

――（一九九七ｂ）「カナダ・イヌイットの助産人と社会変化――社会慣習の再生産と変化」、『民博通信』七五号、一〇七～一二二頁、千里文化財団。

――（一九八八）「伝統イヌイット社会における女子嬰児殺しに関する諸説の紹介と検討――ネツリック・イヌイットの事例を中心に」、『民族学研究』五三の二、二〇六～二二三頁。

岸上伸啓、スチュアート ヘンリ（一九九四）「現代ネツリック・イヌイット社会における社会関係について――カナダ国北西準州ペリーベイ村の事例を中心に」、『国立民族学博物館研究報告』一九の三、四〇五～四九〇頁、国立民族学博物館。

スチュアート ヘンリ（一九九一）「食料分配における男女の役割分担について：ネツリック・イヌイット社会における獲物・分配・世界観」、『社会人類学年報』一七、一一五～一二八頁、弘文堂。

――（一九九二ａ）「心正しき狩猟社・ネツリック・イヌイットと動物との相互依存関係」、『アニマ』二三七、五〇～五三頁、平凡社。

――（一九九二ｂ）「定住と生業――ネツリック・イヌイットの伝統的生業活動と食生活にみる継承と変化」、『第六回北方民族文化シンポジウム報告』七五～八七頁、北方文化振興協会。

――（一九九三）「イヌイトか、エスキモーか――民族呼称の問題」、『民族学研究』五八の一、八五～八八頁。

――（一九九五）「現代のネツリック・イヌイット社会における生業活動――生存から文化的サバイバル」、『第九回北方民族文化シンポジウム――ツンドラ地域の人と文化』三七～六九頁、北方文化振興協会。

――（一九九六）「現在の採集狩猟民にとっての生業活動の意義――民族と民族学者の自己提示言説をめぐって」、スチュアート ヘンリ編著『採集狩猟民の現在――生業文化の変容と再生』一二五～一五四頁、言叢社。

——（一九九八ａ）「ネツリック・イヌイットのテント——民族考古学の実践と課題」、『時の絆——石附喜三男先生を忍ぶ〈道を辿る〉』五四九〜五七三頁、北海道図書企画。
——（一九九八ｂ）「カナダ・イヌイット」、『民族遊劇大辞典』（大林太良・編集代表）、四四九〜四五八頁、大修館書店。
——（一九九九）「エスキモー」「イヌイト」などの項目『民族事典』弘文堂（印刷中）。
バーチ、アーネスト（一九九一）『エスキモーの民族誌——図説・極北に活ける人々の歴史・生活・文化』（スチュアートヘンリ訳）、原書房。
モース、マルセル（一九八一）『エスキモー社会——その季節的変異に関する社会形態学的研究』宮本卓也訳、未来社。
anon (1995), *Two-member constituencies and gender equality: a "made in Nunavut" solution for an effective representative legislature*, Nunavut Implementation Commission.
Balikci, Asen (1989), *The Netsilik Eskimo* (2nd ed.), Waveland Press.
Bodenhorn, Barbara (1990), "I'm not the great hunter, my wife is : Inupiat and anthropological modes of gender", *Etudes/Inuit/Studies* 14-1/2 : 55-74.
—— (1993), "Gendered spaces, public places : public and private revisited on the North Slope of Alaska", *Landscape : Politics and Perspectives*, pp. 169-204, Berg Publishers.
Briggs, Jean (1990), "Men and women : the warmth and luxury of male dominance", *Annual Editions: Anthropology* 90/91:143-147, Dushkin Publishing.
Burch, Ernest (1970), "Marriage and divorce among the North Alaskan Eskimos", *Divorce and after : an analysis of the emotional and social problems of divorce*, pp. 152-181, Doubleday & Co.
—— (1975), *Eskimo kinsmen : changing family relationships in Northwest Alaska*, West Publishing.
Canada (1995), "Profile of Canada's Aboriginal Population, 1991 Census of Canada", Catalogue number 94-325, Statistics Canada.
Fienup-Riordan, Ann (1983), *The Nelson Island Eskimo : social structure and ritual distribution*, Alaska Pacific University Press.
—— (1990), "Yup'ik cosmology: ideology in action", *Eskimo essays: Yup'ik lives and how we see them*, pp. 35-68, Rutgers University Press.
Freeman, Milton (1971), "A social and ecological analysis of systematic female infanticide among the Netsilik Eskimo", *American Anthropologist* 73-5 : 1011-1018.
Friedl, Ernestine (1978), "Society and sex roles", *Human Nature* (April), Harcourt Brace & Co.
Giffen, Naomi (1930), *The Roles of Men and Women in Eskimo Culture*, University of Chicago.
Gubser, Nicholas (1965), The Nunamiut Eskimos: Hunters of Caribou, Yale University Press.
Guemple, D. Lee (1987), "Men and women, husbands and wives : the role of gender in traditional Inuit society", *Etudes/Inuit/Studies* 10-1/2 : 9-24.
Jolles, Carol (1991), "Qayuutat and Angyapiget : gender relations and subsistence activities in Sivuqaq (Gambell, St. Lawrence Is., Alaska)", *Etudes/Inuit/Studies* 15-2 : 23-54.
—— (1997), "Changing roles of St. Lawrence Island women : clanswomen in the public sphere", *Arctic Anthropology* 34-1 : 88-101.
Just, Leslie ; Eloise Murrary ; Tamara Tuchak (1995), "Barely visible : the data available about Canadian Inuit women", *Human Ecology : Issues in the North*, Vol. 3, 1995, pp. 79-90.
Kleivan, Inge (1976), "Status and role of men and women as reflected

in West Greenlandic petting songs to infants", Folk 18 : 5-22.

Lovejoy, C. W. (1981), "The Origin of Man", *Science* 4480 : 341 : 350.

McElroy, Ann (1975), "Canadian Arctic modernization and change in female Inuit role identification", *American Ethnologist* 2-4 : 662-686.

Murdoch, John (1892), Ethnological results of the Point Barrow Expedition, *Ninth Annual Report of the Bureau of Ethnology*, Smithsonian Institution.

Oosten, Jarich (1976), *The theoretical structure of the religion of the Netsilik and Iglulik*, Rijksuniversiteit te Groningen.

Reimer, Gwen (1996), "Female consciousness : an interpretation of interviews with Inuit women", *Etudes/Inuit/Studies* 20-2 : 77-100.

Rollason, Heather(1998),"Some comments upon the marked differences in the representations of Chipewyan women in Samuel Hearne's fieldnotes and his published journal", *Earth, water, air and fire : studies in Canadian ethnohistory* (David McNab, ed.), pp. 263-274, Wilfred Laurier University Press.

Rubel, A. (1961), "Partnership and wife-exchange among the Eskimo and Aleut of northern North America", *Anthropological Papers of University of Alaska*, 10-1 : 59-72, University of Alaska.

Rasmussen, Knut (1929), Intellectual culture of the Iglulik Eskimos, *Report of the Fifth Thule Expedition 1921-24*, Vol. 7-1, Nordisk Forlag.

—— (1931) The Netsilik Eskimo : social life and spiritual culture, *Report of the Fifth Thule Expedition 1921-24*, Vol. 8-1/2, Nordisk Forlag.

Saladin d'Anglure, Bernard (1984), Inuit of Quebec, *Arctic; Handbook of North American Indians*, Vol. 5 : 476-507, Smithsonian Institution.

—— (1993), The shaman's share, or Inuit sexual communism in the Canadian Central Arctic, *Anthropologica* 35-1 : 59-103.

Sonne, Birgitte (1990), "The acculturative role of sea woman : early contact relations between Inuit and whites as revealed in the Origin Myth of Sea Woman", *Meddelelser om Gronland, Man and Society* 13, Nyt Nordisk Forlag.

Spencer, Robert (1959), *The North Alaskan Eskimo: a study in ecology and society*, Bureau of American Ethnology, Bulletin 171, Smithsonian Institution.

沖縄におけるアンペイド・ワークの歴史

比嘉道子
Higa Michiko

ひが・みちこ／本名・大城道子。一九四四年疎開先の熊本県生。一九六八年東京教育大学卒業後、沖縄に戻り、現在、大学非常勤講師（女性史・女性学）。共著に『女と男の時空Ⅴ　鬩ぎ合う女と男――近代』（藤原書店）。

はじめに

日本国という政治的枠組みの中で、周縁に置かれてきた沖縄は、いま、急速に資本主義化の道をあゆんでいる。そこでは、沖縄社会を特徴づけてきたアンペイド・ワーク、つまり生業を中心に営まれてきた人々の生活の歴史が、検証されることなく消え去ろうとしている。

沖縄のアンペイド・ワークは、第一次産業を生業とする男女が、その生活の自立のために、ともに担ってきたサブシステンスな労働であった。このような働き方を沖縄ではワジャ（技、仕事、職業）、シクチ（仕事、労働）、ティー（手仕事）などと表現してきた。農業ならハルワジャ（ハルは畑）であり、漁業はウミワジャである。ワジャという語は、そのために自分の肉体や時間を提供するニュアンスがあり、シクチはワジャよりも洗練されたスタイルの仕事であり、ティーはそれこそ、生活を成り立たせるための細々した手仕事を指す場合に使われることが多い。また、一九七六（昭和五十一）年にボクシング・フライ級世界チャンピオンの座についた、沖縄県八重山島出身の具志堅用高氏がテレビのインタビューで、父親の職業を聞かれ、「海を歩いています」と答えて一躍有名になった「ウミアッチャー」（漁業を生業としている人）のアッチャーとは、歩く人で、生業を担う人その人を指す。沖縄の生業の背後には、豊かな山森や豊穣な海浜、容易に生命を育む亜熱帯の風土があった。シクチやワジャやティーが、女性にしわよせされるようになり、また商品化に向かうようになるのは戦後であり、顕著な偏りを示すようになったのは日本復帰後であった。補助金をあてにした不要な土地改良やリゾート開発により、聖地でさえも敷き均され、平地と化した。島のどの位置からも眺めることのできた東シナ海や太平洋は、本土資本のレジャー施設として囲いこまれた。

沖縄で専業主婦の誕生をみたのは、明治以降、本土他府県から赴任してきた官吏や、寄留商人の妻たちからであった。シャドウ・ワークを担う必要のないこれらの「大和の奥さん」たちは、有り余った沖縄での余暇を、仏教婦人会、愛国婦人会、国防婦人会の活動に精出した。これら翼賛婦人団体の正副会長や顧問には「大和の奥さん」たちやその夫が名前をつらね、その下に地元の名士婦人たちがつらなった[1]。一方、大多数の沖縄の女性たちは、娘時代も結婚してからも、生産労働に従事し、専業主婦はいなかった。官吏や教員の妻でも、家畜を飼育し、糸を紡ぎ布を織り、パナマ帽子を編み、自家用野菜を栽培したりと、何らかの副業に携わっていた。王国時代から、県都那覇を中心に商品経済は動きだしていたが、日常的に商品に頼る生活は一般的ではなかった。人々は自給自足をし、余った自家用品を市場に出し、行商し、交換して生活に必要な品々を調達した。必要な道具や家具は少なく、身近な植物で道具を作り、壊れた道具は何度でも補修して使われた。ゴミは地中に埋めもどされ、糞尿はこやしになった。きつくなった衣類は払い下げられたり、また、よそゆき、ふだん着、寝巻、おしめや雑巾、ボロというように使い回されて寿命が尽きた。

女と男の分業はお互いを性差別することなく成り立ち、それに子供の仕事領域が加わった。そこではカッティ（ある技術に秀でている人）と呼ばれる年長者が、技術伝達者として若い人々を指導した。年齢集団は守るべき集団の規範を伝え、性別集団は生産技術を伝承する場であった。

沖縄人は「学校教育・工場労働体験・軍隊・差別」と、一通りの近代化を体験した結果、ヴァナキュラーなものを否定していく価値観を、近代化と意識するようになっていった。沖縄人にとっての近代化は「日本人」として振る舞うことであった。それでも沖縄人は、丸ごと自己を変えて、沖縄人であることを忘却したわけではなく、ムラシマではもちろんのこと移民や出稼ぎ先でも、琉球方言で語り三味線を弾き、沖縄民謡をうたい琉球舞踊を舞うというヴァナキュラーな文化を、捨てることは無かった。それに空手という武道が加わった。このような芸能や趣味や娯楽は、同郷人の結束を固め、文化を仲立ちにして出先の土地の人々との結び付きを強めていった。「集団心性」の確認に、これらの伝統芸能が生かされた。

このようにして、沖縄の生活は、日本や、戦後はアメリカというよそ目にさらされチェックを受けたことにより、自己編成をしなおす体験をする。それでも、男女の相互補完的関係、つまりイリイチの言う「ジェンダー」は、沖縄固有の形で受け継がれてきた。例えば、前近代から行なわれていた製塩が、一九六〇（昭和四十）年代まで、士族のサブシステンスな生業として営まれていた。炎天下で砂場を敷きならし、海水をくみ上げ、散水し、かん水を炊きつめる作業は重労働である。この労働現場では、砂場の整備や海水くみは男の仕事であり、砂を一定の場所に運搬するのは女性の仕事で、子どもたちは、用具に詰まった砂をはたき、細竹で砂の固まりを砕く作業をした。女性は炊きあがった塩をカゴや風呂敷に包んで行商に出た。田んぼや畑を持たないこれら首里那覇出身の寄留士族は、塩を米や芋や豆と交換して、主食を得た。

沖縄の伝統社会の「ジェンダー」を特徴づけていたのは、女性たちのセジ（霊力）の機能であった。女性たちは、家庭でも地域でも、その構成員の平安を祈る役目を、当然のこととして担ってきた。こうして、激しい時代の変遷の中でも残り続けた沖縄のヴァナキュラーな部分が、一九七二（昭和四十七）年の日本復帰を境に、国家主導の開発により目に見えて消滅し始めた。しかしながら、文化的には、七〇年八〇年代はむしろ沖縄的なものが自信をもってマスコミに登場した時間でもあった。例えば、沖縄旋律バージョンのポップスや沖縄方言の漫才、シマ言葉の会話やマンガなどがマスコミに登場する。遅れや差別の原因とされたシマ社会のマイノリティ性が、世代を超えてこれほど陽気に発揮されたのは、沖縄の歴史始まって以来ではなかっただろうか。

急転直下の変動は一九九五（平成七）年九月の米兵による「少女暴行事件」[2]後、もっと具体的に言えば、県民の選択に従って、大学教授から知事となった大田昌秀知事の三期目当選を、県民が拒否した時点からである。その結果国に対し、異議申立のできる歴史的立場にあった沖縄はいま、日本国のただの一地方になろうとしている。一六〇九年の薩摩侵攻以来の大和権力への「怨念」を捨てて、「友好関係」に入ろうとしている。沖縄の独自性とは、実にゆっくりとした近代化の速度に象徴され、それゆえ、戦後のアメリカ支配下でもその独自性は生き残ってきたわけだが、異文化を拒否することはなく、「チャンプルー」（複数の季節の野菜を、豚肉や豆腐と炒め合わせた沖縄の日常的な惣菜）化して取り込んでいった。現在進行中の急速な近代化の仕上げは、大型の日本資本投資による経済構造の編成、つまり「経済=世界」の消滅と、日米安全保障条約体制下の日本国にすっぽりくるまれていく道であり、それへの有利な引換え証として国が差し出したのが、サミットの会場決定であったり、「守礼の門」の図柄を採用した二千円紙幣の発行であったりする。イリイチの分析を借りると、急速に資本主義に向かっている沖縄はいま、自らの「自立・自存」に寄与しないシャドウ・ワークの産出を許していることになる。

一　沖縄の家族

沖縄の伝統家族は、「オナリとエケリ」という兄弟姉妹間にはたらく霊的紐帯によって守られてきた。結婚は守護の関係に変化をもたらすことはなかったから、伝統家族の原型は、母系を想定することができる。男は妻にではなく、実家の姉妹（従姉妹、おばなど）に守られていた。やがて、火の神信仰の定着によって、一家の食事を煮炊きする妻が、火の番人と祭祀者となる。ここに「オナリとエケリ」の関係によらない、女と男を対とする家族の萌芽をみることができる。ムラシマや王府の火の神は、オナリの立場から祭祀されているので、なぜ民間のみ主婦（妻）が祀るようになったのか、沖縄の家族の変遷を想像させて興味ある。こうして、家族は夫と妻が中心となって家を運営していくようになる。

一九九六（平成八）年の都道府県別年少人口割合の順位と、人口一〇万人当たりの一〇〇歳以上の人数の順位はそれぞれ沖縄県が第一位を占めている。同じ年の合計特殊出生率（母の年齢一五歳から四九歳における出生率の合計）も、沖縄県が第一位である。同じ年の、人口千人当たりの死亡率は、沖縄県は四六位で五・五人である。以上の統計は、たくさん産んで、少し死んでいく沖縄県民を数字が物語り、面積第四四位の小さな沖縄県が、子ども（〇～一四歳）の数も、一〇〇歳以上の高齢者の占める割合も日本一であることを示している。(3) 家庭は次世代育成の場であり、消費の場であり労働力再生の場であった。また、生命の誕生と共に、消滅を見届ける場であった。家庭を構成するのは家族である。かつての沖縄では子どもは地域の子であった。未来のムラシマの構成員として、家庭を越えて、親戚隣近所の人々の目の届く範囲で育てられた。家族の食料さえかつかつの暮らしでも、遊びに来た近所の子どもには、ご飯時分なら一緒にご飯を食べさせてから帰した。「ご飯時間だから、お家に帰りましょう」という、家庭単位の単一のしつけは、戦後、生活改善運動やPTA活動の中で実践されていく。「ムラシマの子ども」意識は、区民が出資して運営する「区幼児園」を誕生させた。就学前の教育の場として、現在でも区幼児園は機能している。(4)

沖縄の伝統家族に変容が起きたのは、第二次世界大戦の戦場となってからである。家族は引き裂かれ、離散した。それ以前から、国外移民や、他府県への出稼ぎにより、家族が別れて生活する形態は一般的となっていた。また、前近代の農民層は、子どもが成人（当時にあっては数え一五歳）するまで家族が同居して過ごすことは稀であった。女児は一〇歳前後には口減らしのために子守に出され、金銭の逼迫にあうと、資産のない平民は、娘を辻と呼ばれる那覇の遊廓に売り、

写真１　名護市大東区幼児園の子供たち。公民館を教室に，地域の父母が出資して運営。園長は区長が兼ねる。（1982年７月。撮影筆者）

息子は漁村である糸満に売られた。妻も戸主である自身をも他家の労働力として奉公に出して、一家バラバラという家族形態も稀ではなかった。農業生産力の減少を憂えて、首里王府は度々身売り禁止令を出している。

戦争は一家壊滅や、家族離散をもたらし、大量の孤児や孤老を生み出した。前近代の離散家族と異なって、彼らには住む家や生活を共にする親族が欠けていた。米軍は、沖縄戦を続行中に、一二か所の民間人収容施設を設置したが、そこには孤児及び孤老収容施設を付設しなければならなかった。これらの人々は沖縄厚生園に収容されたのち、孤児は児童園に分離収容された。戦災孤児、家庭離散児、環境上保護を必要とする児童、そして米軍駐留の結果誕生する保護を必要とする「混血児童」の養育を目的とした施設、愛隣園が発足するのは一九五三（昭和二十八）年である。

沖縄の伝統家族の特徴は、ヤーニンジュの範囲の柔軟さに表れている。ヤーニンジュは核家族を基礎的な構成単位とするが、状況に応じて同居親族に限らず、別居の親族や結婚した子どもやその家族、おじおばが含まれたり、果ては他人であるが「家族同然の友人・知人・隣人」が含まれたりする。ヤーニンジュ意識には、長幼の序列と男性優先がみられるものの、その特徴は双系的な広がりに見られ、ヤーニンジュは遠縁の血族や姻族のみならず、非血縁者をも巻き込み、いわば無境界的な拡大傾向にある。[5] ヤーニンジュは、相互扶助の観念で結びついていた。沖縄の国外移民が始まるのは、琉球王国の旧慣を廃止し、実質的に明治国家のシステムに包含するために土地整理事業に手をつけた一八九九（明治三十二）年で、この年沖縄から初めての移民がハワイへ出発する。その後、仏領ニューカレドニア、ブラジル、アルゼンチン、メキシコ、キューバ、アメリカ、カナダなどへの移民と、本土出稼ぎが続くが、その時、幼い子どもを祖父母へあずけ、夫婦で出掛ける例も珍しくない。中には、移民先で孤児になった子どももいる。孤児院の設備の無い時代でもあり、孤児はヤーニンジュと目される範囲の人々に託されて育てられた。伝統的なヤーニンジュ意識が機能しきれない場面が、戦後大量に発生した孤児や孤老の生活であった。官立の児童園だけでは足りずに、キリスト教施設愛隣園が誕生したが、こうして、地域で生まれ地域で育った地域の子どもに、戦争を境に、地縁血縁のヤーニンジュ規範に依らない、法律や宗教に基づく施設という生活空間で成長していく道が加わることになった。

一九九〇（平成二）年の出生児における第三子以後の占める割合は、全国平均一八・九％に対し、沖縄県は三二・一％と、一家庭の子ども数も断然多い。避妊技術が発達した現代に、子どもを多く産む理由は、長男を正当な継承者とする沖縄の位牌継承の慣習により、男の子が生まれるまで産み続ける事例、老後を自分の子どもにみてほしいという思いから、女の子が生まれるまで産み続ける事例、子どもは多い方が良いというこれまでの価値観、また、信仰上の理由から、避妊中絶をしない、などであるが、総じて、「子ども一人あたり一人前にするのにいくらかかるか」という子育てのコストを計算する風習のない沖縄では、生まれたら育つ子どもは育つ、という生命への素朴な信頼で、子どもを産み続ける。「子どもを儲けた」という表現が生きている土地柄である。今後も多産傾向が続く沖縄はここ数年、他府県のお稽古事の教師たちの注目を浴びているという。全国的に少子化が進む中で、沖縄は将来的に「お教室」を存続させることのできる環境にあると分析され、飛行機で月に数回本土から往復しても投資のしがいがあるという。音楽を学んで主婦業と専門を両立させたい既婚女性は、他府県の同種の教師たちと密接な連絡を取り合っている。地元にとっては「中央」の技術を学ぶことができるため、他府県の教師にとっては将来の投資先開拓地として、多産の沖縄は密かに注目されているという。

二　沖縄の生活

沖縄の地上戦は全てにおいてあまりにも重いターニングポイントになった。

食住衣で表される生活は、戦前の貧しさから、一挙に「無」に帰し、収容所の中から戦後再建が始まる。このことを、沖縄人は「ゼロからの出発」と表現した。全て米軍の統制下にあって、日常生活に必要な最低の物資は、配給や軍作業の労賃として手にいれた。米軍所有の物資を正規の手続きを経ないで手に入れることを特別に「戦果」と表現した。戦果は、そうめん、缶詰、メリケン粉やたばこ一個から始まって、毛布、タイヤや建築資材まで、あらゆる物資に及んだ。「ゼロ」から出発するには、持てる者からの「戦果」調達に頼る以外に、道は残されていなかったのである。戦果調達とは米軍基地から、物資を盗み出すことである。盗み出した物資の内、金属類はヤミ貿易を通じて台湾などへ流れた。朝鮮戦争特需で日本が潤っていた時、沖縄で吹き荒れた「鉄の暴風」の残骸が、新たな軍用品の原材料となって流れていった。奇妙なリサイクルであったが、大人も子どもも、容易に換金されるフルガニ（古鉄）と呼ばれた鉄くず収集に執念を燃やした。

旧居住地に戻れるようになり、復員兵や疎開者、移民や出稼ぎに出た者たちも帰還し、人口は膨張した。人々は、家を新築したり畑を耕したりして、徐々に生活の基盤を整えた。米軍払い下げのカバーヤー（テント小屋）から始まって、那覇では戦災復興住宅「規格家」が建ちだした。大方の庶民は家を建築するのに、ヤーニンジュや職場同僚の力を借りた。造り主が資材を準備すれば、労力のやりくりはお互いさまであり、家の構造も田の字型に台所が張り出した程度の簡単なものであった。家が完成するまでに、労をねぎらう共食の場が数回設定される。家葺き祝いや出産祝いには、山羊を共食する。その労働はヤーニンジュのカッティな男性が陣頭指揮をとって、解体から煮込みまでを請け負った。共食の場では女性は、野菜を洗ったり、おわんの準備をしたり、補助的な仕事にまわった。

大型台風の通り道にあった沖縄の住宅がコンクリート構造になるのは、一九六〇（昭和三十五）年あたりからである。コンクリート建築はヤーニンジュという関係だけで手に負える労働ではない。職業的、専門的な設計士や建築家が登場するようになる。家造りの技術は市場化され、共同体意識の場で発揮されることが少なくなっていく。

衣類の調達は、性別分業が最もはっきりと表れる労働であったが、また最も早く市場化した労働でもあった。原料である糸芭蕉や苧麻《ちょま》から糸を紡ぎ、布を織り、衣類に仕立てて家族を装うのは女性の仕事であった。大多数の農民にあっては、日中機織りや糸紡ぎをする女性はなく、これは夜なべ仕事の手すき仕事であった。やがて、明治三十（一八九七）年代になると、さまざまな日用品を商う大和商人が地方にも進出し、商店が建ち並ぶ。木綿糸や化学染料が売られ、その簡便さに人々は飛びついていく。機械紡ぎの糸や機械織りの布、既成の着物が売られるようになり、女性が家族のために夜なべをして布を織る光景は消えていった。衣に関する技術が残ったのは、伝統工芸としてであった。衣類に限らず、手作りの日用品が、工芸というワンランクアップの芸術品に昇格したのは、一九三九（昭和十四）年、柳宗悦ら日本民芸協会の来沖を機会とした。特にその年の十二月の二回目の来訪時には、標準語励行県民運動を展開していた沖縄県庁と、地方語としての方言の価値を称賛する柳ら民芸協会一行との間で、いわゆる方言論争が起こった。母語である琉球語では他府県人との交流がままならず、言葉の障害が沖縄人差別の根拠となっていた。県庁や沖縄人は自らのヴァナキュラーな言語を、中央語である標準語にとってかえようと躍起になっていた。この事件は沖縄の近代化が、日本化することであったことを顕著にあらわしていた。柳らの指摘した地方語の価値に、沖縄人がやっと気がつくのは復帰後であった。今日では、「方言ニュース」、「方言講座」、「方言大会」も開催されるようになった。

生活の土台は食である。食料調達こそ、労働の真の目的であり、生活の中心であった。一般家庭では食料も自給自足が当たり前で、その土地に根ざした季節にあった旬のものを食していた時代から、商店で売買される食料品が取り入れられるようになるのは衣料調達の市場化と同じころからである。どこの家でも、アタイグヮーと呼ばれる、一坪から十坪くらいの畑を屋敷内に持っていた。大根、ニンジン、シマナー、ネギ類、豆類、ニガウリ、ヘチマ、トウガと、ありとあらゆるものを家族が食する量だけ分植した。海に囲まれた島である沖縄のたんぱく質源は魚や貝類で、リーフ内（外洋へ出るまでの島伝いの珊瑚礁）では女も男も海草を採り、漁をした。最大のたんぱく質源は、年末に屠殺する豚である。一軒で、または数軒で共同して一頭の豚を屠殺した。正月用を取り分け、残りは塩付けにして一年のたんぱく質源として保管した。これら一連の作業は、男性の仕事だった。商品として普及した食料の代表にそうめんと缶詰がある。王府料理に用いられていたそうめんは、一般家庭でも接客料理として重宝がられた。乾燥めんの保存が効いたことや、主食の代用品になったためだろう。こうして、自家生産の食材とは別に、購入という形が取り入れられるようになっていった。

生まれて最初に接触する産水《うぶみず》は、水信仰の象徴であった。元旦の早朝に、子どもたちが共同井戸からくんで来る水は、スディ水と称されて家族の額に付けられた。スディユンとは「再生する」意で、消費して弱くなった生命に初水を付着することで、生まれた時と同じ生命力を取り戻す意味がある。ムラシマには、その土地の水脈があり、湧泉は共同井戸として使われていた。共同井戸には水の神の祠が安置され、周囲は清掃が行きわたり、清潔に保たれていた。水を貴重に扱う大人をみて育つ子どもたちは、当然のように水を大切にした。戦後、各家で井戸が掘られ、また都市計画に従って整備された都市地区では、上下水道が普及し、水運搬という重労働から解放された。一方、地方では地域の水脈による水供給は続き、運搬以外に何の不便もなかった。カルキの消毒臭が残る水道水に比べ、湧泉の水は甘く冷たく、美味しかったし、自分たちの水に支払いは不要だった。上水道の普及により、地域で異なる水の個性はごちゃまぜにされ、水道水という一律のものになった。それらカルキ臭のする水をお金を払って買うようになった。

下水道の普及していなかったころは、生活排水は、地面を掘った溝を通って、深く掘った汚水溜めに溜められた。シーリゲーと呼ばれた排水の通り道周辺は常に加湿状態だったから、そこには湿気を好むチンヌクという里芋や、ウンチェーという夏野菜を植えていた。汚水溜めに溜まった汚水はこやしとして、畑にまいた。米の洗い水で茶碗を予洗し、ご飯粒などが入ったその水は、豚の餌をねるのに使われた。魚調理に使った水は、屋敷内に植えられた芭蕉の根元にまかれた。芭蕉の実はお盆の供え物に、幅広の葉は食料品の包装に使われ、ミソや泡盛を入れた瓶の覆いに使われた。

戦後は、米軍により公衆衛生思想が導入され、生活環境の改良改善が指導されていく。確かに、地面を掘っただけの下水道は蚊の発生場所になり、汚臭が辺りにただよった。そのころの沖縄は蚊が媒介するマラリアや、日本脳炎の罹患者も多く、徹底的な蚊の駆除が問題とされていた。環境の改良改善は各家の汚水を集落を貫通する小川に排出したり、その小川にも覆いをして歩道や駐車場にしたりと、土地の有効面積を広げていった。そして、川は暗闇に閉ざされて暗渠と呼ばれるものに変わり、水の流れる音や蛍の飛び交う風景が、集落からは消えていった。

三　沖縄特有のアンペイド・ワーク

1　高齢者の介護と死後の供養

自分の生まれた年と同じ干支の年に祝いをする生年祝いを、沖縄では盛大に行なった。特に七十三、八十五、八十八、九十七の祝いは、地域共同体挙げて祝われた。この習俗は地域共同体の構成員であるムラ人の生命の消滅のプロセスを、共同体の人々が確認していくことでもあった。「子産《くゎな》し繁盛《はんじょう》」と表現するように、たくさんの子孫に囲まれて過ごす晩年が、年長者の成功の証であった。産んだ子に老後を看取られるのが人間としての幸せだとする人生観を、お年寄りは根強くもっているのだが、復帰後は、医療施設とドッキングした老人施設が増え、今では、高齢者のほとんどが施設で老後を送っている。ただし、近年、住み慣れた地域で老年を過ごしたい、過ごさせたいという思いから、託児所に模した託老所の試みが、ボランティア・グループによって行なわれている。

檀家制度が定着しなかった沖縄では、寺所有の墓地に埋葬する習慣は根付かず、それぞれの家所有の墓に納骨し、その後三十三年忌まで、数回の供養が営まれるのだが、それは死者の数を掛けた回数となり、主婦や近親の女性が中心となって執り行なう。通夜から火葬、葬式、告別式が死後二、三日内に行なわれ、初七日までは毎朝墓参を欠かさない。墓参そのものは息子や娘など近親者がいき、花や線香、お茶、お酒、マッチ、水など細々としたものを主婦は準備する。また、家でも位牌にご飯を備える。そして、七日毎の儀式が七回、自宅で執り行なわれる。今日では、偶数日はごく近い身内のみの参加で、初七日、三七日（ミナンカ）、五七日（イツナンカ）、四十九日の奇数日には、故人と縁のあった知人友人が仏壇のある家を訪問する。仏様に備える食物の準備、お客様への食事の準備、香典返しを何にするか、坊さん等への配慮等々、主婦は悲しみに浸る間は無い。そして、百日の法要、一年忌、三年忌、七年忌、十五年忌、二十五年忌、三十三年忌を弔って初めて、神となった故人は、人間世界との直接的な関係をひとまず終了する。二十五年忌や三十三年忌などは、次の世代にまたがって行なわれることが多い。その他、特定の宗教はなく、祖先崇拝の強い沖縄では、毎年うりずん（旧暦三月）の清明節に行なわれるシーミー（清明祭り）、旧暦八月の盆、正月は、家族親族が集合する一大イベントであり、それを執り行ない、滞りなく終了させるマネジメントは主婦の役目である。これらの煩瑣なアンペイド・ワークを繰り返す中で、祖先の来歴が語り継がれ、子や孫に、その出自が語られ、相互扶助体としての親族の紐帯が強められていった。

2　親族・地域との交流

「いとこきょうだい」という言葉があるように、父方母方、双方の従兄弟・従姉妹は実のきょうだいに準じた交際をする。ムートゥヤー（本家）と、次男・三男が独立した分家との間も、盆正月の行事毎に、品物と人が行き通う。住んでいる地域では、王国時代のムラシマ単位の約百戸から五百戸単位の地縁の付き合いがある。ムラシマで完結していた近世の意識は濃厚で、仕事上の付き合いより、血縁、地縁がまず優先される。また、小さなシマ社会の人間関係は、ちょっとたぐれば、全くアカの他人という関係はなく、必ず何らかの接点がある。というより接点を見つけ出す。地縁、血縁がなくとも、「姉の先輩」とか「弟の同級生」とか「友達の親戚」な

写真２　1994年に発足した県内唯一の託老所「浅茅の里」(名護市為又)。地域の子供たちとの楽しいひととき。住み慣れた地域の中で，家族や馴染みの人たちと触れ合いながら安心して暮らしていけるための託老所づくりが，今年県内で始まった。(1999年９月。浅茅の里提供)

どと、より密接な関係がたどられる。沖縄を訪れた他府県の人々が「沖縄の人は温かい」と評価する面は、このような相手と「より近しい関係でありたがる」心情を、県人が持つからであろう。

この心情は現実生活では、いろいろな出来事を引き起こしてもいる。県人と結婚し、ある村に移住して来た東京育ちの女性は、一挙にできたたくさんの親戚に感激していたが、あまりの行事、交際の多さに、やがて精神的に疲れ果て、夫に村外への転居を望んだが、ムートゥヤー（本家）の長男である夫は、シマを離れることはできず、離婚に至った。離婚を知ったシマ人の誰もが、彼女はシマ社会になじみ、すっかり「ウチナーヨメ」になったと思っていたので、びっくりしたという。アパート住まいの間は、家族だけの生活も営めたが、親の家を改築して、二世帯住宅の同居を始めたことで、親の交際範囲が、息子たちへも被さってきて、都会育ちの彼女の許容範囲を越えたのだった。次のような例もある。国の出先機関の長となった夫に伴ってある市に移ってきた他府県出身の家族は、妻は織物を趣味とする人たちと出会い、沖縄の料理を習ったり、子どもたちのきつくなった衣服を交換しあったり、日常生活のグチや、子育ての悩みを語り合うほどの友人ができた。三、四か年毎の転勤が生活スタイルであった彼女は、沖縄で初めて社宅以外の地元の人々と交わる体験をしたという。いつも気を遣っていた社宅生活で、初めて親しい地元の人びととの交わりを持てたことが、彼女と子どもたちに、「沖縄大好き。また来たい土地ナンバー1」と言わしめた。ところが、妻や子どもが沖縄大好きになるのに反するように、夫はストレスが溜まりはじめた。理由は、地元の職員が労働者の権利である年休を当然のように取るため、予定通りに仕事がはこばないことにあった。「法事・結婚式・PTA・地域の行事等々」で休むことが、有能な管理者である夫には理解できなくて、「男がこんなことで、仕事を休むなんて」と嘆いていたという。生活あっての仕事か、仕事が生活なのか、という男の暮らし方の違いが如実に現れたエピソードである。地元新聞の読者欄には、沖縄の人間関係の中で癒されて都会に戻って行く人々、沖縄人との結婚生活を満喫している人の投書も目立つようになった。

四　変貌する「経済《エコノミー》＝世界《モンド》」

1　マチヤグヮー（雑貨店）の消滅

沖縄のムラシマには、家族経営のマチヤグヮーがあった。食べ物や簡単な衣類など、日常生活に必要な物は全てそこで間に合った。各家庭の経済状態にも明るいマチヤグヮーのおばさんやおじさんは、大抵良い人で、「延びて買う」ことを許してくれた。付け買いである。大抵、シーブングヮー（添え物、おまけ）をしてくれたから、子どもはおつかいが大好きだった。マチヤグヮーを媒介にしてムラシマの情報網ははりめぐらされ、人びとの関係はより近しいものとなっていく。スーコー（焼香。法事のこと）や祝い事がどこそこの家であることなど、マチヤグヮーを間に伝えられる。近隣の者に知らせたいことは、まず、マチヤグヮーのおばさんの耳に入れておけば自然に広がった。

マチヤグヮーに商品を納めるのは、これまた一人経営の中継ぎ業者である。県都である那覇の卸商から購入してきた品物を車一台に積み込んで、南から北までのマチヤグヮーに順番に、食料や日用品などの細々としたものを降ろしていく。彼が見てきた各地の情報が、この時マチヤグヮーのおばさんに伝えられ、おばさんは商品と同時に豊富な話題を仕入れることになる。そのような、ムラシマの民間情報センターであったマチヤグヮーは、ここ数年で急激に減少した。マチヤグヮーは、自宅の道沿いの一部屋を店舗にし、日常生活と商売は連続的に行なわれ、起きた時から店は開け、眠る頃には店を閉めた。緊急に入り用な物は、開店前や閉店後でも、住宅の玄関にまわって売ってもらえた。基本的には三六五日オープンで、マチヤグヮーが閉まると、ムラシマの日常がわずかな時間でも頓挫することを、経営者は熟知しているから、自分のためだけで「臨時閉店」することを好まない商売

写真３　マチヤグヮー　儲けはほとんどないが，健康と楽しみのためにとマチヤグヮーを続ける平良キクさん（1934年生）。大型スーパーがくるまでは，朝６時から夜の12時まで，寝る間もない忙しさだったという。（1999年12月11日。撮影筆者）

写真４　パンや飲み物を買いにきた中学生と。（同）

道に徹していた人が多かった。買い手中心の融通の効く切り回し方をしていた。復帰後も生き残ったマチヤグヮーの存続が危ぶまれたのは、一九八九（平成元）年四月一日導入の消費税実施の時であった。家事と両立させながら経営するおばさんのマチヤグヮーのほとんどが、お客から消費税を取らなかった。次にマチヤグヮーの危機が懸念されたのは、売り場面積が数倍の大規模な店舗スーパーが出現した時である。スーパーの経営者は大抵男性であり、品物は豊富で、マチヤグヮーの商品陳列では自由に手に取れないのに比べ、スーパーは自分で欲しい品物を手にとって吟味できる直接性が、消費者に贅沢な気分を味わわせた。コーイエーカ（親戚のようなお得意さん）とかコーヤー（買う人）と親しみを込めて直接的に呼称されたムラシマの購買者が、消費者という第三者的な経済用語で総称されるようになったのも、この頃からであった。それでも、年配者は昔なじみのマチヤグヮーを好み、相変わらずご近所で買い物をし、そこにある品物で日常生活を営んだ。

共同売店や農協売店があるムラシマも多かった。ムラシマの人々は、これら売店の組合員であり出資者であった。売店で購入することは、自分を富ませ身内を富ませることでもあった。おもしろいことに、農協売店のあるムラシマにはまた、個人経営のマチヤグヮーもあり、お互いに共存しあっていた。復帰すこし後までは繁盛していたムラシマの農協も、いま、ひところのような元気さはない。大正生まれの女性との会話が近くにある農協のことに及び、「農協に買い物にいらっしゃいますか」とお尋ねすると、「今はほとんど行かないさ。一週間に一回、N市のスーパーに、娘の車で買い出しに行く。安いから。自分の経済は自分で守らないとね。チュ（他人）をタルガキて（あてにする）いたら大変」とおっしゃったのが印象に残った。ムラシマの農協売店は、もう先祖代々この土地に住んでいる人を守るものと認識されていないことになる。この事例は、沖縄のようなシマ社会でも、経済=世界が変貌しつつあることを意味している。

深夜族対象の二十四時間営業のコンビニエンス・ストアが、町の繁華街のみならず、農村のムラシマにも進出したのが、ここ数年の現象である。ムラシマの人口では採算が取れず経営は難しいと思われる地にも、コンビニは進出している。一説には、赤字覚悟でエリアを拡大しておくことで、他の業者の進出を抑える経営戦略だという。「同じムラシマの人の店だから」という、地縁、血縁を基準に行動する傾向は急速に減少し、行動の基準が個人の欲望を中心に回りだしている。沖縄には進出しないという神話が若者たちに語られていた「おしゃれな」ローソンも、ついに「沖縄上陸」した。一九九九（平成十一）年一月現在の本土系のコンビニエンス・

ストアは、合計二二四軒にのぼるが、その数に十倍ほどを掛けた数のマチヤグヮーが姿を消したことになるだろう。高度経済成長期に育った若者が親世代になると、「手軽に自分の好み」で商品を手に入れ、会話の要らないスーパーでの買い物を好むようになった。大量仕入れだから値段もマチヤグヮーよりは安い。親の代の義理人情は、自分の儲けたお金で好きな物をショッピングする若者たちにとって、古臭い人間関係にうつる。鉄道のない沖縄では、一家で、夫も妻も子供もそれぞれ車を持つ家庭が多い。車社会は、そのような欲望を追う行動を可能ならしめている。アメリカ軍の影響で、戦後、中古の外車を運転している人はいたが、一般の人びとが自家用車を持つようになったのは、一九七〇（昭和四十五）年代、転勤のある教員や公務員からである。歩いて家の近所のマチヤグヮーで必要な分をそのつど買いに行くスタイルから、冷蔵庫の普及もあり、車でドライブ感覚で家族一緒に郊外のスーパーに行って数日分をまとめ買いをする時代になる。車の免許取得は瞬く間に他府県以上に普及した。高校卒業時には運転免許も得ている生徒がほとんどである。車は日常の足であり、主婦は自ら運転し、保育所の送り迎え、子供の学校の送り迎え、日用品の買い出しに行く。鉄道の無い沖縄では車は必需品と認識されている。

2　希薄化する共同体意識と「癒し」の島

沖縄の行政組織は、県―市町村、その末端に非公式の区が存在する。区公民館には大抵、男性の区長と女性の書記が置かれていて、区民から徴収する区費を中心に運営を賄っている。行政は地域住民へ周知徹底させる必要のある事項は、区を通じて行なう。健康保険や国民年金の集金、飼い犬の予防接種、住民健康診査なども区単位で行なう。広報紙も、区単位に配付され、区が各戸に配付する。区とは、近代以前の村に相当し、戦後誕生の区が若干含まれる。村の性質・機能を次のようにまとめることができる。「王府時代には生活共同体の単元であり、公租公費の負担は家又は個人ではなく、村（現在の区）という共同体が納税義務を負い、その他行政各般に亘る命令事項もまた村の責任によってなされ百姓地も村に一単元として渡され、これを各戸に割り当てて耕作された。不始末があれば当然首長が罰された。故に村の行政は強力に庶民生活を規矩準縄し住民たちは連帯性をもって相互に制御しあった。村という全体性の下で個人の尊厳や自由の要素はなかった[6]」。

戦後は、アメリカ軍の行政指導により民主化の方向に向かったが、住民の意識は「村の全体性」から抜け出ることはなく、新しい時代の指導者も住民支配には、旧式な村の全体性を利用した。村意識は今日まで強く規範としてはたらいていて、そのことが共同体の協力体制や助け合いや親密さを深めている。例えば、北部のある区では、今でも隣守（リンス）といって、班ごとの組員が葬式の時助け合う体制が取られているし、村の人が企業を起こしたなら、全員がそこの商品を購入し、また企業を興した村人は同じ村人に、便宜を図り日常的に付き合いを大事にする。こうして、村は個人の生活の援護者であり支えとなった。しかし、一度新しい意識で村に望めば排他の対象とならざるを得ない、新しい意識を忌避する風潮を実感しないですますわけにはいかない面もある。従順さを求める村は伝統そのものでもあった。

そのようなムラシマが、いま、溶解しつつある。あれほど、強力な規範を及ぼしていた区組織が、揺れはじめている。区は、男性成人が構成員の成人会、主婦が会員である婦人会などを下部組織としておく。行事の時の接待役として婦人会は重要な位置にある。市の行事の接待役には末端の婦人会を動員した。大抵、首長夫人が市町村婦人会の暗黙で実質的な顧問役であった。婦人会は、成人会とともに、ある意味で権力でもある。そのような婦人会が機能しなくなった区が増えつつある。婦人会が機能しないということは、炊き出しなど区単位のボランティア的作業を行なう人がいないということになる。それはやがて、成人会の消滅をも予測させる。そして、区という非公式ではあるが、ある意味で強力な自治体の単位の消滅をも予測させる。ここでも、共同体意識の強かった沖縄の人々を、個人主義の風潮がとらえ出していると言えるだろう。

米軍基地関連収入は、一九九五（平成七）年には県民所得の四・九％を占め、大規模産業の無い沖縄では観光収入と共に、二大収入源である。昨今の不況下で、基地への就職希望者は例年になく高い数字を示している。アメリカ国傘下での日本国の平和維持には、沖縄の基地というシャドウ・ワークが不離一体であるように見える。沖縄の基地は、それのみでは自立・自存には寄与しない。アメリカ主導の国際平和という「日なた」の背後にこそ、沖縄の基地が必要不可欠という根拠を求めることができる。兵隊が居住し軍事訓練をする基地が生み出している絶え間ない不安や核疑惑という不快、有事の際は本土に先駆けて攻撃目標になるかもしれないという危機意識は県民全てが体験する。それらの不条理な負担はペイされることで解決のつく問題ではない。

軍事基地化されている危険なこの島に、ここ数年他府県出身者の移住が際立つようになった。演出家や作家や音楽家など、中央で活躍する有名人たちもいる。ゆっくりと、時間をかけて近代化が進行してきた沖縄は、人と人の距離も豊かであり、柔軟であった。都会でストレスを負った人々が、癒しを求めて来県することが多くなった。観光統計は、入域者数

表1　沖縄県市町村別歳入総額に占める基地関連収入（平成八年度・沖縄県）

市町村名	歳入総額	基地関連収入	歳入総額に占める割合（%）
那覇市	102, 072, 539	352, 525	0. 3
石川市	7, 595, 921	120, 028	1. 6
具志川市	16, 925, 242	863, 985	5. 1
宜野湾市	24, 666, 990	1, 473, 668	6. 0
平良市	15, 168, 272	0	0. 0
石垣市	25, 538, 125	14, 844	0. 1
浦添市	30, 851, 279	1, 222, 401	4. 0
名護市	25, 066, 564	1, 671, 777	6. 7
糸満市	20, 892, 380	7, 874	0. 0
沖縄市	38, 532, 589	2, 635, 427	6. 8
国頭村	6, 089, 008	47, 569	0. 8
大宜味村	3, 561, 607	0	0. 0
東村	2, 719, 496	21, 324	0. 8
今帰仁村	5, 589, 789	0	0. 0
本部町	7, 090, 343	8, 270	0. 1
恩納村	6, 273, 455	1, 784, 825	28. 5
宜野座村	6, 461, 666	1, 592, 737	24. 6
金武町	7, 497, 574	2, 598, 488	34. 7
伊江村	6, 010, 530	1, 527, 874	25. 4
与那城町	5, 258, 596	480	0. 0
勝連町	4, 856, 690	217, 162	4. 5
読谷村	11, 405, 262	1, 289, 335	11. 3
嘉手納町	5, 314, 810	1, 544, 874	29. 1
北谷町	12, 641, 009	1, 638, 044	13. 0
北中城村	5, 600, 844	506, 444	9. 0
中城村	4, 949, 949	4, 037	0. 1
西原町	8, 071, 652	0	0. 0
豊見城村	13, 826, 664	109, 621	0. 8
東風平村	6, 035, 875	822	0. 0
具志頭村	4, 461, 459	278	0. 0
玉城村	4, 712, 241	0	0. 0
知念村	3, 766, 177	38, 762	1. 0
佐敷村	4, 527, 661	4, 847	0. 1
与那原村	4, 841, 353	0	0. 0
大里村	5, 367, 664	0	0. 0
南風原町	8, 840, 711	0	0. 0
仲里村	3, 844, 861	35, 281	0. 9
具志川村	3, 410, 311	0	0. 0
渡嘉敷村	1, 399, 001	0	0. 0
座間味村	1, 601, 642	0	0. 0
粟国村	2, 035, 851	0	0. 0
渡名嘉村	1, 170, 554	91, 643	7. 8
南大東村	3, 953, 098	0	0. 0
北大東村	2, 213, 622	0	0. 0
伊平屋村	3, 070, 162	0	0. 0
伊是名村	4, 194, 571	0	0. 0
城辺町	7, 645, 104	0	0. 0
下地町	4, 415, 160	0	0. 0
上野村	4, 298, 571	15, 797	0. 4
伊良部村	6, 452, 028	0	0. 0
多良間村	2, 828, 384	0	0. 0
竹富村	4, 963, 794	0	0. 0
与那国村	3, 612, 358	0	0. 0
都市計	307, 309, 901	8, 319, 995	2. 7
町村計	226, 881, 157	13, 078, 510	5. 8

（出所）『沖縄の米軍基地』（平成十年、沖縄県総務部知事公室基地対策室）より抽出作成。
＊沖縄県企画開発部の資料による。また、自衛隊基地関連の収入を含む。

やおとされた金銭の計算に熱心であるが、精神的な「癒し」の部分の計測には消極的である。それは計測という数値化とは相いれない面でもある。近代化に遅れて参加した島、沖縄の器量はこのような質としても表現できる。

おわりに

平民の男女双方で担っていた沖縄伝統のシクチ、ワジャ、ティーなどと呼ばれた生業を中心とした暮らし方は、性別の偏りは問題とはならず、むしろ、公租を負担した農民層の重労働と、それによって生活を保証された士族層間の、階層構造の不公平さが問題となった。

一八七九（明治十二）年の廃藩置県を機に他府県出身者の寄留が増え、大阪の市場をバックにした専門の商人が進出するようになった。王府時代から立っていた既存のマチグヮー（市場）の経営者は、生業の傍らアチネー（商売）をする沖縄の女性たちだったのに対し、寄留商人は全て男性であった。平民も、土地共有制から私有財産制に変わり、私財を処分して移動できる身分となった。女性の人材育成は学校教育の場で行なわれ、学歴という新たな階層化の基準が生まれた。既存の身分階層に関わらず平民女性にも、教師や官吏というフォーマル・セクターに位置づけられる人生への道がひらかれた。沖縄における初の教師は、全て他府県人だったから、教師になることはそれら他府県人を目標にすることでもあった。高等教育を受けた女性の多くは教師になった。女性教師は、学校で女生徒たちに「婦道」を教え、自らも当然のごとく家庭を維持するためのシャドウ・ワークをこなした。女性教師は地域の指導者でもあったから、家に帰ってもその一挙手一投足がムラ人に模範視され、リラックスする間はなかった。それに比べ教師を妻にした男性は、家では「婦道」を内面化した妻にかしづかれ、辻遊廓（王府時代に設置された公許の遊廓）の社交場では、男としての性を発散させることで、仕事の緊張を癒した。

繊維・製鉄産業に象徴される日本の産業革命は各地で工場の立地をみたが、沖縄には労使関係に基づく近代工場が建つことはなかった。ただ労働力だけが必要とされて、大量の本土出稼ぎ者を輩出した。近代工場は生産性を至上とする競争の場である。生産にたずさわる工員は個性を没して機械的存在として働くことが強要されたが、沖縄の地はそのような体験を持たず、資本家と労働者の軋轢は戦前には発生しなかった。寄留商人や旧王家尚一族による独占資本の形成は行なわれていてそれにまつわるトラブルは発生しているが、一般の人々に及ぼす思想的影響はそれほど大きくはなかったらしい。また、出稼ぎで工場労働者となった人々の中には、県人会主導で組織された労働者団体、赤琉会に参加する者もいたが、沖縄出身労働者の要求事項が、他府県出身者の主導する労働運動の中心的な要求目標になることはまず無かった。沖縄出身者の労働運動は、資本に搾取される労働者という認識よりも、「差別される沖縄対差別する大和」という、薩摩侵攻以来の構図から発せられることが多かった。しかし、大正中頃には、本土で無産運動の影響を受けた青年たちの直接的な指導により、大工や樽製造工や石工などの職能的な労働者の組合が組織され、組合争議、村政革新運動やＯＩＬ事件と称される教育労働者の闘争が闘われている。(7)

本土出稼ぎで、工場労働者として働いていた間は近代的な身体性に自らを慣らしていったであろう彼らは、故郷へ帰ればすぐにムラシマの身体で行動した。今日でも他府県人が沖縄を評する「豊かさ、明るさ、優しさ、たくましさ」という面は、沖縄という地方が殖産興業の範囲に含まれず、「テイクオフ」を体験していないために、前近代の価値観を含みながら実にゆっくりと近代を歩んできた、その速度に起因すると考えられる。「他人との共存を求める心性」を、前近代の沖縄の良き風土的価値観として挙げることができよう。

現在進行中の沖縄の急激な資本主義化と、軍事基地の固定化は切り離せない関係にある。政府は「沖縄戦被災状況の実態調査」の必要性を強調した。(8) これまで沖縄戦については、大学や自治体、民間レベルで地道な調査研究が続けられてきた。この小さな島にも、一三〇か所余の慰安所施設があったこと、朝鮮国の女性たちが慰安婦として連れて来られていたこと、沖縄の辻遊廓のジュリ（遊女）の女性たちが、沖縄戦も末期に日本人将校の専用女性として逃避行に連れ立っていた事実、沖縄女性も「挺身隊」として、日本の軍需工場で勝利を信じてゼロ戦づくりに励んだこと、「大陸の花嫁」に応募して、中国大陸で農業に励んだことその後の過酷な体験、四月一日米軍上陸とともに始まった夥しい女性へのレイプ事件と、「混血」児童と無国籍問題など、女性たちが手弁当で調査を続けている沖縄戦の住民の実相を、国はどのような視点で調査をし分析するのだろうか。地上戦を体験した沖縄の住民にとって、歴史的に戦争を解読することの意味は、戦争の悲惨さを描写する視点を超えて、「どのような時点で、どのような状態のとき、私たち住民は戦争を受け入れる側に、位置の転換をするのか」を検証をすることである。住民は被害者であり、加害者であり、加害の加担者でもあった。とくに、「女の涙は一度として戦争を阻止したことはなかった」のである。(9)

終戦の日一つとってみても、本土と沖縄は異なる。一九四五（昭和二十）年六月二十三日、牛島満軍司令官、長勇参謀長官の自決により組織的な戦闘は終わったが、その後敗残日本兵掃討実施で米軍の侵攻は全県的に拡大した。久米島で日本軍守備隊が二十二人の住民を虐殺したのは六月二十七日であった。ポッダム宣言を受諾し、「玉音」放送をした終戦の日とされている八月十五日以降も、沖縄では占領と戦闘が同時に進行していた。移民先の現地徴用で戦死した者、疎開先で苦難の生活を強いられた者、海上で藻屑と消えた軍人たち、強制移住先でマラリアで亡くなった人々、移民帰り・方言使用者・朝鮮人という理由で友軍に虐殺された人々、地上戦の中心だった中・南部に比較して、実際の戦闘場面は少なかったが、海上からの艦砲射撃にさらされ、中・南部の戦災避難民を受け入れた北部の状況、集団自決に追いやられた離島の人たちの体験、疎開をするのは非国民だと沖縄人教師にののしられたが、他府県出身の教師に、「若い貴方がただけでも生きるのだ」と、そっと疎開をすすめられた女子学生の体験、どれをとっても戦争の実態を物語ってあまりある。このように異なる住民の体験のひだはまだ、十分に明らかにされたとは言いがたい。

名護市は、一九七三（昭和四十八）年に『名護市総合計画・基本構想』を発表した。その骨子を貫くものは「逆格差論」であった。所得の格差解消を目指す経済優先の生き方ではなく、自然を基盤とした生活の質としての豊かさを生かすという名護市の逆格差論は、その後の「まちづくり」に大きな示唆を与え、市民を越えて、復帰後の開発優先の未来像に不安を抱き始めていた人々に共感をもって受け入れられた。この冊子は八〇（昭和五十五）年までに、三回増刷された。

構想は「生命系を損なわないようなもう一つの技術」としてオルタナティヴ・テクノロジーをあげ、第一次産業と地場産業を担う中小企業の存立価値とその育成を強調した。[10]しかし、いま、名護市は天然記念物のジュゴンが遊び、海の幸豊富で、山にはイノシシや貴重種が生息する辺野古へ、最新機能の米軍基地移設を主導している。先の基本構想発表から二十数年が経過し、首長の交替に伴い新たな構想が出されていた。しかし、逆格差論の意味する重要性は、地球規模で増しこそすれ、減少する現状にはない。県内でも、離島ややんばるなど逆格差論を実現化できる環境はめっきり減ってしまった。

他国の安全保障のために基地を提供することで発生する、不安や不快や不便さという基地被害を請け負わされる日常は、シャドウ・ワークである。そのシャドウ・ワークに支払いを求めてきたのが、これまでの基地をめぐる政治的交渉であった。日本政府は、米軍基地のために「思いやり予算」[11]をふんだんに予算化し支出している。いま基地は、生産基盤が脆弱な沖縄には、政府援助という形で収入を継続させるかたしろとなっている。米軍基地抜きの自立経済活性体験を持たない沖縄の戦後は、そういう意味では、日本政府との「共依存*」関係の歴史であると言えるだろう。沖縄の基地の強化は、一九五七（昭和三十二）年八月に、在日第三海兵師団約九千人が、沖縄への移駐を開始したことに始まる。それ以前の朝鮮戦争のときも、そしてヴェトナム戦争、湾岸戦争のときも沖縄の基地から米軍は出動している。沖縄の駐留軍は実戦部隊がほとんどであり、有事の際の危険度は明らかである。それに比べ、日本本土に残った米軍のほとんどは、デスク・ワークに従事する司令部スタッフである。軍事に関わる日本本土のシャドウ・ワークの削減は、沖縄に住む人々のシャドウ・ワークの負担増加となって実現したのだとも言える。

　地方の一県沖縄における資本主義制度の完成は、自治体にあっては軍事基地関連収入を自明として経済を構築する常識と、民間にあっては本土系列の大型チェーン店に組み込まれた経済組織を常識として進む生き方に象徴される。このことは、二十一世紀の国際基準となりつつあるアメリカニズムを、軍事と経済の両面から受け入れる生き方を容認することでもあり、沖縄特有の「経済＝世界《エコノミー・モンド》」の消滅を予想させる。こうして、直接の米軍統治下では残りつづけてきたローカルな沖縄は、「祖国」日本の一県に復帰したことで、アメリカ化を鮮明ならしめているのである。

　この夏はまた、これまでの沖縄人には考えられない内容の伊波普猷《いはふゆう》*論が登場した。伊波普猷が「薩摩が琉球の朝貢貿易から搾取し、琉球を植民地支配したと捏造し、琉球の政治家は薩摩に対し卑屈な奴隷根性をもっていたと曲言して、沖縄人にトラウマ（精神的外傷）を与え、われらをして鹿児島人を憎悪させた」[12]というのである。これまで、琉球近世史の常識となっていた、進貢貿易は極めて多くの利益を琉球王府にもたらしたが、その利益が薩摩に搾取されていたとする伊波普猷の「唐一倍」説は、一九七六（昭和五十一）年の地元新聞掲載の安良城盛昭氏の論文によって学問的に批判修正されていたが[13]、先の伊波普猷トラウマ論のスタンスは安良城氏の学問的姿勢とももちろん異なっている。また、伊波普猷は、一九九八（平成十）年開催された「伊波普猷没後五十年祭シンポジウム」でもすでに「総括」されていて、複数の伊波普猷研究者の発言が、最終的にコーディネーターによって「伊波の時代は終わった」と結論付けられていた[14]。苦悩する沖縄の代弁者伊波普猷の時代を終わらせて、沖縄が向かう先が、基地県内移設に見られるアメリカニズムへの組み込みで

＊**共依存**　家族学や精神科学用語で、相手を世話しすぎることによって、相手も自分も依存関係に陥らせて、相手を退行させてしまう関係。

＊**伊波普猷**（一八七六〜一九四七）言語・文学・歴史・民俗などを総合した沖縄研究の創始者、啓蒙的社会思想家。沖縄女性史研究の祖。

あったと言えるだろう。女と男の関係を近代の視点で初めて説いた沖縄人は伊波普猷であった。近代人伊波普猷の苦悩を読み解くことで、沖縄女性史の基礎的な視角が、「近代化」とジェンダーであることが理解できた。主に大正から戦前にかけて執筆を続けた伊波の方法論には、アナール派の手法が先取りされていた。[15]このような伊波の思想の全体像は未だ解明されていないと思うのである。ましてや、女性は今やっと、伊波普猷を女性の視点で読み解く機会に出会ったのだ。

沖縄は日本になった。そして、沖縄人は日本人になった、と言われてきた。しかし、顔のない日本人にはなりたくないと強く思う。沖縄人の顔のままで、日本人でありたいと思う。戦後生まれた「国民国家」がゆらいでいるという。沖縄人、朝鮮人、アイヌ人のままで日本人と言える日本国の国民でありたい。そういうアイデンティティを生きられる国を、二十一世紀の国家像としたい。シャドウ・ワーク発生以前の生活意識を、近代からの遅れと指摘する視点があるが、沖縄の暮らしから言えば、遅れという単線的な視点ではなく、異質をどれほど含みこむことができるかという時間域の問題と捉えられる。沖縄はさまざまな歩みの近代を含んで生きてきたし、生きている。そしてそれは、均質でない生き方を受け入れることができる柔軟さでもあった。このことは人間に等級をつけることのない、ゆっくりと人々が近代をあゆんでいることを意味し、いろいろな能力の人々が生きる幅であった。らせん的なあゆみとも、曼陀羅的な生き方とも表現できる。曼陀羅を生きることが、沖縄人の顔のままで日本国民になることである。具体的に言えば、法律においても、北は寒帯から南の亜熱帯まで変化に富んだ日本は、地域に即して運用ができるような柔軟な国体をつくるべきであろうと思う。実質的な支配責任者であった高等弁務官に沖縄の自治は神話だと威嚇され、三割自治と「卑下」した時期もあったが、占領軍であった米軍はまがりなりにも沖縄政府を樹立させ、沖縄人自身による自治を任せてきた。[16]二七か年の米軍統治と、日本復帰後二七か年を合わせた五四か年の沖縄人の選択を見ると、保守政治と革新政治が適度に入れ代わり今日まで続いている。日本国のように一党独裁が続くことは無かった。ほど良いバランス感覚が取られていると評する研究者もいる。その過程で、沖縄人は「平和」を考え、自立を考え、今日にいたっている。

（1）一九〇四（明治三十七）年発会した愛国婦人会沖縄支部の会長は奈良原菅子、顧問はその夫で第八代沖縄県知事奈良原繁。『沖縄県人事沖縄人名録』によれば、一九三七（昭和十二）年の愛国婦人会沖縄支部会長副会長共に女性で、顧問、参与、書記は男性。各市町村ごとに組織されていた国防婦人会は、正副会長共に女性の分会は二六、男性会長の分会一三、正副会長共に男性の分会五、会長のみ女性の分会二という状況であった。

（2）一九九五年九月沖縄県に駐留中の二十代の海兵隊員三人が、買い物途中の小学校生を拉致し強姦した事件。繰り返される米兵の犯罪に対する県民の怒りを背景に、大田知事は折から問題となっていた軍用地の土地・物件調書への代理署名を拒否。当時の村山首相は職務執行違反で県知事を提訴。沖縄県知事は敗訴。

（3）『一〇〇の指標からみた沖縄のすがた』沖縄県企画開発部企画調整室、一九九七年。

（4）一九九九年現在名護市には、旧名護町内を中心に、区立の幼児園が八か所開所されていて、一五二名の就学前の幼児の午前中の保育が行なわれている。

（5）「ジェンダーから見た沖縄の家族の特色と変化」玉城隆夫、九七年国際学術セミナー報告書『家族の変容――ジェンダーの視点から』沖縄国際大学国際学術セミナー実行委員会、一九九八年。

（6）『琉球史辞典』中山盛茂編著、文教図書、一九六九年。

（7）『沖縄縣史　第一巻　通史』（沖縄県教育委員会、一九七六年）六七八頁に、大正末年に結成されたこれらの労働者を、「個人的な性格を濃厚に帯びた存在であり、同時期の日本本土で階級闘争の中核にまで成長をとげていた近代労働者（プロレタリアート）に比べると労働者階級としての成長には遅れた点が多い」としている。

（8）『琉球新報』一九九九年五月二十一日朝刊。

（9）沖縄県女性総合センター「一九九七年てぃるるカレッジ」の講師若桑みどり氏の発言。配付資料には「被害者として泣く女性は戦争システムの不可欠の要素として折り込みずみであり、戦争システムを破壊したことは歴史上一度もない。」と指摘。

（10）『名護市総合計画・基本構想』名護市、一九七三年。

（11）『沖縄報告――復帰後』（朝日新聞社、一九九六年）三〇〇頁。日本政府の米軍への思いやり予算は、一九七八年、軍雇用員の手当ての一部負担である六二億円から始まった。年々増加し、一九九六年にはおよそ二七〇〇億円である。嘉手納基地に建つF15戦闘機の格納庫の建設費は一基四億円で、一九八一年度から七年間かけて一五基を思いやり予算で建設。米軍人の住宅、託児所、教会建設費にも充当されている。

（12）邊土名朝有「琉球近世史と伊波普猷1～5」琉球新報朝刊文化欄、一九九九年六月七日～九日、十二日、十四日。

（13）安良城盛昭『新・沖縄史論』一二一～一二九頁、沖縄タイムス社、一九八〇年。

（14）第一九回南島文化市民講座・沖縄タイムス創刊五〇周年記念伊波普猷没後五〇年記念シンポジウム「〈沖縄〉の時代・新しい自己像を考える」一九九七年十二月四日開催（主催／沖縄国際大学南島文化研究所・沖縄タイムス社）。

（15）太閤検地研究で有名な安良城盛昭氏（故人）は『天皇・天皇制・百姓・沖縄――社会構成史よりみた社会史研究批判』（吉川弘文館、一九八九年）六頁で「伊波はアナール学派を遡ること二十数年前の一九〇〇年～一九一〇年代から社会史的手法にもとづいて琉球・沖縄史の研究を行っている」「わが日本においては、二〇世紀の初頭から一貫して、社会史的手法が琉球・沖縄史研究の背骨となって存在し、現在にいたっている」と指摘している。

（16）一九六三年第三代高等弁務官P・W・キャラウェーは、沖縄の「自治は神話である」と発言した。

アフリカで考えたアンペイド・ワーク
【NGOの現場から】

伊勢﨑賢治
Isezaki Kenji

いせざき・けんじ／一九五七年東京生。早稲田大学大学院、ボンベイ大学大学院卒。立教大学大学院二一世紀社会デザイン研究科教授。著書に『インド・スラム・レポート』(明石書店)、『NGOとは何か――現場からの声』(藤原書店)、『東チモール県知事日記』(藤原書店)。

一　白い悪魔

「奴は、白い悪魔だ」

年老いた農夫が私を指して叫ぶ。

ここは西アフリカの小国、シエラレオーネ。

世界最貧国にランクされるこの国は、ダイヤモンドなど天然資源に恵まれながら、外国資本と密接に結びついた腐敗した政府のお陰で大っぴらな密輸経済が長く続き、国策は荒廃の一途をたどっていた。その結果行き着くのは内乱であり、国家再建を叫ぶ反政府勢力が現れてはクーデターを繰り返し、政権をとってもすぐに過去のそれのように腐敗し、またクーデターが起る。過去一〇年間は、まさに内戦にあけくれた時期であり、この内戦が始まったばかりの当時、私は英国に本部を置く国際開発協力NGO（非政府組織）の現地事務所所長であった。

この国では、旧宗主国である英国が持ち込んだ近代的国家の統治システムとしての分権化された地方行政と共に、他のアフリカの国々ではほとんど廃れてしまった、部族の長であるパラマウント・チーフ（Paramount Chief）による昔ながらの統治システムとが共存しているユニークな状況があり、コミュニティ内のもめ事や政治的グループ間の調整などは、もっぱらパラマウント・チーフがその権限を行使していた。これは、この国の奥深い内陸部、私の活動活動区域の中のある農村で内部抗争が起き、その調停に私が立ち会っている場面である。

歴代受け継がれている凝った装飾の重厚な椅子に座ったパラマウント・チーフが中央に。対立する一派の長老たちと、それに対抗する男たちが左と右に。唯一の外国人である私は、パラマウント・チーフのすぐ隣に。西アフリカ特有のうだるような蒸し暑さ。ここ、パラマウント・チーフの召集する集会用に村びとによって自力建設されたホールは、丸太の骨組みにところどころ赤茶けたトタン板を打ちつけただけの吹きさらしの空間で、地面の照り返しを受けた熱風が吹き抜ける。会場の人数は一〇〇人くらいに膨れ上がっている。古びたベンチには男たちが鈴なりに。ほとんどの女たちは地べたに。その何人かは、何のためらいもなく胸をはだけ、赤子に乳をふくませている。赤子がむずかり泣き出すと、男たちの鋭い視線が一斉に注がれ、当の母親はばつが悪そうに子をあやしながらホールを出て行く。始まってからもう二時間ぐらい経ったころであろうか、冒頭の男が突然私に攻撃の矢を向けたのである。

この内部抗争を巻き起こしたのは、何と、私自身の開発援助事業であった。この事業とは、農業プロジェクトに使うトラクターの供与である。トラクターなどの農業重機の援助は、日本のＯＤＡ（政府間援助）なども行なう。日本製の、それもパーツの現地調達ルートも考えずに、ただ日本の商社と癒着した現地政府高官のいうなりに援助を落とし、数年後メンテもされずに打ち捨てられたそれらの重機が援助の失敗として報道される。こういうシナリオは、いわゆるマスコミのＯＤＡ批判の定番としていまだに健在である。

同様のものをＮＧＯが行なう場合は、何と言ってもソフトの面の充実がカギとなる。つまり、ただ重機製品を投げ与えるだけでなく、共同管理のための住民組織や、メンテのための訓練、そしてトラクターによる耕作料、つまりコスト・リカバリー（費用回収）の考えを導入することによって、援助が撤退した後でも重機の維持が経済的に回転していくようにシナリオを描く。はやりの言葉で言うと持続可能な開発事業である。

「住民」の意思決定、特に伝統的に存続してきた村固有のリーダーシップ構造に細心の注意を払いながら事業の組み立てを行なうのは、ＮＧＯが行なう開発事業の真骨頂である。

その際、「住民」とは一体誰かが問題となる。アフリカでの伝統的なリーダーシップ構造は、普通男たち、特に長老たちに占められる。だから、「住民」の意思とは、男たちの意見であるのだ。

しかし、「より弱者の声を」――政府官僚・政治家などのいわゆる権力者よりも政治的弱者に発言の機会を――というように、それが民主主義の精神、ＮＧＯの人道的援助が目指すもの、という精神論が先に立つから、ＮＧＯの活動は不可避的に、地元社会の既存の意思決定構造に「介入」することになる。現在、この介入を正当化する非常に効果的な世界的コンセンサスは、もちろん「女性」と「こども」である。これらいわゆる社会的弱者の権利が侵害されている状況、これら弱者の社会参加への価値が不当に低く評価されていると見える状況に、我々ＮＧＯなどの「外力」が「介入」することは、世界共通の良識になっている。

私が悪魔呼ばわりされたこのケースはこうだ。

この事業は、注意深くデザインされていた。いきなりトラクターを供与するわけではない。私のＮＧＯとこのコミュニティには、数年来のコンタクトがあり、有機農法導入や種子改良事業、そして零細農家がいくばくかの現金収入を得るための農作物の小規模流通事業など様々な農業プロジェクトを先行して行なっていた。その段階で、この村の人間関係も熟知していたし、それらのプロジェクトの様々な場面で、長老たちの「女性参加」への理解も促していた。折からの人口増加、そしてそれを賄わなければならない限られた農地の有効利用として、個人所有ベースで不整合に乱開発された農地を集約化し、効率的にトラクターで耕作し収穫を拡大する。そして、いままで人力に頼っていた収穫物の市場への移動に同じトラクターを使い、流通経路においても効率化を目指す。この村におけるトラクターの導入はコミュニティ開発の最終段階の、いわば「締め」にあたるものであり、それに至る時間のかけ方といい、そしてコミュニティの「民主的」発展に応じた段階的なプロジェクトの展開といい、ＮＧＯの「介入」計画として完璧なシナリオであった。

一台のトラクターという、この村にとって援助を卒業する「持続的発展のシンボル」の管理責任を一体誰の手に委ねるか。普通なら、伝統的統治構造を担う長老たちに、である。普通と言っても、国際開発援助という業界は全体的にもっと「雑」な専門領域だから、土着の社会構造にきめの細かい配慮をするだけでも及第点と言えるのだ。

しかし私は一歩先を行こうとした。「女性の参加」である。それまでの継続的な小規模プロジェクトの実施のお陰で、長老格の男たちに十分対峙できるほどのリーダー格の女性が育ってきていたからである。この女性のもとにトラクターの管理の一切を引き受ける女性グループが結成された。女性と、開発の力を象徴するトラクター。弱者にやさしい発展を標榜するＮＧＯにとって、これほど「うける」コミュニティ開発の最終章はない。

しかし、である。

この女性リーダーの陰に男がいた。この村の長老組織に対抗して、ゆくゆくは政界へと政治的野心のある初老の男である。この男が裏からトラクターを自分の支配下に置こうとし

◀母親とこども（シエラレオーネ、一九八九年）

た。ここから村の内紛が始まった。職にあぶれてぶらぶらしている村のチンピラたちもこれに加わった。どちらかというと若者受けするこの急進勢力に加勢し、文字どおり村は真っ二つになった。暴力沙汰にもなった。エスカレートするにつれ、長老組織とそれをサポートする住民にとって、長老の権威に象徴される伝統的価値の存続をかけた最終戦争的な様相を呈してきた。こうして、冒頭のようにパラマウント・チーフが、両勢力の争いを調停する場面になったわけである。

私は結果として、この村ではトラクターを含む全ての事業を凍結せざるえなかった。トラクターをもう少しで手中に収めることが出来た急進勢力には徹底的に恨まれ、脅迫まで受けた。冒頭の、私を悪魔呼ばわりをしたのは、もう一方の長老派である。「開発」という「変化」より、「変化しないこと」を望む側の住民の強烈な意思表示であった。

二　権利への目覚め

「お前は診療所を造った。学校も造った。道路も造った。この土地に開発をもたらした。それほど悪いやつじゃないが、正真正銘の悪魔だ。」

同じシエラレオーネにおいて、四年あまりの任期をおえて国を離れる時、パラマウント・チーフの一人が私の慰労会を開いてくれたときに私に送った言葉である。私は本当に悪魔らしい。

長い付き合いだったから、このパラマウント・チーフの真意はわかっている。私と私のＮＧＯは、この土地に大変な「変化」をもたらした。様々な開発事業をもたらした。通常なら、本来国家が国民に与えるべき公共事業を、破綻した国策を補う形で、我々ＮＧＯが行なう。それも、行政にはとてもまねのできない、ＮＧＯ特有のきめ細やかさをもって。このきめの細やかさは、日本などの先進国の行政による公共事業でも、まねはできないであろう。そのきめの細やかさとは、普段、政治的な発言をする機会の無い人々を、公共事業の運営に参加させる手法である。

この手法でもって、どちらかというと、そういう人々を押さえ込んでいた伝統的価値観を変えようとする。ほとんど援助と引き替えのコンディショナリティー（交換条件）という形で、「民主主義」を導入する。つまり、開発援助を受け入れるなら、その運営に社会的弱者の声を反映しろと、古い体質に挑むのである。

こんなわけで、村が開発援助を受け入れると、まず女性が元気になる。女性を取り巻く、搾取的状況が改善されてゆく。

このパラマウント・チーフが統括する部族に、奇妙な風習があった。この部族では、この地方の主要作物の一つであるピーナッツ栽培は、伝統的に女の仕事とされていた。一夫多

▲母親たちを集めたプロジェクト集会（シエラレオーネ，1990年）

妻制は、ここに限らずアフリカでは一般的であるが、奇妙な風習とは、こうである。

女たちは、自らの夫の所有の農地の一部でピーナッツ栽培をする際に、その夫になんと「耕作料」を支払うのである。

私は理解に苦しんだ。一夫多妻制とはいえ貧しい農村の家族の中で、女たちはそれぞれの腹をいためた子どもを養うために、なけなしの金をはたいて、時には村の高利貸しから借金までしてピーナッツの種子を買い、夫の土地の片隅に植える。その夫が父親である子どもたちを養うためにである。こういう労力が一切評価されず、金銭的恩恵も受けず、どうして夫に「耕作料」まで納める必要があるのか。女たちの「アンペイドワーク」は評価され報酬を得るどころか、それをする「許可料」を払わされるのだ。フェミニストなら怒り心頭といったところであろうが、不思議なのは、当の女たちが、何の疑問も不満もなく、この風習に従って長年過ごしてきたということである。どんな悪習も、その人間にとって運命として受け入れてしまえば、当たり前のことになり、それが長く続けば、伝統的風習になるらしい。

ここで私がまず行なった事業は、ピーナッツ栽培に従事する女たちをグループ化し、借金してまで業者から手に入れていた種子を、自分たちの管理で自力栽培するというものである。これは男にとっても家計の助けになるから何の不平がでるはずもない。こういう男を取り込んでの事業の形成過程で、例の「耕作料」の撤廃、つまりこの事業が生産した種を植える土地に関しては、男たちは女たちに金を要求しないという合意を男たちから引き出すのだ。つまり、これが「開発」と引き替えのコンディショナリティーである。

　こういうプロジェクトを辛抱強く続けていくと、女たちの間にちょっとした「権利意識」が芽生える。グループ化して男の権威と対峙するという集団交渉による力も認識するようになる。つまりオルグされるわけである。弾みがつくと色々な事業が女性主体で連続して行なえる。識字教育や今流行りの小口融資組合*（Saving & Credit Union）など。女たちがどんどんエンパワーされてゆく。

　一方で、これを面白くないという「懐古派」、つまり「変化」を望まない勢力も顕在化してくる。先のパラマウント・チーフは、長老組織が代表する懐古派の男たちの苦情を同じ男として同情しながらも、ＮＧＯなしではもう語れなくなったこの土地の「開発」勢力にご機嫌を取らざるを得ない立場にあり、私と長老たちの理解のすれ違いを、過去幾度となく取り持ってきたのだ。

三　アンペイドがペイドになるとき

長老たちがご機嫌斜めな理由は他にもある。

　昨今のＮＧＯの世界では、その開発理論の実践において「住民参加」の手法を競うようになってからだいぶ時間がたつ。援助の対象たる住民自身の「自発性」、「自立性」、「自主性」をいかに引き出すか。これらの言葉を並べれば、ＮＧＯは即、正義の味方。特に、援助する側とされる側という南北問題のコンテクストの中で、列強側に属するという「引け目」を感じるだけ感性のある、富める側の社会の良識層に効果的に訴え、ＮＧＯは「民主主義」の伝道師として支持層をのばしていく。しかし、これらの言葉は文字どおり金科玉条となり、一人歩きしていく。

　援助される側の「自主性」の発揮を証明するものとして、ＮＧＯが躍起となるのは、「無償ボランティア」という概念である。富める国の良心からのいくばくかの金が、貧しい国の人々の自立に貢献する。その貧しい人々が感謝の気持ちとして、その資金が使われる開発事業の実施において様々な形の「無償ボランティア」で応じる。これほど、良識にアピールするシナリオはない。

　しかし、現場の「無償ボランティア」は、そんなに華々しいものではない。まず、ボランティアをするだけの経済的余裕が、発展途上国では、日本などの先進国に比べると極端に厳しい状況であることが認識されなければならない。しかし、どんな状況でも最初は、物珍しさも手伝ってか、無償のボランティアはけっこう上手くいく。住民の集金のために各家々をまわって召集をかけることから、議事進行、議事の取りまとめ、ちょっとしたアンケート調査のための印刷作業から聞き取り作業、ひいては事業を取り巻くちょっとしたもめ事の調停作業、そして事業が建設を含むなら現場での無償労働奉仕。

死線をさまよう零細農業の村で、農作業後の人々が、長老たちの権威と号令下、寝る時間を惜しんでこのような作業を行なう。実際、主なボランティア戦力となるのは、体力もあり、ぶらぶらする時間もある若者たちと、全般に言って男たちよりずっと働き者の女たちである。

しかし、どんな単純な作業でも、それを続けているうちに「専門化」ということが起ってくる。誰もが平等に、そこにある仕事を片付けていくという段階から、それぞれの作業の特異性に応じた個人の資質、興味が顕在化するようになり、そうした個人は周りからの期待も一身に受けるようになる。

そして、しばらくすると、こんなにコミュニティのために尽くしているのだから少しくらい報酬を得ても良いのではないか、というボランティア本人の気持ちが芽生えてくる。犠牲的精神と被害者意識が交錯した感情である。そこに、人の無償奉仕の意欲を長期間維持する困難さと、ボランティアという美しいシナリオを何とか維持したいというNGOの都合が見えかくれし、いくばくかの報酬を考えようということになる。こうして、無償ボランティア・ワークがペイド・ワークの領域に入ってゆく。

NGO側が、これらボランティアを準職員として「買い上げる」場合もあるし、開発事業の中で恩恵の優先順位を与える場合もある。一番理想的なのが、コミュニティの人々が自発的に金銭なり物品なりをボランティアへの報酬としてカンパすることであるが、どういう形にすれ、報酬を得ているものと得ていないものの間の明確な意識の隔たりが、人々の間に浸透するようになる。すると結果として、報酬を得ている者がやっている仕事は、もはや誰も無償ではやらなくなる。報酬をもらっているやつらにやらせればいい、という意識が蔓延するからだ。

同じ意識が、他のコミュニティ・ワーク、つまり伝統的に村の権威が仕切っていたコミュニティ内扶助の領域にも浸

＊**小口融資組合**　貧困層の経済的自立を助ける無担保・低利子の小口融資。開発援助の手法として、まず対象層のグループ化の後、会計処理などの訓練、そして原資の提供を行なうのが一般的で、平行して貯蓄の概念の定着も行なう。

透するようになり、「体を動かしてなんぼのもん」と栖突くようになる。伝統的権威が、金銭経済の前に失墜する。

四　介入の論理

ここでちょっと話を大きくする。

アフリカの紛争。そして虐殺。

様々な異なる部族間の確執。そこに勝手に国境を引きアフリカの近代史を蹂躙した旧宗主国。そして、近年に導入された近代国家、もしくは民主主義という制度とアフリカの「体質」との摩擦。アフリカの悲劇を説明しようとする、もう言い尽くされた感のあるこうした常套句は、現場に長くいるものにとっては空しい響きにしか聞こえない。

現場から見える紛争の正体とはこうだ。庶民レベルの摩擦、痴話げんかでもいい、発端はちょっとしたことが憎しみに翻訳され、それを政治家や宗教指導者等が私利私欲のために増幅すれば、国を上げての虐殺行為に発展する。そして、私利私欲のための憎しみの拡声は、それが置かれる状況に貧困が蔓延している時ほど、増幅されやすい。これが現代アフリカの悲劇である。

ハイテクを利用しピンポイント的にミサイル攻撃をする現代戦と対照的に、アフリカの紛争は地を這うゲリラ戦である。この実態があまり国際世論に伝わってこない。少人数の部隊が村を略奪して歩く。その過程で、村の若者がゲリラに「就職」し、略奪に加わっていくという、身内が敵にまわっていく恐怖の様相がある。強制的に加入させられることもあろうが、男をあげるという動機でギャングの一味になるノリもある。部隊間の連係・統制はない。何のために戦うかという主義主張より、略奪、レイプ、快楽殺人が先に立つギャング集団である。すべてが戦略的に統制された近代戦が支配する現代の、もう一方の極端である。

当時シエラレオーネの人々を震え上がらせたのは、その殺戮の無差別さであり、部族のシンボルであるパラマウント・チーフをはじめ、女子供まで殺した。単に殺すだけでなく、手足を切断し「生かす」ことまでやった。子どもに対してである。

歴史的に敵対する部族に対してならば、ある程度の残虐行為はステレオタイプ的に理解できる。しかし、シエラレオーネのケースでは、部族間対立というキイだけで、この度を超した狂気的な殺戮を説明できない。

先に述べたように、国際協力という構図の中では、いわゆる旧態依然の権威への挑戦がなされる。それらは、住民参加、女性解放、エンパワーメントなど色々な言葉で定義されつつ

◀子どもたち……　彼らは、今どこにいるのか？
（シエラレオーネ、一九八八年）

も、一言でいってしまえば、「リベラリゼーション」の伝播ということであろうか。

私がかつて活動していた区域の村で、ゲリラ・ギャングに寝返った若者は数知れないであろう。もはや伝統的な権威を脅威と感じなくなった若者。既存の「秩序」に迎合しなくなった若者。しかし、既存の「秩序」にかわるものが社会に定着する前に、国家という別の「秩序」が崩壊してしまった悲劇。

はたして、旧態依然の権威でもいい、もしいくばくかの「秩序」が残存していたら、この戦乱の狂気の中にも何らかの抑止力が働いたのではないだろうか。そして、私のＮＧＯとしての活動は、この「秩序」の喪失にわずかながらでも一役買ったのではないだろうか。自分の力を買いかぶり過ぎだという指摘もあるだろうが、アフリカを離れた今、いまだに続く狂気のニュースを聞くたびに、気にかかることである。

ＮＧＯを含む国際協力という分野においては、国力においてに勝る社会が、劣る社会に対して、「援助」という名の下に、「啓蒙」するために出かけて行くという構図が、半世紀つづいた。どんな純粋な思想も、それを広めようとすることにまず発生の理由があるのだから、啓蒙を行使する力を得るために、より政治的に大きな力を持ったほうがやりやすくなるという背景がある。

国際協力は、たとえ反体制を標榜する我々ＮＧＯによって行なわれるものであっても、この構造、つまり力の差が前提となった「介入」の構造が最も見えやすい世界なのである。

「いや、我々のやっている啓蒙は『押し付け』でなく『内発的な変化』を促すものなのだ」と、いくらＮＧＯが自己弁護しても、援助する余裕のある社会から来ているという政治力を背景にしている限り、レイプした男が「女の方が求めたのだ」と自己を正当化するのと何も変わらない。そもそも、「内発的な変化」なんて、この業界では全く都合の良い言葉で、これを発した途端、介入する側がもたらす悪を全て賄う免罪符に成り下がっているから、この言葉に機能的な意味はない。

現在、この地球上には、人間の「発展」に関するたった一つの方向性しか示されていない、と言っても過言ではない。しかし、それは、なかなか明確には定義できないし、変幻自在にその姿を変えるので始末におえない。

それはまず、「市場経済」をもって地球上をくまなく支配させようとする力であり、それを受け入れられないような「遅れた」国々があるとしたら、それらに積極的に「介入」し、旧態依然の呪縛から「解放」してあげようというものである。それは、超国家的な力をもって、「遅れた」国々の地場産業が駆逐される危険性をはらみながらもその市場を解放させ、まだ物々交換が経済の主体の、貨幣経済があまり機能していない牧歌的な地域においても、人々に、たとえそれが非常に不安定な国家経済のものであっても、通貨への盲目的な信頼を植え付ける。返済しきれない債務を抱えた明日が見えない途上国の経済にさらに債務を負わせ、その国家だけでは飽き足らず、へき地の農村の零細農家にまで借金を奨励する。飢饉や饑餓の恐ろしさを知り尽くしたこれら零細農民が、わずかながらの備蓄を積み上げていくより、借金をして幻想の未来に投機することに身をゆだねるよう洗脳する。低利子、無担保というアメを持ってしてまでも、借金漬けを奨励する。金を借りることに何のためらいもなくさせる。

この顕著な例が、貧困層に低利子、無担保の貸し付けで成功したバングラディッシュのグラミーン・バンク*である。西側の国際援助政策にうまく乗り、NGOまでも盛んに活用したものだから、アフリカのへき地では、バングラディッシュというのは何か全く知らなくても、グラミーンの名は知れ渡っているという状況である。創始者は、ノーベル平和賞の候補にまでなり、借金でこの世の貧困がなくなる、といった安直な教義が、体制側、反体制側を問わず、全世界に蔓延している。

しかし、「遅れた」国々の経済はガラス細工のようなものである。これらの貸し付けが破綻し、貧困層が借金地獄に陥り、その国家経済が債務で破綻しても、誰も責任を問われない。なぜか。

それが「宗教」だからだ。機会に恵まれない者に、(借金の)機会をつくってあげるという「解放」の衣をまとっている教義であり、この言葉の下では、どんな失敗も、「仕方ない」で済まされるからだ。

それだけではない。「遅れた」国々は、しばしば「悪者」にされる。民主化、人権、ジェンダーなどの社会正義的な指標が加わると、ここにメディアが登場し拍車をかけることによって「遅れ」が「悪」に昇華し、ここでもまた正義の名の下に「解放」しなければならない、という介入の正当性が生まれる。

政治経済的な介入は強者の論理であるから悪であり、社会正義的な介入とは全く相反するものであると反発を受けそうであるが、あえて言うと、現在の国際社会では、両者は同一のものの手によって巧みに使われている。政治経済的な介入、いやそれを極端な形で押し進めるための武力介入に対しても、「社会正義」は都合良くでっちあげられ、悪者は容易

*グラミーン・バンク (Grameen Bank) 創始者はバングラディッシュの経済学者ムハマド・ユヌス。主に貧困層の女性を対象にした小口融資システムを世界的に広めるのに貢献し、同国でも二〇〇万人以上を対象に、二億ドル以上の融資を行なう。

につくられる。これは、最近のコソボ紛争、「セルビア共和国の植民地状況からコソボを解放する」という構図を喧伝するために「セルビアによるアルバニア人虐殺」報道がでっちあげられた事実にも顕著に現れている。

現在は、この単一の人間の「発展」の方向性は、「グローバリゼーション」という衣をまとって、厳密には定義できないが、イメージとしては非常に強烈なものになっている。そこには、「自由貿易」、「共通規範」、「自由競争」、「効率性」、「リストラ」、「地球環境保護」、「安全保障」、「人権」など、一見相反するものが渾然一体となり、往々にしてそれは「アメリカ」というイメージとだぶる。そして、これらは、アメリカが、世界の警察官、民主主義の守護神、市民運動（NGO）の最先端国として、自らの敵（冷戦後そのほとんどはいわゆる発展途上国）を攻撃する時、そしてあの国連でさえ攻撃する時に、頻繁に引用するキャッチフレーズになっている。

最後に、話を「アンペイド・ワーク」に戻す。

「アンペイド・ワーク」という言葉には、社会的に無視もしくは正当に評価されていない、またはされてこなかった役割、作業の類いを正当に評価しようという動機がまず見える。その発生過程においてすでに社会変革の意図、もしくは啓蒙の動機を含蓄した言葉である。であるから、それが正当に評価されていない状況には、正当に「介入」するという政治的動機がすでに含蓄されている。その意味で、従来の「介入」の動機をつくってきた「女性解放」や「人権」などリベラリゼーション系のキャッチフレーズと全く同レベルの機能を果たす。フェミニズムや女性解放がそうであったように、もともと経済列強国内の社会変革をターゲットにした思想であっても、必然的に「グローバリゼーション」に参加する宿命を背負っている。そして、「グローバリゼーション」に最後の抵抗を試みる土着の秩序を、無惨にも破壊していく一戦力になるのだ。

しかし、ここではっきり認識されなければならないのは、「グローバリゼーション」は、土着の秩序のオルタナティブになれない。少なくとも、私が見てきたアフリカでは絶対になれない。

だからどうだということではない。

気をつけろ、ということなのだ。

「悪者」づくりに使われる可能性を十分認識するべきなのだ。新たな「介入」の論理が生まれるのを願いつつ。今は、それしか言えない。

ラテンアメリカ／カリブ社会のアンペイド・ワーク

【七〇年代後半以降の女性の役割の変容】

畑　惠子
Hata Keiko

はた・けいこ／一九五一年岐阜県生。一九七七年上智大学大学院修士課程修了。早稲田大学社会科学部教授（ラテンアメリカ近現代史）。共著に『ラテンアメリカの国際関係』（新評論）、『南北アメリカの五〇〇年　第四巻　危機と変革』（青木書店）ほか。

はじめに

女性は一般に、無償の家庭内労働、地域生活の維持・管理に関わるコミュニティー活動、そして所得を得るための有償労働という三つの労働を担っている。ラテンアメリカ・カリブ地域でこれらの労働がもっとも重くのしかかっているのは、下層女性である。というのは、下層ほど女性の世帯主が多く、彼女たちは家事・育児・介護に加えて、所得の主たる稼ぎ手としての役割も果たさなくてはならないからである。しかも下層の女性たちは、低賃金で不安定なインフォーマル・セクターでの経済活動に従事している。また低所得層居住地域では、インフラストラクチャーやサービスの不足を解決するために、さまざまな地域活動への参加も必要とされる。

広義のアンペイド・ワークには、賃金や報酬が支払われない家族のための労働や地域社会の活動だけでなく、過小評価されるかまったく把握されない生産労働も含まれる。インフォーマル・セクターでの労働も「不当に低く評価されている」という意味でのアンペイドとみなすならば、下層女性はまさにアンペイド・ワークの担い手である。したがって、本稿では下層女性たちに焦点をあてる。だが、貧富の差の大きなラテンアメリカでは、下層といっても少数ではなく、民衆と換言できるほど多数の人々が含まれる範疇である。

対象とする時期は一九七〇年代後半から現在までとする。この間にラテンアメリカ地域では、七〇年代の軍事政権の時代を経て、八〇年代半ばまでに大半の国が民政に移行するという政治変動を経験した。また経済的には、軍政下の開発主義が引き起こした所得格差の拡大に追い討ちをかけるかのように、「失われた一〇年」と呼ばれる八〇年代には、累積債務危機と構造調整政策によってマイナス成長が続き、貧困が増大した。そして九〇年代に入ると、格差是正や貧困緩和よりも効率と競争を重視する新自由主義がラテンアメリカ経済の主流となり、経済のグローバル化が進む中で経済構造が急速に再編されている。このような政治経済の変動期に、女性たちがアンペイド・ワーク、ペイド・ワーク、コミュニティーワークにどのように関わってきたのかを、みていくことにしよう。

一　家族・結婚形態の特徴

スペインの植民地であったラテンアメリカ地域には、性別分業を表わす「カサ／カジェ」(casa/calle 家と通り)という区分がある。どの社会でも女性の領域は家庭に限定されてきたが、ラテンアメリカではその背景にカトリシズムの影響が認められる。カトリシズムは母性と家族を神聖視する。ところがラテンアメリカではそれだけにとどまらず、宗教的信仰からうまれたマリア崇拝が、マリアニスモと呼ばれる世俗的な規範を形成するにいたっている。それは男性性の優位、男らしさの誇示を意味するマチスモと対をなしている。マチスモが性的放縦を男性の規範としているのに対して、マリアニスモは子供のような男性を母のように慈愛でつつみ、その放縦さに耐える卓越した精神性を女性に求めるのである。このような母性崇拝の伝統が、ラテンアメリカでは現代社会においても、女性労働の在り方にさまざまな影響を及ぼしているように思われる。

カトリシズムの秘蹟のひとつとされる結婚は、一夫一婦制、外婚制、そして快楽の否定にもとづき、唯一の、異性間の、永久の結婚であらねばならない[1]。しかし、この地域を特徴づけているのは、男女関係の脆さと女性を中心とする家族構成である。家庭における男性存在の希薄さは、征服と奴隷制に起因する歴史的現象でもある。とくに、十九世紀まで奴隷制社会であったカリブ地域で、父親・夫の不在がきわだっている。

一九九〇年頃のラテンアメリカ・カリブ地域では、女性世帯主がそれぞれ全世帯の二一%と三五%を占めていた。先進地域では二四%と比較的高いが、他の途上地域ではサブサハラの二〇%と東アジアの二一%を除いて一〇%台であり、ラテンアメリカ・カリブはとりわけ女性世帯主の多い地域であるといえる。しかも、女性世帯主のうち六〇歳以上の高齢者は三分の一にすぎず、配偶者との死別の結果ではない女性世帯主が多い。キューバ、ドミニカ共和国、ベネズエラでは、女性世帯主のうち別居・離婚が死別を上回り、一〇〜二〇%が既婚者であった[2]。既婚女性の世帯主には、夫が家庭を棄てたケースも数多く含まれているものと推測される。

女性世帯主の世帯では、生産年齢の働き手が少なく、被扶養者に対する負担が相対的に重い。なかでも厳しい生活を強いられるのは、扶養義務のある子供を抱えた母子家庭である。八〇年代半ばにカリブ地域の未婚の母による出産は五〇〜八〇%にものぼり、ラテンアメリカ地域でも二〇〜三〇%台に達していた。これは他の途上地域ではみられない現象である。女性世帯主は家計を維持するために稼がなくてはならないが、女性の所得は男性の六、七割しかなく、しかも女性には雇用や基本的サービスへのアクセスなどでさまざまな制約がある。そのため、男性世帯主の世帯よりも女性世帯主のほうが一般に貧しい。女性が世帯主であっても、家族収入は男性が世帯主の世帯に比べて必ずしも低くない、という見方もある。(3) それは、アルコールなどに多くを費やす男性よりも、女性の方が収入の多くを家計に充当し、女性世帯主の世帯では家族全員が所得労働に従事する傾向が強いからである。だがたとえそのような事実があるとしても、女性世帯主の家族の貧しさに変わりなく、また学齢期の児童の就労や少女や年配女性による家事・育児の代替という別の問題も浮上してくる。

国によって違いはあるが、ラテンアメリカ・カリブでは事実婚が多い。ニカラグア、パナマ、ドミニカ共和国では、事実婚が正式な婚姻を上回っている。だが事実婚の場合には、男性の家族への貢献をあまり期待できない。貧しさの犠牲になるのは子供たちであり、ドミニカ共和国では内縁関係の子供の栄養不足は正式な夫婦間の子供の二倍にも達する。(4)

このような家族や結婚の特徴は、欧米社会の核家族概念や家族内の性別分業概念がラテンアメリカ・カリブ社会には当てはまらないことを意味し、家族や結婚の形態が女性の過剰な労働負担や貧困化の一因であることを示唆している。八〇年から九〇年にかけて、この地域の貧困人口は三五%から三九%に、極貧人口も一五%から一八%に増加した。(5) インフレの進行、失業の増加、公的サービスの削減が生活水準の低下をもたらすなか、女性は家族の生存のために、家事労働により多くの時間を充当し、それまで以上に所得の稼ぎ手としての役割を果たし、地域の活動にも積極的に参加していったのである。

二　アンペイド・ドメスティック・ワーク

外見的な男らしさを誇示する文化的風土のなかで、無償の家事労働への男性の参加は限られている。一九八〇年代後半のアルゼンチンでは、家族によって行なわれる二〇項目以上の家事労働は週八四・五時間にのぼった。ところがそのうちの五分の四が主婦によって行なわれており、主婦が家庭外の有償労働に従事している場合には週五五・九時間が、専業主婦の場合には週七三・一時間が、家事労働に充てられていた。それに対して、主婦以外の家族構成員による労働時間は週五・三時間にすぎなかった。非専業主婦の場合、家事労働・有償労働を合わせた一日の労働時間は一三時間、一週間では九一・三時間にもなる。グアテマラ、ペルー、ベネズエラでも同様に、家事労働の八〇〜九〇%が女性に集中していた。また、経済活動と家事労働の合計労働時間も一般に女性のほうが長い(6)。

社会主義体制のキューバでも、家事・育児は女性の仕事である。一九五九年に革命が成功して以来、キューバでは新しい国家建設と社会主義的平等実現のために、女性の生産労働へ参加が奨励され、託児所や職場に食堂を設置し、女性の家事負担を軽減する政策がとられた。しかし一九七〇年までの成果は期待したほどではなかった。それは、基本的な必要品が配給され、しかも物資の不足で買うものがないために、労働意欲が刺激されなかったことに加えて、家庭を女性の場として位置づける伝統的分業意識が根強く残っていたことによる。

一九七五年、キューバ政府は「家族法」を制定した。第二章「夫と妻の関係」では家庭や家族に対する夫婦の共同責任を明記し、たとえ一方が家事・育児を専業としていても他方はそれに協力する義務があること、職業に従事したり、勉学に専念できるよう、互いに尊重し協力的であらねばならないことなどが定められた(7)。

家族法には罰則規定がなく、理想の提示という側面が強いため当然の結果ともいえるが、法律はキューバ社会の性別分業意識を根底から変えるにはいたっていない。七〇年代前半の調査では、一日の家事労働時間は、専業主婦の九時間一〇分、職業を持つ女性の四時間四四分に対して、男性は三八分であった。ところが八〇年代後半の調査でも、女性の家事労働時間が週二二時間以上であるのに対し、男性は五時間にすぎなかった。女性の家事労働負担は軽減され、男性の参加も増えたが、男女間にはまだ大きな不均衡がある。キューバ男性の多くは家事労働を人にみられることを恥ずかしく感じており、他方女性は、男性の協力の不足に不満をもっているものの、男性を当てにするよりも、同居している、あるいは近くに住む親戚の女性に援助を求める傾向がある。女性自らにも、家事・育児は女性の仕事であり、女性は夫や子供に属しているという意識が依然、強いのである(8)。

キューバの事例は、社会主義体制であろうが、法律が制定されようが、伝統的価値観を変えることがいかに難しく、時間を要することなのかを示している。また、キューバ女性は他のラテンアメリカ・カリブ諸国の女性以上に、生産労働への参加とさまざまなボランティア活動への参加を、国民の義務として、求められているのである。

生産労働であるにもかかわらず、ほとんど評価されてこなかったのが、農業における女性の労働である。ラテンアメリカ・カリブ地域は世界でもっとも都市化の進んだ社会であり、農業のGDP比率は一〇％、就労比率は二五％と低いため、近年、研究者や為政者の関心は都市に向けられがちである。だが、農村では都市以上に貧困が蔓延し、それが過度の都市化を促進する要因となっている。貧困の要因は土地所有の不平等、すなわち大所有地と零細農地の二極構造にあるといわれる。

女性労働力のうち農業に従事する比率は、中米七％、南米一〇％、カリブ一一％で、男性の就業率、中米四一％、南米二七％、カリブ二三％よりかなり低いだけでなく、他の途上地域と比べても、農業における女性の役割が小さいようにみえる。[9]だが、この数値はラテンアメリカ・カリブの農業の実態を表わすものではない。というのは、農業協力のための米州研究所（Inter-American Institute for Cooperation on Agri-culture）の最近の調査によると、実際の女性の農業生産活動への参加は公的推計の三倍から六倍に達することが判明したからである。たとえば、コスタリカでは公的推計八％が二七％に、ウルグアイでは九％が三九％に、パラグアイにいたっては一三％が八二％に修正された。[10]

なぜにこのような開きが生じるのだろうか。それは、従来の調査方法では生存農業あるいは自給農業（subsistence agri-culture）とよばれる農業の在り方を把握できないためである。近年、生存農業・農民農業と商業的農業・資本主義的農業という対概念がよく用いられる。後者が利潤追求を目的としているのに対し、前者は家族の生存と生産単位の存続を目的としている。ＩＬＯの定義を借用すれば、「自分自身と世帯のために食料、住居、そして最小限の現金収入を提供する自給労働者」[11]によって営まれる農業ということになる。

しかし現実には、多くの農家は農業だけで生存できない。一九八〇年のメキシコでは、牧畜業を除く農業就労者のうち、七八・三％が自給水準かそれ以下の水準であった。[12]自給さえもできない農家は、農業生産に加えて、近くの農場での日雇い、遠くの農場や都市への出稼ぎ、あるいは小商いなど、家族全員がさまざまな労働に従事して、かろうじて生計を維持している。しかも近年、近代的な農場では機械化が進んだ結果、賃労働の機会は減り、出稼ぎのための移動は遠距離化している。出稼ぎの形態はさまざまだが、男性や若い女性が家を離れることが多く、農業は残された女性の仕事となる。いずれにしても、主要な男性の働き手が不在がちな零細農家においては、女性の農業労働が単に自給用の生産だけにとどまらず、現金収入の獲得においても重要になっているのである。

このような現実があるにもかかわらず、農業部門の調査では生産、土地利用、主たる働き手などが対象とされるため、家族の労働、なかでも家事労働の一部あるいは補助的労働として扱われがちな女性の労働が、有償労働、無償労働を問わず見落とされることになる。

三 ペイド・ワーク

ラテンアメリカ諸国の女性の就労率は、先進国や他の途上国より低いながらも、一九七〇年の二一%から八〇年二五%、九〇年三四%と推移した。他方、カリブ諸国の女性の場合はほぼ西ヨーロッパなみで、七〇年三八%、八〇年四二%、九〇年四九%であった。両地域では八〇年代に女性の労働参加がきわだって増大している。[13] 八〇年代はラテンアメリカ経済が危機に陥った一〇年である。マイナス成長が続き、インフレが高進し、失業が増えるなか、世帯収入の減少を補填するために、女性は働きに出た。有償労働への参加は自己実現や自立のためというよりも、経済的必要性、さらに言えば子供と家庭を守る母親・主婦としての責任をまっとうするための選択であった。

では、不況下にあってどのような職に女性は就くことができたのだろうか。中米、南米、カリブ地域ともに女性労働力の七〇%以上がサービス部門に集中している。これは途上地域のなかではとりわけ高い比率であり、西ヨーロッパ・先進地域をも上回っている。だがラテンアメリカ・カリブ地域では、サービス部門で働く女性の五〇~八〇%が、社会的あるいは個人的なサービス業、すなわち女性の伝統的な家庭での役割に近い事務、家事サービス、配膳業などに従事している。賃金は安いが、時間的な融通がきき、家事・育児との両立が可能な、[14] そしてなによりも参入が容易な仕事である。労働内容が家庭での役割の延長線上にあり、場合によっては子供連れの労働も可能である、という特性が、労働と家事との境界を曖昧にして、これらの労働を見えにくくしているひとつの要因でもある。

このような低技術、低生産性、低賃金の労働の多くは、インフォーマル・セクターに属している。インフォーマル・セクターとは、法的規制を受けることもなく法的に保護されることもない経済活動のことで、専門職を除く自営業者や政府機関に登録していない零細企業で働く労働者などが含まれる。このような性格上、数量化はむずかしいが、ラテンアメリカ・カリブの七か国（ブラジル、コスタリカ、ホンジュラス、ジャマイカ、メキシコ、ウルグアイ、ベネズエラ）では、インフォーマル・セクターが生産の一六~二六%、労働力の一七〜二五%を占める。この比率は他の途上国と比べるとむしろ小さい。しかしインフォーマル・セクターに占める女性の比率は、メキシコ三二%、ブラジル四一%、ジャマイカ五三%、ホンジュラス五五%と高く、しかもそのうちの三五〜六七%がサービス業に集中している[15]。すなわちインフォーマル・セクターの女性化、サービス業化が顕著なのである。

また、アルゼンチン、ブラジル、チリ、コロンビア、コスタリカ、メキシコ、ベネズエラの七か国平均では、非農業部門におけるインフォーマル・セクターの雇用は、一九八〇年の四〇・二%から、八五年四七・〇%、九〇年五二・七%、九二年五四・四%と増加し、反対にフォーマル・セクターは八〇年の五九・八%から九二年には四五・七%へと減少した。インフォーマル・セクターを自営業、家事サービス、零細企業にわけると、自営業、零細企業での雇用が増加傾向にあり、その大半が女性である家事サービスは雇用の七%前後であまり変動がない[16]。しかし、この七%という比率は、シルビエンタ(女中)が女性の主要な働き口であることを意味している。そしてこの安価な女性労働力の存在によって、中間層以上の家庭内労働が肩代りされているのである。

女性は工業部門にも参入した。工業部門で働く女性は中米一九%、南米一四%、カリブ一二%で、アジア・北アフリカに比べて比率は小さい[17]。しかし八〇年代に本格化する輸出振興戦略のもとで、衣料、電気機器、化学、食品加工などを中心とする輸出向け加工区、自由貿易区が拡大するにつれて、ブラジル、コロンビア、ドミニカ共和国、メキシコ、パナマでは、このような地区での雇用が一九七五年から二〇年間に三倍以上に増えた。労働者の多数は女性であり、カリブでは女性が七〇〜九六%を占める。概して技術や知識を必要としない単純労働であるため賃金水準は低く、技術を習得してよりよい仕事に就くという将来展望も開けない。また海外市場の変動を受けやすく不安定で、組合活動も制限されている[18]。

メキシコのアメリカとの国境沿いのマキラドーラ(保税加工工業)地域では、女性の雇用をとおして、企業家にとっての理想の労働者——従順で、なにも求めず、手先が器用で、未組織の非戦闘的な労働者——が育成され、次第に旧来の組織労働者の力を弱めているといわれる[19]。マキラドーラでの雇用創出によって、メキシコ製造業における女性の比率は八四年の一五%から九二年の一八%に増加したが、マキラドーラ部門での女性の賃金は男性の八〇%から五七%に下がった。ところが都市労働者全体でみると、女性の賃金は男性の七〇%台で変動している[20]。このことからも、メキシコの輸出向け製造業が、いかに女性の低賃金に依存しているかがわかる。

ドミニカ共和国も輸出指向の開発政策によって女性の製造業参加率が高い国である。メキシコを初め、自由貿易区の労働者の多くが若い独身女性であるのに対して、ドミニカ共和国では大半が母親である。女性たちには労働者である以上に、母親であるという意識が強い。そのため、ノルマが達成されないときには、「なんという母親なんだ！　もう家に帰れ！」という叱責にみられるような、子供を家に残している罪悪感と母親としての誇りにつけこむ心理的手段が使われているという。[21]

このような自由貿易区の輸出向け製造業における雇用は、必ずしも女性のフォーマル・セクターへの統合を意味しない。生産は工場だけでなく、スウェットショップ（低賃金・長時間労働の搾取的工場）、零細工場、家庭での内職、あるいは請け負い制など、さまざまなインフォーマルな形態でも行なわれている。そして生産形態の多角化傾向は強まりつつある。また、まだ女性労働者の需要は高いが、製品と市場のグローバル化にともなって技術の役割が重要になるにつれて、輸出向け製造業では男性労働力を重視する兆しもみえ始めている。[22]製造業においても、女性労働力のインフォーマル化がさらに進む可能性は十分にある。

四　コミュニティー・ワーク

一九七〇年代半ばからラテンアメリカの都市部低所得層居住地では、女性を中心にした活動が活発になった。それは、行政に対する要求活動と家族の生存のための自助的経済活動とに分けることができる。前者には、秘密警察に連行されて行方不明となった家族の消息を捜し求める人権活動、不法に占拠した土地の承認、居住地区の衛生、水、道路など基本的インフラストラクチャーの整備などを求める活動が、後者には、家計を補填するための共同作業所での生産活動や民衆食堂、共同鍋とよばれる消費生活の共同化などがある。アルゼンチンの人権活動組織である「五月広場の母たち」「五月広場の祖母たち」に代表されるように、要求活動においても女性は重要な役割を果たしてきたが、より大きな力を発揮したのは自助的経済活動[23]においてである。

軍事政権による開発優先の経済政策は成長だけでなく、所得格差の拡大と貧困の増大をもたらした。失業やインフレによって一家の収入が減り、家族の生存が脅かされると、女性たちはカトリック教会や外部組織の支援を受けながら、個人的にではなく、地域を基盤とする共同戦略を展開し始めた。共同作業所ではパン、衣服、民芸品などを生産・販売したり、洗濯業などを営んだ。また、共同鍋、民衆食堂の活動では、家族、とりわけ子供たちに食事を確保するために、共同購入によって、あるいは行政や支援組織の援助物資を利用して、共同で食事をつくりメンバーに提供してきた。共同化によって、家庭ごとに準備するよりも、安くて栄養価の高い

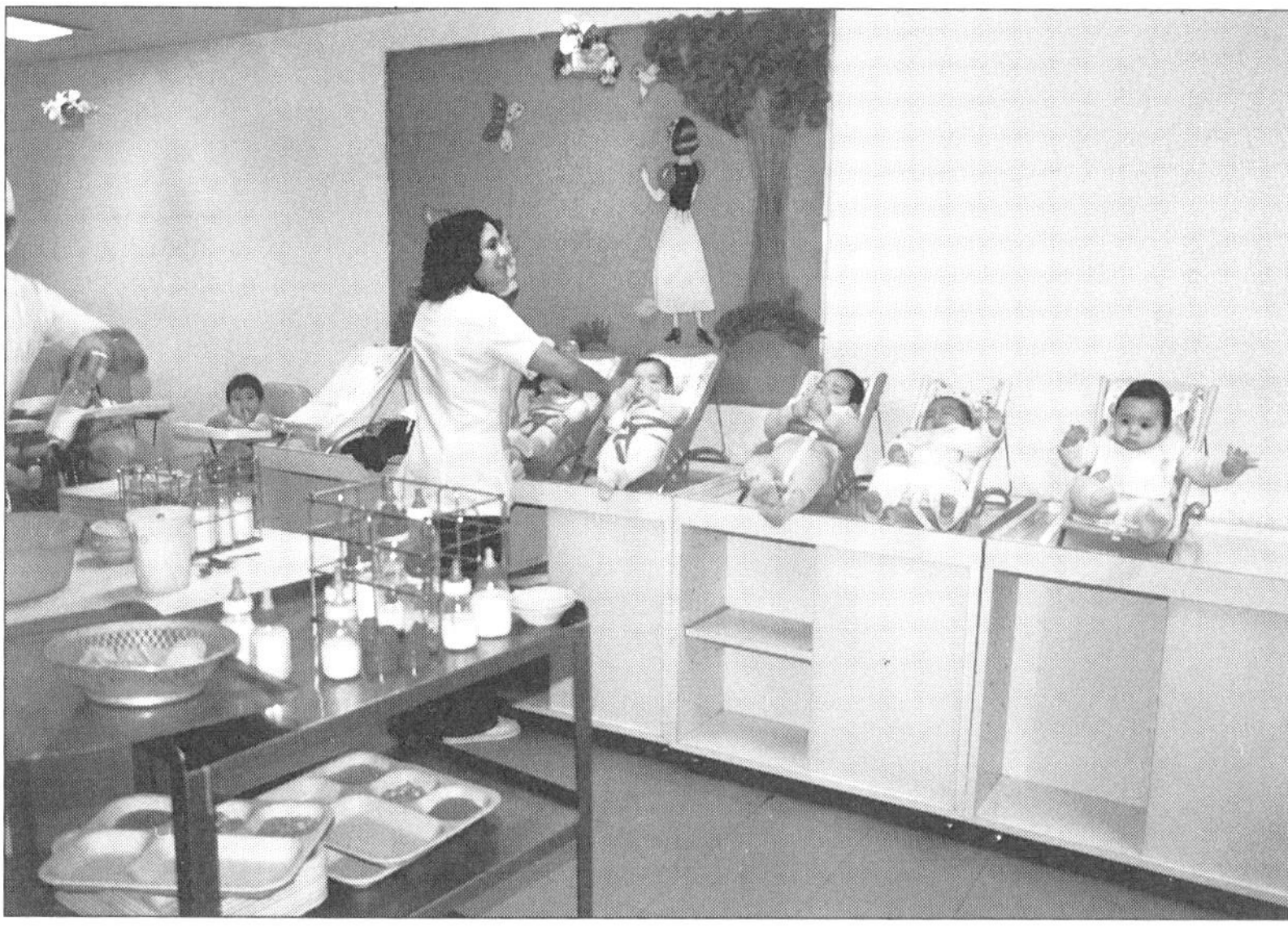

▲労働組合員を対象とした近代的な託児所（メキシコ・シティ，撮影筆者）

▲牧場で働く一家。窯でパンを焼き，近くの村に住む親戚が作ったトウモロコシと交換したり，市場で売ったりする。（メキシコ・ベラクルス州，撮影筆者）

食事をとることができたのである。

軍政が終わり、政党などの活動が復活するにつれて、民衆の自発的活動が最盛期の活気を失ったのも事実であるが、八〇年代の構造調整政策や九〇年代の経済自由化政策によって福祉の切り捨てが進むなか、地域住民の基本的ニーズを充足し、生活を改善するための活動の重要性は減じていない。チリでは一九八九年にこのような組織は首都圏だけで二二五九（うち一三七〇が作業所）を数えた。ペルーでは一九九一年に共同食堂が五三二九（うち首都には三〇〇〇が集中）、子供に一日一杯のミルクを提供する組織は一万近くもあった[24]。ペルーでは民政移管後もこのような活動が盛んである。また、軍政を経験することがなかったメキシコでも、住民組織ネットワークによって共同食堂の試みが行なわれている。

女性を中心とする自助組織では、運営形態に草の根民主主義的な特徴がみられる。すなわち全員参加、コンセンサスにもとづく決定、リーダーの輪番制などである。女性は無償で活動に参加するが、報酬が支払われるようになると男性の手に移行する傾向がある[25]。活動は主として家族の生存を目的とするものであり、母・妻としての役割意識に根差している。だが、活動をとおして女性の意識にも変化が表われた。女性たちは個人的な関心と政治問題との関連性やジェンダー問題にも視野を広げ、組織化や運営のための技術を習得し、自信をつけた。伝統的家族関係や家庭内の権力関係にも疑問を投げかけるようになったが、女性に比べて男性の意識変化は緩慢であり、結局、家族に対して強い責任感をもち続けている女性が、過剰な負担を抱え込む結果となっている。

結びにかえて

ラテンアメリカ・カリブ地域では、現在、他の地域よりも速いペースで、民営化や規制緩和など、経済の自由化や世界市場との一体化が進んでいる。それは、競争原理というグローバルな価値観の受容でもあり、人々を豊かな消費生活を求める競争へと駆り立てている。そのような中で、競争原理とはなじまない、家庭や地域共同体といった生活領域の存在はあまり注目されることがない。それは、そこでの労働がアンペイドであり、しかも主に女性によって担われていることによる。女性の果たす役割は、アンペイドの家庭内労働や地域活動だけでなく生産労働においても、七〇年代後半から大きくなっているにもかかわらず、伝統的なジェンダーバイアスによって、過小な評価しかうけていないのである。だが、アンペイド・ワークは、従来の再生産機能に加えて、経済の自由化・グローバル化に付随する貧困化や失業、社会的サービスの低下といった負の側面を支えるという意味で、近年、重要性を増してきている。換言すれば、経済の自由化・グローバル化はアンペイド・ワークに補完されて、進んでいるのである。

競争・効率を重視する経済自由化政策が功を奏して、九〇年代に入り、この地域の経済は成長に転じたが、労働市場が二分化され、最初から競争に参入できない排除されたセクターがあるために、低所得層にまでそのプラスの効果は届いていない。むしろ、所得格差は拡大し、都市失業率は八五年の七・三％から九〇年には五・八％に下がったものの、九五年には七・二％、九七年には七・五％に再度上昇している[26]。

「小さな政府」を合言葉に進行中の改革は、女性に深刻な影響を与えている。公務員や教員はフォーマル・セクターにおける女性の主要な職業であったが、そこでの人員整理によってますます女性労働のインフォーマル化が進んでいる。また、公共料金の値上げや公的なサービスの削減は、家庭や地域組織での女性の負担増によって補われることにもなる。自由化政策によって不利益を被っている社会階層に対する政策が必要であるにもかかわらず、緊縮財政によって、社会改革のための予算は削減傾向にある。こうした状況下では、改革を最も必要とする集団を絞りこみ、重点化を図らねばならない。そのような観点からも、とりわけ女性が担っている労働を正しく評価し、女性のインフォーマル化、貧困化、周縁化の現状を把握することが緊要であるといえよう。

(1) Ricardo Cicerchia, "The Charm of Family Patterns: Historical and Contemporary Change in Latin America", in *Gender Politics in Latin America*, ed. by Elizabeth Dore, New York : Monthly Review Press, 1997, p. 123.
(2) United Nations, *World's Women 1995 : Trends and Statistics*, New York, 1995, pp. 5-6. 国際連合『世界の女性　一九七〇～一九九〇――その実態と統計』日本統計協会訳、日本統計協会、一九九二年、三七頁。Teresa Valdés y Enrique Gomáriz, coordinadores, *Mujeres latinoamericanas en cifras, Tomo comparativo*, Santiago de Chile : FLACSO, 1995, p. 62.
(3) United Nations, *op. cit.*, p. 19. Inter-American Development Bank (IDB), *Women in the Americas : Bridging the Gender Gap*, New York : The Johns Hopkins University Press, 1995, pp. 20,40.
(4) Teresa Valdés y Enrique Gomáriz, *op. cit.*, p. 54. United Nations, *op. cit.*, p. 9.
(5) Teresa Valdés y Enrique Gomáriz, *op. cit.*, p. 33.
(6) IDB, *op. cit.*, p. 21. 国際連合、前掲書、二〇八～二〇九頁。
(7) Elizabeth Stone, ed., *Women and the Cuban Revolution*, New York : Pathfinder Press, 1981, Appendix B : The Family Code.
(8) Sheryl L. Lutjens, "Reading between the Lines : Women, the State, and Rectification in Cuba", *Latin America Perspectives*, Issue 85, Vol. 22, No. 2, Spring 1995, pp. 109-110. Helen I. Safa, *The Myth of the Male Breadwinner : Women and Industrialization in the Caribbean*, Boulder : Westview Press, 1995, pp. 136-137. Mona Rosendahl, *Inside the Revolution : Everyday Life in Socialist Cuba*, Ithaca : Cornell University Press, pp. 54,59,62.

(9) United Nations, *op. cit.*, p. 113.

(10) IDB, *op. cit.*, p. 59.

(11) United Nations, *op. cit.*, p. 114.

(12) CEPAL, *Economía campesina y agricultura empresarial*, México : Siglo XXI, 1982, p. 114.

(13) United Nations, *op. cit.*, p. 110.

(14) *Ibid.*, p. 113. IDB, *op. cit.*, pp. 65-66.

(15) United Nations, *op. cit.*, p. 136.

(16) J. J. Thomas, *Surviving in the City : The Urban Informal Sector in Latin America*, London : Pluto Press, 1995, p. 46.

(17) United Nations, *op. cit.*, p. 113.

(18) IDB, *op. cit.*, pp. 61-62.

(19) Sharon McClenaghan, "Women, Work, and Empowerment : Romanticizing the Reality" in *Gender Politics in Latin America*, p. 24.

(20) UNDP『ジェンダーと人間開発』（人間開発報告書、一九九五）、国際協力出版会／古今書院、一九九五年、四六頁。

(21) Sharon McClenaghan, *op. cit.*, pp. 28-29.

(22) *Ibid.*, p. 23.

(23) 自助的経済活動については、高橋正明「軍政下のチリ都市民衆」（石井章編『ラテンアメリカの都市と農業』アジア経済研究所、一九八八年所収）、大串和雄『ラテンアメリカの新しい風』同文舘、一九九五年などに詳しい。

(24) 大串和雄「ラテンアメリカの社会運動と新しい政治文化」（坂本義和編『世界政治の構造変動　4市民運動』岩波書店、一九九五年、一五一頁）。IDB, *op. cit.*, p. 109.

(25) *Ibid.*, p. 24.

(26) 相原好江他編『図説ラテンアメリカの開発』、アジア経済研究所、一九九八年、一三七頁。

改革・開放期の中国におけるアンペイド・ワーク

【都市の女性の家事労働を中心に】

石川照子
Ishikawa Teruko

いしかわ・てるこ／一九五七年東京都生。一九八八年津田塾大学大学院退学。大妻女子大学専任講師(中国近現代史)。共著に『二〇世紀の中国――政治変動と国際契機』(東京大学出版会)、『上海――重層するネットワーク』(汲古書院)、『日本近代国家の成立とジェンダー』(柏書房)ほか。

はじめに

無償労働（アンペイド・ワーク）の多くは、現在も女性によって担われている。そしてそれが「見えない労働」であることから女性の働きは正当に評価されてはこなかった。その批判と反省からアンペイド・ワークを正確に測定・評価しようという機運は、女性運動の場においては一九七五年の国際婦人年以降高まっていったといえる。

そして八〇年代から九〇年代にかけて、アンペイド・ワークは国連の場で具体的な対策が検討され、その結果、世界的規模で取り組むべき課題（グローバル・イシュー）であるという認識が定着していったのである。すなわち一九八五年のナイロビ戦略の策定から始まり、一九九五年北京行動綱領での無償労働の二類型（インフォーマル・セクターの労働と家事労働）への言及とその価値の数量的評価化の提言まで、アンペイド・ワークは「国連女性の一〇年」における継続的な課題として位置づけられたのであった。[1]

世界システム内部においてアンペイド・ワークをどう位置づけるか、その方法はいくつか考えられるだろうが、まず世界の各地域の「経済＝世界《エコノミー・モンド》」において、その背景としての歴史・文化・伝統との関わりの中でアンペイド・ワークを取り上げ、個別に検討する作業が必要となる。それによってアンペイド・ワークを抽象的にとらえず、その具体的な実相に迫ることができるだろう。

本稿では中国の事例を取り上げて、とくに女性の現状とその抱える問題から、このアンペイド・ワークの問題を検討してゆきたい。その際アンペイド・ワークと考えられる六つの領域である①家族従業者の仕事、②自分の食事を作るなど自給のためのもの、③主婦が主にやっている家事・育児・介護等、④多様なボランティア活動、⑤一つの仕事と同時並行でやりながら仕事と見なされない「ながら行動」や通勤などのシャドウ・ワーク（影の仕事）、⑥低賃金の場合の公平にまたは合理的に支払われるべき水準の賃金との差額分[2]、の中で、本稿では③の家事・育児の問題を都市の女性たちの労働の現状から考えてゆきたい。

日本の女性のアンペイド・ワークにおいても家父長制の構造が顕著に見られたり、長時間労働、低報酬、健康管理不充分という状況が少なからず指摘されている[3]。同じ東アジアの国である中国でも、こうした状況が同様に指摘できるのだろうか。以下、まず中国の労働政策とその中での女性の位置づけを整理し、続いて女性労働の実態と問題、家事労働と専業主婦誕生の可能性等について検討してゆく。こうした作業を通じて、中国の女性のアンペイド・ワークの実状と課題が浮かび上がってくるのではないかと思う。

一　中国の労働政策と女性

ここでは中国の労働政策全体の変遷と内容、そして中華人民共和国建国以後、とくに改革・開放時期以降の女性労働政策を簡単に整理する[4]。

1　中国の労働政策と失業問題

一九四九年の建国以来、労働政策は大きく計画経済時代と市場経済時代の二つに分けて見ることができる。七〇年代後半までの計画経済の時代には、労働力は政府による厳格な管理下に置かれて、計画に基づく配置・分配がなされ、労働移動は強く抑制されていた。

七八年十二月の中国共産党第十一期三中全から始まり現在に続く改革・開放政策は、中国の市場経済の幕開けを告げて、労働市場確立への構造的転換が始まった。そして八〇年代から中国は本格的な労働制度改革に着手した。改革は重工業部門から第三次産業と軽工業の就業へと重点をシフトし、労働契約制の導入、常用労働者制度改革（中国版リストラ）へと進んだ。その結果九六年には都市従業員総数の九〇%を契約労働者が占めるに至っている（『中国統計年鑑』一九九六年）。

この労働制度改革の行方を握るのは国有企業の改革である。国家財政収入の六〇%、都市・鎮（地方都市）の従業員の三分の二を占める国有企業（『北京週報』一九九七年七月十五日号）ではあるが、その大半は投資効率悪化、赤字構造、生産停滞等の問題を抱えている。国有企業改革は企業の自主権拡大、経営請負責任制、そして財産権のはっきりした、権限と責任の明確な企業法人制度と国有資産管理制度の確立を主な内容とする「現代企業制度」の樹立提起へと、進んでいった。

▲上海「再就職サービスセンター」の「職業指導サービスコーナー」。求職者に求人情報を知らせたり，職場を推薦する。

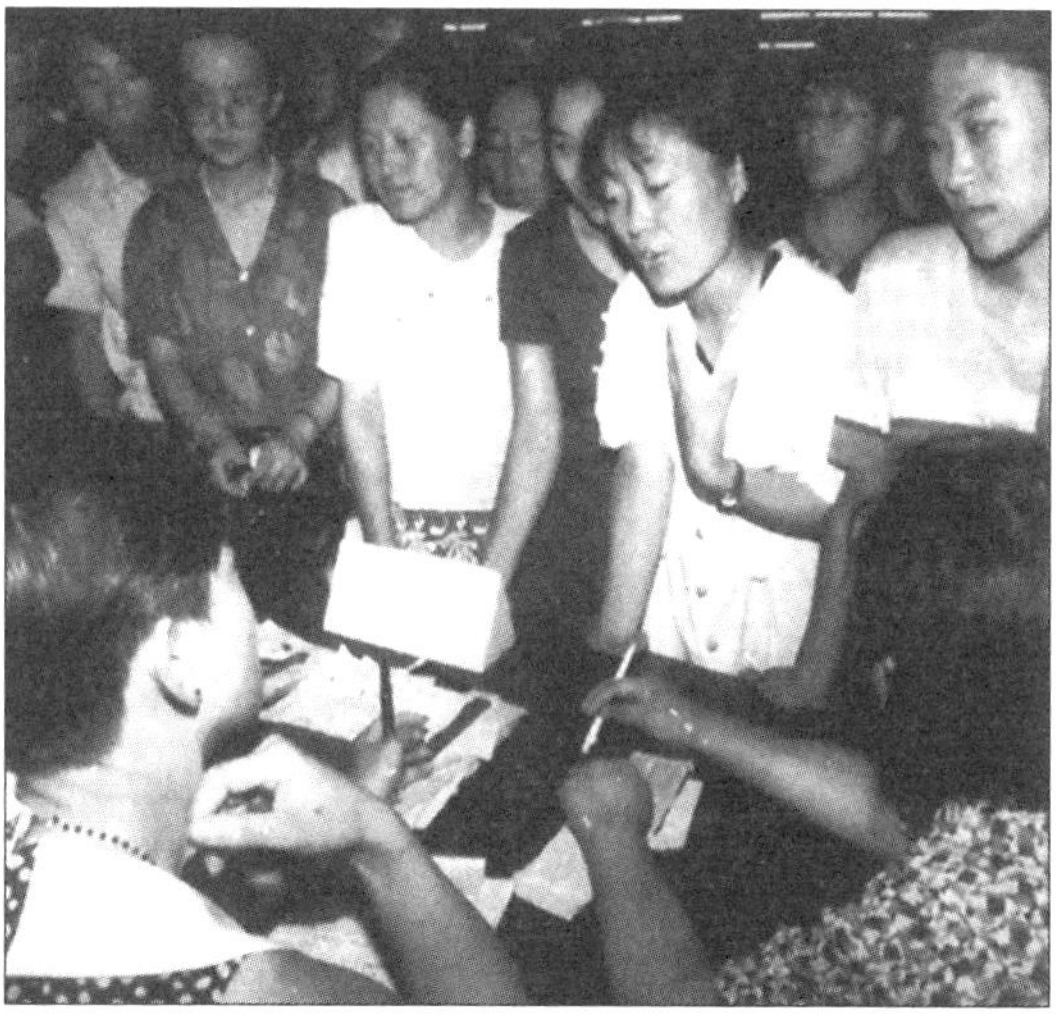

▲吉林省長春市の婦女連合会職業紹介所。失業者に就職情報を提供している。
（写真は共に『人民中国』1998年２月号より）

しかし国有企業改革の現状は決して順調なものとはいえない。経済効率向上の課題、余剰人員の再就職問題などは、依然充分な解決を見てはいないのである。

レイオフ、賃金未払いを原因とする労働争議、社会保障制度改革など課題は山積しているが、現在、中国の労働に関する最大の、かつ深刻な問題が失業問題である。契約制の導入など労働市場確立のための諸政策は、農村の余剰労働力の都市への流入、産業構造改革や国有企業改革による余剰人員のリストラの結果、深刻な失業問題をもたらした。現在ではこの大量の失業者の再就職問題が、インフレに代って中国の社会経済における最大の課題となっているのである。

そして政府、企業、労働組合、社会団体、労働者の共同事業である失業救済と再就職を目的とした「再就職プロジェクト」が、一九九五年以降全国規模で展開し始めた。しかしながら中国の就業圧力は依然として大きく、プロジェクトの成否の行方もけっして楽観できるものではない。

2 「下崗問題《シアカン》」と女性

それでは建国後このような展開をたどった労働政策の中で、女性の労働はどのように位置づけられてきたのだろうか。

中国全体の労働政策同様、建国から現在までの女性労働政策もまた計画経済時代と市場経済時代の二つに分けてとらえられる。

計画経済時代、毛沢東は強力な指導力を発揮して急進的な社会主義建設を推進した。そこでは女性もその担い手の例外ではなく、政府の強い指導下、続々と社会的生産の現場へと進出していった。この時代は前述のように労働力の統一雇用・配分は政府によって管理され、女性たちにも安定した就業がもたらされた。それは伝統的な性別役割の意識と現実を大きく転換させる重要な契機となったのである。

このような強力な政治主導による女性の社会的生産の場への動員は、女性の経済的自立と精神の独立を促して、男女平等の実現に多大な貢献をしたと言うことができる。バスの運転手や工事現場で働く女性など、あらゆる職場で働く女性たちの姿が見られるようになった。こうして女性労働者数の増大や政治の場への積極的な参加など、女性たちが多岐にわたる分野に進出、参加してゆく状況は普遍的なものとなっていったのである。

しかしこのような政府による強力な政治主導・動員のやり方は、階級闘争一元論に基づく女性解放追求の結果、その他のさまざまな選択の可能性を排除して、自主的・自発的な女性運動の伝統は失われてしまった。しかも後述するように、家事・育児の主たる担い手が女性であるという事態は、現在までなお変化していないのである。
市場経済時代に入ると、経済活動の多くが市場原理に委ねられるようになり、それは経済効率第一の競争原理を強める結果を招いた。そこでは性別役割が再び強化され、契約制の導入は、男性よりも多くの下崗《シアカン》＊女性労働者を生み出すこととなった。[5] 一九九三年に全国総工会（労働組合）が一二三〇の公有制企業に対して実施した調査によると、労働者九二万人中女性労働者は三七％だが、失業・下崗した女性労働者は二・三万人で、失業・下崗労働者全体の六〇％にも上っている。[6] その背景は以下のようなものである。

改革・開放政策によって導入された市場経済原理は、八〇年代以降現在までの中国経済のめざましい発展をもたらした。そして女性にとっても電化の全般的な浸透による家事と労働との二重負担の軽減化、第三次産業・郷鎮企業（農村の郷・鎮・村が営む共同経営企業・個人営企業）の発展による就業機会の多様化といった有利な状況が現れたのだった。

しかし重工業部門から第三次産業・軽工業への就業の転化の方針は、その実行に伴い重工業部門での大量の女性労働者の下崗を生み、かつ第三次産業への女性労働者の転化も十分に行なわれてはいない。そこには、生理・出産を伴う女性労働力は男性より非効率的で劣ったものであるという認識が、レイオフ、失業、再就職難、女子大学生の就職難といった現象をもたらしたことが見てとれるのである。

そもそも女性の労働参加に関する問題は、①女性の就業難問題、②女性労働者の余剰人員化問題、③女性労働者の就業構造上の不合理性、④女性労働者の職務および職位の偏った低さの四つに整理して指摘される。[7] その中でも下崗問題は建国以来の女性の安定した就業を揺さぶる大きな問題として、女性たちにつきつけられている。前述のように下崗・失業労働者の六割を女性が占めているが、その中でもとくに学歴や専門知識・特殊技能をもたない中年以上の女性労働者における下崗の比率は、大変高い。[8]

そして下崗問題への深刻な認識と対策の必要性は、婦女連合会（共産党および政府の女性政策を担う女性組織）等による政府への働きかけを促して、「女性労働者労働保護規定」（一九八八年）、「中華人民共和国婦女権益保障法」（一九九二年）といった一連の女性保護の法制化につながっていったのである。

こうした女性労働者保護・権益擁護を主旨とする法制化の進行は、女性にとって大きな意味をもつものである。しかしこのような政府の上からの主導による女性問題解決の方法

＊下崗《シアカン》　国有企業等の労働者のレイオフのこと。一九九八年の段階で、下崗《シアカン》労働者は一五〇〇万人に達している。

は、計画経済時代の政府の女性政策とまったく同じ方向性をもつものである。それは下からの主体的・自主的な女性解放の運動とどのように関わりあってゆくのか。中国の女性学の旗手・李小江*たちによる草の根の運動や女性理論構築の努力が続いているが、両者の協力と摩擦の中で女性の問題がどのように解決されてゆくのか、注目される。(9)

二　女性労働のゆくえ

前節では中国の労働政策の概要と、その中での女性労働の位置づけを見た。本節では女性労働の実態を見た上で、アンペイド・ワークとしての家事労働について言及したい。その際統計等によってなるべく具体的な状況を紹介してゆきたい。

1　女性労働の実態

建国後の共産党と政府による強力な女性労働力動員によって、一九八二年の女性就業者は全就業者の四三・七%、九〇年は四五%と、建国前一九四〇年の十歳以上の女性就業率一～九%と比べ、驚異的な高さの就業率が実現された。(10) 前述したさまざまな職場で働く女性たちの姿が見られるゆえんである。

次に男女別の職場の性質（所有制別）は、以下の通りである(11)（単位は%）。

職場の性質	合計	女性	男性
国有制	一五・三	一二・六	一七・七
集団所有制	七九・四	八三・三	七六・〇
外国資本	〇・一	〇・一	〇・〇
内外合同資本	〇・二	〇・三	〇・二
個人経営	四・四	三・〇	五・七
その他	〇・五	〇・六	〇・五

この表には、九〇年代初期の国有制と集団所有制が職場の性質の主たるものであった状況が反映されている。国有制に就業する女性の割合は男性より低く、集団所有制では女性の割合の方が高くなっている。これは男女の地位の落差、すなわち男性のほうが女性よりたやすく国有制の職場の周辺に就職したり、転職したりすることができるからであるとされる(12)。中国では国有企業の住宅配分、福利厚生といった労働者をめぐる条件は他の職場と比べて際立って恵まれており、安定した国有企業は建国以来人気の職場となっていた。それが現在では大きく様変わりしたのは前述の通りである。

それでは女性の社会的地位の重要な基準の一つである労働収入の状況は、どのようなものだろうか。中国では「同一労働同一報酬」の原則が規定されてはいるものの、実際にはすべての職種において男女間の格差は存在している。都市部の男女の月平均収入の比較と職業別の数字を見ると、党・政府機関等責任者が女性二二二・三元、男性が二二六・三元で、性別格差は四・〇元と最も少なく、反対にサービス業では女性一六二・四元、男性二〇八・四元で性別格差は四六・〇元、農林牧畜漁業労働者では女性一一七・三元、男性一六三・八元で性別差は四六・五元と、最も性別格差が大きい(13)。

これは都市部の数字であるが、都市と農村のいずれにおいても女性の平均収入は男性よりもかなり少なく、都市部の女性の平均月収は男性の七七・五%、農村の女性の平均年収は男性の八一・四%となっている(14)。ただし学歴水準と職業のレベル(精神労働の要素)が高くなるにつれて、男女の収入格差も少なくなっている(15)。

この七七・五%、八一・四%という数字は、日本と比べればまだいい方であるという見方も成り立つかもしれない。確かに日本の男女の賃金格差は先進国中最大であり、しかもこの二〇年の間はその改善の兆しもなく、五〇~六〇%の間を固定的に推移している(16)(一九六五年の賃金の男女格差は男性百に対して女性五一・三%、九二年のそれは五八・九%)。しかし「同一労働同一報酬」の原則にもかかわらず、実際には中国でも性による差別・格差があって、女性の権利や地位が十分保障されていない現実を、これらの数字は体現しているのである。

2 家事労働をめぐって

それでは中国の女性たちは一日の時間をどのように過ごしているのだろうか。まず一日の労働時間を見てみると、都市の女性の平均労働時間は七・〇六時間、農村の女性は五・七四時間、一方都市の男性の平均労働時間は七・五九時間で、農村の男性は七・二一時間である(17)。都市の女性の平均労働時間は農村の女性よりも長く、都市の男性との差は農村の男女差よりも小さいことがわかる。

またこの労働時間全体は、九〇年代を経る中で減少傾向にある。一九九七年に国家統計局、全国総工会、労働部、衛生部、民政部、中国人民銀行本店が共同で全国二九省七一都市の一万四九七七人の労働者に対して、「中国労働者生活進歩調査」を実施した。そしてその結果を一九九〇年の数字と比較してみると、一九九〇年の都市の女性の週平均の一日当り労働時間は七時間三分、男性は七時間三六分だった。それが一九九七年には、女性は四時間四六分、男性は五時間五〇分に減少している。ただし男女間の差異は拡大している(18)。

次に家事労働に配分される時間を見てみたい。以下の**表1**は都市と農村における男女の家事の一日平均労働時間を示

*李小江　河南省鄭州大学教授等を歴任。八〇年代半ばから女性学を切り拓いた先駆者。著作に『イヴの探索——女性研究論考』等がある。

表1　都市と農村における男女の家事の一日平均労働時間の比較（時間）

	全体		都市部		農村	
	女性	男性	女性	男性	女性	男性
炊事時間	1.87	0.50	1.46	0.70	1.93	0.46
買物時間	0.40	0.36	0.63	0.40	0.34	0.36
洗濯時間	0.83	0.19	0.75	0.26	0.85	0.16
その他の家事時間	1.94	1.16	1.54	0.80	2.05	1.25
各項総合	5.01	2.21	4.38	2.16	5.17	2.23

している。[19]

この家事労働における男女間の格差は大きい。都市の男女間では二・二二時間の差があり、農村では二・九四時間の差となっている。中国の男性はよく家事を行うといわれているが、家事の主たる担い手は中国でもやはり女性なのである。

ただしこの家事労働時間もまた、全体としては減少傾向にある。それは**表2**（三菱総合研究所編『中国情報ハンドブック［一九九八年版］』蒼蒼社、一九九八年、三四四頁）が示すように、耐久消費財が都市においてはとりわけ急速に普及し、また調理済み食品や冷凍食品が店頭に並んで手軽に買えるようになってきたといったような、家事労働の省力化・社会化の進行の結果であるといえる。王琪廷によると、一九九七年の都市の男女の家事労働時間は、九〇年と比べて男性で二七分、女性で一時間二〇分減少している。そして男女間の家事労働時間格差も八〇分に縮小しているという。[20] しかしはたしてこの傾向は今後も継続してゆくのだろうか。中国よりも消費財や電化製品が普及した日本でも、それは家事労働の軽減化につながったものの、女性、主として主婦が主たる家事労働者である前提はほとんど変化を見ていない。

続いて余暇時間について触れたい。家事労働に配分される時間が多いということは、女性の余暇時間が男性のそれより必然的に短くなることを意味する。以下の**表3**は都市と農村

表2　耐久消費財の普及率

（都市家庭100戸当たり耐久消費財保有量）

	1985	1990	1993	1994	1995	1996	1997	1998
ユニット家具	4.29	19.29	34.05	41.87	46.23	49.51	53.38	55.13
ソファベッド	5.53	16.45	28.39	34.28	36.46	39.49	41.62	44.43
タンス	102.08	99.85	92.46	88.53	88.30	87.21	83.42	84.02
学習机	80.06	87.23	89.85	88.50	88.14	87.89	85.14	86.28
バイク	1.04	1.94	3.53	5.26	6.29	7.94	11.60	13.22
自転車	152.27	188.59	197.16	192.00	194.26	193.23	179.10	182.05
ミシン	70.82	70.14	66.58	64.38	63.67	62.65	57.48	56.00
洗濯機	48.29	78.41	86.36	87.29	88.97	90.06	89.12	90.57
冷蔵庫	6.58	42.33	56.68	62.10	66.22	69.67	72.98	76.08
冷凍庫	–	–	1.62	2.25	2.87	3.48	4.46	4.80
カラーテレビ	17.21	59.04	79.46	86.21	89.79	93.50	100.48	105.43
ＶＣＤ	–	–	–	–	–	–	7.87	16.02
ビデオ	–	–	12.18	15.96	18.19	20.15	21.32	21.66
パソコン	–	–	–	–	–	–	2.60	3.78
システムコンポ	–	–	5.69	8.68	10.52	12.20	15.32	17.51
テープレコーダー	41.16	69.75	75.53	72.96	72.83	72.66	57.20	57.63
ビデオカメラ	–	–	–	–	–	–	0.82	0.90
カメラ	8.52	19.22	26.48	29.83	30.56	32.13	33.64	36.26
ピアノ	–	–	0.53	0.65	0.72	0.85	0.93	1.08
電子レンジ	–	–	–	–	–	–	5.40	8.49
エアコン	0.08	0.34	2.33	5.00	8.09	11.61	16.29	20.01
電気釜	19.00	46.18	66.72	74.81	84.14	91.10	92.35	95.98
シャワー	–	–	17.74	25.24	30.05	34.16	38.94	43.30
換気扇	–	–	20.07	28.92	34.47	38.42	42.60	45.93
掃除機	–	–	7.49	9.04	9.95	10.35	10.66	11.21
健康器具	–	–	–	–	–	–	2.28	3.03
移動電話	–	–	–	–	–	–	1.70	3.26

（出所）『中国統計年鑑』各年版，『中国統計摘要』1999年版。

表３　都市と農村における各種の余暇活動の平均時間の比較（時間）

	全　体		都市部		農　村	
	女性	男性	女性	男性	女性	男性
学習時間	0.25	0.54	0.55	0.99	0.18	0.44
テレビを見る時間	1.19	1.37	1.66	1.71	1.08	1.30
その他の自由時間	2.49	3.04	2.62	2.92	2.46	3.06

表４　男女のいろいろな余暇活動の時間の比較（%）

性　別 時　間	女　性	男　性
学習時間		
10分未満	78.8	60.3
10～１時間	17.0	17.3
１時間超	5.2	12.4
テレビを見る時間		
30分未満	41.6	36.4
30分～３時間	54.0	58.3
３時間超	4.4	5.3
その他　自由にできる時間		
10分未満	13.0	8.4
10分～８時間	82.7	86.8
８時間超	4.3	4.8

における各種の余暇活動の平均時間の比較、表4は男女のいろいろな余暇活動の時間の比較である。[21]

すべての余暇活動において、都市でも農村でも男性の余暇時間は女性を上回っていることがわかる。都市の女性の一日平均の余暇時間は四・八三時間、農村の女性は三・七二時間で、都市の女性の方が一・一一時間多いが、都市の男性の五・六二時間（農村男性は四・八時間）に比べると〇・七九時間少なくなっている。前述した平均労働時間は都市の男性と女性との間の差はあまりなく、男性が若干多かった。しかし余暇時間も男性の方が多くなっていることの大きな原因は、家事労働時間の差異に求められるのである。男性と比べて家事労働負担が重い結果、女性の自由裁量となる余暇時間は削られていることが理解できる。

このように中国の女性の高い就業率は家事労働との両立、すなわち仕事と家庭の二重役割のもとに実現しているのである。それは往々にして過重な負担として女性を困難な立場に追い込んだ。それは八〇年代には「二保一」（共稼ぎによる仕事と家庭の二重負担を解決するために、夫婦の一方――大体が妻の方――が家庭を優先して他方の仕事を支える。後に「婦女回家」論争に包括される）や「婦女回家（女性よ家に帰れ）」[22]の主張と論争の登場を促したのである。

中国の女性は建国後、政府によって生産活動の現場へと押し出され、働く権利を獲得して労働においては少なくとも男女平等を獲得した。それはいわば上からの女性解放であった。

しかし家事労働の負担が女性の側に重くのしかかっている状態は変わりなく続いた。男女平等の実現には社会的生産活動に従事し、それを保障することが最重要であると、専らそこに関心が集中した結果、家事労働の意味や位置づけを追求し検討する作業が、中国では従来ほとんどなされてこなかったのである。しかし、現在まで一貫して女性の家事労働時間が男性より長い状況を鑑みる時、アンペイド・ワークとしての家事労働の意味づけを避けて女性解放の問題を考えることはできない。

3 仕事への志向

前述した「婦女回家」の主張をめぐっては、雑誌『中国婦女』において一九九八年から一年間にわたり活発な論争が展開された。「婦女回家」論とは、社会的労働に従事していた女性たちを、再び家庭に回帰させるべきであるという主張である。これに対して主として女性の論者から、社会的労働を単に金銭のためのものではなく、自身の自立や社会的貢献からもとらえて反論がなされた。同様の主張と論争は中華民国時代にもすでに認めることができる。ただしそれぞれ登場してくる背景は異なり、この八〇年代の「婦女回家」論は、改

表５　「婦女回家」に対する意見

賛　成	21	8.3%
一時的に家庭に入ることには賛成	39	15.5%
反　対	170	67.5%
その他	8	3.2%
無回答	14	5.6%

表６　「婦女回家」に賛成する理由

	60名中の割合	
子どもの教育に専念することができる	27	45.0%
女性は職業より家庭を優先するべきだ	20	33.3%
夫が仕事に専念できるように，妻が家庭を支えるべきだ	17	28.3%
現状では女性に職業と家事の二重負担があり，女性が働く条件が整っていない	9	15.0%
女性が家庭に入ることによって，余剰労働力を削減できる	5	8.3%
その他	3	5.0%

表７　「婦女回家」に反対する理由

男女平等に逆行する	18	10.6%
女性が経済的基盤を失う	18	10.6%
女性の自己実現の機会を失う	33	19.4%
女性の社会的視野をせばめ，社会的活動の機会を失う	23	13.5%
女性も生産労働に従事することで社会に貢献するべきである	74	43.5%
その他	4	2.4%

表８　都市と農村の女性の就業動機（%）

区域／就業動機	都市部	農村
家族と自分の生活維持のため	56.7	84.9
経済的自立のため	35.9	23.6
さらにお金を儲けるため	7.0	22.8
社会に貢献したいため	40.1	18.1
自分の能力発揮のため	17.1	6.7
集団生活のため	7.7	4.5
自分の生活充実のため	18.3	16.5
皆が働いているから	11.0	16.5

表９　都市部の女性の就業の動機と学歴別（%）

学歴／就業動機	非識字半識字	初小	高小	中学	高校	専門学校	短大	大学以上
家族と自分の生活維持のため	89.6	83.7	75.0	56.8	44.4	34.2	24.9	18.3
経済的自立のため	24.6	28.5	37.0	15.1	40.0	37.3	38.2	34.6
さらにお金を儲けるため	22.7	15.5	10.5	6.0	2.0	0.0	1.7	1.0
社会に貢献したいため	18.2	28.8	31.1	41.6	43.3	54.0	53.9	68.3
自分の能力発揮のため	2.4	3.9	7.2	12.9	21.0	37.0	46.1	54.8
集団生活のため	4.5	5.9	7.6	9.3	9.0	6.7	4.1	1.9
自分の生活充実のため	16.5	13.9	14.5	17.9	12.3	18.9	19.9	12.5
皆が働いているから	8.7	11.5	10.3	12.9	11.4	7.7	7.1	5.8

革・開放時代の企業の経済効率追求に伴なう、余剰労働力削減の中で主張されてきたのであった。

それではこのような伝統的な性別役割・分業を肯定する主張を、一般の女性たち自身はどうとらえているのだろうか。**表5~7**は、一九九七年に上海市普陀区において既婚女性三〇〇名を対象として行なわれた調査の数字である。[23]

「婦女回家」への反対が六七・五%と大半で、女性の地位向上に逆行するものととらえられている。ではそもそも中国の女性にとって働くとはどのような意味をもっているのだろうか。**表8**と**表9**を見てみよう。[24]

都市、農村の女性ともに就業動機のトップは経済的動機である。しかし都市の女性では経済的自立、社会貢献、能力発揮といった項目の割合が、農村女性と比べてかなり大きくなっている。自己実現のチャネルを生産労働に求めようとする契機が強く感じられるのである。またこの傾向は学歴が高くなるほど強まってくる。

都市化・産業化の進展は中国にも一定の専業主婦層や専業主婦願望層を生み出すのではという仮説は、このような就業意識の高さと非経済的就業動機を鑑みると、今のところ棄却せざるを得ないという見解[25]は、これらの調査数字からも肯定できるものである。

建国以来五〇年にわたる労働の経験とその結果の権利と自立は、中国の女性にとってすでに働くことが単に経済的理由にとどまらないものであることを強く実感させている。

おわりに

以上、中国のアンペイド・ワークについて、女性労働の実態と課題から家事労働の問題を取り上げて見てきた。

アンペイド・ワーク問題の解決に向けては賃金格差の是正、女性のペイド・ワークへの参画と男性のアンペイド・ワークへの参画、数値化されたアンペイド・ワークの公共政策への反映といった提言が、すでに世界で、そして日本でも広くなされている。この中で中国では女性のペイド・ワークへの参画と男性のアンペイド・ワークへの参画はかなり進展していると思われる。しかし近年の国有企業改革は前者を脅かし、家事負担が依然として女性に重いという実態は、後者がまだ不充分であることを示している。

国家と政府の主導による上からの女性問題解決のやり方は現在でも貫かれているが、女性の問題を女性自身の主体的な問題として取り組む動きもすでに生まれている。そして李小江たちのそうした試みは、従来の中国の女性解放理論や運動とはかなり異なる方向を示している。その中で家事労働を初めとするアンペイド・ワークはどのように位置づけられるのか。さらなる理論的探求を期待したい。

（1）国際女性の地位協会編『女性関連法データブック』有斐閣、一九九八年、二五四頁。

（2）小松満貴子「職場のジェンダー問題と労働政策——第二期均等法時代へ向けて労働法制改正の論点を考える」六〇頁（佛教大学総合研究所編『シリーズ（女・あすに生きる）⑪ジェンダーで社会政策をひらく——「男女共同参画」時代の社会政策』ミネルヴァ書房、一九九九年）。

（3）同右論文、六四頁。

（4）詳細は拙稿「中国の女性労働政策——改革・開放時期の失業問題をめぐる法制化を中心に」（中国女性史研究会編『論集中国女性史』吉川弘文館、一九九九年）を参照されたい。

（5）下崗となった場合には職場から一定額の生活費は支給されるが、事実上は失業状態といえる。

（6）常凱「公有制企業中女職工的失業及再就業問題的調査与研究」（『社会学研究』一九九五年第三期、八五頁）。

（7）高橋強『改革開放下における中国の家族政策——特に婦女の権利・利益保護を中心として』創価大学アジア研究所、一九九五年、七五〜七八頁。

（8）〝城鎮企業下崗職工再就業状況調査〟課題組「困境与出路——関於我国城鎮企業下崗職工再就業状況調査」（『社会学研究』一九九七年第六期）。

（9）李小江は国連の第四回女性会議北京大会をめぐって、女性の問題が国家の問題に変わってゆく問題について、鋭く指摘している（李小江著、秋山洋子訳「わたしはなぜ九五年世界女性大会NGOフォーラムへの参加を拒絶したか」『中国研究月報』中国研究所、一九九五年十月号）。

（10）譚深著、前山加奈子訳「経済改革と女性問題」五七頁（秋山洋子他編訳『中国の女性学——平等幻想に挑む』勁草書房、一九九八年）。

（11）中国婦女社会地位調査課題組『中国婦女社会地位概観』中国婦女出版社、一九九三年、八一頁の表による。同書は一九九〇年に中国全土二一の省・直轄市の四万一八九〇人の成人男女を対象に、個別面接調査方式で実施された中国初の全国的レベルの大規模な報告書である。なお、同書は中国全国婦女連合会中国女性研究所編、山下威士・山下泰子監訳『中国の女性——社会的地位の調査報告』尚学社、一九九五年として翻訳・刊行されている。本文の表は同書七四頁の表を転載した。

（12）同右の『中国の女性——社会的地位の調査報告』七五頁。

（13）同右書、八一頁。

（14）（15）同右書、一〇一頁。

（16）井上輝子・江原由美子編『女性のデータブック〔第二版〕』有斐閣、一九九五年、一一二〜一一三頁。

（17）中国全国婦女連合会中国女性研究所編、前掲書、一七八頁。

（18）王琪廷「中国城市職工生活時間分配研究」一六一頁（『復印報刊資料・社会学』一九九九年第二期、中国人民大学）。

（19）中国全国婦女連合会中国女性研究所編、前掲書、一八二頁。

（20）王琪廷、前掲論文、一六一頁。

（21）中国全国婦女連合会中国女性研究所編、前掲書、一八九頁。

（22）「婦女回家」論争については社会学の立場から論じた松戸庸子「中国フェミニズムの新たな展開——『婦女回家』論争をめぐって」（『中国研究』季刊一五号、中国研究所、一九八九年）が詳しい。

（23）横山美栄子「専業主婦は生まれるか——上海市における既婚女性の生活調査をもとに」一五二頁（田村慶子・篠崎正美編『アジアの社会変動とジェンダー』明石書店、一九九九年）。

（24）中国全国婦女連合会中国女性研究所編、前掲書、六二〜六三頁。

（25）横山美栄子、前掲論文、一六八頁。

移行期ロシア／東欧におけるアンペイド・ワーク

大津定美
Otsu Sadayoshi

おおつ・さだよし／一九三八年北海道生。一九六九年京都大学大学院経済学研究科修了。大阪産業大学経済学部教授（ロシア東欧経済）。著書に『現代ソ連の労働市場』『経済システム転換と労働市場の展開』（ともに日本評論社）ほか。

はじめに

旧ソ連や東欧の社会主義国では、急速な工業化が目指されたから、人口の大半が労働力化され、いわゆるアンペイド・ワークの領域は狭まる傾向があった。たとえば、資本主義国におけるアンペイド・ワークの代表的担い手である女性は、社会主義ではほとんどが社会的労働に動員されペイド・ワーカーとなったから（高就業率）、いわゆる女性のM字型曲線はたとえばソ連では見られなかった。かくして、アンペイド・ワークの社会的意義は表に現れにくいものであった。

他方では、「共産主義土曜労働」など、イデオロギー的に強制された社会的な無償労働が推奨され、一定の社会層がこれを肯定的に受け入れてはいたが、大部分の国民にとっては、「国家によって強制された労働」という性格は拭いがたく、自発的な労働姿勢を育むにはいたらず、したがって指導者たちの望むほどには広がらず、体制末期にはきわめて儀礼化されたものにとどまっていた。

他方、育児や家事など家内労働は、大半が女性の肩にかかり、女性は社会的労働と家事そして出産・育児という見えざる「社会的労働」の、三つの「苦役」を背負ってきた。「女性の解放」が喧伝されたにもかかわらず、その多くが「シャドウ・ワーク」でありつづけた。さらに、先進国における家庭電化製品の供給や公共給食やレストランなどの発達による「家事の合理化」や「社会化」などの面で、旧社会主義国ははるかに遅れていたから、その恩恵を受ける程度もそれだけ少なかった。託児所や幼稚園など、育児の面での社会化は若干伸びていたが、その質はとなるとかなりの疑問が多く、幼児の家庭保育を希望する傾向も見られた。

八〇年代末からの急速な市場経済化によって、状況は大きく変化したし、なお変化は続いている。失業が顕在化し、女性はその最大構成部分となり、「社会奉仕」的な活動は極限にまで少なくなった。例外は、海外からの支援団体、宗教団体などによる、たとえば「無料給食」所開設、チェルノブイリ被災者への人道・医療救援など、「外から」持ち込ちこまれたアンペイド・ワークであった。ロシア市民は、いわば毎日の生活に追われ、自分のことしか考えない、極めて狭隘な社会関係に閉じ込められる傾向が強くなった。

こうして、移行期ロシア・東欧の諸国ではアンペイド・ワークの問題は一種の「忘れられた領域」となりつつある。代わって登場したのは、文字通りのアンペイド・ワークとも言うべき、正規雇用労働者への「給料の不払い」現象である。たとえば、「ロシアでアンペイド・ワーカー死亡」、というショッキングなニュースが九八年十二月はじめ伝えられた。ウリヤノフスク市の小学校教諭で、アフガン戦争の生き残りでもあるこの実直な先生は、七月いらいの給与不払いに抗議して、十一月下旬から仲間の教師達四五〇人とハンガーストライキに入り、一〇日間食物を完全に拒否、ついに餓死した。レーニンの生地として有名なこの市の教師の給与は月約二三ドルで、これを払えない国家の経済改革による最初の犠牲者となった、と新聞は報じた（インターネット Russia today, 1998, Dec. 02)。

こうした事態は、その多くが移行期の混乱ゆえのものと見ることが可能かもしれないが、これら地域が長年にわたって市場経済とは異なるシステムのもとにあったために培われた独得のアンペイド・ワークが存在しなかった訳ではない。それらは、多くは家族関係の範疇に含められるものかもしれないが、今では過去のものとなった。

以下においては、移行期社会と労働世界、社会変動と女性就業、ロシアにおけるインフォーマル・セクター、の順に見ていこう。ただし、ここで一つの留保をしておかねばならない。まず、移行期ロシアには、本書の編集者の意図に合致するアンペイド・ワークの存在と意義を的確に描くことはきわめて困難だということである。少なくとも、経済・社会の混乱が大きすぎて、そうした自立的な市民の動きは育ちえていない。そこで、逆にここでは、なぜ生まれてこないかの説明にかなりの紙数を費やすことになる。それもまたアンペイド・ワークに関するロシア的状況ということになろうか。

一　移行期社会と労働世界

旧ソ連や中・東欧の諸国では、八〇年代末から旧社会主義体制が崩壊し、これに替わる市場経済の構築を目指した転換政策が取られてきたが、政治・経済システムは全体としてなお混乱が続いている。ロシアでは九二年の「価格自由化」にはじまる「ショック・セラピー」の導入で、狂乱インフレが発生、企業経営は混乱の極に達し、生産は激減、雇用も減少（だが直ちに失業増とはならなかったが、これについては後述）、労働者の実質賃金は五年間で半分以下に低下した。経済のマクロ指標はいずれも減少をつづけ、低下傾向がやっと収まるかに見えたのは九七年であったが、翌九八年八月には「通貨危機」が発生、生まれたばかりの銀行や証券会社が次々に倒産の憂き目をみた。つまりロシアでは市場移行はなお確かな成果を上げたとまでいえない状況である。

他方、東欧のいくつかの国、たとえばポーランドではショックからの立ち直りは比較的早く、九二年からＧＤＰはプラスに転じ、九七年には転換以前の水準まで回復した。チェコやハンガリーなども若干遅れてはいるが、この部類に入る。しかしブルガリアやルーマニアでは、ロシアと同じように低迷が続いているなど、九〇年代後半から国によって違いが大きくなりつつある。とはいえいずれの国においても、この間の変化と激動の波は等しくこれらの国民を襲った。

こうした激変を労働世界から見るとどうなるか。まず、安定した「完全雇用体制」が崩壊し、一転して「大量失業の不安」へと、生活基盤としての雇用と職場の大枠が変わった。それに伴って、じゅうらい国がほぼ全面的に管理してきた年金や社会保障システムも瓦解し、長い経済混乱によって、市場経済に適合した新たな社会保障システムの構築もほとんど進んでいない。またかつて、「最大の社会組織」として君臨してきた労働組合が、産業別の全国組織も地方の組織もともに急速に弱体化した。雇用や賃金を守るという西側では当然の機能が社会主義では労組には無かった反面、それ以外の領域で、労働者・職員の種々の活動を支える機能は保持していたが、その保護活動もほとんど無になり、ロシアでは労組はほとんど機能を停止したに近い。その管理下にあったホテルや保養施設、娯楽会館やスポーツ施設も軒なみ「開店休業」状態におちいり、その「安価な設備」の利用にせめてもの「社会主義の恩恵」を見出してきた労働大衆は、生活環境の激変を経験せざるをえなかった。こうした労働世界の激変は国によりその程度に若干の違いはあっても、ほとんど共通に見られた変化であった。経済活動の復興が一番早かったポーランドでも、社会保障の改革はやっと緒についたばかりで、しかも国民大衆はこれを「改悪」と受け取り、政府は強い抵抗を受けている。

さらに、こうした労働世界の変化は、女性にとっては別の困難をも意味していた。ロシアでは、職場の経営不振や機構改革で、リストラの対象としてまず女性があげられ、「女性失業者の大群」がうまれた（後述）。失業による所得喪失を補うために、種々の低賃金労働（掃除婦など）を臨時の仕事として受け入れねばならなくなった、高学歴の女性も多い。そうした仕事もない場合には、家庭菜園で作った農産物や食料品を路上で販売し、あるいは手持ちの私物を路上で切り売りする「たけのこ生活」で糊口をしのぐ、これも多くの場合女性の肩にかかっていた。家庭内でも、種々の内職や請負仕事をまさに「夜なべの袋はり」的にこなさねばならない。都会では売春に走る女教師などの例も報道された。また、「シャトル貿易」の担い手としてトルコや中国など海外と往復する女性も多い（後述）。

最後に、注目しなければならないのは、市場移行の過程で、どの移行国においても一様に、所得格差が拡大し、あらたな「富裕層」が生まれると同時に、他方に「貧困層」が増大し、ロシアのように貧困ライン以下の人々が総人口の三割近くにまで急増したところもある。次頁**表1**は国家統計委員会が定期的に公表する最低生活費（貧困ライン、栄養や社会的支出のミニマムから算出）である。これに達しない人口数は、市場移行開始二年後の九四年第1四半期に三七五〇万人、その対全人口比は二五・三％に、さらに九五年同期には四五一〇万人、三〇・四％に達した（大津 1998）。

市場移行は所得格差を生むのは当然とはいえ、格差が大きくなりすぎると、経済の正常な成長にとって阻害要因となりうる。国内市場が狭隘になり、生産が伸びない、という多くの途上国が抱えている悪循環に陥るからである。東欧の移行経済国においてもその危険は少なくない。

いま少し立ち入って、格差拡大の動きをロシアについてみると、**表2**は住民の所得階層別の分布、ジニ係数および「デサイルレーシオ」（十分位比）を示している。ジニ係数は住民の所得分配の不平等度を簡単な数値で示すもので、ゼロに近いほど平等で、一に近づけばより不平等になることを意味している。表から読み取れるように、改革の初年一九九二年には〇・二八九だったのが、九四年には〇・四〇九にまで急上昇した。その後若干低下傾向を示しているが、なお〇・三七以上を維持している。

また、一九九八年二月十八日の『イズヴェスチア』はロシア国民の家計貯蓄にかんする、科学アカデミー「住民社会経済問題研究所」の注目すべき調査結果を報じている。一九九七年までのロシア国民の総貯蓄はドル換算で一七〇〇億ドル、GDPの約四割に達した。米国民の家計貯蓄はGDPの三倍、これと比較すると大きくはないが、しかしロシア国民にも若干ゆとりが出来たか、と思わせる。ところが、である。この貯蓄の階層間の分布は、米国のそれより、激しく偏っている。**表3**は調査結果の一部である。

表に明らかなように、「低所得」以下の人口が七割強を占

表1　最低生活費の推移と貧困人口

	最低生活費（ルーブリ／月）	それ以下層（人口・100万人）	対人口比（%）
1992	1,895	—	—
1993	20,578	—	—
1994-I	86,566	37.5	25.3
1995-I	199,941	45.1	30.4
1996-I	356,000	35.9	24.2
1997-I	402,000	31.6	21.4
1998-I	402,000	32.0	21.8

（出所）ロシア国家統計委員会各年。94年以後は第I四半期平均。

表2　ロシアの所得分配とジニ係数

	1991	1992*	1993	1994	1995	1996	1997	1998
全貨幣所得（%）	100.0	100.0	100.0	100.0	100.0	100.0	100.0	100.0
第1階層（%）	9.4	6.0	5.8	5.3	5.5	6.2	6.0	6.2
第2階層（%）	14.0	11.6	11.1	10.2	10.2	10.7	10.2	10.5
第3階層（%）	17.9	17.6	16.7	15.2	15.0	15.2	14.8	14.9
第4階層（%）	22.8	26.5	24.8	23.0	22.4	21.5	21.6	21.0
第5階層（%）	35.9	38.3	41.6	46.3	46.9	46.4	47.4	47.4
所得集中度（ジニ係数）	0.3	0.3	0.4	0.4	0.4	0.4	0.4	0.4
上位10%／下位10%（倍）	5.4	7.2	11.2	15.1	13.5	13.0	13.2	—

（出所）『数字で見るロシア1999』モスクワ，1999年，110頁。ただし1991年は同98年版67頁。
＊1992年は個人副業経営所得も含む。

表3　急進市場移行後のロシアの所得分配

	1人当たり所得（月間・ドル）	人口に占める割合（%）	貯蓄に占める割合（%）
貧困層	50以下	51.9	1.2
低所得層	50-100	19.1	1.6
中位所得層	100-500	18.2	7.4
高所得層	500-1500	5.8	13.1
富裕層	1500-3000	3.0	16.6
極富裕層	3000以上	2.0	60.1

（出所）『イズヴェスチア』1998年2月18日，6頁。

めるが、彼らの貯蓄は総貯蓄の三％に過ぎない。逆に、月間所得三〇〇〇ドル以上の「超」富裕層が、人口では二％だが、総貯蓄では六割を占める。これは、日本はもちろん米国の貯蓄動向とも大きく異なり、極貧国に近い構造だ。もちろん高額所得者が悪いとはいえない。しかし、月収五〇ドル以下の国民が半数以上では、今後の経済再建は見込めない。貧困増大は国内市場の拡大を遅らせ、工業と生産の上昇を困難にするし、社会保障コストは膨らむ。さなくとも歳入不足の財政に一層の負担を課し、企業の自立をも遅らせる。他方、石油やガスの輸出代金が懐に入る一部富裕な市民の消費は海外市場に向かう、という「悪循環」から脱出する必要がある。

かくして、市場移行は大多数の国民にとってさしあたり大きな成果をもたらしてはいない、と受け取られている。人々は社会主義のぬくもりの中から、空っ風が吹きすさぶ野原に裸で放り出されたようなものだ。

さて、以下では、ロシア東欧のアンペイド労働世界を、性差による違い（女性労働の領域）という視角と、移行期経済に特有の、インフォーマル経済活動領域（非合法も含む）という視角の両方から、あるいは両者を交錯させながら、見ていくことにしよう。

二　社会変動と女性の就業

まず、フォーマル・セクターの特徴として、市場移行開始後、ロシアの雇用労働者数は年々減少した（大津 1995）。また、モスクワ大学経済学部『移行期ロシアにおける特定社会・人口集団の雇用』（第二章「女性雇用の規制」一九頁〜）によると、転換期の女性雇用の分野における大きな変化として

（1）労働年齢層にある女性の労働活動水準が低下している、特に若い女性

（2）部門別に見た女性就業率の高低の差がより大きくなっている。たとえば以前から「女性化率」が高い繊維産業では、さらに高まった

（3）男女賃金格差が拡大している

（4）企業の採用に際して、女性差別傾向が強まっている

の四点が指摘されている。

まず、第一の点を見よう。経済全体における雇用が減少しているが、なかでも女性雇用の減少が著しい。当然失業者の中で占める女性比率も高くなる。

表4から明らかなように、連邦雇用局統計（B）でみると、失業者の中で占める女性の比重は、ほとんど四分の三近くまで、圧倒的ともいえる大きさである。なぜこれほどまでに女性失業が高いのか。その背景には以下の三つの点があること

表４　ロシア連邦失業者数1992～98年

ＬＦＳ調査（10月末週）		1992	1993	1994	1995	1996	1997	1998
総数（Ａ）	（1000人）	3877.1	4304.9	5702.4	6711.9	6732.4	8058.1	8876.2
内　学生年金生活者	（1000人）	714.6	556.7	505.1	508.3	619.9	631.1	686.4
同比率	（%）	18.4	12.8	8.9	7.6	7.7	7.8	7.7
女　性	（1000人）	1851.0	2024.6	2628.0	3609.0	3069.9	3687.4	4089.6
同比率	（%）	47.7	47.0	46.1	46.1	45.6	45.8	46.1
農村住民	（1000人）	651.4	741.7	1048.9	1391.8	1458.2	1924.6	2068.3
同比率	（%）	16.8	17.2	18.4	20.7	21.7	23.9	23.3
連邦雇用局調査（年末）		1992	1993	1994	1995	1996	1997	1998
総数（Ｂ）	（1000人）	577.7	835.5	1636.8	2327.0	2506.0	1998.7	1929.0
女　性	（1000人）	417.0	567.4	1051.3	1454.7	1575.6	1277.6	1246.9
同比率	（%）	72.6	67.9	64.2	62.5	62.9	63.9	64.6
農村住民	（1000人）	101.7	209.2	445.1	671.7	710.7	571.1	494.0
同比率	（%）	17.6	25.1	27.2	28.9	28.4	28.6	25.6
（Ｂ）／（Ａ）	（%）	14.9	19.4	28.7	34.7	37.2	24.8	21.7

（出所）国家統計委員会『数字で見るロシア連邦1999』モスクワ，1999年，87頁。

に注目すべきと思われる。
（１）経済改革の過程で、企業のリストラなどで、解雇の対象となるのがまず女性。
（２）女性は解雇されたあと再就職が男性よりも困難。
（３）失業者のなかでも「登録する」比率は女性のほうがはるかに高い。

最後の項は説明を要するかも知れない。現行システムでは、登録失業者となっても、失業手当の支給をうけるにはさらに「資格審査」があり、手当受給資格が出来ても、受け取る額はほんのわずかで、ほとんど無意味に近い、などの理由から、男性失業者は登録しない例が多い。少なくとも九六年くらいまでは。これが、「登録失業」ベースで見た女性失業が多い、もう一つの理由である。

さらに厄介なことに、**表４**に示されているように、ロシア失業率統計には二つの系列があり、両者で女性失業率がかなり異なる。一つは国家統計委員会のＩＬＯ方式による「労働力調査」、もう一つは連邦雇用局の「登録失業者」をベースにしたものである。**表４**に見られるように、一九九二年には、前者が四七・七％、後者が七二・二％、一九九八年には前者が四六・一％、後者が六四・六％である。後者が一貫して約五〇％高いことがわかる。要するに、女性失業者が男性よりもより頻繁に「失業登録」するのである。なぜか、ここにも

表5　ロシア経済部門別男女賃金格差（1997年7月）

	就業者中の女性比率（%）	月平均の賃金（千ルーブリ）	年間賃金上昇率（%）	ロシアの平均賃金との比率（%）
（男性優位産業）				
ガ　ス	27	3913	19	392
石　油	27	3023	28	303
電　力	29	1884	13	189
石　炭	27	1723	17	172
金　属	35	1400	17	140
交通・運輸	26	1425	17	143
建　設	24	1404	20	141
グループ平均		1250	19	125
（女性優位産業）				
軽工業	73	526	20	53
通　信	67	1346	28	135
保　健	82	594	8	59
教　育	81	555	11	56
銀行・金融・保険	75	1525	16	153
管理要員	62	1444	31	145
グループ平均		800	14	80

（出所）国家統計委員会『統計の諸問題』1999年，43頁。

女性の労働市場における行動の特殊性の片鱗が現れている。職探しにおいて女性は男性よりも不活発で、「安い」失業手当でもこれを受け取りに職安に通う、また結婚家庭の女性の一部には、近い将来に仕事を諦めて労働市場から退場してしまう（求職意欲喪失）、失業はそれまでの過渡期とみなす傾向が見られる、等である。

とはいえ、ロシアにおいて失業問題はこれまで最大の課題というわけではなかった。全ロシア世論調査研究センター（VISIOM）の社会意識調査によると、ロシア人にとっての最緊要な社会問題は、九一～九三年には、第一位はインフレ、二位は犯罪増加、九二年からは三位は失業、の順であり（同センター『世論調査モニター』九七年六月、四三頁）、もの不足は九二年から後退した。九四～九六年も順位は同じだったが、九六年九月には失業が犯罪を追い越して、インフレと同率首位にのしあがった。これは背景に、女性失業だけでなく男性基幹労働力の失業の増加があると見られる。

女性の賃金格差についてはどうか。賃金の男女格差は、社会主義時代から存在したが、市場経済への移行によってその差は拡大している。ロシアの国民経済諸部門の間の平均賃金は**表5**に見られるとおりである。これは一九九七年七月の調査で、男性優位の部門と女性労働優位の部門との間接的な比較であるが、女性が平均して男性より三五%低いことになる

（国家統計委員会『統計の諸問題』一九九九年六月号、四三頁）。移行前には約二割前後であった。エネルギーなどの男性優位の部門は平均賃金で見ても、ロシア経済全体の平均より二五％以上高いのに対して、女性優位の繊維産業などの部門のそれは二〇％も低いのである。さらにその年間の伸び率も異なるのを見れば、その格差はなお拡大していることがわかる。

賃金格差は工業部門内の格差だけでなく、企業や組織の所有形態別の就業率によっても大きく異なる。同年の統計によれば、総就業者数の中で、女性職員は公務職（政府機関や学校など）では四八％、株式会社では四〇％、協同組合では三〇％、個人経営では二七％を占めている。これからわかることは、女性は公務職や社会・文化施設を選好する傾向があることである。その理由は、ここには、病欠補償、子ども病気ケア手当て、有給休暇、産後三年間の再雇用保障、労働時間の固定、育児や家事を抱えた勤労女性には好都合な条件が存在するからであるが、同時にその賃金水準は極めて低く、国民経済全体で最低の部類である。

また、従来女性の職場と考えられてきた領域からの女性解雇も増えている。チュメニ州では一九九八年に信用・金融・保険などの分野で解雇対象にされている職員で、女性が七五％を占める、という報告もある（同前）。ただし、採用に際しての「女性差別」が強まっているかという問題にたいしては、国家統計委員会の調査では「はっきりと強まっていると言える証拠はない」（S・ムール 1999, p.45）という評価もあり、前掲モスクワ大学の研究者グループの指摘（4）については、一概にはいえない面がありそうだ。差別の定義にもよろうし、計測の方法もある。ここでの中心テーマでもないので、これ以上立ち入ることは止めよう。

以上が、フォーマル・セクターでの女性労働にかかわる「見える変化」である。さらにインフォーマル・セクターへと目を転じると、ここにも大きな「見える変化」が出現した。

三　ロシアにおけるインフォーマル・セクター

市場経済への移行で湧き出した社会現象に路商がある。禁止されていた私的な商業活動が自由化され、誰でもいつでも商売をしてもよくなったから、自由化直後からどこの町も、路上で物売りが雨後の竹の子のように群出した。自分の家庭菜園での収穫物などを、地下鉄駅前、路上、食料品店の前など、要するに人が集まるあらゆる場所で、売るのである。あるいは、酒やミルクやパンまで、日常誰でもが必要とする品物を、路上で売る。自分で店から買って、これに若干のマージンを付けて売る。あるいは、明らかに流通の元締めからの委託販売と思われる形もある。その担い手は女性や年金生活者である。汚れた街頭で時には長時間立ち尽くすのは疲れる仕事である。さらにモスクワなどでは、街の美化の観点から、物売りに規制が行なわれ始めたが、そうなると絶えず警察の動きを見ながらの仕事となるので、一層の緊張を強いられる。強制排除されそうになった老女が「これ以外にどうやって食べていけというんだ」と警官に悲痛な叫びを上げるのを筆者はモスクワの街頭で幾度となく聞いた。排除にあたる警官も辛い。若干の「心づけ」で見逃すのもまた人情か。

転換期ロシアで見受けられるもう一つの新たな労働、それも大勢の女性が担っているのは「担ぎ屋」労働である。鉄道駅、バスセンター、海外との接点となる港や空港などで、大きな袋やリュックを肩に担いだり引きずったりする女性の大群を見かける。こうした「担ぎ屋」による「シャトル貿易」は、移行期ロシアのマクロ経済、それも対外経済活動領域での無視できない部分を占める。ある推計によると、「担ぎ屋」の数は一五〇〇万人から二〇〇〇万人、彼らが扱う取引高は年間二〇〇億ドルという（一九九七年、英国『ファイナンシアル・タイムス』。この年のロシアの全輸入高は六七〇億ドル）。これはもちろんペイド・ワークあるいはセルフ・ペイド・ワーク*であるが、多くが非公式・非合法である。

こうした女性の「労働時間」や「所得」の公式統計は存在しないだけでなく、もし万が一災害に遭っても何の保障もない。

他方では、時代の流れに乗った男性に伍して、「ニューリッチ」「新ロシア人」の一翼を担う「女性経営者」がある。その多くは旧社会主義でも、経済や政治の分野ですでに指導的立場にあって、転換で従来の地位や知識を新たな状況に再組織して、指導的立場を維持している女性が半数以上を占めるという。これは、社会主義で女性の職場進出、職業経験が広く共有されていたという遺産の継承でもある、という（関1999, p.42）。こうした女性職業階層の上位を占める人々の仕事は、男性と同じく、「影の部分」を含んでおり、ここにも表向きの派手さと裏腹の危険性もはらまれていることに、注意しなければならない。

以上は、ロシアのインフォーマル・セクターについての筆者の観察とアドホックな記述である。いま少し系統的な調査として興味を引くのは、インフォーマルな副業について、インフォーマル・セクターの研究者・社会学であるペロヴァア、L・ハフリナの「インフォーマル副業――その規模と構造」（一九九七年、全ロシア世論調査センター）である。それによると、企業にも統計機関にも、どこにも登録されない形で続けられている副業（セカンド・ジョッブあるいはアルバイト）従事者が、日常しばしば見かけられる。これはいわば「隠れた労働市場」の存在を示している。雇用主は企業や機関、個人などさまざまで、また自営のケースもある。こうしたインフォーマルな副業がどの程度の規模に達しているかについて、全ロシア世論調査センターが行なった興味深いアンケート調査がある。基礎調査項目には、就業の経路の面からは「口頭の契約」「契約なし」「パテントなしの企業活動」「無許可個人労働活動」などの就業類型を、また「定期的か」「臨時か」など仕事の頻度に関する項目を設けた。調査の実施時期は一九九七年五―七月、サンプル数は四七二三件である。

予想にたがわず、回答者総数のうち六七%がどこにも登録されていない副業を行なっており、そのうち七〇%は「臨時雇用」で、三〇%が「定期的雇用」であった。以下では、こうした副業をインフォーマル副業（者）と呼び、何らかの形で登録されるフォーマル副業（者）と区別しよう。

まず、副業（セカンド・ジョッブ）で要求される職業上の能力に関する質問では、回答者の四〇%は基本職業（ファースト・ジョッブ）よりも「より平易」な仕事をしており、「ほぼ同じ」は三三%、「より高い」能力が要求されると答えた人は一七%であった。

副業希望動機では、圧倒的多数の八三%の回答者が「収入増加」を上げているが、フォーマル副業者の所得は税引き後の所得となるから、インフォーマルな副業は総所得を「何らかの水準まで」引き上げるための方策とみなすことが出来る。サンプル数が十分でないので、明確な結論を得るまでには至らないが、副業からの収入はインフォーマル副業ではフォーマル副業のほぼ三〇%高いといえる。だが、全ての職種でそうであるわけではない。比較的実入りが高いのは（以下、フォーマルの場合を超える割合で示す）、同じ企業内での副業（兼業）の場合五割以上で、次に路商約二倍、家庭教師の場合には二倍以上などである。

副業従事者は、労働者・職員、就学者、年金生活者、家庭主婦、失業者と、ほとんどすべての住民カテゴリーに及んでいるが、その頻度は本務をもっている就業者と失業者（労働人口）の場合がそれ以外より高い。しかし、就業者の場合と失業者の場合との比較では、平均して、前者のインフォーマル副業が後者の場合より少ない。前者は六三%、後者は八七%である。これは、現在失業中の者はより頻繁にインフォー

＊**セルフ・ペイド・ワーク**　自営業で、旧社会主義体制では許されていなかったものが、市場経済への移行で、奨励された。しかし直ぐには増加しなかった。他方、企業経営の不振で、失業者が多くなり、その受け皿として中小企業の育成が図られたが、失業緩和に十分ではなかった。そこであらたに奨励されたのが「家族・自営業」で、その助成策として「雇用基金」などからの資金援助もなされた。これも、九六年以降の「雇用基金」の財政難ではかばかしくないのが現状である。以上はロシアの場合であるが、ハンガリーやポーランドでは体制転換以前から、自営業の展開が活発で、これが「移行ショック」の緩和に大きな力となっているのはよく知られている。

マル副業で稼ぐことを示している。いうまでもなく、登録失業者が仕事をするのはインフォーマル副業の場合だけということである。

次に、職務上の地位が変わると、同じく副業に従事するとして、インフォーマルとフォーマルとどちらが多くなるか、という調査も行なわれた。結果は、経営指導者では前者が四五%、後者が四九%、職員（平のサラリーマン）の場合前者が六四%、後者が三二%、熟練労働者の場合には前者が八一%、後者が一〇%、最後に未熟練者の場合には前者が八三%、後者が一六%であった。全体として言えることは、インフォーマル副業に従事しているのは大多数が労働者だが、経営者や専門職業者も半分はインフォーマル副業をやっているということである（p.32）。

専門職業階層では、インフォーマル副業は「契約」や「委嘱」で行なわれ、熟練労働者の場合には大多数が「臨時」「その場かぎり」である。後者に属する仕事としては、建築作業、修理、農耕、路商などである。

以上から言えることは、インフォーマルな副業は相当の規模に達しており、その職業分野は、寡多の差はあれ、ほとんど全ての職種に広がっている。そして、インフォーマルな副業は臨時の、一回限りの仕事が多いことである。

残った問題としては、所得の規模、また基本職業と副業収入との比率、などである。今後の調査では質問領域の拡大が必要であろう。

以上、女性労働とインフォーマル・セクターの両方から間接的な形ではあれ、ロシアのアンペイド・ワークを考えてきた。以下では、視角を変えて、ロシアの中間社会の性格とその担い手、また女性の過重なシャドウ・ワークの社会的帰結を見ることにしよう。

四　過重シャドウ・ワークの帰結

すでに述べてきたように、移行期ロシアにおいては、自立的なアンペイド・ワークが育っていない。その多くはなお、家庭内の女性のシャドウ・ワークであって、経済混乱の中それは強まりつつある。しかし、家族とは異なる次元の住民の地域的なつながりはどうか。それは全く無いのかそれともある程度は機能しているのか。これには二つの面がある。

ひとつには、旧ソ連・東欧の諸国では、本来の社会主義にあるはずの市民の草の根の運動が育たなかったため、市民相互の相互扶助や地域の共同体意識が希薄であった。それは、社会が国家と家族との間に引き裂かれ、中間社会が独自の意味を持ち得なかったところに由来する。個人や家族にたいする社会的扶助はすべて国家から提供されるもので、市民が自立的にそうした組織や集団を形成し、ボランティアや慈善団体などの形で、自ら助け合うという構造は生まれなかった。党や国家との関係を離れた、横の社会的関係が自生的に生まれる環境は許されなかったからである。また、社会主義以前には逆に、農村の強固な共同体に縛られて、村コミューンが生活の全般の面倒を見てきたのであった。それが極度の集権的な体制のもとで破壊され、都市でも農村でも個人はばらばらにされ、まさに袴田茂樹氏のいう「砂社会」（袴田一九九四）となったのである。こうした環境の中では、社会の小集団による自立的な相互扶助運動は育ちようがなかった。また、こうした条件のもとでは、さて政治的自由化と市場経済への移行開始となっても、自立的な小集団がそれによってすぐさま育つというわけには行かないのは当然である。

他方で、たとえばソ連では一切の中間社会が存在しなかったかのようにいうのは極論にすぎるであろう。企業や機関の仕事仲間や、学校など一定の期間共同生活を続けた人間集団は、当然のことながら、かなり強い紐帯で結ばれていたし、都市においては、仕事を離れて、地域での各種スポーツクラブや同好会なども広範に出来上がっていた。企業や職場仲間の「釣り愛好会」「狩猟同好会」などは都市の企業社会でのごくありふれた現象であり、男性同士の仕事を離れた「社交の場」ともなっていた。女性の場合も、家庭一本やりでなく、仕事の仲間同士での付き合いが強く、仕事時間中の「買い物共同体」は家庭外で互いに助け合う母体であった。また、女性同士の仕事仲間のレクリエーションやパーティなども、相互の結合を維持し強める役割を果たした。こうした「小集団」はさらに信頼できる情報獲得源「情報共同体」でもあって、市民生活には欠かせないものだ。

こうした中間社会での「アンペイド・ワーク」は十分にありえたし、そこでの労働の貸し借りは、貨幣を媒介しない、またそれに換算されえない部分を多く含むがゆえに強固なつながりでありえた、という面がある。

最後に、家族とその関係内での問題もある。ここではシャドウ・ワークと重なる部分が多くなる。一般的には、スラブ的家族関係は、西欧よりもはるかに強く、特に母親が果たす役割が大きい。ゴリキー『母』を持ち出すまでもなく、母親の献身が子どもたちの成長過程の人格形成に絶大な役割を果たしている。夫との離婚率は高いが、子とのつながりは絶大なものがある。さらに、移行期の混乱が色濃く影を落としている重要な社会問題に「人口の減少」がある。[1]

ロシアでは一九九二年から人口の絶対減がはじまった。これは奇しくも「価格自由化開始」と重なり、歴史的に戦争中以外に例を見ない「人口自然減少」という悲劇的な現象が始ったのだ。出生率はすでに一九八八年から低下し、死亡率の上昇が出生率を越え逆転したのが一九九二年で、その結果としての人口の自然減がはじまっていたが、旧ソ連共和国からの同胞の帰還など「社会増」によって増加が辛くも維持されていたのが、それも減少して、ついに絶対減となったのだ。この傾向は九九年現在も続いており、ロシアの人口学者の中には「二〇五〇年にはロシアの人口は現在の半分になる」と予言している人もある(ゲンデロフ*)。

周知のように、出生率の低下は女性の出産力や出生行動に大きく影響されている。体制転換とその後の混乱が出生率にどう影響しているか。これに関して、全ロシア世論調査センターの調査を覗いてみよう(2)。調査項は、人工妊娠中絶の実態、その広がり程度、避妊具の利用、最新の避妊具の入手可能性、家族計画にどの程度にそれが役にたっているか、などである。その「集計結果」のうち、二、三紹介しよう。年齢別の出生率は、二〇~二五歳の女性では〇・五人、二五~二九歳では一人の子どももいない人は一二%から二〇%である。一人当たり平均の子供の数は一・二四から一・四六である。死産は一〇%。

人工妊娠中絶はロシアでは世界最高のレベルにあるが、最近の統計では若干低下傾向にある。年齢階層によって異なるが、回答者のうち半数は妊娠中絶の経験があり、四〇~四四歳の女性では少なくとも一回は経験がある人はイワノヴォでは七二%、エカテリンブルグでは八五%であった。

妊娠の結果、出産に至るのは三分の一、流産は一〇分の一、後は妊娠中絶であった。妊娠が望ましいものであったかどうかについては、子供のない女性では大多数が望ましい、一―三人の子供がある女性では三分の二以上が望ましくない、という回答であった。他方計画的妊娠の四分の三以上は出産している。

この調査が物語っているのは、ペレストロイカ以来の経済混乱の永続によって、女性の出産行動の変化と健康悪化がおこっていることである。その背後にあるのは、明らかに過重なシャドウ・ワークであり、人口の絶対減少という歴史的にまれな現象が続いているのは、この過重シャドウ・ワークの帰結に他ならないということである。

(1) ロシアの人口動態については、慎重な歴史的検討を要するが、政策面の動向を一つだけ注目しておくと、女性の高い就業率と低い出生率は明らかに相関しており、そのバランスが重要であるが、最善のバランスは、一九七〇年の人口センサスで、六〇年代の経済拡大路線は女性雇用の急拡張をもたらし、それが出生減に現れたことを統計的に示した。当局はその後明らかに出

***ゲンデロフ**　研究者・医学博士で全ロシア医学センターの調査に基づいた「ロシアの将来人口予測」を発表、衝撃を与えた。かれは人口動態に影響する要因として、物的条件よりも精神的な要素を重視している。

生奨励策を強めた。具体的には一九八一年から、女性の育児休業を一年まで有給とし、さらに半年も無給ではあるが延長できるとした。（塩川 1994）

このときの出産奨励策は、若干の成果をもたらし、八〇年代初めに出生率は少し上昇した。しかし長くは続かなかった。ポーランドの自主労組「連帯」の誕生は一九八〇年で、労組は女性労働の軽減を求め、政府も「妥協して」産前・産後休暇延長や子どもの手当てを増額したため、出生率は八〇年代前半に上昇した。ロシアはこれほど明確な変化を見せなかった。八〇年代後半はすでにペレストロイカの時代で、社会の混乱と経済の停滞は始まっていたので、人口は停滞し始めた。

（2）調査は全ロシア世論調査センターが一九九六年に実施したもので、目的はロシア女性の「生命再生産と健康」に関して、家族計画教育指導センター建設、避妊用具のおよび関連の情報提供、家庭を持とうという人々への教育と情報提供であった。調査は六つの都市で行なわれ、三つの州のうちイワノヴォ、エカテリンブルクの二州は、予備調査であった。面接調査の最終サンプル数は、イワノヴォで二〇一六人、エカテリンブルクで一九七四人、ペルムで二〇〇七人、であった。限られた地域の調査とはいえ、ロシアでは国全体にかんするこうした調査はやられた事がなかったので、貴重な調査といえる。ワレンチナ・ボドロヴァ他「ロシア女性の健康、再生産視角から」全ロシア世論調査センター『世論調査モニター』一九九七年、№３、四七―四九頁。

〈参考文献〉

大津定美（一九九八）「ロシア市場移行」「ロシアの経済システム転換――ロシア版『ショックセラピー』の功罪」、神戸大学『国民経済雑誌』一七七‐一、一九九八―一、一九―三七頁。

――（一九九六）「転換期ロシアの雇用・労働統計について」神戸大学経済経営学会『国民経済雑誌』一七三（六）、一九九六／八、三七―五二頁。

大津・吉井編著『経済システム転換と労働市場の展開――ロシア・中・東欧』日本評論社、一九九九年、三四六頁。

大津定美（一九九五）「労働市場と失業対策」（講座「スラブの世界」第六巻『スラブの経済』の第八章）、弘文堂、一九九五―一二、二五五―二八五頁。

袴田茂樹（一九九四）「ロシアの社会変動と国民性」、『スラブの社会』弘文堂、一三頁。

塩川伸明（一九九四）「旧ソ連の家族と社会」、『スラブの社会』弘文堂、二二五頁―。

関啓子（一九九八）「ジェンダー視角から見たロシア社会――女性の過去と現在」、『ロシア研究』一九九八年十月。

イリーナ・チホツカヤ（一九九八）「ジェンダー――市場経済化と女たち」、『現代のロシア情報総覧』大空社、一九九八年。

全ロシア世論調査センター『世論調査モニター』各号（ロシア語）。

モスクワ大学経済学部『移行期ロシアにおける特定社会・人口集団の雇用』（ロシア語）第二章「女性雇用の規制」一九頁―。

S・ムール（一九九九）「労働支払いにおけるジェンダーの差」、国家統計委員会『統計の諸問題』（ロシア語）一九九九年六月。

I・ペロヴァ、L・ハフリナ（一九九七）「インフォーマル副業――その規模と構造」、全ロシア世論調査センター『世論調査モニター』（ロシア語）、一九九七年第六号、三〇―一頁。

ドイツにおける労働論とアンペイド・ワーク

住沢博紀
Sumizawa Hiroki

すみざわ・ひろき／一九四八年三重県生。一九八八年フランクフルト大学博士課程修了。日本女子大学教授（政治学・社会哲学）。共著に『ＥＣ経済統合とヨーロッパ政治の変容』（河合文化教育研究所）、『現代の家庭と生活経営』（朝倉書店）など。

一　初めに労働社会の危機論があった

1　ドイツの課題設定の特色

ドイツでは、一九八〇年代に、「労働社会の危機」や「労働の未来」というテーマで広汎な議論が行なわれた。主要な論争は、労働（Arbeit）とほぼ同義とされる雇用労働（収入のある労働）をめぐるものであった。しかしドイツの議論の特色は、この意味でのペイド・ワークを、より一般的で、さまざまな経済理論に拘束されない「収入を伴う労働、仕事」(Erwerbsarbeit　以下、生計労働と表記）という社会学的概念において再認識したことにある。このことから、以下の二つのテーマが生じる。

第一に、生計労働の再検討という問題設定は、非・（生計）労働に積極的な意義を見出す「自己固有の労働」（Eigen-arbeit）という対概念を作り出した。ドイツでの労働をめぐるディスクールは、この生計労働／自己固有の労働という二分法のもとで行なわれ、一方では、労働時間短縮論を前者の労働社会から後者の自由な活動社会への移行戦略論とし、他方では、この議論の社会・経済的背景として「労働社会の危機論」が提示された。労働社会の危機論、生計労働／自己固有の労働という二分法にたつ労働観、時短論、この三つがドイツでの労働論のキーワードとなる。

第二に、本書のテーマである、ペイド・ワーク／アンペイド・ワークの対概念との関連が問題となる。フェミニズムの立場からは、これは、生産的労働・収入のある労働／再生産的労働・収入のない家事・育児労働（Hausarbeit）と解釈されている。つまり生計労働／家事労働が対概念になっている。またペイド・ワーク／アンペイド・ワークと二極化させず、両者を貫く男女間の性別役割分担・支配関係を考察する現在のジェンダー論に立っても（「労働概念のジェンダー化」といわれる視点に立つこの労働概念を、「トータルな労働」観とよんでおこう）、生計労働／自己固有の労働という課題設定は異質なものであった。[1] 全体としてみれば、ジェンダー視点は周辺的に扱われた。

労働をめぐるこの二つのディスクールを、八〇年代から現在に到るまで、ドイツで議論された労働論全体を視野に入れて考察することが本稿の課題である。それは労働をめぐる議論が切り開いた地平とその限界を、ジェンダー問題を重視する立場から再検討することであるといってもよい。その場合、労働社会の危機論とその背景を理解する必要がある。それは次の二つの論点からなる。

2 労働社会としての近代ヨーロッパ社会

近代ヨーロッパの社会形成にとって、そしてまた社会理論としても、労働概念が中心的な役割を果たしてきたことが挙げられる。ここで理論と現実の社会形成の関係は、システムの正統性をめぐる問題に集約できる。ロック（自己労働の所産としての私的所有）、マルクス（疎外された労働と歴史的主体としてのプロレタリアート、後に社会的労働の概念に）、ウェーバー（職業倫理と資本主義のエートス）という三人の近代西欧の知的巨人を考えればいい。この場合、労働は、ヨーロッパ近代を生み出した支配的な市民階級に正統性を付与したが、しかしそれは同時に、新しく勃興しつつあった労働者階級にも、未来社会の担い手としての正統性を与えたのである。

十九世紀後半の「労働者」（アルバイター）とは、手工業労働者であれ産業労働者であれ、たんに肉体的な労働を遂行する者の意味ではなく、その概念自体が新しく生まれつつある階級としての尊厳を含んでいたのである。この意味での労働者概念とフランス革命以後の社会運動としての「運動」概念が結合して、後に「労働者運動」としてイデオロギー化されることになる。この労働運動のイデオロギーは、旧ソ連、旧東欧の共産党独裁のもとグロテスクなまでの容貌を帯びるが、西欧社会、とりわけ社会民主主義の福祉国家レジームでも、システムの正統性への大きな根拠となったのである。そこでは、労働側が社会的勢力、あるいはそれ以上に社会そのものを代表するものとして認知され、この労働側の権利水準が、社会全体の民主主義のレベルを決定するという役割が与えられた。

しかしこうした労働社会という社会形成に示される労働への高い評価（職業 Beruf としての労働）とは逆に、現実の労働は二十世紀に入りますます抽象化され、内容の貧しいものになっていく。誇りでもあった労働者という自己認識は、実際には従属的な賃労働者にほかならなかった。これは、資本に従属する支払い労働であるという意味では、マルクスの社会的労働の概念に結びつくが、他方ではたんなる従属的な賃金労働という意味で、大衆社会的状況での労働一般に解消されてしまう。ここでは労働は、収入のある職ということで、ジョッブでしかない。こうして脱神話化された労働は、これからは生計のための仕事、職業・収入のある労働という意味でのErwerbsarbeitとして議論されることになるのである。[2]

二十世紀の後半には、制度化された労働や生計労働がつくりだす、均質化された社会への批判がテーマになる。つまり反労働論が中心となる。ハンナ・アレント*『人間の条件』における、労働（labor）、仕事・製作（work）、活動（action）という人間の基本的活動の三類型化、さらに、最終的に勝利した労働社会から、「労働が消滅してゆく」という皮肉な帰結へのシェーマ、この著作こそ七〇年代・八〇年代の労働社会と労働をめぐる議論に、基本的な視座を提供したといえる。さらにもう一人、労働批判・反生産論の著名な理論家に、ユルゲン・ハーバーマス*がいる。彼は、一方ではヘーゲル-マルクスの労働・相互行為論、他方ではアレントの公共性論を意識しつつ、「コミュニケーション的行為」という労働にかわる新しい行為類型を提起した。

この二人は、労働社会批判の基礎理論を提供しているとはいえ、それは抽象度の高いレベルにおいてである。それらは、現実の経済社会との接点において展開されなければならない。アレントのテーマを七〇年代後半の失業の時代という社会状況に適用して、「労働社会の危機=終焉」論を唱えて登場した、ラルフ・ダーレンドルフ*がこの役割を果たした。

3　労働社会の全面的な危機

この関連では、一九八二年ドイツ社会学会の大会が、「労働社会の危機？」という全体テーマとなっているのが興味深い。[3]ここでは、C・オッフェやダーレンドルフが冒頭で基本的な問題提起をしている。産業社会学や福祉国家の枠組みで、労働が社会を形成する基本概念ではなくなったとして、労働の「解体」論を展開するオッフェに対して、ダーレンドルフはアレントのテーゼ、「もし労働社会から労働がなくなるなら」をそのまま標題に掲げる。この主張の核心である、労働が余りにも高価なものになりすぎたゆえに、ドイツのような高度な労働社会ですらもはやこうした労働を維持できない、という主張は、この時代に台頭した新自由主義と一致する。したがって彼の議論は、この社会学会での提起に限定されずに、さらにもっと包括的な、二十世紀の「社会民主主義的合意の終焉」にまで広がっている。

こうした社会学界全体としての基調に、当時のドイツの政治・社会状況が反映されている。

それは、第一に、生産＝労働を基礎カテゴリーとしてきたこれまでの社会理論と、労働に高い地位を与える社会意識の転換である。労働時間短縮、あるいは可処分時間の増加への要求は、明らかに生産中心指向から自由時間指向へと価値観が転換したことを示している（社会・文化的危機）。

第二に、工業化のプロセスにおいて産出を極大にするために労働と生産の合理的組織化が進められてきた。しかしこうした工業社会の合理性が、エコロジー的合理性と背反する事態が、地域的にもグローバル的にも輩出した（酸性雨の被害や反原発闘争の拡大）。さらにエレクトロニクス革命、フレキシブルな多品種少量生産、サービス産業化、知的資本主義化により、これまでの工業社会を支えた「通常の雇用形態」は解体されていった（経済的・技術的危機）。この「通常の雇用形態」とは、フルタイムで働き、一人で家族を養う男性労働者を想定しており、パートタイムで働く女性労働者と対比することにより、後にジェンダー視点から労働を論じる通路になった。

第三に、それはヨーロッパ労働運動の歴史的な成果である、福祉国家体制という政治レジームの危機を表している。一九八〇年前後の社会民主主義政党は、ヨーロッパ的規模で後退しており、「福祉国家の危機＝社会民主主義の危機」はドイツだけの問題ではなかった。しかしこの時期ドイツで特徴的であったのは、緑の党の結成に示されるエコロジー運動、フェミニズム運動、オルタナティブ運動（対抗文化・社会運動）などの新しい社会運動の台頭であった。このため、労働運動の側でも、昔は社会運動であったという自らの過去が再認識されるに至った。こうして労働社会の危機は、ドイツでは新・旧二つの社会運動の対立から生じる「社会民主主義のアイデンティティの危機」として独特な形で把握され、またその克服は「赤（社民党）」と「緑（緑の党）」の連合政権に求められることになった（政治的危機）[4]。その理論的な成果は、一九八九年に採択された、ドイツ社民党ベルリン綱

＊**ハンナ・アレント**（一九〇六～一九七五） 戦後の世界的政治哲学者。ハイデッガーに師事したが、ユダヤ系学者としてナチスの迫害をさけアメリカに亡命。全体主義を批判し、公共性の復権を唱える。

＊**ユルゲン・ハーバーマス**（一九二九～ ） フランクフルト学派の第二世代の旗手でドイツを代表する批判的知識人。言語論的転回ともいえる『コミュニケーション的行為の理論』は、日本、アメリカを含め世界中に大きな影響を与えた。

＊**ラルフ・ダーレンドルフ**（一九二九～ ） 独・英の著名大学の学長なども経験した、新自由主義のオピニオンリーダー。一九六九～七四年に、連邦議会議員、外務政務次官、ＥＣ委員会委員など歴任。

表　新しい労働概念による多様な活動領域

（1）経済人類学，自給自足経済論	**貨幣経済システム**に組み込まれた労働（狭義の経済活動）⇒	家族・世帯・共同体内の**サブシステンス**（自給自足）のための労働
（2）近代産業労働批判，フェミニズム経済学，労働世界と生活世界	**ペイド・ワーク**（収入のある仕事，職としての労働，他者の支配する労働，ジェンダー支配が構造化された労働）⇒	**アンペイド・ワーク**（収入のない労働，無償・無報酬労働，家事・育児・介護などのケア労働，余暇・教育・ボランティア・公共のための仕事，シャドウ・ワーク，**自己固有の労働**）
（3）福祉国家レジーム批判，二重経済論，オルタナティブ社会論	**フォーマル・セクターの労働**（「通常の労働関係」，社会保険・労使関係などに制度化された労働）	**インフォーマル・セクターの労働**（家族経営，低賃金の補助労働，ヤミ労働など，また生協，ワーカーズ・コレクティブ，ＮＰＯ／ＮＧＯなどのオルタナティブ，市民セクターの労働）⇐
（4）世界システム論，労働力の女性化，グローバル経済論	**基幹労働**（戦略的産業・ハイテク産業の労働，知的専門職）	**周辺労働**（失業者，外国人労働者，構造不況な産業部門の労働者，女性パートタイム，発展途上国の工業・農業部門の労働者，発展途上国の市場向け世帯内女性労働）⇐

（注）⇒印は，その方向への領域の拡大傾向があることを示す。

領に体現されている。

こうして、八〇年代には、労働の未来論やオルタナティブな労働論が花開くことになる。この議論は、エコロジー運動、フェミニズム運動を源流としていることは確実だが、ジェンダー視点が弱く、エコロジー社会、労働からの解放を展望する「自己固有の労働」をめぐるディスクールが中心であった。

二　八〇年代の労働をめぐる議論と人間の多様な活動の発見

これは論争というより、さまざまなアプローチによる多彩な労働・活動論のパラレルな展開であった。アレント、ハーバーマス、ダーレンドルフの位置と役割はすでに論じた。カール・ポランニーやイヴァン・イリイチの市場社会批判の理論が援用され、フランスのアンドレ・ゴルツやドイツのオスカー・ネークト、クラウス・オッフェらのネオ・マルクス主義者*が加わった。エコ・リバタリアンのトーマス・シュミット*やオルタナティブ労働・二重経済論のミヒャエル・オピールカやヨゼフ・フーバー*などが新しい視点を提供した。[5]また社民党の理論家、さらに制度化された労働を担う労働組合の側からも、「労働の未来」をテーマに機関誌で何度も特集号を組んだり、シンポジウムを組織したりして、この議論を積極的に受容した。現在、こうした八〇年代の提起を良く継承しているのは、『危険社会』を著したウーリッヒ・ベッ

*クと、レギュラシオン学派の流れをくむフランスのアラン・リピエッツであろう。

ここでは、「二重経済論」の提唱者であったJ・フーバーの四対の二元論図式を参考に、それに大幅に手を加えてジェンダー視点にたつ議論も共通の枠組みになるように整理してみよう。

1　四つの領域論による理論の枠組み設定

表中の（1）は、市場経済システムと自給自足的な経済システム、あるいは市場がまだ社会に埋め込まれているシステムという理論的な枠組みである。K・ポランニーが代表的であるが、今日では二つの方面であたらしい展開を示している。一つは、ブレア、シュレーダーなどが唱える社民政党の「第三の道」に関連して行なわれている、「市場社会」か「市場経済」かという論争である。アングロサクソン流の市場経済のグローバル化、普遍化（社会そのものの市場化）に対して、例えばフランス社会党はそれは社会の市場化であるとして批判している。もう一つは、発展途上国における、ポスト社会主義の時代に対応した非市場的発展の試みである。これらのアプローチは、市場経済を否定するわけではないが、力点は非市場的な、NGO組織などの共同体や世帯内の生産活動を再評価する、「包括的経済」の提起にある。国連の推進するアンペイド・ワークの統計的・貨幣的価値の算出も、政策目標は異なるが、ここから出発する。

（2）は、労働世界（市場）と生活世界という二元論的把握にたち、ペイド・ワークとアンペイド・ワークを対概念とするアプローチである。（3）は、「制度化された労働」をキーワードにして、フォーマル・セクターとインフォーマル・セクターという経済システムの二重あるいは多重構造を分析視角とするアプローチである。この（2）と（3）の境界

***アンドレ・ゴルツ、オスカー・ネークト、クラウス・オッフェらのネオ・マルクス主義者**　ゴルツは『エコロジスト宣言』など、マルクスの問題意識を現代に解釈するフランスの理論家。ネークトとオッフェは、そのドイツ版ともいえるが、ゴルツより若い五十代で大学で教える関係もあり、国家論、労使関係や労働時間論など、より専門的なテーマを扱う。

***トーマス・シュミット**　エコ・リバタリアンの雑誌編集者。伝統的左翼やエコロジー原理主義者を批判し、自由主義に近い「労働の柔軟化」を提起。

***オルタナティブ労働・二重経済論のミヒャエル・オピールカやヨゼフ・フーバー**　八〇年代半ば、大出版社フィシャーはエコロジー叢書を刊行。フォーマル／インフォーマル・セクターという経済構造の二重性を提起した二人は運動の中心的理論家として、著作・編集面で活躍。

***ウーリッヒ・ベック**　『危険社会』を著したミュンヘン大学の社会学教授。「近代」自体が環境破壊などの危険を内包することを指摘したこの言葉は九〇年代のキーワードになり、今や世界的に著名。

線は明確ではなく、重なる部分もある。しかし両者の大きな違いは、（2）のシェーマは、ペイド・ワークのアンペイド・ワークへの浸透、拡大（市場経済化）が一般的に見られるのに対して、（3）のフォーマル／インフォーマル・セクターの関係は逆の傾向があり、フォーマルな労働の解体が問題となっている。また（2）の領域は、職業としての労働と家事・育児労働というフェミニズム経済学の分析枠組みに対応し、また「賃労働（雇用労働）＝拘束された、他者が支配する時間」、「非労働＝自由なオートノミーな時間」という、ゴルツなどのネオ・マルクス主義の図式にも親近性がある。これに対して（3）の領域は、オルタナティブな労働や市民セクターの提起など、市場、国家に包摂されない市民社会や共同社会の領域を積極的に対置する。しかしこのセクターの労働は、普通の賃労働ではないがアンペイドでもない。

（4）は、中心／周辺という世界システム論の視点に立つ。ドイツは、マリア・ミースやヴェールホフなどマルクス主義フェミニストが、「労働の主婦化」テーゼを提起し、[6] 日本にも「労働力の女性化」という理論フレームで広く紹介されているから、このシェーマは理解されやすいかもしれない。ドイツでの労働社会の危機論に関連して、M・ミースはゴルツなどが唱える、他者支配の雇用労働と自由時間内での固有の活動という二分法を、フルタイムの男性中心の労働観として批判している。[7] 結局、（4）のアプローチは、労働社会危機論をめぐる議論とはあまり噛み合わなかった。むしろ、グローバル・スタンダードが唱えられる九〇年代後半の現在の方が、先進国内での労働の分極化として現実の課題になってきている。

2 生計労働（Erwerbsarbeit）と自己固有の労働（Eigenarbeit）

前出の**表**のなかで、「自己固有の労働」という概念は、I・イリイチのシャドウ・ワーク論と共に、それぞれの領域を越える広がりを持っている。この概念は、二重経済論の文脈では、クリスティーネ・ヴァイツゼッカーとエルンスト・ヴァイツゼッカー*により提唱された。[8] 自己固有の労働とは、自分の属する世界（家族・グループ・地域社会）での活動であり、非・稼得労働の領域でのアンペイド・ワークであるといえる。家事、みずからの生活のための活動、自助、隣人援助、団体や地域社会でのボランティア活動などが含まれる。イリイチは、この固有労働概念を評価して、それが、個々人が産業社会に埋め込まれているありかたを切断し、しかも過去の情景

***クリスティーネ・ヴァイツゼッカーとエルンスト・ヴァイツゼッカー**　I・イリイチが、「自己固有の労働」という概念が彼らに由来すると指摘。オルタナティブ運動の活動家。

▲A・ゴルツ『プロレタリアート
との訣別』独語版表紙

▲『生計労働と自己固有の労働』
(1985)

▲O・ネークト『生きている労
働，収奪された時間』表紙

を懐かしむのではなく、未来を指向していることに意義を見出す。(9)
ペイド・ワーク／アンペイド・ワークは、ドイツ語ではこのように、生計労働と自己固有の労働という対において議論されたといってもよい。ここでは収入を伴わない労働（アンペイド・ワーク）という消極的な規定ではなく、生計労働に対してむしろそれ自体でポジティブな意味内容を含む活動概念が対置されている。この意味では、自己固有の労働はペイド・ワークの世界との関係を断ち切り、しかもイリイチがいうように「未来指向的」である。いいかえれば、アンペイド・ワークは、ペイド・ワークとの対関係において、その見えない、影の労働（シャドウ・ワーク）として措定されるが（それだけ逆に批判的視点からはジェンダー支配が明確になる）、自己固有の労働は、ペイド・ワークである生計労働こそが疎外態であることを告発する。つまりこの概念は、産業社会へのオルタナティブな文化を目指して提起されただけに、そこではジェンダー差別・支配を克服する課題は無視されてはいないが、二重の意味で背景に退く。それは第一に、ペイド・ワークの領域への女性の進出を優先課題としないことによって、そして第二に、アンペイド・ワークの領域、とりわけ女性の役割として構造化された家事労働が「自由な」活動などでは決してないことをテーマ化しないことによって。

もちろん、ゴルツもオルタナティブ労働の提唱者たちも、フェミニズムの主張する家父長支配の論理を知っていたし、またフェミニズム運動の影響も受けていた。しかし労働社会の危機論が、主としてペイド・ワークを中心にしかも資本主義的な産業社会文明への批判として議論されるかぎり、ジェンダー差別は中心テーマにならなかった。また、二重経済論などのオルタナティブ労働論も、それは非・（市場）労働の領域を設定していたが、家事・育児労働はその一部でしかなく、むしろ一人で自ら生活を営み、隣人や共同社会に対して共に協働する個人像が想定されていた。

当然ながら、ジェンダー構造を議論するなら、女性と男性という性による区別を理論的な枠組みの中心に設定しなければならない。同じ論理で、労働社会の危機論も、就業女性の現実および家事労働を議論の中心に置いて初めてジェンダー視点が可能になったはずである。そしてそれを実現したのは、理論よりもむしろ政治の力学であった。「労働社会の危機」論と、ペイド・ワーク／アンペイド・ワークを貫く「トータルな労働」論は、理論レベルではなく、政策レベルでひとまず統合されることになる。

三　労働社会の危機論から女性・家族政策へ

1　ＳＰＤベルリン綱領（一九八九年）

ＳＰＤベルリン綱領は、今日から見れば、前述した八〇年代ドイツの議論と政治陣営の形成（いわゆる赤と緑の連合）という特殊な政治・理論状況の産物であった。それは環境政策（経済のエコロジー的再編）と男女の同権化政策（職業・家族生活での同権）を「労働の新しい概念」によってつなぐことにより、ＳＰＤの新しいアイデンティティを構築しようとした。その背景には、緑の党の成立と党内女性組織の発展がある。

一九七三年、女性運動や学生運動の影響を受け、ＳＰＤ内に固有のプログラムと自立した幹事会をもつ社会民主主義女性団（ＡＳＦ）が結成された。一九七七年ジンゲン大会において、「職業と家族の両立、労働時間の短縮」という基本路線を決議したが、党内に影響を持つにはさらに一〇年が必要であった。首相候補のラフォンテーヌは、このテーマ（環境・女性・労働の再定義）を一九九〇年選挙の戦略的な中心課題としたが、ドイツ統一という歴史的事件によってその企ては報われなかった。[10]

▲ＳＰＤベルリン綱領（1989）表紙

ベルリン綱領では、詳細に男女平等論と新しい労働観を展開している。「労働と余暇の未来――労働の意義」の項目では、生計労働、家族労働、共同社会のための労働、自由な自己労働が同種の、相互に依存する労働形態として承認され、しかし現実は「……生計労働のみならず、社会的には不可欠であるがアンペイド・ワークである家庭や家族や、共同社会のための労働も、その配分も評価も不平等なものとなっている。これが性別による労働や生活条件の違い、個人的発展の可能性の違いとなって現れる。」と記している。

とはいえＳＰＤにとって、生計労働の領域での平等の実現がすべての前提となる。「生計労働は人間の意識と自意識にとって重要である。それは自立と社会的承認をもたらす。……社会的に不可欠な労働は、すべての形態が共に同じ評価を受け、男女の間で等しく配分されなければならない。家族労働や共同社会のための労働を行なう者が、職業生活において不利に扱われてはならない。」と、女性の就業を推進している。

2　SPDと緑の党の女性政策（九八年十月の政権協定へ）

SPDはすべての労働形態が同等であることを承認したが、勤労者や女性雇用者の政党としての性格から、生計労働の領域での同権実現を第一に掲げたのは当然であった。女性政策とはほぼ、女性の雇用促進政策であり、職業における男女の平等政策を意味した。もちろん、近代的な労働時間政策（労働組合によって提起された、生活者の立場からの就業時間・形態の作成、いわゆる「時間主権」の実現）、男女にとって仕事と家庭が両立できるための実現可能な政策提起も重要な骨子をなしてはいるが。

そしてこの点で、保守政党であるキリスト教民主同盟（CDU）の女性部会である「女性同盟」（FU）と対極をなす。FUもジュスムートという実力政治家（元家族・女性大臣、連邦議会議長）をトップに擁し、ジェンダー問題を重視する視点に立つが、家事と職業の両立に際して、アンペイド・ワークである家事労働（主婦労働）の社会的意義を強調しているのである。ここでは家族政策の視点から女性政策が展開されている。

それでは、フェミニズム、オルタナティブ運動を出発点とする緑の党はどうであろうか。七〇年代の運動の当初には、「家事労働に賃金を」という要求も見られたが、まもなくそれは女性を再度、家事・育児労働に復帰させるものであるとして拒否され、家族労働の意義を強調する戦略は当面は唱えられなくなる。八〇年代には、女性の同権は、政治、教育、職業教育および雇用での完全な女性の参加を経過して初めて可能になる、という同権要求が前面に出る。そのためには、女性は可能な限り家事労働から解放されなければならないという、家事・育児の社会化、支援政策、両性の間での家族労働の再配分・平等な配分の要求が重点政策になった。

しかし現実には、八〇年代・九〇年代を通して政党のクォータ制*の実施、公共部門での「男女同権法」の制定という発展はあったが、労働に関しては大きな改革はなされなかった。しかもドイツ統一により、それまで子供のいる既婚女性でも就業が一般的であった旧東ドイツの女性たちが、大量に失業するという問題に直面した。そのため、一方では旧東独女性（そして旧西独でも）への積極的な労働市場政策（職業教育・雇用創出）への要求が高まり、しかし他方では、大量失業という現実を見据え、むしろよりリアルな対応が議論されるようになった。九〇年代は、これまでの家族形態とは区別された、アンペイド・ワークの領域としての、育児・介護、家庭内でのコミュニケーションなど、ケアと総称される活動が再評価される時代である。その一つに、人的資本の生産の場としての家族と世帯への新しい視点がある。それは、家事・育児・介護などが、それ自体、雇用を生み出す職業的な社会サービスの場として再認識されていく方向である。

とはいえ、ベッカー流の人的資本論*や、エコ・フェミニズムが、緑の党の主流となったのではない。旧東独の「九〇年同盟」と組織合併したこともあり、アンペイド・ワークの評価よりは、より正規の就業を要求する。「緑の党・九〇年同盟の政治的基本原則」という綱領的文書では、「女性と男性の社会的な平等」という項目で、むしろ西ドイツでも東ドイツでも女性の労働・生活条件はこの間に悪化したという見方に立っている。そこでは家事・育児への失業という形態での強制復帰や、低く支払われ価値の劣った職業への固定化など、いわゆる「労働力の主婦化」テーゼに近い把握となる。

一九九八年十月に成立した、シュレーダー政権（赤と緑の連合政権）に向けた政権協定でも、女性政策において両者の大きな違いはなかった。緑の党は女性大臣クリスティーネ・ベルクマンを出しているが、政権当初に女性政策の分野での改革を強調したにもかかわらず、その目玉である連邦同権法の改革（雇用機会均等の民間企業への適用拡大）は進んでいない。

3　労働の新しい定義と社会意識のギャップ

問題はむしろ家族政策との関連において現れる。ここで図式化していえば、保守政党・ＦＵの保守的母性主義（就業女性に対して主婦の同権化の要求）、緑の党のフェミニストの一部に見られるエコロジー母性主義（家族・育児労働など人間育成・家族サービスへの生計労働以上の高い評価、そこで養われるコミュニケーション能力の職業上の評価）、そして緑の党とＳＰＤによる、女性の就業促進のための「仕事と家庭の両立」論（現実は女性と職業プログラムの推進）に整理できる。

北欧モデル（男性と同じ程度の就業）やイギリス／オランダ・モデル（パート労働と結びついた女性の高い就業、低い失業率）とは異なり、ドイツはまだ保守的な家族政策、母性主義を色濃く残している。三歳児までの公的託児施設の整備はヨーロッパでは最低に属し、全日制の学校も例外的である。こうした中で、アンペイド・ワークの評価は、本来の男女平等政策とは異なる方向に進む傾向もある。一九九一・九二年の、連邦家族省によるアンペイド・ワークの統計的な把

＊政党のクオータ制の実施　一九八七年ＳＰＤ党大会でなされた、男女いずれの性も、党幹部、各種議員、議員候補で四〇％を確保すべしという割当制の決議。現在、ほぼ実現。

＊ベッカー流の人的資本論　ベッカーはシカゴ大学のノーベル賞経済学者で、財と並んで時間も制約的資源として考察した。アンペイド・ワークの貨幣的価値の算出の根拠となる。

握とその貨幣額への算出を、これからも継続するように熱心に訴えているのは、家族の役割を重視するカソリック女性組織である。またかつてのオルタナティブ陣営からは、生計労働と決別して、親に「育児給与」を給付せよという要求がなされる。もしこの財源に、公的託児施設の拡充予算が使われるなら、子を持つ女性の職業進出はますます困難になる。保守的なＦＵの家族・女性政策の骨子は、①家族における主婦女性と職業をもつ女性の同権、②男性と女性の同権が挙げられ、家族活動と生計労働活動の間での選択の自由や、農業・自営業女性の自立した老齢年金制度への要求などが注目を引く。事実、コール保守政権のもと、育児休業、育児手当が導入され（一九八六年）、育児期間・介護期間の年金への算定も実現している。これらは、ドイツでは家族政策として行なわれたのである。これに対して、オルタナティブ陣営の提起は、非・生計労働の社会的評価であり、専業主婦の労働の評価ではなかった。むしろ脱家族的な「社会サービス」活動にたいする所得保障であった。それは多少とも、共同体主義を連想させるものではあったが。

　子供が年金制度への社会的な資産として評価される時代には、子供のいる家族をどのように「公正」に扱うか、具体的には、児童手当の額や、扶養家族控除の額や方法をめぐり、熾烈な争いが始まるだろう。その場合、基本理念と根拠付けが、女性政策の行く末を分けるだろう。アンペイド・ワーク論は、それだけでは男女平等論にならないのである。

四　まとめと展望

労働社会の危機や労働の未来というテーマで、いち早く新しい労働観が議論されたドイツでも、そのディスクールと政策化において、二重の課題を抱えていることが明らかになった。第一に、自己固有の労働とトータルな労働という、アンペイド・ワークの活動領域でのオルタナティブ陣営とフェミニズム陣営の相違点、第二に、女性政策の視点か、家族政策優先かという、社民的ジェンダー路線と保守的ジェンダー路線の違いがそれである。議論の出発点であった、労働時間短縮による「自由な活動社会の到来」という楽観的な未来像は、少なくともこの二〇年間の経験では、かなり現実とは遊離したものとなった。北欧のような育児・介護休暇、および公的託児施設の充実と組み合わされた、「仕事と家庭の両立」を予感させるものは、ドイツにはまだ少ない。

　しかし、Ｉ・イリイチが評価した「自己固有の労働」が、発展的な概念であったように、労働の未来論の結果を断定するにはまだ時期尚早である。自己固有の労働論についても、さまざまな試行やプロジェクトが実行されている。[11]

　ドイツ労働総同盟（ＤＧＢ）は、最近、「労働とその未来」

というフォーラム形式で、三四人の経済学・社会学・政治学者による寄稿論文を要請し、理論誌である『組合月報』およびインターネット（http://www.gmb.de/）で公表している。多くは質的に新しい内容ではないが、ウーリッヒ・ベックの「失業のかわりに市民労働への資金的支援」という興味が引かれる提起もある。

ベックは、一方ではイギリスのギデンズ／ブレアによる、「第三の道」路線に通じる、失業への所得保障ではなく失業者の社会的な活動への支援を重視する。他方では、八〇年代からのオルタナティブな二重経済論（最近ではむしろ多元的経済論）に由来する、生計労働に基づかない所得給付の根拠付けを行なう。彼は、「労働社会の終焉」論と異なり、生計労働による市場経済が拡大していると考える。恐怖のシナリオは、大量失業ではなく全面的な社会の生計労働化である（社会の市場化）。そうであれば、非・市場的、共同利益指向の活動領域をむしろ政策的に支援していく必要がある。このベックの議論は、日本のＮＰＯ論や市民セクター論とも共通性がある。失業者の自由意思による社会活動への荷担であり、支払いではなく評価されるという契機を内にもつことが重要であると強調される。ただし最低限の生活保障として、扶助ではなくそれと同額の「市民手当て」（Bürgergeld）を、市民労働に対して保障する。しかし議論の中心はかつてのような非労働活動への給付論（市民所得など）ではなく、市民労働を組織する自治体による公社設立や市民エートスの育成などが課題とされる。[12]

また、著名な「ブッパータール環境研究所」は、一九九七年秋に、労働の未来とエコロジー問題の関連を再度議論するために、シンポジウムを組織した。その成果は、一九九八年に、『労働の未来――どのような労働か』というタイトルで出版されている。[13] この本では、第二部で、男性の労働経済学者が「労働と労働時間」を論じ、第三部で、フェミニスト経済の立場から、女性学者が「労働の全体について」を論じている。後者の主要なテーマは、自己固有の労働論へのフェミニストの立場からの批判である。二つの労働観を架橋するディスクールが成立しているわけではないが、新しい対話が始められているといってもよいだろう。[14] 編者は、「自己固有の労働＝自らの労働」が、新しい現実を摂取して発展してゆく概念であることに、未来への希望を託している。

（1）この概念の日本と欧米での成立過程については、上野千鶴子「『労働』概念のジェンダー化」脇田晴子、S・B・ハンレー編『ジェンダーの日本史　下　主体と表現　仕事と生活』東京大学出版会、一九九五年、六七九～七一〇頁。またドイツでの、この概念のフェミニズムの視点からの整理については、Sabine Wolf, Erwerbsarbeit und Hausarbeit - Zum dualen Denken in der ökonomik und seinen Folgen für das Geschlechtverhältnis, in : W. Bierter, U. v. Winterfeld, *Zukunft der Arbeit - welcher Arbeit?*, Basel, 1998, S. 194-212.

（2）労働者の概念の歴史的展開については、Werner Conze, Arbeiter, in : Otto Brunner / Werner Conze / Reinhart Koselleck (Hrsg.), *Geschichtliche Grundbegriffe*, Stuttgart, 1975, Band 1, S. 216-242. また、産業化から現在の労働社会の危機までの労働のもつ問題については、Eckart Pankoke, Die Arbeitsfrage : Arbeitsmoral, *Beschäftigungskrisen und Wohlfahrtspolitik im Industriezeitalter*, Frankfurt/M, 1990.

（3）Johaim Matthes (Hrsg.), *Krise der Arbeitsgesellschaft? Verhandlungen des 21. Deutschen Soziologen tages in Bamberg 1982*, Frankfurt/M, New York, 1983.

（4）この三重の危機論については、Hiroki Sumizawa, *Negative Akutualisierung der im Sozialstaat organisierten Arbeiterbewegung*, Frankfurt /M, 1988 に詳しい。

（5）代表的なものだけに限定すると、ゴルツの翻訳されているものでは、A・ゴルツ（真下俊樹訳）『労働のメタモルフォーズ——働くことの意味を求めて』緑風出版、一九九七年。Joseph Huber, *Die zwei Gesichter der Arbeit, Ungenutzte Möglichkeiten der Dualwirtshcaft*, Frankfurt/M, 1984. この著作に簡単な四対の二元論図式がある。時短の社会哲学的意味については、Oskar Negt, *Lebendige Arbeit, enteignete Zeit. Politische und kulturelle Dimensionen des Kampfes um die Arbeitszeit*, Frankfurt/M, 1984,

（6）Claudia v. Werhof / Maria Mies / Veronika Bennholdt-Thomsen, *Frauen,die letzte Kolonie.Zur Hausfrauisierung der Arbeit*,Reinbek, 1988 (Erstausgabe, 1983)，邦訳：古田睦美・善本裕子訳『世界システムと女性』藤原書店、一九九五年、所収。

（7）マリア・ミース（奥田暁子訳）『国際分業と女性——進行する主婦化』日本経済評論社　一九九七年、三二五頁以下。

（8）Christine und Ernst von Weizsäcker, Eigenarbeit in einer dualen Wirtschaft, in J. Huber (Hg.), *Anders arbeiten - anders wirtschaften,* Frankfurt/M, 1979, S. 94f.

Ivan Illich, Eigenarbeit, in : J. Huber (Hg.), a. a. O., S. 52.

（9）Ivan Illich, *Vom Recht aut Gemeinheit*, Reinbeck bei Hamburg, 1982, S. 49ff.

（10）SPDのベルリン綱領の邦訳と解説は、『われわれの望むもの——西ドイツ社会民主党新綱領』現代の理論社、一九九〇年。また、ラフォンテーヌの戦略と新しい労働論は、O・ラフォンテーヌ（住沢博紀訳）『国境を超える社会民主主義』現代の理論社、一九八九年を参照。

（11）例えばノルトライン・ヴェストファーレン州でのプロジェクトなど：Claus Offe, Rolf G. Heinze, *Organisierte Eigenarbeit. Das Modell Kooperationring*, Frankfurt/New York, 1990.

（12）Ulrich Beck, Die Seele der Demokratie. Wie wir Bürgerarbeit statt Arbeitlosigkeit finanzieren können, in *Gewerkschaftliche Monatshefte*, 6-7/1998, S. 330ff.

（13）注（1）のW. Bierter, U. v. Winterfeldによる編著参照。フェミニズム側の四論文を含め、全部で一一論文が収録されている。この本に興味が持てるのは、シンポジウムでは必ずしも成功しなかったさまざまなアプローチ間の対話が、編集者の要請により、多くの加筆訂正を経て収録されていることである。

（14）アンペイド・ワーク論の三つの類型として、近代労働社会批判のアプローチ、個人を単位とするジェンダー視点のアプローチ、世帯を単位とする女性と開発アプローチを提示しているのは、住沢博紀「アンペイドワークと時間のジェンダー化」、宮崎礼子編『現代の家庭と生活経済』朝倉書店、一九九九年、四六〜五九頁。

編集後記

川崎賢子

まず本書の成り立ちについて述べる。

本書の共同編集者である川崎と中村陽一との両名は、フォーラム〈ジェンダー・ヒストリー〉という名称の研究会にたずさわってきた。この研究会は、『女と男の時空――日本女性史再考』全六巻の完結後に発足した。『女と男の時空』執筆グループ、『女の歴史』翻訳グループにくわえ、自然科学・医学研究者の参加もあり、歴史的に形成されたものとしての〈ジェンダー〉の諸相や、ときに歴史の動因ともなりうる女と男の関係性のダイナミクスに関心を寄せるひとびとからなる学際的な集まりである。

フォーラム〈ジェンダー・ヒストリー〉ではほぼ隔月に例会をもった。詳細は別表（次頁）の通りで、九七年度の年間共同研究テーマにとりあげたのが「アンペイド・ワーク」論である。その他、九八年度は「高群逸枝」をキーパースンにとりあげ、またフォーラムの有志からなる特別プロジェクトはサントリー文化財団の研究助成を受けて「日本におけるナショナリズムの変容と〈性〉という変数――ジェンダー・ヒストリーの視点から」を進行させている。

フォーラムの準備段階時に、マリア・ミース他『世界システムと女性』の読書会をもっていたこともあり、ジェンダーと仕事、ジェンダーと経済、ジェンダーと南北問題などに関する興味は、参加者それぞれに共有していた。

別表の通りフォーラムの会員、ゲスト・スピーカーのご協力を得て、「アンペイド・ワーク」について多角的な検討をおこない、その年間の成果をふまえてあらたに問題点を抽出し、座談会を企画し、執筆を依頼し、本書『アンペイド・ワークとは何か』を世に問うこととなった。

「アンペイド・ワーク」とは何か。

政府は「unpaid work」の訳語として「無償労働」をあてている。しかしながら「無償」については論者あるいは読者のよってたつ文脈によって揺れがおおきく、意味がいまだ定まらない。「みかえりをもとめない、それゆえに尊い」という意をあたえる者もあれば、「当然支払われるべきところを支払われず、かすめとられ、しぼりとられている」という意をあたえる者もある。くわえて「labour」ならざる「work」をひとしなみ「労働」と訳すことが、適切かどうか。

もっともこうした混乱は、かならずしも翻訳上の手続きからくるものばかりではない。ジェンダーに関する、また開発経済と女性の地位に関する、国連の関係文書においても、「unpaid work」の語句は、（以下の語句の出現の頻度は相対的にかなり低いとしても）「unremunerated work」「no wage work」「work without wage」「no reward work」「work without reward」といった語句と並行して使用されている。「unpaid labour」の語例さえある。雇用され支払われる産業社会における賃労働概念とは、異なる位相を占めるはずの仕事の領域というものに、注意が払われているとはいえない。

しかも日本語による議論の場合、概念の検討によってではなく、字義の水準において、過剰な反応が生じる。無償の愛だといいつのる者があれば、愛の名のもとにごまかされ押しつけられているという反発がある。どうかすると「unpaid work」に含まれる仕事が、いやいやながらこなさなければならない種類の仕事と、くくられる場合もある。支払いのないところに、評価もなければ、〈愛〉も何もありはしないのだ、という身振りをあたかも現実主義ででもあるかのようにふりかざす者もある。

これにたいして、支払われる仕事も、支払われない仕事も、じつは等価なのだという言説も可能である。

賃労働にたいする支払われ方や値切られ方の構造は世界中どこに行っても同じようなものだけれど、支払われない仕事の評価と意味づけは、それがいつどこの社会で誰によって担われているかによって、まるで様相を異にするのだ。

第8回 (3/29)	●「シャドウ・ワーク」と「アンペイドワーク」をめぐって　1 シャドウ・ワークとアンペイドワーク ――ジェンダー・ヒストリーの問題構制から問い直す アンペイド・ワーク論の文脈とその提起についての私論	司会・川崎賢子 中村陽一（社会学） 榊原裕美（生活クラブ生協）
第9回 (5/24)	●「シャドウ・ワーク」と「アンペイドワーク」をめぐって　2 M・ウォーリング『新フェミニスト経済学』を読む アンペイドワーク論の現状と課題 ――世界システム・パースペクティヴからの整理の試み シャドウ・ワークとヴァナキュラー	司会・中村陽一 佐藤(佐久間)りか(社会学) 古田睦美（社会学） 河野信子（女性史）
第10回 (7/26)	●「シャドウ・ワーク」と「アンペイドワーク」をめぐって　3 〈南〉から見たアンペイドワーク 性別分業と国際分業	司会・久田博幸 北沢洋子(国際問題評論家) 奥田暁子（女性史）
第11回 (9/20)	●「シャドウ・ワーク」と「アンペイドワーク」をめぐって　4 『新フェミニスト経済学』をめぐって 自然科学の視点からイリイチ『ジェンダー』を読む	司会・佐藤（佐久間）りか 篠塚英子（統計学） 西宮紘（日本精神文化史）
第12回 (12/20)	●特別報告 「感性の歴史学」の射程 ――アラン・コルバンの研究と ジェンダー・ヒストリーへの方法的視点―― ＮＧＯとは何か	司会・ギブソン松井佳子 小林亜子（フランス史） 伊勢崎賢治（国際援助）
1998年		
特別 (1/10)	●特別報告 『多時空論』をめぐって	西宮紘（日本精神文化史）
第13回 (3/14)	政治と恋愛 高群逸枝研究をめぐる問題点	ジャン=マルク・クワコウ（政治哲学） 川崎賢子（日本文学）
第14回 (5/28)	「自治」「自律」をキーワードに高群逸枝のアナキズムを読む 平塚らいてうにおけるセクシュアリティを語る言説の変容	中村陽一（社会学） 黒澤亜里子（日本文学）
第15回 (7/24)	パトリシア・ツルミ “Feminism and Anarchism in Japan” を読む	鈴木幾子・根岸玲奈
第16回 (8/29)	●『年表・女と男の日本史』を読んで 日韓関係の歴史から見て 戦後の新宗教から見て 戦後文学における性と占領状態	 玄香実（日朝関係） 丸山照雄（宗教評論） 川崎賢子（日本文学）
第17回 (9/26)	●特別セミナー 世界経済危機――診断と処方箋	ロベール・ボワイエ（ＣＥＰＲＥＭＡＰ教授） 通訳・井上泰夫

フォーラム〈ジェンダー・ヒストリー〉活動記録（1996.1〜1998.9）

1996年		
第1回 (1/27)	●『世界システムと女性』を読む　1 問題提起 問題提起 問題提起をうけて	 佐藤(佐久間)りか(社会学) 福井和美（思想史） 古田睦美（女性学）
第2回 (3/30)	●『世界システムと女性』を読む　2 問題提起「レギュラシオンと社会的妥協」 問題提起「『ぼくには狩りしかできないけれど』と思っていた男性は本当にいなかったのか？」 問題提起「『世界システムと女性』の正負の射程」 問題提起をうけて	 井上泰夫（経済学） 中山健夫（公衆衛生学） ギブソン松井佳子(比較文学) 古田睦美（女性学）
特別 (4/27)	●特別報告 セクシュアリテとジェンダー——フーコー／イリイチを読んで	 桜井直文（哲学）
第3回 (5/25)	●「ジェンダー」概念をめぐって　1 女人禁制への挑戦とその意味——近世富士信仰の場合 『女の歴史』と「ジェンダー」——『「女の歴史」を批判する』を訳して (社会学的）ジェンダー論とその課題 スウェーデン、ヨーロッパにおけるジェンダー研究のグローバル・ネットワーク	 宮崎ふみ子（日本史） 小倉和子（仏文学） 中村陽一（社会学） 里深文彦（科学論）
特別 (7/16)	●特別報告 沖縄問題について	 児玉啓子（中国語）
第4回 (7/20)	●「ジェンダー」概念をめぐって　2 ジェンダーの時空 明治恋愛小説におけるジェンダー 建築とジェンダー 女は海、未知なる海（幕末・明治を生きた女と男）	 西宮紘（日本精神文化史） 佐伯順子（比較文学） 内田純一（建築家） 永畑道子（作家）
第5回 (9/28)	●「ジェンダー」研究への一考察　1 ことばが映す女性の地位——淀殿の場合 『青鞜』『女人芸術』『輝ク』誌から、〈女性史〉自覚の道のりをたどる ●沖縄をめぐって 私の内側にある沖縄 私の沖縄研究	 小林千草（国語学） 川崎賢子（日本近代文学） 島木綿子（詩人） 住谷一彦（文化人類学）
第6回 (12/7)	●「ジェンダー」研究への一考察　2 昭和戦前の巫系宗教 「渾沌」「纏足」「紅衛兵」——ジェンダーの視点から 戦後日本の女性史研究の軌跡とジェンダー史研究への変容——現状整理と問題提起	 能澤壽彦（宗教学） 張　偉（日本文学） 成田龍一（日本史）
1997年		
第7回 (1/25)	●「ジェンダー」概念・新地平を求めて 江戸女流文学が無視されてきたわけについて 古代社会と女性名 女性：アメリカ探偵小説におけるジェンダーに彩られた空間	司会・能澤壽彦 門　玲子（江戸期女性史） 関　和彦（日本古代史） A・スィーマン（日本文学）
特別 (2/8)	●特別報告 医学のなかのセックス／ジェンダー——自然科学における生物学的性差と文化的性差のせめぎ合い	 武田玲子（医学）

研究会で議論し、執筆者の皆様のご意見をあおぎ、編集会議でも再検討したが、本書では原則的に「無償労働」を採らずに「アンペイド・ワーク」を用いることとした。

さて「アンペイド・ワーク」の検証はわたくしたちに何をせまるのか。

フォーラムにおける共同研究を通じて、また本書の編集過程で、「アンペイド・ワーク」という断層は、じつに多くのことを語りかけ、問題をつきつけてきた。開発・援助のかかえる難題につきあたり、グローバリゼーションと呼ばれる動きを警戒し、経済成長という幻想を再考せざるを得なくなった。

「アンペイド・ワーク」が問題である。という場合に、それがなぜ、どんなふうに問題であるかは、それがどういう時空におかれているかによって、異なる。はたらいてそれにたいして支払われることがない、という、見かけ上、同じ一つの現象にみえるものが、じつはまったく異なる状況を指し示している場合がある。地域により、時代により、ジェンダー編制も異なり、「アンペイド・ワーク」の位置づけや意味も当然異なってくる。そこで本書は「経済=世界《エコノミー・モンド》」の時空における「アンペイド・ワーク」の諸相を比較している。

自足的自律的な生存維持の活動を基盤におく社会の場合、はたらくこととそれにたいして金銭が支払われることとは、かならずしもむすびつかない。

ところが、そういう社会もまた世界市場に急速に組みこまれていく過程で、貧しさの徴として、あるいは、北側諸国によってなにかをしぼりとられていることの指標として、「アンペイド・ワーク」を問題化するようになる。市場化されない経済活動が女性によって担われている社会が多数を占め、生存維持の活動の基盤の解体によって、男女の経済格差は拡大している。サブシステンスの活動が切断され、「アンペイド・ワーク」として再編され、浮上する。「アンペイド・ワーク」の問題化は両性間の亀裂の拡大と並行している。

窮乏化というネガティヴな圧力によっても、ヴァナキュラーな技術、道具、知恵が壊れ、それとひきかえに否応なく、他のどことも変わるところのない時空へとたたきだされ、さまよいでるという道筋がある。「内発」の芽を摘むこうした動向が「近代化」と呼ばれることがありうる。そういう「近代化」がありうる。そのような「近代化」しか選べないのだと思いこまされたりする。またそれが、かつてとは意味を異にした「豊かさ」の概念とむすびつけられるということもありうる。否応なしにたたきだされ、さまよいいでながらも、ある固有な時空に埋めこまれているよりは、他のどことも変わることのない時空をただようことのほうに、ときはなたれたという幻想をいだくこともありえ、どうかするとそれをみずからえらびとったことだとおもいなすこともありうる。その道筋を欲望したことには相違ないのだろうが、欲望もまた外から方向付けられうるものだ。

「アンペイド・ワーク」にたいする処方として、とりあえずは支払われない労働を計測する方法を編み出そうという動きがある。

計測してから、さてどうするか。計測データは請求書となりうるのか。南側諸国の北側にたいする？　女性の男性にたいする？　経済学的価値へと換算されず国民経済のなかに捕捉されずそれゆえ課税対象にならずにいた領域の計測データは、税納入の督促状に転じるかもしれない。支払われずにおかれてきたいとなみにたいして、支払いを徹底することにするのか。だが支払われることによって、支払われずにいるより、さらにしぼりとられるということが、ありうる。支払われずにきたものを支払うことによって、いまだ市場化されずにおかれている領域を市場化することになるのか。それは市場の延命につながるのか。それとも大規模な再編を市場にせまる刃となるのか。そもそも世界市場に組みこまれることは、とりわけ南側諸国にとって、生活の質の向上につながるのかどうか。

それらの問いに答えるためには、現行の「アンペイド・ワーク」論だけでじゅうぶんというわけにはいかない。「ペイド/アンペイド」の二項間でのやりとりでは解決できない問題を、「アンペイド・ワーク」は提起しているからである。

（二〇〇〇年一月十五日）

脇田晴子，S・B・ハンレー編『ジェンダーの日本史　上　宗教と民俗，身体と性愛』東京大学出版会，1994年
井上俊ほか編『セクシュアリティの社会学』（講座・現代社会学10）岩波書店，1996年
宇田川妙子「〈女性〉概念の解体の行方——表象・アイデンティティという危機」，『民博通信』80号，千里文化財団，63～70頁
窪田幸子，八木祐子編『社会変容と女性——ジェンダーの文化人類学』ナカニシヤ出版，1999年

沖縄におけるアンペイド・ワークの歴史（比嘉道子）

玉野井芳郎『地域からの思索』沖縄タイムス，1982年
崎山克彦『何もなくても豊かな島』新潮文庫，1998年
上野千鶴子『女は世界を救えるか』勁草書房，1985年
赤嶺政信『シマの見る夢』ボーダーインク，1998年
安里英子『琉球弧の精神世界』御茶の水書房，1999年

アフリカで考えたアンペイド・ワーク（伊勢﨑賢治）

エリ・ウィーゼル，川田順造編『介入？——人間の権利と国家の論理』藤原書店，1997年
Saul D. Alinsky, *Reveille for Radicals*, Vintage Books, 1969
Michael Maren, *The Road to Hell:The Ravaging Effects of Foreign Aid International Charity*, 1997
伊勢﨑賢治『ＮＧＯとは何か——現場からの声』藤原書店，1997年
伊勢﨑賢治『インド・スラム・レポート』明石書店，1987年

ラテンアメリカ／カリブ社会のアンペイド・ワーク（畑惠子）

キャロル・アンドレアス『アンデスの女たち——フェミニズムに燃える』サンディ・サカモト訳，ＢＯＣ出版，1995年
大串和雄『ラテンアメリカの新しい風——社会運動と左翼思想』同文舘，1995年
幡谷則子『ラテンアメリカの都市化と住民組織』古今書院，1999年
三田千代子・奥山恭子編『ラテンアメリカ家族と社会』新評論，1992年
湯川攝子『ラテンアメリカ経済論——経済発展と政策改革』1999年，中央経済社

改革・開放期の中国におけるアンペイド・ワーク（石川照子）

小島麗逸『現代中国の経済』岩波新書，1997年
伊藤正一『現代中国の労働市場』有斐閣，1998年
中国全国婦女連合会中国女性研究所編『中国の女性——社会的地位の調査報告』山下威士，山下泰子監訳，尚学社，1995年
秋山洋子ほか編訳『中国の女性学——平等幻想に挑む』勁草書房，1998年
秋山洋子編訳『中国女性——家・仕事・性』東方書店，1991年

移行期ロシア／東欧におけるアンペイド・ワーク（大津定美）

石川晃弘他編『スラブの社会』弘文堂，1994年
吉井昌彦編著『経済システム転換と労働市場の展開——ロシア・中・東欧』日本評論社，1999年
カローラ・ハンソンほか『モスクワの女たち』大津典子訳・解説，阿吽社，1998年
ヴォズネセンスカヤ『女達のデカメロン』法木綾子訳，群像社，1993年
中村逸郎『ロシア市民——体制転換を生きる』岩波新書，1999年

ドイツにおける労働論とアンペイド・ワーク（住沢博紀）

アンドレ・ゴルツ『労働のメタモルフォーズ』真下俊樹訳，緑風出版，1997年
ハンナ・アレント『人間の条件』志水速雄訳，ちくま学芸文庫，1994年
永井清彦編著『われわれの望むもの——西ドイツ社会民主党新綱領』現代の理論社，1990年
原ひろ子，大沢真理編『変容する男性社会——労働・ジェンダーの日独比較』新曜社，1993年
ウルリヒ・ベック『危険社会——新しい近代への道』東廉，伊藤美登里訳，法政大学出版局，1998年

レイモンド・ウィリアムズ『文化とは』小池民男訳，晶文社，1985年
エマニュエル・トッド『移民の運命』石崎晴己，東松秀雄訳，藤原書店，1999年
ピエール・ブルデュー『再生産――教育・社会・文化』宮島喬訳，藤原書店，1991年

アンペイド・ワークと家族・地域（立岩真也）

上野千鶴子編『主婦論争を読むⅠ・Ⅱ』勁草書房，1982年
安積純子ほか『生の技法――家と施設を出て暮らす障害者の社会学』藤原書店，増補改訂版1995年
江原由美子編『性の商品化――フェミニズムの主張・2』勁草書房，1995年
立岩真也『私的所有論』勁草書房，1997年
伊田広行『二十一世紀労働論』青木書店，1998年

（川崎賢子）

『経済セックスとジェンダー』（シリーズ・プラグを抜く1）新評論，1983年
イヴァン・イリイチ『シャドウ・ワーク――生活のあり方を問う』玉野井芳郎・栗原彬訳，岩波現代選書，1998年
香内信子編集・解説『資料母性保護論争』ドメス出版，1992年
マリア・ミースほか『世界システムと女性』古田睦美，善本裕子訳，藤原書店，1995年
マリリン・ウォーリング『新フェミニズム経済学』篠塚英子訳，東洋経済新報社，1994年

（中村陽一）

イヴァン・イリイチ『シャドウ・ワーク――生活のあり方を問う』玉野井芳郎・栗原彬訳，岩波現代選書，1998年
マリア・ミースほか『世界システムと女性』古田睦美，善本裕子訳，藤原書店，1995年
イマニュエル・ウォーラーステインほか編『世界システムにおける世帯構造』（仮）古田睦美ほか訳，藤原書店，予2000年刊
マリリン・ウォーリング『新フェミニスト経済学』篠塚英子訳，東洋経済新報社，1994年
中村陽一，日本ＮＰＯセンター編『日本のＮＰＯ／2000』日本評論社，1999年

第Ⅱ部　経済=世界《エコノミー・モンド》におけるアンペイド・ワーク

南アジア社会におけるアンペイド・ワーク（中村尚司）

アマルティア・セン『福祉の経済学――財と潜在能力』鈴村興太郎訳，岩波書店，1988年
Central Bank of Sri Lanka, *Economic Progress of Independent Sri Lanka 1948-1998*, Colombo, 1998
中村尚司『スリランカ水利研究序説』論創社，1988年
E. R. Leach, Hydraulic Society in Ceylon, *Past and Present*, Apr., 1959
W. D. Lakshman, *Dilemma of Development ; fifty years of economic change in Sri Lanka*, Sri Lanka Association of Economics, Colombo, 1997

イスラーム社会の女性とアンペイド・ワーク（黒田美代子）

黒田美代子『商人たちの共和国――世界最古のスーク，アレッポ』藤原書店，1995年
ムハンマド・バーキルッ=サドル『イスラーム経済論』黒田壽郎訳，未知谷，1992年
M・アッ=シャイバーニー「イスラームの経済倫理――『利得の書』」黒田壽郎訳，『国際大学中東研究所紀要』第4号，1990年，416頁
マーシャル・サーリンズ『石器時代の経済学』山内昶訳，法政大学出版局，1984年
Diane Singerman, *Avenue of Participation : Family, Politics and Networks in Urban Quarters Cairo*, The American University in Cairo Press, 1997

カナダ・イヌイト社会の分業と男女関係（スチュアート ヘンリ）

E・アードナー，S・オートナー『男が文化で，女は自然か――性差の文化人類学』山崎カヲル監訳，晶文社，1987年
竹内久美子『男と女の進化論――すべては勘違いから始まった』新潮社，1990年

〔附〕 アンペイド・ワークをより深く知るためのブックガイド 90

各執筆者から５冊ずつ推薦されたものを掲載順に配列した。
極力，現在流通している版を掲載している。

第Ⅰ部　アンペイド・ワーク論を捉え返す

アンペイド・ワーク論の課題と可能性（古田睦美）

マリア・ミースほか『世界システムと女性』古田睦美，善本裕子訳，藤原書店，1995年
マリア・ミース『国際分業と女性』奥田暁子訳，日本経済評論社，1997年
スーザン・ジョージ，マリア・ミース，ヴァンダナ・シヴァほか『食糧と女性』ＰＡＲＣ，1998年
国際連合『世界の女性　1995――その実態と統計』日本統計協会，1995年
久場嬉子，竹信三恵子『「家事の値段」とは何か』（岩波ブックレットNo.473）岩波書店，1999年

シャドウ・ワークとアンペイド・ワーク（河野信子）

イヴァン・イリイチ『シャドウ・ワーク――生活のあり方を問う』玉野井芳郎・栗原彬訳，岩波現代選書，1998年
シモーヌ・ヴェーユ『根をもつこと』山﨑庸一郎訳（全集第Ⅴ巻所収），春秋社，1967年
イバン・イリイチ『生きる思想――反・教育／技術／生命』（新版）桜井直文監訳，藤原書店，1999年
「女と男の時空」編纂委員会編『年表・女と男の日本史』藤原書店，1998年
小倉利丸・大橋由香子編『働く／働かない／フェミニズム』青弓社，1991年

アンペイド・ワークをめぐる国内の研究と議論の現在（矢澤澄子）

経済企画庁（国民経済計算部）『あなたの家事の値段はおいくらですか？』経済企画庁，1997年
女性のアンペイド・ワーク研究会『女性のアンペイド・ワーク――国際的調査研究と資料』（東京女性財団1994年度研究女性報告書）尚学社（制作），1995年
久場嬉子，竹信三恵子『「家事の値段」とは何か』（岩波ブックレットNo.473）岩波書店，1999年
カナダ女性の地位庁『アンペイド・ワーク政策評価の枠組みづくりにむけて』矢澤澄子監訳，神奈川ネットワーク運動，2000年
アジア女性資料センター『女たちの二十一世紀』No.8（特集・アンペイドワークとは），1996年9月

調査資料に見るアンペイド・ワーク（レグランド塚口淑子）

天野寛子ほか『生活時間と生活文化』光生館，1994年
日本労働組合総連合会（連合）『れんごう政策資料』98，1996年
森岡孝二『企業中心社会の時間構造』青木書店，1995年
連合女性局編『女性の労働・生活時間――フルタイムで働く女性一万人に聞く』労働科学研究出版部，1995年
矢野真和編著『生活時間の社会学――社会の時間・個人の時間』東京大学出版会，1995年

グローバリゼーションの地平を越えて（井上泰夫）

マリア・ミースほか『世界システムと女性』古田睦美，善本裕子訳，藤原書店，1995年
ジュリエット・ショアー『働きすぎのアメリカ人――予期せぬ余暇の減少』森岡孝二ほか訳，窓社，1993年
マリリン・ウォーリング『新フェミニスト経済学』篠塚英子訳，東洋経済新報社，1994年
大沢真理『企業中心社会を超えて』時事通信社，1993年
フランシーヌ・コント『母親の役割という罠――新しい母親，新しい父親に向けて』井上湊妻子訳，藤原書店，1999年

文化のグローバル化とポストコロニアルのもとで（姜尚中）

上野千鶴子『家父長制と資本制――マルクス主義フェミニズムの地平』岩波書店，1990年
イマニュエル・ウォーラーステインほか『反システム運動』太田仁樹訳，大村書店，1992年

編者紹介

川崎賢子　（かわさき・けんこ）

東京女子大学大学院文学研究科修了。日本近代文学・文化専攻。文芸・演劇評論家，早稲田大学現代政治経済特別研究員など。
主著に『彼等の昭和』（白水社，1994年，サントリー学芸賞受賞），『宝塚』（講談社選書メチエ，1999年），『読む女書く女』（白水社，2003年）ほか。主要論文に「満州国にわたった女性たち」（『女と男の時空Ⅴ近代』，藤原書店，1995年）ほか。

中村陽一　（なかむら・よういち）

1957年石川県生。1980年一橋大学社会学部卒業。立教大学大学院21世紀社会デザイン研究科教授（ＮＰＯ／ＮＧＯ論）。
著書に『日本のＮＰＯ／2000』（共編著，日本評論社，1999年），『非営利・協同セクターの理論と現実』（共著，日本経済評論社，1997年），『都市と都市化の社会学』（共著，岩波書店，1996年）ほか。

アンペイド・ワークとは何か

2000年２月29日　初版第１刷発行©
2003年11月30日　初版第２刷発行

編　者　川 崎 賢 子
　　　　中 村 陽 一

発行者　藤 原 良 雄

発行所　株式会社 藤 原 書 店

〒162-0041　東京都新宿区早稲田鶴巻町523
電　話　03（5272）0301
ＦＡＸ　03（5272）0450
振　替　00160-4-17013

印刷・製本　中央精版

落丁本・乱丁本はお取替えいたします
定価はカバーに表示してあります

Printed in Japan
ISBN4-89434-164-6

新しい社会理論の誕生

世界システムと女性

M・ミース、C・V・ヴェールホフ、V・ベンホルト＝トムゼン
古田睦美・善本裕子訳

フェミニズムとエコロジーの視角から、世界システム論を刷新する独創的な社会理論を提起。「主婦化」（ミース）概念を軸に、社会科学の基本概念（「開発」「労働」「資本主義」等）や体系を根本から問う野心作。日本語オリジナル版。

Ａ５上製　三五二頁　四七〇〇円
（一九九五年二月刊）
◇4-89434-010-0

WOMEN : THE LAST COLONY
Maria MIES, Veronika BENNHOLDT-THOMSEN and Claudia von WERLHOF

奇跡の経済システムを初紹介

女の町フチタン

（メキシコの母系制社会）

V・ベンホルト＝トムゼン編
加藤耀子・五十嵐蕗子・入谷幸江・浅岡泰子訳

〝マッチョ〟の国メキシコに逞しく存続する、女性中心のサブシステンス志向の町フチタンを、ドイツの社会学者らが調査研究し、市場経済のオルタナティヴを展望する初の成果。

四六上製　三六八頁　三二〇〇円
（一九九六年一二月刊）
◇4-89434-055-0

JUCHITAN : STADT DER FRAUEN
Veronika BENNHOLDT-THOMSEN (Hg.)

初の「ジェンダーの国際関係」論

国際ジェンダー関係論

（批判理論的政治経済学に向けて）

S・ウィットワース
武者小路公秀ほか監訳

大国、男性中心の歪んだジェンダー関係のなかで作り上げられた「国際関係論」を根本的に問いなおす。国際家族計画連盟（IPPF・国際非政府組織）と国際労働機関（ILO・政府間国際組織）の歴史を検証し、国際ジェンダー関係の未来を展望。

Ａ５上製　三二八頁　四二〇〇円
（二〇〇〇年一月刊）
◇4-89434-163-8

FEMINISM AND INTERNATIONAL RELATIONS
Sandra WHITWORTH

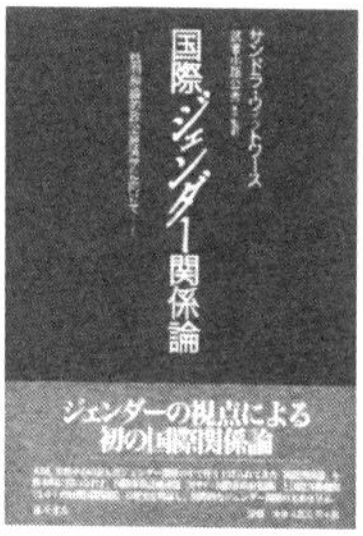

「女と男の関係」で結ぶ日本史と西洋史

歴史の中のジェンダー

原始・古代から現代まで、女と男はどう生きてきたのか。「女と男の関係の歴史」の方法論と諸相を、歴史学のみならず民俗学・文学・社会学など多ジャンルの執筆陣が、西洋史と日本史を結んで縦横に描き尽す。

網野善彦／岡部伊都子／河野信子／Ａ・コルバン／三枝和子／中村桂子／鶴見和子／Ｇ・デュビィ／宮田登ほか

四六上製　三六八頁　二八〇〇円
（二〇〇一年六月刊）
◇4-89434-235-9

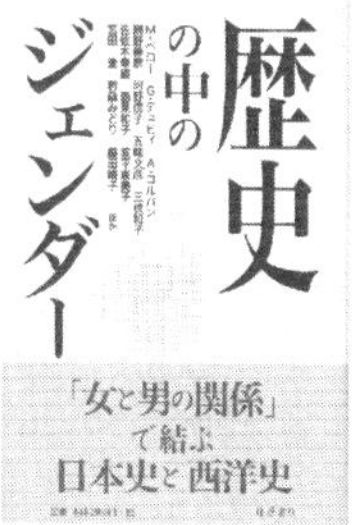

サイードの一歩先へ

イスラームの国家・社会・法
（法の歴史人類学）

H・ガーバー　黒田壽郎訳＝解説

イスラーム理解の鍵、イスラーム法の歴史的実態を初めて明かす。ウェーバーの「東洋的専制」論を実証的に覆し中東における法と理性の不在という既存の定説に宿るオリエンタリズムの構造をあばいた、地域研究の最前線。

A5変上製　四一六頁　**五八〇〇円**
（一九九六年一一月刊）◇4-89434-053-4

STATE, SOCIETY, AND LAW IN ISLAM　Haim GERBER

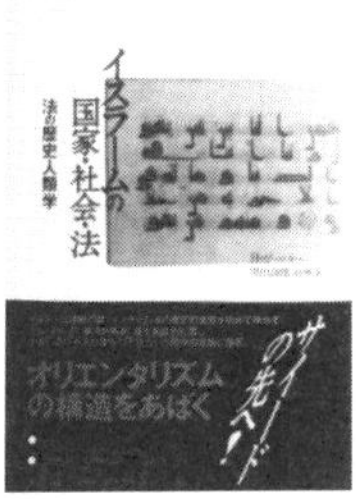

共存の歴史を明かす

イスラーム治下のヨーロッパ
（衝突と共存の歴史）

Ch-E・デュフルク　芝修身・芝紘子訳

ヨーロッパ世界とイスラーム世界は果たして水と油なのか？　イスラーム治下の中世ヨーロッパにおける日常生活の歴史から、共存の実態を初めて明かし、二大文明の出会いを描く。

四六上製　三五二頁　**三三〇〇円**
（一九九七年四月刊）◇4-89434-066-6

LA VIE QUOTIDIENNE DANS L'EUROPE MEDIEVALE SOUS DOMINATION ARABE
Charles-Emmanuel DUFOURCQ

イスラームのインフォーマル経済

商人たちの共和国
（世界最古のスーク、アレッポ）

黒田美代子

アラビア語でスーク、ペルシャ語でバザールと呼ばれる、定価方式によらない中東の伝統的市場での積年のフィールドワークから、〝差異を活力とする〟イスラームの経済システムの精髄に迫る。世界初の実証的中東・イスラーム社会研究の誕生。（口絵一六頁）

四六上製　二四〇頁　**二七一八円**
（一九九五年七月刊）◇4-89434-019-4

ラテンアメリカ史の決定版

新装版
収奪された大地
（ラテンアメリカ五百年）

E・ガレアーノ　大久保光夫訳

欧米先進国による収奪という視点で描く、ラテンアメリカ史の決定版。世界数十か国で翻訳された全世界のロングセラーの本書は、「過去をはっきりと理解させてくれるという点で、何ものにもかえがたい決定的な重要性をもっている」（『ル・モンド』紙）。

四六上製　四九六頁　**四八〇〇円**
（一九九一年一一月／一九九七年三月刊）◇4-89434-064-X

LAS VENAS ABIERTAS DE AMERICA LATINA　Eduardo GALEANO

二一世紀日本の無血革命へ

新しい「日本のかたち」
(内政・外交・文明戦略)

川勝平太　姜尚中　榊原英資
武者小路公秀編

外交、政治改革、地方自治、産業再生、教育改革…二〇世紀末から持ち越された多くの難題の解決のために、気鋭の論客が地方分権から新しい連邦国家の形成まで、日本を根底から立て直す具体的な処方箋と世界戦略を大胆に提言。

四六並製　二〇八頁　一六〇〇円
(二〇〇二年五月刊)
◇4-89434-285-5

戦後「日米関係」を問い直す

「日米関係」からの自立
(9・11からイラク・北朝鮮危機まで)

C・グラック　和田春樹　姜尚中
姜尚中編

対テロ戦争から対イラク戦争へと国際社会で独善的に振る舞い続けるアメリカ。外交・内政のすべてを「日米関係」に依存してきた戦後日本。アジア認識、世界認識を阻む目隠しでしかない「日米関係」をいま問い直す。

四六並製　二二四頁　二二〇〇円
(二〇〇三年一月刊)
◇4-89434-319-3

日本人の食生活崩壊の原点

「アメリカ小麦戦略」と日本人の食生活

鈴木猛夫

なぜ日本人は小麦を輸入してパンを食べるのか。戦後日本の劇的な洋食化の原点にあるタブー"アメリカ小麦戦略"の真相に迫り、本来の日本の気候風土にあった食生活の見直しを訴える問題作。【推薦】幕内秀夫氏

四六並製　二六四頁　二二〇〇円
(二〇〇三年一月刊)
◇4-89434-323-1

百名の聞きとり調査から活写

現代日本人の生のゆくえ
(つながりと自律)

宮島喬・島薗進編

「自律」と「つながり」の間でゆれ、新たな生を模索する日本人の心の実像と構造に迫る、日本版『心の習慣』。

越智貢／上林千恵子／島薗進／恒吉僚子／本間康平／三浦直子／宮島喬／村井実／米山光儀／渡辺秀樹

四六上製　四八〇頁　三八〇〇円
(二〇〇三年一月刊)
◇4-89434-325-8

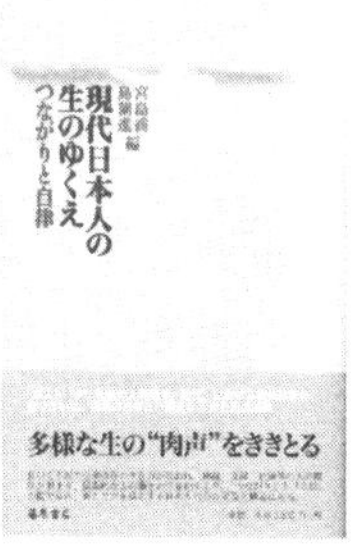